U0129066

信息法新论

——平衡信息控制与获取的法律制度

刘 青 著

科学出版社

北 京

内 容 简 介

本书概述了信息、信息权利与信息法的发展，分析了信息控制与获取的失衡现象及其影响，提出信息控制与获取问题是信息法的核心问题。在分析信息权利的概念、性质等的基础上，进一步将其分为信息控制权与信息获取权，并以此权利模型为基础构建了信息法的体系框架，从而建立起信息控制与获取的法律平衡机制。该体系框架主要包括：信息权利（信息财产权、隐私权、获取权）与合同自由的平衡、信息财产权与信息获取权的平衡、信息财产权与信息隐私权的平衡、信息隐私权与信息获取权的平衡等。本书采用法学与经济学交叉的方法、国内法与国际法相结合的方法、法理分析与案例分析相结合的方法，对信息法领域的相关问题进行了深入细致的探讨。

本书适合信息管理与信息系统、科技法学、电子商务等专业的研究人员、师生等参考，也可供经济、图书情报、新闻出版、企事业单位管理工作者参考。

图书在版编目（CIP）数据

信息法新论：平衡信息控制与获取的法律制度/刘青著. —北京：科学出版社，2008

ISBN 978-7-03-022116-2

Ⅰ. 信… Ⅱ. 刘… Ⅲ. 信息管理－法规－研究－中国 Ⅳ. D922.164

中国版本图书馆 CIP 数据核字（2008）第 074523 号

责任编辑：刘 鹏／责任校对：包志虹
责任印制：钱玉芬／封面设计：耕者设计

科 学 出 版 社 出版
北京东黄城根北街 16 号
邮政编码：100717
http://www.sciencep.com

源海印刷有限责任公司 印刷
科学出版社发行 各地新华书店经销

*

2008 年 7 月第 一 版 开本：B5（720×1000）
2008 年 7 月第一次印刷 印张：19 1/2
印数：1—2 000 字数：383 000

定价：59.00 元

（如有印装质量问题，我社负责调换〈环伟〉）

序

信息技术特别是网络的飞速发展，极大地提高了人们搜集、存储、利用和传播信息的能力，同时也给现有的法律提出了新的挑战。新技术为信息交流开辟了广阔的道路，使信息资源共享成为人们的共识，而信息经济必然要求保护所有者权益。社会公众要求信息开放、扩大信息的流通和获取，但有些信息投资人则要求独占或者垄断信息成果。因此，信息获取、资源共享与信息控制、权利保护成为当今世界信息领域的潮流。信息时代呼唤着新的法律和政策来规范人们处理信息的行为和方式，因此，世界范围内对信息法的研究也日趋活跃。然而作为一门新兴的交叉学科，目前对信息法学基本理论问题的研究还很少，信息法的理论体系还没有建立起来，对信息法的研究范畴、体系框架等基本问题也还没有达成共识。正是基于对这些问题的认识和思考，刘青博士将信息法理论体系和框架作为自己的研究选题，撰写了《信息法新论——平衡信息控制与获取的法律制度》一书，相信该书的出版对信息法理论的发展和完善将起到推动作用。

在信息法学领域有来自信息管理学、法学、经济学、社会学、计算机科学等多学科的研究者，他们的研究视角各异，研究范畴也各有侧重，于是出现了"网络法"、"因特网法"、"电子商务法"、"计算机法"等研究领域。由于各领域的学者研究视角不同，信息法学的各研究领域很难交叉融合，难以形成一个完整的学科体系。《信息法新论——平衡信息控制与获取的法律制度》提出信息时代的新的法律框架应该是关注于信息本身，而不是使信息获得广泛传播的技术，相信这一观点对于信息法理论体系的进一步完善和发展具有重要的意义。

该书指出信息控制与获取的平衡问题已经成为信息法的核心问题。在当今蓬勃推进的全球信息化过程中，信息拥有与利用中的利益矛盾日益突出。该书作者将围绕信息而产生的各种矛盾概括为信息控制与获取的矛盾，在分析信息权利的概念、性质等的基础上，进一步将其分为信息控制权与信息获取权，并认为信息法应以此权利模型为基础构建起体系框架，从而建立起信息控制与获取的法律平衡机制。这一研究思路对于我们进一步认识信息矛盾的本质，并进一步理解信息法的实质具有重要意义。

该书建立的信息法体系框架包括信息权利与合同自由的平衡、信息财产权与信息获取权的平衡、信息财产权与信息隐私权的平衡、信息隐私权与信息获取权的平衡等几个方面，并从信息生产、信息流通、信息服务和信息安全等几个领域构建了信息控制与获取的法律平衡机制。该书试图在新的环境建立一个新的信息法体系框架，这个理论体系的目标非常明确，就是要平衡信息领域的各种相互冲突的利益，实现信息利益的社会平衡和经济平衡。可见作者对信息法体系的构建具有非常清晰的思路，并着眼于解决信息法领域中的实际问题。综观全书，具有如下特点：

第一，提出了一种不同于以往的全新的信息政策法规体系框架，该体系围绕信息控制与信息获取建立权利模型，并在此基础之上建立信息控制与获取的法律平衡机制，以期对信息政策与法规的理论与实践起到一定的指导作用。信息领域的利益冲突多种多样，而作者将其抽象为信息控制与获取的矛盾，无疑是有助于更深入地分析和认识这些矛盾，并有助于对相关矛盾的解决提供决策支持的，其一些观点体现了作者的独到见解。

第二，全面系统地探讨了信息资源领域所涉及的政策法律问题，紧密结合信息技术的最新发展，追踪国内外在政策法规领域对新技术的反映，关注政府在我国信息产业发展中所起的作用，以信息资源法律保护的国际化发展为背景，深入探讨平衡信息控制与获取的政策、原则和实践，关注提高信息资源公共获取的效率，积极参与全球范围内的信息资源法律问题探讨。

第三，搜集了大量国内外较新的研究资料和案例，力图使研究紧贴信息法的实践，并能对现在甚至将来可能出现的信息法律问题提供借鉴和参考，如通过Google 数字图书馆计划探讨数字环境下著作权合理使用的新发展。尽管对这一计划目前还存在着大量的争议，但对相关问题的探讨必定会丰富信息法领域的理论，并促进实践的发展。

总的看来，该书试图建立的平衡信息控制与获取的法律体系的探讨，必将丰富和充实信息法的基础理论，并将对建立一个和谐统一的信息法体系起到一定的推动作用。

当然，该书对信息领域的利益冲突以及相关法律制度的研究还仅仅是一个开端，信息法领域还有大量的理论和实践问题有待学者们去开拓。希望作者在这一领域进一步深入地发掘和研究下去，取得更为丰硕的成果！

陈传夫

2008 年 7 月 6 日

目　　录

序

第1章　引论 ……………………………………………………… 1

1.1　信息时代呼唤信息法 ……………………………… 3

1.2　信息时代面临的新的法律问题 ………………… 5

1.3　国内外信息法研究进展 …………………………… 8

1.4　信息法研究方法 …………………………………… 19

1.5　信息法新论的创新之处 ………………………… 20

参考文献 …………………………………………… 20

第2章　信息控制与获取的失衡及其影响 ……………… 24

2.1　信息控制与获取的失衡现象 …………………… 24

2.2　信息控制与获取失衡的影响 …………………… 40

2.3　信息失衡引发的对知识产权制度合理性的思考 … 46

参考文献 …………………………………………… 57

第3章　平衡信息控制与获取的理论基础 ……………… 60

3.1　信息、信息权利与信息法 ……………………… 60

3.2　平衡信息控制与获取的法理基础 ……………… 75

参考义献 …………………………………………… 82

第4章　平衡信息控制与获取的权利基础 ……………… 85

4.1　信息控制权 ………………………………………… 85

4.2　信息获取权 ………………………………………… 99

4.3　信息控制权与信息获取权的关系 ················· 105

参考文献 ··· 110

第5章　平衡信息控制与获取的政策、原则和实践 ········· 113

5.1　权利平衡：信息财产权、隐私权、获取权与合同自由的平衡 ····· 113

5.2　信息财产权与获取权的平衡：数字时代的版权合理使用 ······· 118

5.3　信息财产权与隐私权的平衡：数据库中的个人信息保护 ······· 133

5.4　信息隐私权与信息获取权的平衡：个人识别信息的公开 ······· 139

参考文献 ··· 145

第6章　信息控制与获取的法律平衡机制的构建 ············· 148

6.1　平衡机制构建的目标 ······························· 148

6.2　平衡机制构建的原则 ······························· 150

6.3　平衡机制的具体构建 ······························· 152

参考文献 ··· 190

第7章　21世纪信息法律制度的发展 ······················ 192

7.1　知识产权法律制度的发展 ··························· 192

7.2　信息公开相关法律制度的发展 ····················· 234

7.3　电子商务信息相关法律制度的发展 ················· 244

第8章　信息法的未来：利益平衡——信息社会永恒的主题 ······· 250

附录　我国主要信息法律、法规 ·························· 253

后记 ·· 303

第1章 引　论

　　你是否曾经将你喜爱的歌曲制作成光盘，放到你的汽车音响上去欣赏？你是否曾经买来一张音乐光盘，将其中的音乐存入你的便携式 MP3 播放器中？如果你曾这样做过，你应当知道版权法最近的修改已经剥夺了你合法拥有的个人媒体使用权。那也就意味着，混录或复制音乐到 MP3 播放器中这样的行为正被迅速地限制或制止。数字消费者组织为此正在做一些工作。我们正在倡导一个消费科技权利法案（Consumer Technology Bill of Right），积极宣传消费者合理使用的权利。

——数字消费者组织[1]

　　公园里，一个女孩儿正在荡秋千。她没有像平时那样前后荡，而是拉着链子的一端左右摇着秋千。没过几天，她的父母收到了一封知识产权执法处的来信（该执法处隶属于警察局）。信中声称，监视器已拍下了他们女儿荡秋千时所使用的方法，该方法属于一项专利的主题，玩趣公司已经申请了包含该方法的一项专利。他们要么缴纳专利许可费，要么将面临专利侵权诉讼。

——彼得·达沃豪斯/约翰·布雷斯韦特[2]

　　在全球知识经济兴起、高新技术不断发展的背景下，信息作为一种资源，已紧密地与财富、利益联系在一起。高新技术为信息交流开辟了广阔的道路，大大扩展了人们获取、储存和传递信息的能力，使信息资源共享成为人们的共识；而信息经济的发达又促进了知识价值的升值，"知本家"的出现扩大了维护、保障知识所有者权益的法制需求。社会公众要求信息无偿或者低成本使用，要求信息开放、扩大信息的流通和获取；但权利人则要求控制自己的创造性劳动成果，独占或者垄断自己的权利。例如，有的知识产权人甚至为了获得超出知识产权法所授予的独占或有限垄断权范围，违背公共政策，不公平或不合理地行使知识产权，这种行为被称为知识产权滥用。因此，信息获取与资源共享、信息控制与权利保护成为当今世界信息领域的两大潮流。如何协调二者的矛盾？周庆山教授曾在其《信息法学研究的回顾与展望》一文的结尾指出："今年爆发的 SARS 疫情，不仅暴露了我们政府信息开放与控制制度的弱点，也引发了一系列社会各界对完善我国政府公共信息收集、发布和处理利用的机制的关注，如何建立社会应对危机发生的信息管理系统，如何规范网络 BBS 和手机短信息传播等问题，不仅是一个技术问题和管理问题，更是信息法研究所面对的一个重要课题。因此，信息法学研究需要对于满足知情权的信息公开传播与保障国家利益的信息控制的平衡问题找出合理的答案。"[3] 所以，本书在此提出了信息控制权与信息获取权的平衡问题，希望在此基础之上建立的平衡机制有助于解决二者之间的矛盾。

20 世纪 60 年代以来，以蓬勃发展的信息技术为先导，人类开始步入信息社会。信息因其固有的共享性、控制性、再生性等特性，逐渐取代物质和能源，成为信息时代最重要的生产资源和战略资源。信息社会中，知识信息成为新的财富，工业经济时代诞生的"劳动价值论"被新的"知识价值论"所取代。信息问题成为最具时代魅力和理论潜能的前沿领域，进而成为法学研究所关注的对象。社会信息化过程中的利益冲突及其带来的信息权利问题日益引起人们的广泛关注。信息的共享性使信息资源的跨时间、跨地域利用成为可能，但是，共享信息资源的利益必然在不同的主体间产生冲突。周庆山曾将人类利用信息中的矛盾概括为四个方面，即信息自由与信息安全的矛盾、信息不足与信息过滥的矛盾、信息的社会公益性和个体性的矛盾、信息保密与信息公开的矛盾。[4] 对信息的控制权往往意味着对一定利益的获取可能，因此，与特定信息之间存在的各种关联性，成为各个主体主张权利的依据。社会信息化的发展对传统法律所确认的信息权利造成了很大的冲击，信息时代需要法律对信息的全方位关注，信息权利问题则是其中最基础的一个。

信息权利作为信息法中的一个基本概念，其性质的复杂性和其内容的综合性决定了信息立法面临的主要问题是各种不同性质权利之间的协调，实际上是各个主体、各种利益之间的平衡问题。在蓬勃推进的全球信息化过程中，信息控制与获取的利益矛盾日益突出。联合国开发计划署《2000 年人类发展报告》显示，不同发展水平国家的人们在"获取信息流"方面存在巨大差异。不可否认，对信息的产权保护与信息公共获取犹如一架马车上的两个轮子，二者缺一不可。信息获取代表了信息用户的利益，而信息控制则代表了创作与投资人的利益。技术和法律是推动社会信息化的两种外部力量，但这两种力量并非同步增长。技术是个人价值追求的结果，变化迅速，而法律却是不同利益集团之间建立与协调的产物，常常滞后。21 世纪的全球信息化将会在很长一段时间内处在这种不协调状态下。所以，本书在分析信息权利的概念、性质等基础上，进一步将其分为信息控制权与信息获取权，并认为信息法应以此权利模型为基础构建起体系框架，从而建立起信息控制与获取的法律平衡机制。

1.1　信息时代呼唤信息法

　　工业经济时代，财富来源于对资本和劳动力的控制；而信息经济时代，财富来源于对信息的控制。信息即财富，因此，确立信息财产权就是确立一种财富分配方式，使信息生产者能够获得对其拥有的信息的控制权，这也成为其信息再生产的一种动力。不过，对信息财产权的控制也会产生一定的负面影响。信息财产权在某种程度上会阻碍信息共享，不利于信息效益的最大化。而且，当信息成为知识经济的生产要素之后，信息即财富的理论将会改变传统社会中富人的结构，因信息在人群中的分配不均使得信息财产权成为贫富分化的又一种成因。在知识经济社会，信息量不仅成为衡量产品的价值指标，也成为衡量财富数量的一个指标：占有财富的多少可以用占有信息的多少来衡量，信息量即财富量，亦即富人是指占有信息多的人，穷人则是指占有信息少的人。传统社会由家族、世袭而形成的上流社会被具有高知识、高智商的精英集团所取代，而受教育程度不高的低知识阶层成为社会的下层。[5]如果赋予信息权利人过大的专有权，将进一步加剧这种分化。

　　知识产权通过授予发明家、作者以一定的专有权从而达到促进创新的效果，但过度的保护则可能达不到其促进创新的目的，甚至有可能适得其反。过度保护有可能使知识产权人处于市场的中心控制地位，从而损害竞争。比如，有人试图将在互联网上从事电子商务交易的基本方法授予专利权，如果成功，那么其他人就必须缴纳专利许可费才可以使用该方法从事电子商务活动，或者避开现有的专利，重新发明新的交易方法，或者退而求其次选择使用其他效率较低的方法，这些无疑都会增加交易成本。可见，专利实际上构成了市场准入的障碍，这种障碍的高低取决于专利的性质和市场的结构。此外，过度的知识产权保护可能会给他人或公众的信息自由带来损害。比如，围绕某种新药申请了太多的专利保护，就有可能阻碍其他科学家对该药品的进一步研发，因为他们有可能动辄面临侵权的风险。但公众希望从事公共研究的人员能够继续他们的研究，并能进行低成本、高效率的临床试验。众所周知，公共研究项目能够促使健康权、获得食物权等基本人权的实现，因此公众不希望这些研究因为某公司宣称对其拥有专利而被打断。当拥有庞大专利组合的公司发出专利威胁迫使科学家们放弃这些研究项目的时候，这种专利保护就减少了公众的自由权。同样，当著作权人通过加强权利保护而不断提高信息产品的价格、通过不断延长著作权保护期而使公众无法获取相关资料的时候，公众能够获取的资源就会日益减少，而公众交换、传播和交流信息权利是基本的信息自由权，是民主发展的根本之路。可见，社会把信息产品的定价权越多地赋予知识产权人，公民获取的信息就越有限。

因此，"保护作者的权利，使其从创造性工作中获得回报是可以接受的，但是，允许该创造性工作的垄断权延伸到使用它的所有方面，则不是公众利益和私人回报之间的适度平衡"[6]。无论是从提高整个社会信息效益的经济学角度，还是从过度膨胀的信息权可能造成贫富分化的政治学角度，都应当在给予信息生产者信息专有权的同时，为其划定一个界限，以维护其他公民的信息获取权，使得信息专有权的行使不会过度影响信息的社会效益，也不会造成过分悬殊的贫富分化。如果说在以金钱为财富代表的传统社会中，税法是清除严重贫富分化的主要手段，那么在以知识为财富代表的新经济条件下，信息保障法就应成为防止严重贫富分化的主要立法。国际图书馆协会与机构联合会（以下简称国际图联）宣告，不受限制地自由获取和表达信息是人类的基本权利。国际图联及其全世界的图联会员支持、捍卫和促进知识自由，这一点已写入联合国所颁布的《世界人权宣言》，知识自由包含人类丰富的知识、观点、创造性思维和智力活动。国际图联坚持，对知识自由的承诺是世界范围内图书馆和信息业的主要职责。[7]

进入 21 世纪，为适应世界经济从工业经济时代向知识经济时代的转变和挑战，人们开始从不同的角度来认识知识产权。从目前的趋势看，与其说传统的知识产权在扩展，不如说知识产权将被纳入一个更广阔的领域，即信息产权。而知识产权的保护对象实质上就是信息。1984 年出版的《香港的知识产权与工业产权》一书中，作者将专利解释为"反映发明深度的技术信息"，而将商标解释为"贸易活动中使人认明产品标志的信息"，而将著作权解释为"信息固定而长久存在的形式"。[8]知识产权是基于对创作和创造的鼓励，《美国宪法》第 1 条第 8 款规定："国会有权……通过保障作者与发明人对其相应作品与发明在限定期间内拥有专有权的方式来促进科学与实用艺术的发展。"相比之下，信息产权则是基于对信息经济的思考，它除了考虑对创作和创造的鼓励外，更主要的是将信息作为未来最重要的"产品"。数据库保护问题的提出正反映出从知识产权到信息产权概念的变化。[9]

由此可见，我们在此提出建立信息控制权与获取权的法律平衡机制就有了更为重要的意义。我们的目标是：在保障信息生产者有足够的激励以维持信息再生产的前提下，应当通过信息立法最大限度地保证信息的传播和获取，保证基础知识的普及，保证关系到国计民生重大利益信息的社会公有和公共获取。通过对信息专有权设置合理限制、设置信息价值的上限、赋予公众以信息获取权，来给予普通人最低限度的信息保障。这些原则都应当体现在信息法中，并通过建立信息控制权与信息获取权的平衡机制来实现。

1.2　信息时代面临的新的法律问题

信息化社会中，知识、信息被视为经济增长和社会发展的核心资源。随着信息化进程的加快，人类知识信息生产能力不断提升，知识信息总量激增，超出了人们的信息选择和处理能力。同时知识信息的外部性、公共物品属性、垄断性以及信息不对称性等使市场对信息资源的配置严重偏离社会公平效率的水平，导致信息老化、信息泛滥、信息污染、信息资源分布不均、信息流通不畅等现象日益加剧。缺乏控制和组织的信息不仅不能体现出应有的价值，甚至会给经济、社会的发展造成严重的负面影响。因此，我们应从战略发展的高度对信息资源的生产、流通、开发、利用等各个环节加以调节和控制，制定一套完整的法律法规来保证信息控制与获取的平衡，保障信息化进程的顺利推进和信息社会的健康发展。

信息技术作为推动信息化发展的革命性力量，其迅猛发展和广泛应用极大地增强了人们认识和改造世界的能力，空前解放了劳动生产力，为人类经济发展和社会进步揭开了新的篇章。然而，信息技术的"双刃性"也使它在造福人类的同时产生了许多新的社会矛盾和社会问题。信息技术的发展使数字信息的复制极为便利，可以以极低的成本甚至无成本进行复制，而且复制件的质量很高，和原件相差无几，甚至可以高出原件。同时，这些数字信息很容易就能被放到网上，并传播给成千上万的用户，而且很难对这种行为进行监控。所以有些权利拥有者宣称，在数字环境下要制止那些在传统纸质环境下允许的复制行为。而在与信息相关的法律规则的制定过程中，代表权利人利益的大公司往往占据着支配地位，从而导致它们对信息市场的控制。我们今天所看到的知识产权标准，大部分是极少数大公司和商业组织实施其全球战略的结果，这些标准必将影响到全球贸易经济中的信息商品，从而使普通大众和商业的使用总成本进一步增加。

1994 年，由世界贸易组织（WTO）制定并通过的《与贸易有关的知识产权协议》（以下简称《TRIPS 协议》）加大了对知识产权的保护范围和保护力度。把知识产权保护和贸易结合起来，规定国际统一标准，将知识产权保护期由原来的 15 年增加到 20 年，对各个领域提出了最低保护标准，要求所有世界贸易组织成员都必须遵守它的最低标准。但该协议却没有给不发达国家留出足够的时间，使这些国家能够为达到这些标准做好准备。《TRIPS 协议》的基本原则是：国家无论贫富大小都必须执行这些标准。但是，大量的历史资料显示：当今世界的发达国家，它们在 19 世纪经济刚刚开始发展的时候，也不愿意执行这么高的保护标准。当时的美国和欧洲各经济强国在制定知识产权规则方面，都采取比较宽松灵活的制度，从而使得它们可以制定国内标准以满足其经济发展的需要。

的确，我们正处于一个知识产权起关键作用的现代知识经济时代。世界贸易组织和世界知识产权组织正规划在世界范围内重新界定当代全球知识产权保护的标准。而推进这一规划的全球大企业财团处于世界权利的中心，它们希望知识产权保护的世界标准越严格越好、越强大越好。它们强调：创造更多的知识产权将会带来更多的投资和创新。而实际上，在我们学习和获得技能的过程中，复制和模仿处于核心地位。没有复制和模仿，许多对社会有价值的信息就得不到传播和应用。同样，国家的发展也是通过反向工程和模仿他人的生产来实现的。学习和竞争是建立在模仿竞争对手的行为、产品和工艺等基础之上的。作为个体，我们通过观察和模仿他人来提高自己。文化和技术创新依赖这些模仿过程，发明家们总是在借用别人的思想和信息。而知识产权使信息有了标价，因而提高了"借用"的成本，通过加强高标准的知识产权保护提高"借用"成本，将会逐渐窒息而不是促进创新。信息时代，信息产权的重新分配包括使作为智力公共财富的知识财产转移到私人手中。而这里，私人并不是指单个的科学家和作者们，而是指传媒联合的各大企业财团。这种私有垄断权还被不断提升到一个危险的全球化的高度，而全球化的力量从某种程度上削弱了国家的作用，降低了国家保护其公民免受私有垄断权影响的能力。

知识产权法的修改甚至改变了人们获取、交换信息的传统方式。农民原本遵循古老的习俗，存储、交换、交易及出售种子，现在却发现有些种子可能已获得基因专利保护，他们再也不能随意种植了。不同研究机构的研究人员要通过缔结协议才能进行交流，学术机构要使用期刊上的文章，必须向出版商缴纳昂贵的版税，哪怕这些文章是它们自己的教职员工研究、撰写和编辑的。地区合唱团、戏曲俱乐部和学校等将文化传播到社区，却发现自己被著作权的相关规定所困扰，这些规定往往导致传播活动的费用增加。计算机程序员要想改编程序也会遭遇版权或专利的重重限制，专业人员之间的交流陷入举步维艰的境地。在知识产权层层限制下的网络世界中，什么内容可以下载、再分配以及网上粘贴和链接材料等都有相应的规定。世界各地的人们逐渐发现：他们每次使用某方面的信息时，都必须向知识产权人支付相应的费用。

因此，国际图联迫切要求世界知识产权组织对于下列重要的、紧急的问题加以陈述[10]。

1. 知识产权法上的不平衡

《世界知识产权组织版权条约》简要地指出："要平衡作者的权利和广大公众的利益，尤其对于教育、研究和获取信息，就像《保护文学和艺术作品伯尔尼公约》（以下简称《伯尔尼公约》）中反映的那样。"国际图联完全支持这一陈述。然而，这个平衡在牺牲信息消费者利益的同时被扭曲了。因此，国际图联迫切要求世界知识产权组织注意这些问题，这些问题影响了著作权人与信息消费者之间的微妙的需求平衡。特别值得注意的是，版权保护期限的不断延长在迅速缩小公共领域，它只能使极少量的著作权人获益，这些极少量的著作还在被商业化的利用中。

2. 信息垄断

著作权人无论是在纸质还是数字环境下，通过知识产权规则的限制所构成的垄断，已导致了信息提供和获取上的严重的不平衡。这种垄断在教育、研究和发展上不仅对于发达国家，更多的是对于发展中国家产生了消极的影响。致力于发展对包括客观事实和其他公共资源的数据库的新的保护正遭遇着特别的麻烦。

3. 技术保护措施

《世界知识产权组织知识产权条约》指出："有必要采用新的国际规则并澄清对某些现有规则的解释，以提供解决由经济、社会、文化和技术发展新形势所提出的问题的适当办法。"国际图联认为，在寻找适当的解决办法的过程中，教育和发展的需要还没有被考虑到。太多限制性的知识产权法、技术保护机制和数字锁定装置，以及通过合同强制实施的特许"合理使用"，在获取信息、促进研究和革新上造成了严重的障碍。国际图联特别关注的是，图书馆合法的职业行为正在被严重地妨碍。

4. 数字鸿沟加大

存在于"数字化超前"和"数字化剥夺"之间的鸿沟继续加大。过于完备的知识产权法阻碍了对发展中国家的技术转让，在许多方面都已使与信息获取和发展相关的问题更加严重。在发展中国家，科技活动主要是由学习、维护、许可和促进技术引进等部分组成，这些都需要花较高的费用，而基于本国国情基础上的革新和独立却没有受到鼓励。当前的国际版权规则助长了发展中国家对发达国家的依赖，而不是缩小存在于其间的数字鸿沟。

5. 自由贸易协定

国际图联注意到，有些发达国家把较为严格的著作权法强加于其他国家，其严格程度已远远超过了《伯尔尼公约》和《TRIPS协议》的最低要求。许多发展中国家发现，遵从现行的国际知识产权协议是非常困难的。现在这些发展中国家不得不接受更加严格的版权制度，以换取合适的贸易规则，但是这注定会失败，因为它们将无法履行这些协议。

最后，国际图联指出：有必要对国际和国内的知识产权法律进行回顾和检查，以确保处于不同发展阶段的国家都有与之相适应的法律。这些法律必须易于获取知识，促进革新，加速发展，并且能恢复著作权人和消费者之间的需求平衡。

鉴于此，我们提出建立信息控制与获取的法律平衡机制就更具有重要性和紧迫性。这一机制的建立必将有助于恢复信息领域的利益平衡，并最终促进信息资源的公共获取自由，促进全人类的文化发展。

1.3 国内外信息法研究进展

信息法是在 20 世纪 60 年代信息社会的理论空前繁荣的背景下提出的，信息法学研究可以说起源于 20 世纪 60 年代的知识产权法研究、70 年代的计算机法研究以及 80 年代的科技法学的研究。目前，已基本建立了信息法领域的研究模式及方法论体系，形成了一批较成熟的研究成果。特别是国外学者对信息法体系框架作了许多有益的探讨，其研究成果值得我们借鉴。最早对信息法进行系统论述的是科赫·吉拉姆（Cohen Jehoram）[11]，他用同心圆图来解释著作权法（copyright law）、传媒法（media law）和信息法（information law）的关系，并将著作权放在最里面的圆中，指出为使著作权得以实现，人们为作品的传播设置了邻接权，但邻接权依赖于作品。在当今媒体成为一个独立产业的时代，为鼓励作品的大范围传播，需要建立不依赖于作品内容的传播权利，即公共传播权。公共传播权是为使作品向不特定对象传播而建立的信息扩散权，所以，媒体法所规制的公共传播权位于同心圆的第二个层次，即中间层。然而，在向不特定人传播的同时，传播手段也向特定人员开放，如电话，因此在公共传播权之外需建立既包含向不特定人员传播，又包含向特定人员传播的权利，这就是信息权。信息法试图规范利用传播手段向特定人或不特定人传播的一切信息及其传播方式，它不但要解决传播（公众传播权）和专有（著作权）的矛盾，还要解决传播（言论自由）和保密（信息安全）的矛盾。杰拉德（Gerard A. I. Schuijt）则不赞成科赫对信息法外延的理解，而将信息法保护的信息只区分为两类，即著作权法保护的专有信息和可以自由传播的信息。对于信息法的任务，他赞同科赫的观点，即有关两对矛盾（信息专有权和信息传播权、信息传播权和信息安全权）的调和，同时还指出了信息法面对的其他问题，如进入通信市场、保护私人电话以及电子邮件通信等。俄罗斯信息法学专家 B. A. 科佩洛夫在 1999 年发表了一篇重要的信息法学论文——《论信息法体系》，指出信息法是"信息环境——信息生产、转换和消费环境中产生并受国家力量保护的社会规范和关系的体系，信息法律调节的主要对象是信息关系，即实现信息过程——信息生产、收集、处理、积累、储存、检索、传递、传播和消费过程时产生的关系"。他还提出了由总论部分和专项部分构成的信息法体系结构。其中总论部分包括信息法体系的体系构成因素，专项部分则是描述信息法的主要设置，这些设置因对信息关系进行法律调节的不同特点而相互区别，法律调节的不同特点首先受制于信息的不同种类，具体包括：知晓权——信息检索、获取和应用权；知识产权的信息问题；大众传媒关系的法律调节；形成和利用信息资源过程中信息关系的法律调节；处理构成国家机密的信息时所发生关系的法律调节；处理构成商业机密的信息时所发生关系的法律调节；处理个人资料时所发生关系的法律调节；信息系统、技术及其保障手段建立及使用过程的法律调节；信息环境中违法的责任。[12]与国外的信息法研究相比，国内相关研究起步较晚，但学者们较好地借鉴了国外的研究成果，有效地推动了我国信息法研究的发展。1995 年，张守文和周庆山出版了国内第一本《信息法学》专著，较为系统、深入地对信息法学进行了研究。他们深入阐述了信息、信息法、信息法学、信息法律关系等的概念，分析了信息法的地位与体系，将信息法律规范分为信息自由法、消费信息法、知识产权法、商业信息法和国家信息法（或称政府信息法）。[13]贾文中和黄瑞华将信息法的体系描述为信息资源管理法律制度、信息技术法律制度、信息产业法律制度、信息人才法律制度、信息机构组织法律制度、信息物资管理法律制度、信息安全保密法律制度、信息产权法律制度、信息流通法律制度以及国际信息合作与交流法律制度等十个方面。[14]吴宏亮、颜小云则将信息法的体系描述为信息资源管理法、信息基础设施法、信息技术法、信息产业法、信息商业法、信息产权和安全保护法等六个方面。总体来看，信息法学研究还远没有形成完善成熟的理论框架和学术体系，但是随着这个研究队伍的不断成熟和壮大，信息法学研究必将从分散走向集中，从而形成一个规范的学术领域和专业。

以上是对信息法理论研究方面的总体概述，而对信息法领域的具体法律制度的研究成果则更多，在此仅对近年来受到广泛关注的信息法领域的利益平衡问题相关研究作一述要。

1.3.1　国外研究进展

1. 综合研究

随着数字时代的到来，信息权利的冲突与平衡问题已成为国际上讨论的热点问题。美国是较早关注这一领域的国家，1997 年，美国国家科学基金会在联邦网络顾问委员会的建议下，由国家计算机科学和通讯委员会组建了一个知识产权和正在浮现的信息基础设施委员会，研究信息技术的发展对知识产权法的政策影响问题。经过两年的研究，委员会提交了一份题为《数字化两难：信息时代的知识产权》（*Digital Dilemma*：*Intellectual Property in the Information Age*）的报告。报告分析了数字信息给知识产权法带来的难题和挑战及其原因，并得出了一些可能有助于解决数字化两难窘境的结论。该报告尽可能全面地反映各方观点，包括计算机科学家、来自工业和学术界的知识产权律师、网络专家、图书馆员、经济学家、出版商、编辑、自由撰稿人、数据库专家、密码专家、远程通信服务提供者、数字图书馆相关业者等，还听取了工业界、学术界和政府专家的建议。报告分析了现存的问题，引导启发人们对这些问题的思考。对于意见一致的地方，给出解决问题的步骤；而在不可能达成一致的问题上，则列出相互冲突的观点，并试图揭示隐藏在不同立场背后的内在因素。报告说明了需要搜集的对未来决策具有重要意义的数据，并勾画了一些领域的研究蓝图和日程。报告还提出了一个思考数字化两难窘境的框架，要求广泛考虑拥有共同利益的各方共同努力，从不同的视角来分析和解决问题。报告指出，在过去的 200 年里，版权法在平衡作者权利和社会公共利益方面一直是成功的。今天互联网的快速发展也说明版权法的平衡作用仍然不可忽视。尽管这种平衡是脆弱的，版权法依然促进了各种思想、信息和作品的广泛传播。最后得出的结论是，知识产权法必将在数字时代存在，但法律必须作出调整，以充分保护内容创造者（content creator）和权利拥有者（rights holder），以保证有广泛而多样的信息作品提供给公众。同时也需要作出其他调整以确保版权法反映重要的公共目的，比如，在数字化背景下，实现大量信息的公共获取（public access to a wide range of information）。这些调整需要规划设计，而完成这些重要的任务需要具有共同利益的各方共同参与。1999 年，美国公共利益促进科技数据库可获取性研究委员会、国家研究理事会出版了《平衡问题：科学与技术数据库中的私人权利与公共利益》（*A Question of Balance*：*Private Rights and the Public Interest in Scientific and Technical Databases*）的研究报告，该报告从社会公共利益角度深入讨论了数字时代数据库中私人权利与社会公共利益的平衡问题。

　　20 世纪 90 年代，美国图书馆与信息教育界开始积极关注信息领域的权利平衡问题，一些学院甚至将"对信息的获取是一项基本人权"作为办院的宗旨，如华盛顿大学的图书馆与情报学研究生院。不仅欧美图书馆、科学界在研究这一问题，加拿大、澳大利亚、国际图联、联合国教科文组织以及其他一些专业组织也都在研究这一问题。面对信息化时代的新环境，国际上的一些政府组织、学者及时作出反应，开展研究。参加研究的机构主要有大学、政府与国际组织，独立的社团、独立个人。1994年以后，国际上很多一流的大学参与了该问题的研究，例如，哈佛大学网络与社会研究中心、斯坦福大学数字空间知识产权研究所、加州大学伯克利分校的技术与法律研究所、巴黎十一大学法律与管理学院的信息法律研究中心、阿姆斯特丹大学的知识产权与信息法律研究中心等。从主权国家的角度看，自1994年以来，世界各国政府几乎都组建了专门的咨询机构研究这一问题。例如，美国为了配合国家信息基础设施计划，组建了信息基础设施特别工作队（Information Infrastructure Task Force），并下设知识产权工作小组，研究成果如《国家信息基础设施与知识产权》（1995）；加拿大工业部组建了信息高速公路咨询理事会（the Advisory Council on the Information Highway），下设加拿大文化内容研究小组，发表的研究成果如《版权与信息高速公路：加拿大文化内容研究小组的最终报告》（1995）；澳大利亚版权研究小组（Copyright Convergence Group）发表的研究成果如《信息高速公路变化：新传播环境下的版权》（1994）。

的确，信息控制与获取已经成为当前与信息相关的法律与政策问题的核心。国内外很多专家学者撰文表达了对这一问题的关注。例如，菲利普（D. J. Phillips）[15]探讨了有关个人行踪信息的获取问题，认为个人隐私权正面临无线通信中的定位监视的威胁；印菲尔德（C. Imfeld）[16]则分析了美国《千年数字版权法案》（DMCA）对各种群体获取被数字加密的版权作品的能力的影响；诺拉（L. T. Nuara）[17]论述了加密技术对信息获取的影响，探讨了因特网使用中涉及的宪法问题，即加密与言论自由的关系问题；黑德（T. Heide）[18]探讨了欧盟电子商务框架下的获取控制与创新问题，介绍了欧盟对信息获取的控制情况。

2. 版权领域的信息平衡问题

知识产权法是控制对信息的创造、使用和传播的最重要的法律，而版权法又是受计算机网络影响最为广泛和深远的一个部门法。詹姆斯·麦迪逊（James Madison）曾指出，著作权形成了公共利益与私人利益的有机结合，使得大众渴望获取知识信息、思想的公共利益与出版者对制作、销售复制品的利益很好地结合起来。不仅通过授予作者版权使作者获得激励，同时还有其他机制在良好有效地运作，包括公共政策、合理使用、首次销售原则、公众免费借阅、教育传播、以合理价格购买复制品、对作者权利的时间限制等。但是在今天，版权法则的"平衡器"有些失衡了。[19]所以版权领域的信息平衡问题又格外引起专家学者的重视。

马瑞特（Marett）在其《私人利益和公共利益》[20]一文中指出：版权法常常面临版权拥有者和版权使用者之间的紧张局面。出版者总是希望他们对信息产品的创造、传播的投资能有所回报，用户则希望尽可能广泛地获得信息。信息职业者常常发现他们正处于这紧张对峙的双方中间。曾几何时，这种紧张局面因为技术的限制而得到了控制。复印质量问题以及复印成本的相对昂贵，使得一个人一天能复印的数量相对有限。然而，数字信息的出现使得这一切都发生了改变，从而导致紧张局势的进一步加剧。

数字信息的出现给版权拥有者带来了一系列问题：第一，机读形式的版权作品复印的简易性，或者说将印刷本转换为数字版本形式的简易性；第二，这种电子版本所具有的典型的高质量性；第三，人们能很容易将这些机读形式的作品传播到网上，传递给成千上万的潜在用户；第四，这种复制或传输成本很低或者没有成本，并且速度极快；第五，是对这些行为进行监控的难度[21]很大。由此，权利拥有者呼吁：一些在纸质环境被允许的复制在数字环境下应不被允许[22]。

在出版和版权界最富影响力的克拉克（Clark）[23]提出了版权拥有者回应数字挑战的三种方式：一是游说强化版权法；二是开发技术措施和设备防止版权被盗用，随时使用法律宣称非授权的规避技术措施的行为属违法犯罪行为，技术措施包括使用信用卡或智能卡的支付机制、软件狗之类的硬件、加密软件以及其他确保只有授权用户才能获取出版者作品的措施等；三是锁定用户进行许可使用，以防止版权被盗用，许可条款往往是各不相同的。

信息管理者也有他们的办法来应对这种局面。首先是非正式的讨论组，目前最著名的讨论组是英国的 Lis-copyseek 和美国的 Liblicense，这两个讨论组由学术图书馆和信息管理者组成，进行许可谈判。Lis-copyseek 不允许电子信息销售者进入组织，但是 Liblicense 却允许。Liblicense 只负责电子许可的谈判，Lis-copy-seeker 则还包括复印许可和其他更广泛的法律问题。使用讨论组，那些从事许可协议的谈判者可以获得来自同行的帮助和建议。其次是发展联盟，反垄断法规定出版者不能联合起来对客户强加统一的条款，但出版者却不能阻止图书馆和信息机构创建联盟，如建立统一的购买组织。集团许可在教育领域也日益盛行。最后是发表有关许可的原则声明，这些声明往往由信息职业者或相关专业团体组织发布，列出许可协议的最低条款。例如，必须允许用户下载和打印，还要列出他们所不能接受的条款，如价格远远超出相应的印刷型产品或合同规定供货商保留在不告知的情况下提高价格的权利等。他们强烈呼吁图书馆员和信息职业者不要签订任何违背这些原则的协议。奥克森（Okerson）[24]提出了标准的许可协议，考克斯（Cox）[25]则对这些标准许可协议作了一个平衡性的述评。考克斯作为一位知名专家提出了他自己的通用许可协议，并在英美受到普遍欢迎。另外一个较好的例子是全国电子网站许可倡导（National Electronic Site License Initiative, the NESLI）的标准协议（Model License）。哈里斯（Harris）[26]提供了一个对许可协议谈判极为有用的实践指南。

马兹雷克（Mezrich）[27]关注权利拥有者的权利持续高涨。莱西格（Lessig）作为美国知识产权领域最具原创性的作者，写了两部著名的著作：《代码：塑造网络空间的法律》[28]和《思想的未来：共享知识在联网世界的命运》[29]，这两部著作阐述了信息商品化的稳步发展和信息共用性的持续减弱必须被抵制的原因，从而引起了人们的高度关注。

图书馆员经常感到他们在版权问题上总是处于一种两难的境地：一方面，他们希望为用户提供最好的服务；另一方面，他们又发现自己处于代表版权人利益的最前端而与用户的意志相对抗。尽管图书馆员和出版商之间存在着一些互不信任，但图书馆员还是很关注版权，并希望更多地尊重版权。汉德森（Henderson）[30]阐述了图书馆员在工作中要保持平衡的困难性以及他们对现行版权立法的观点。许多学者认为图书馆的版权例外（即合理使用）正面临严峻威胁，如民科（Minkel）[31]、潘特罗尼（Pantalony）[32]、特劳特（Theriault）[33]等。另外，还有一些学者回顾了学术图书馆中版权的合理使用，如马里（Marley）[34]探讨了版权合理使用对高等教育的影响，迟库（Chiku）[35]则指出，日本还没有版权合理使用的传统，赞成应建立合理使用制度。

版权例外的规定是否适用于电子保存是目前的一个重要课题。捷林斯（Jennings）[36]和施拉季斯（Schragis）[37]回顾了合理使用和美国主要的关于版权例外的规定在网络环境下的适用性，指出版权法的目的就是促进科学和艺术的进步，给作者的劳动以回报也是为了进一步促进这一目标的实现。版权法正是通过对权利的限制和例外来维持在版权作品的使用中作者的垄断权和公众利益的平衡。合理使用的抗辩，是对版权拥有者的垄断权的法定例外，是维持平衡的重要机制，它有可能使法庭避免对版权拥有者的垄断权给予过高的保护从而有损版权的基本目标。因特网技术的产生和发展给国会和法院提出了新的挑战：如何在维护因特网上信息自由流动的同时保护知识产权，保持二者之间良好的平衡。作者还结合案例说明了新的数字环境并没有导致法院放弃或严重偏离传统的合理使用规则，传统的判定合理使用的四要素（即使用的目的和性质，是营利性还是非营利性；享有著作权作品的性质，即该作品已经出版还是没有出版、是事实性的记述还是创造性的描绘；同整个著作权作品相比，所使用的部分的数量和质量；使用对有著作权作品潜在市场或价值的影响等）在网络环境下仍然适用，只是倾向于以技术为中心来运用合理使用的要素。科恩（Cohen）[38]和色雷恩（Therien）[39]则对近年来合理使用制度的日益衰落进行了评论。维亚纳森（Vaidhyananthan）[40]和凡罗曼（von Logmann）[41]对《千年数字版权法案》（DMCA）进行了批评性述评，宣称它妨碍了表达和科学研究。凡罗曼还指出DMCA是创新和竞争的主要威胁。朗尼（Lunney）[42]发表了一篇颇有见地的文章，要求废除美国法律和欧盟指令当中的反规避条款。

麦拉姆（Melamut）、狄波杜（Thobodeau）和阿尔布莱特（Albright）[43]在美国法律背景下探讨了这一问题。他们认为对这一问题不能太过严格，遵守版权与风险管理相关而非必定与法律更相关。有许多问题在法律领域还不明确，图书馆管理者必须基于可能性来做决定，如某一行为是合法还是非法、某一行为是否会引起版权拥有者的抱怨等。他们还强调图书馆员有责任为高级管理人员和代理人提供有关版权的知识。

版权也给远程教育带来了新的问题。版权拥有者极为关注接受远程教育的学生获取和下载版权作品的能力，因为他们很难控制对这些享有版权的资料的进一步使用。克鲁斯（Crews）[44]探讨了美国的《技术、教育与版权协调法案》（简称《TEACH法案》）对远程教育的影响，指出《TEACH法案》是在教师、学生需要与版权人的权利之间达成的一种妥协、一种新的平衡，这种平衡与美国迅猛发展的数字远程教育是相适应的。TEACH法案的颁布，不仅显示了美国国会在处理数字远程教育中各法律关系的远见，更向公众传递了一个清晰的信号，那就是美国对远程教育、数字媒体及其版权冲突的高度重视。

3. 数字权利管理带来的权利平衡问题

数字权利管理设施的法律保护问题由来已久。这些设施的名称也很多，有电子版权管理系统（electronic copyright management system，ECMS）、电子权利管理系统（electronic rights management systems，ERMS）和数字权利管理系统（digital rights management system，DRMS）等。人们往往交替使用这几个词，不过，目前数字权利管理（DRM）是最通用的。数字权利管理系统一般是指权利拥有者控制版权作品使用的任何硬件或软件，这些硬件和软件系统的使用往往有一个许可协议，使人们明确对于版权作品的使用方式，哪些是允许的，哪些是不允许的。

对数字权利管理有关法律问题的研究主要包括以下几方面。首先，美国的《千年数字版权法案》和欧盟的《欧盟版权指令》对数字权利管理系统提供的保护。这两部立法都将避开或破坏数字权利管理信息（或版权管理信息）的行为视为侵权，如删除版权拥有者的详细信息、破坏对版权作品的使用进行追踪的程序等。两者的主要区别在于，在美国，避开或破坏数字权利管理信息的行为是绝对侵权，即使是一个善意的使用者行使自己的权利。例如，合理使用，避开或破坏权利管理信息的行为仍然是侵权行为，权利拥有者完全可以依据《千年数字版权法案》中的相关规定对侵权者提起诉讼。相反，《欧盟版权指令》则明确规定这种规避行为不属侵权，除非是故意侵权或隐藏侵权。也就是说，如果符合版权例外的规定（如合理使用），避开或破坏数字权利管理信息的行为也不算侵权；指令还规定权利拥有者有责任开发自动系统允许善意用户行使版权例外的规定。然而，版权例外的规定在什么情况下有效、什么情况下无效，却是一个难以抉择的问题。

其次，是有关隐私和数据保护的问题。DRM 使权利拥有者能够跟踪个人用户对版权作品的使用。在欧盟，这种跟踪是合法的，但必须是已经告知了用户会被跟踪，并且获得了用户对这种跟踪的同意。然而，如果用户事前事后都拒绝同意这种跟踪怎么办？目前似乎还没有明确的答案。在欧盟内部，DRM 只能搜集不会导致任何人能识别个人搜索习惯的匿名数据。不过，在某些情况下，如高度竞争的医药行业，即使匿名搜索数据也具有极高的商业敏感性。尽管隐私权问题日益引起关注，但是似乎并没有引起 DRM 开发者足够的重视。

再次，DRM 引发的法律问题由依赖版权法来决定转向依靠版权拥有者和使用者之间的合同来决定。DRM 赋予版权拥有者极为有利的谈判地位，有许多合同减少了法律赋予用户的合理使用的条款。因此，除非已经支付，仍然可以就版权拥有者阻止数字版权作品的展示、打印和制作备份的相关条款进行谈判。

这些问题如此重要，以至于有学者建议开展数字消费者权益运动（digital consumer rights movement，DCRM）。克拉克（Clark）[45]指出，这一运动将对抗 DRM 支持的出版集团的力量。他还建议万维网联盟（World Wide Web Consortium，W3C）的 DRM 工作组虽然代表集团利益，但应当避免与用户冲突，将其探讨的课题扩展到不仅包括技术问题，还包括相关的社会和政策问题。工作组还应包括消费者组织和其他感兴趣的组织，确保版权例外的条款不被减少，使与 DRM 相关的隐私权问题能得到很好的解决。伯克（Burk）和克汉（Cohen）[46]指出，为了平衡 DRM 中权利拥有者和客户之间的力量改变，加强对许可协议的控制是必要的。

许多人一直关注着数字时代版权的未来。特南特（Tennant）[47]是一位有代表性的学者，认为目前正处于一场版权之战中，图书馆员必须与实力不断增强的权利拥有者进行抗争。巴洛（Barlow）[48]作为最著名的代表人物，认为版权是一个过时的概念，在网络环境下将会崩溃。可见，版权一直面临版权拥有者和用户之间的矛盾冲突。技术的发展和网络文化的出现，往往是和版权概念相对抗的，这也就意味着未来的网络版权问题会日益增多。信息职业者会发现他们处于对抗双方之间的尴尬境地。毫无疑问，信息法这一领域在未来将面临更多的挑战。

1.3.2 国内研究进展

在国内，陈传夫教授较早关注信息领域的利益平衡问题，并发表了大量有影响的论著。他先后主持了"信息资源公共获取问题"、"知识产权领域的公共政策问题"、"推进信息资源公共获取的政府策略"等国家级课题，对信息控制与获取问题进行深入研究，并提出了相应的解决方案，同时也发表了大量的研究论文。例如，《关注信息领域的知识产权利益平衡问题》[49]，文中分析了知识产权领域的信息失衡现象，主要表现在利益分配失衡、精神利益与经济利益、图书馆的公共性和知识产权的商业化、不断抬高的知识产权门槛、国际信息利益存在巨大差别等几方面，最后指出，维系私人利益与公共利益的平衡应是数字时代知识产权法则的主要目标。获取信息或共享信息是文明社会每个成员的权利。过于严厉的版权保护使经济欠发达地区的人们对信息的获取处于更为不利的地位。版权制度是文明社会的标志，也是规范信息资源生产与传播行为必要的法律制度，而资源的共享也是社会的诉求。要解决好这些问题，关键是建立起知识产权保护与信息资源共享之间的利益平衡机制，并依靠政府强有力的公共政策安排。另一篇论文《中国科学数据公共获取机制：特点、障碍与优化的建议》[50]指出，科学数据是国家科技创新和可持续发展的重要战略资源，并描述了我国科学数据获取机制的特点，包括中国科学数据主要产自政府部门以及政府资助的研究、在线网络科学数据库分布不平衡、我国十分重视数据公共获取问题、科学数据公共获取的机制已经在发挥实效等；分析了中国科学数据获取机制中的障碍，主要有供公共获取的数据质量和可获得性有待提高、存在信息封锁和信息壁垒现象、政府掌握的许多信息处于闲置状态、网上中文数据所占比例很小以及科学数据市场调节基本处于失灵状态等；最后提出了改进科学数据获取机制的建议，包括通过立法建立科学数据公开机制、建立数据共享体系保障机制、建立科学数据的市场调节机制、积极参与国际科学数据获取的合作等。此外，还有《我国信息资源公共获取的差距、障碍与政府策略建议》[51]、《社会信息化过程中若干利益冲突研究》[52]、《网上信息获取的知识产权管理方案》[53]、《防止知识产权对公共利益的损害》[54]、《重视数字时代的信息利益平衡》[55]等文分别从不同角度论述了信息领域的利益平衡问题，强调了推动信息资源公共获取的重要性。

　　冯晓青教授则主要从知识产权利益平衡的角度发表了大量论文。例如，《试论以利益平衡理论为基础的知识产权制度》[56]中指出，知识产权制度是一种分配权利与利益的平衡机制。在信息的生产、专有和使用之间达成平衡，是知识产权制度追求的一个重要目标。利益平衡因而成为知识产权制度的理论基础。它涉及智力产品的创造、传播之间的平衡，智力产品的创造和使用之间的平衡以及知识产权人的个人利益和公共利益之间的平衡等。知识产权制度本是一种确认知识产权人对知识产品的专有垄断权的制度，但通过其一系列的制度设计，围绕知识产品所产生的各种利益关系得到了均衡，从而保障了这种制度宗旨的实现。《南北知识产权保护：利益失衡及其利益平衡之重构》[57]分析指出，当代的知识产权国际化趋势越来越明显，南北国家之间在科技、经济和文化发展方面的巨大差异使得国际知识产权保护存在明显的利益失衡现象。知识产权保护的不均衡性反映了知识产权领域中的特殊国际关系，发展中国家在知识产权国际保护中应当极力维护自己的利益，打破发达国家对知识产权保护的垄断和利用知识产权获得不正当利益，以重构国际社会的知识产权利益平衡机制。我国知识产权在推进国际化的潮流中也应从国家和民族利益大局出发，对知识产权保护给予适当的定位。《试论知识产权扩张与利益平衡》[58]论述了知识产权制度在几百年的发展中，一个重要特点是知识产权的不断扩张。这种扩张在不同的知识产权中都有体现，特别是在著作权、专利权和商标权中表现尤为突出，具体体现为权利保护客体扩大、权利内容增多、权利期限延长等方面。知识产权的扩张背后是利益平衡机制起作用，知识产权作为一种平衡和协调知识产权人和社会公众之间的利益关系的法律，在一个特定的历史时期需要通过知识产权的扩张维持一种动态平衡关系。《知识产权法目的与利益平衡研究》[59]指出，知识产权法具有促进经济发展和科学文化繁荣的社会公共利益的两方面目标，这种二元价值目标的实现是以激励机制为基础、以利益平衡的调节机制为手段的。在著作权法、专利法、商标法和商业秘密法等知识产权专门法中，都存在这样的平衡机制。例如，著作权法通过确立思想与表达的二分法、公有领域的构建、权利限制等制度设计与安排，建立了这种机制，从而能够实现其立法宗旨。《知识产权法利益平衡原理论纲》[60]认为，知识产权法可以被看成是在知识产权人的垄断利益与社会公共利益之间的一种利益分配、法律选择和整合，其本身具有利益平衡机制，无论是从法理上还是从财产权理论看，这一利益平衡机制都具有充分的正当性。它是国家平衡知识产权人的专有利益与社会公众获得知识和信息的公众利益以及在此基础之上的更广泛地促进科技、文化和经济发展的公共利益的制度安排。《知识产权法与公共利益探微》[61]指出，知识产权法与公共利益存在密切关系，因为知识产权法具有重要的公共利益目标。在知识产权的专门法律如著作权法、专利法、商标法以及商业秘密法中，都存在重要公共利益。总体上，知识产权法中的公共利益表现为确保社会公众对知识和信息的必要接近与分享。知识产权法通过对公共利益的保障，在保护知识产权人专有权利的基础上更好地实现了其立法宗旨。

徐瑄教授的《知识产权的正当性——论知识产权法中的对价与衡平》[62]则是站在知识产权哲学的高度，指出当前知识产权法出现了合法性危机，原因在于人们对WTO框架下知识产权法的误解：将保护一切"知识活动"的权利诠释为保护"知识"的权利。认为知识产权法保护对象具有双重结构，其本质内容是智慧信息，其外在形式是知识形态。从衡平原则出发，知识产权法仅仅提供了确认秘密和鼓励公开两种衡平机制。其中，鼓励公开的机制是近代国家"创制"的，需经对价才能衡平并实现多赢的衡平机制。文章强调，违反对价与衡平条件的知识产权扩张会侵害社会公众的基本人权。对价与衡平、实现多赢的至善目标是现代国家的法定职责。在信息技术环境下，知识产权应在全球范围内体现对价与衡平，促进人类共同发展。

此外，还有大量其他已发表的相关论文。例如，《数字环境下恢复著作权利益平衡的基本思路》[63]指出，利益平衡是著作权法的核心目标，著作权法自诞生之日起始终追求在作者、传播者、使用者之间维系一种平衡。著作权法的平衡从两个层面得以实现：分配机制和市场机制。分配机制，系由著作权法对各方权利义务作出规定，权利限制和例外就是这种机制的核心要素；市场机制，即通过授权许可合同使权利人和使用者各自"得到自己想要的"，实现双方利益的平衡。两种调节机制在模拟环境下为利益平衡发挥了重要作用。数字环境下，著作权保护作品权利人和使用者之间的传统利益平衡的实现、权利限制和例外规则的适用、使用许可合同这一平衡机制作用的发挥等问题已成为数字环境下亟待解决的重要问题。文章分为两个部分：第一部分对著作权权利限制和例外的法律根据进行分析后，对如何进行调整提出了一些基本想法；第二部分分析了利益平衡的市场安排，提出了一些获得授权的方式。《论知识产权法的利益平衡原则》[64]指出，知识产权法调整的对象不仅涉及多元的主体利益，而且涉及复杂的国内和国际经济秩序。同时，知识产权所存在的智力成果的非物质性、知识产品生产的社会性、知识产权取得的国家授权性等迥异于有形财产权的特点，以及知识产品对人类文明的进步所起的特殊作用，决定了利益平衡在知识产权法中有着特殊的存在价值和意义。该文着重探讨了利益平衡的内涵、依据和实现方式。《知识产权制度中的利益平衡原则》[65]指出，利益平衡是知识产权制度追求的价值目标，利益平衡原则的提出根源于知识产权与有形财产的自然属性以及知识产权与有形财产权在性质上的差异，知识产权制度中更多地体现出法律的控制。庞德将法律视为协调利益冲突手段的社会利益学说，为利益平衡原则提供了法哲学上的基础，而在把知识产权界定为私权的同时对产权交易进行规制，这两方面共同作用所带来的经济学上的效益最大化则为利益平衡原则提供了经济学上的基础。《TRIPS 中的利益平衡机制和创新成果评价原则》[66]指出，《TRIPS 协议》中关于社会公众利益与创新者利益之间的平衡机制、创新成果的评价准则等方面的思想，充分体现了知识产权保护的宗旨和目标，对我国的知识产权管理工作有重要的启发意义。《知识产权制度以利益平衡为视角的法律思考》[67]指出，知识产权是因个人创造性智力劳动而由知识产权人享有的一种专有权，要解决知识产权人对知识产品的垄断与社会公众对知识产品的合理需求之间的矛盾，应从知识产权制度与知识创新的关系着手，反思知识产权制度造成的负面影响，建立知识产权利益平衡机制。利益平衡作为知识产权的内在精神和外部机制，是一个动态的、永无止境的辩证过程。知识产权制度只有在对利益平衡目标的不断追求中，才能实现对社会资源最合理的配置。还有《网络时代知识产权保护的利益平衡思考》[68]、《构建数字环境下版权保护的利益平衡机制》[69]、《知识产权保护的平衡机制及其建构》[70]等，这些论文大都针对知识产权领域的利益平衡问题，在分析该领域的信息利益分配失衡及其成因的基础上，探讨了遵循利益平衡原则的重要性，并试图建立相应的利益平衡机制。本书将在已有研究的基础上，从理论和实践上对信息控制与获取的法律平衡机制加以探讨，促进人们更好地理解信息时代与信息相关的法律问题，以促进相关法律制度的发展和完善，并最终促进信息法的发展。

1.4 信息法研究方法

信息法研究可以从信息权利的研究开始，围绕信息确立一套相关的权利，在此首先是确立一个以信息控制权和信息获取权为基础的信息法体系框架，然后在此基础上建立信息控制与获取的法律平衡机制，以指导信息法律实践。这个框架为我们建立一个更为和谐统一的信息法体系奠定了很好的基础和起点。这一框架有以下两个特点：首先，这是一个着眼于社会的信息法律实践、实用性很强的模型，它力图反映社会的需求，其功能在于促进适应社会信息实践需要的法律的制定和完善；其次，这一体系模型是借助有形的物理世界的概念来解决无形世界的有关问题。人们对于财产权和隐私权的概念都是比较熟悉的，而它们又往往与信息获取权相对抗。我们利用这些具体的、关于有形物的概念来阐明与信息这类无形物有关的法律问题，将有助于我们更好地设计平衡信息控制与信息获取的法律制度，也将有助于政策法律制定者们利用熟悉的法律概念来处理新形势下的新的实际问题。当然，这些人们熟悉的概念，在某些情况下是需要重新诠释其含义的。总之，我们将在新的环境下以新的方式来使用现有的概念，并建立一个新的信息法体系框架，这个理论体系的目的就是要平衡信息领域的各种相互冲突的利益，实现信息利益的社会平衡和经济平衡。

信息法律问题研究的指导思想是：维护作者和其他权利人与社会公众的利益平衡，精神权利与财产权利的平衡，发达国家与发展中国家的利益平衡，模拟空间与数字空间的信息权利平衡。本书力图从法理层面和现实层面对数字环境下信息资源面临的问题进行深入探讨，为此将采用以下研究方法：

1）法学与经济学交叉的方法。法学价值观强调社会价值和公共利益，经济学价值观则更加强调市场价值和个体利益。数字时代的信息政策与法规既要强调法学的公平正义原则，又要强调经济学的效率原则，因此将二者交叉研究，将有助于我们更清楚地认识信息政策法规的本质及其功能。

2）国内法与国际法相结合的方法。国际法的国内化和国内法的国际化是当代法律的发展趋势之一。我国的信息政策法规在许多方面需要吸收国际条约的内容，从而解决与国际标准一致的问题。强调国际法与国内法相结合的研究方法将有助于提升我国信息政策法规的国际兼容性，从而更好地服务于我国的法制建设。

3）法理分析与案例分析相结合的方法。通过典型案例的分析研究，归纳一些基本的理论学说，为制定新的政策法规提供理论借鉴。信息政策法规的制定必须结合具体的实际案例，绝不能脱离我国信息产业发展的实践。

1.5　信息法新论的创新之处

提出了一种不同于以往的全新的信息政策法规体系框架，该体系围绕信息控制与信息获取建立权利模型，并在此基础之上建立信息控制与获取的法律平衡机制，以期对信息政策与法规的理论与实践发展起到一定的促进作用。

全面系统地探讨信息资源领域所涉及的政策法律问题，紧密结合信息技术的最新发展，追踪国内外在政策法规领域对新技术的反映，关注政府在我国信息产业发展中所起的作用，以维护信息创造者与使用者的利益平衡为核心构建我国的信息政策法规体系，以及推动信息资源的公共获取。

以信息资源法律保护的国际化发展为背景，深入探讨平衡信息控制与获取的政策、原则和实践，关注提高信息资源公共获取的效率，积极参与全球范围内的信息资源法律问题探讨，使中国融入国际信息化浪潮，为建立全球信息资源法律新秩序作出贡献。

参 考 文 献

［1］http：//www. digitalconsumer. org. 2008-04-05

［2］彼得·达沃豪斯，约翰·布雷斯韦特. 信息封建主义. 刘雪涛译. 北京：知识产权出版社，2005：1

［3］周庆山. 信息法学研究的回顾与进展. 见：中国国防科学技术信息学会. 情报学进展（2002～2003年度评论）第五卷. 北京：国防工业出版社，2003：68～106

［4］周庆山. 信息法教程. 北京：科学出版社，2002：8，9

［5］王晓东. 信息时代的知识地图. 北京：中国人民大学出版社，1997：9～25

［6］Halbert D J. Intellectual property in the information age：the politics of expanding ownership rights. Greenwood Publishing Group Inc，1999：158

［7］国际图联关于"世界知识产权组织未来发展日内瓦宣言"的立场. 卢海燕，白云峰译.

中国图书馆学报，2006（1）：89，90

[8] 马海群，邓小昭．信息化浪潮对知识产权法制建设的影响．情报学报，1998（1）：56~62

[9] 郑胜利，袁泳．从知识产权到信息产权——知识经济时代财产性信息的保护．知识产权，1999（4）：7~10

[10] 国际图联关于"世界知识产权组织未来发展日内瓦宣言"的立场．卢海燕，白云峰译．中国图书馆学报，2006（1）：89，90

[11] Jehoram C. Auteurs. media-en informatierecht. Auteusrecht/AMR（9），1985（3/4）：43~45

[12] 科佩洛夫·В А．论信息法体系．赵国琦译．国外社会科学，2000（5）：39~46

[13] 张守文，周庆山．信息法学．北京：法律出版社，1995

[14] 贾文中，黄瑞华．试论信息法的体系．情报理论与实践，1997（1）：13，14

[15] Phillips D J. Beyond privacy: confronting locational surveillance in wireless communication. Comm L, Pol'Y, 2002（8）：1

[16] Imfeld C. Playing with fair use? the digital millennium copyright act's impact on encryption researchers and academicians, Comm L, Pol'Y, 2003（8）：111

[17] Nuara L T. Constitutional issues involving use of the internet: encryption and freedom of speech. Seton Hall Const L J, 1998（8）：745

[18] Heide T. Access control and innovation under the emerging E. U. electronic commerce framework. Berkeley Tech L J, 2000（15）：993

[19] Council N R. The digital dilemma: intellectual property in the information age. National Academic Press, 2000

[20] Marett P. Private interests and public interest. Library Association Record, 2002, 104（2）：111, 112

[21] Oppenheim C. The legal and regulatory environment for electronic information. Infonortics, 2001

[22] Seadle M. Copyright in the networked world: international complications. Library Hi Tech, 1999 17（3）：326~332

[23] Clark C. The tortuous journey to netlaw: a layman's guide. Logos, 2000（11）：79~85

[24] Okerson A. Standard license agreement. http://www. library. yale. edu/~icense/standlicagree. html. 2005-08-30

[25] Cox J. Generic standard licenses: cooperation or competition? Serials, 1999, 12（3）：283~287

[26] Harris L E. Licensing digital content: a practical guide for librarians. Chicago: American Library Association, 2002

[27] Mezrich J L. Extension of copyright to fonts—can the alphabet be far behind? Computer Law Review and Technology Journal, 1998（summer）：61~67

[28] Lessig L. Code and other laws of cyberspace. Basic Books, 1999

[29] Lessig L. The future of ideas: the fate of the commons in a connected world. New York: Random House, 2001

[30] Henderson C C. Libraries as creatures of copyright: why librarians care about intellectual property law and policy. http://www. ala. org/washoff/copylib. pdf. 2005-05-20

［31］Minkel W. Who owns e-information? School Library Journal, 2000：43, 46

［32］Pantalony R E. Fair use, fair dealing：will they survive? Art Libraries Journal, 2001, 26 （4）：18～21

［33］Theriault L. DOA at the online ramp. Acquisitions Librarian , 2001 （26） ：61～88

［34］Marley J L. Guidelines favoring fair use：an analysis of legal interpretations affecting higher education. Journal of Academic Librarianship, 1999 25 （5）：367～371

［35］Chiku K. Copyright in digital age. Bulletin of the Japan Special Libraries Association, 2001：187, 1～5

［36］Jennings C A. Fair use on the internet. Congressional research service. http：//www. fas. org/irp/crs/RL31423. pdf. 2005-05-20

［37］Schragis S. Do I need permission? Fair use rules under the federal copyright law. Publishing Research Quarterly, 2001, 16 （4）：50～63

［38］Cohen J E. WIPO copyright treaty implementation in the United States：will fair use survive? European Intellectual Property Review, 1999：236～247

［39］Therien J R. Exorcising the specter of a pay per use society：towards preserving fair use and the public domain in the digital age. Berkeley Technology Law Journal, 2001 （16）：979～1043

［40］Vaidhyanathan S. Copyright as cudgel. Chronicle of Higher Education, 2002, 48 （47）：B7～B9

［41］Van de Sompel H. The santa fe convention of the open archives initiative. http：//www. dlib. org/dlib/february00/vandesompel-oai/02vandesompel-oai. html. 2005-06-02

［42］Lunney G S. The death of copyright：digital technology, private copying and the DMCA. Virginia Law Review, 2001 （87）：813～919

［43］Melamut S J, Thibodeau P L, Albright E D. Fair use or not fair use：that is the electronic reserves question. Journal of Interlibrary Loan, Document Delivery and Information Supply, 2000, 11 （1）：3～28

［44］Crews K D. New copyright law for distance education：the meaning and importance of the TEACH Act. http：//www. copyright. iupui. edu /teach_ summary. htm. 2005-06-05

［45］Clarke R. DRM will beget DCRM. Paper Presented at the W3C DRM Workshop, Sophia Antipolis, France, 2001

［46］Burk D L, Cohen J E. Fair use infrastructure for rights management systems. Harvard Journal of Law and Technology, 2001, 15 （1）：41～84

［47］Tennant R. Peer-to-peer networks：promise and peril. Library Journal, 2000 （125）：28～30

［48］Barlow J P. Selling wine without bottles：the economy of the mind on the global net. *In*：Hugenholtz P B. The future of copyright in a digital environment. The Hague：Kluwer, 1996：169～188

［49］陈传夫. 关注信息领域的知识产权利益平衡问题. 郑州大学学报（哲学社会科学版），2003（1）：8～10

［50］陈传夫. 中国科学数据公共获取机制：特点、障碍与优化的建议. 中国软科学，2004（2）：9～13

［51］陈传夫，姚维保．我国信息资源公共获取的差距、障碍与政府策略建议．图书馆论坛，2004（6）：54～57

［52］陈传夫．社会信息化过程中若干利益冲突研究．中国图书馆学报，2002（2）：19～23

［53］陈传夫，叶建国．网上信息获取的知识产权管理方案．图书情报知识，2002（4）：9～12，16

［54］陈传夫．防止知识产权对公共利益的损害．情报资料工作，2002（6）：5

［55］陈传夫．重视数字时代的信息利益平衡．图书情报工作，2001（11）：1

［56］冯晓青．试论以利益平衡理论为基础的知识产权制度．江苏社会科学，2004（1）：210～216

［57］冯晓青．南北知识产权保护：利益失衡及其利益平衡之重构．吉首大学学报（社会科学版），2005（3）：116～124

［58］冯晓青．试论知识产权扩张与利益平衡．湖南文理学院学报（社会科学版），2004（2）：33～38

［59］冯晓青．知识产权法目的与利益平衡研究．南都学坛（人文社会科学学报），2004（5）：77～83

［60］冯晓青．知识产权法利益平衡原理论纲．河南省政法管理干部学院学报，2004（5）：9～17

［61］冯晓青．知识产权法与公共利益探微．行政法学研究，2005（1）：49～60

［62］徐瑄．知识产权的正当性——论知识产权法中的对价与衡平．中国社会科学，2003（4）：144～154

［63］张今．数字环境下恢复著作权利益平衡的基本思路．科技与法律，2004（4）：52～58

［64］任寰．论知识产权法的利益平衡原则．学术论坛．2005（3）：13～18

［65］张旭，孙海龙．知识产权制度中的利益平衡原则．北京航空航天大学学报（社会科学版），2003（4）：15～19

［66］杨仲秋，柳玉山．TRIPS 中的利益平衡机制和创新成果评价原则．青岛科技大学学报（社会科学版），2002（4）：26～28

［67］张歆．知识产权制度以利益平衡为视角的法律思考．湖南科技大学学报（社会科学版），2005（4）：70～73

［68］陶鑫良．网络时代知识产权保护的利益平衡思考．知识产权，1999（6）：18～22

［69］肖冬梅．构建数字环境下版权保护的利益平衡机制．情报杂志，2002（11）：55，56

［70］李昌凤．知识产权保护的平衡机制及其建构．理论学刊，2005（9）：76，77

第2章　信息控制与获取的失衡及其影响

网络等信息技术的发展，使传统法律在新的信息环境下面临新的挑战。随着计算机和互联网应用的日益普及，全球信息技术的发展从一场技术革命演变为一场产业革命，信息产业从传统的产业体系中脱颖而出，成为国民经济新的增长点。人类进入了以信息资源数字化为主要特征的数字时代，数字时代的信息生产和传播方式相对于传统方式发生了巨大变化。所有传统作品，如文字、图像、音乐、电影作品等，都可以成为数字化作品；通过网络技术，所有数字化作品都可以快速在全球范围传播。数字技术和网络技术构成了作品流通的新技术环境——数字环境。互联网的发展掀起了一场全球信息数字化革命，这场革命带来了信息组织、信息管理、信息服务和信息保存等一系列的变化，同时也必然涉及一系列的社会问题，需要相应的信息政策和法规加以调控。例如，北京大学陈兴良教授诉中国数字图书馆责任有限公司，以郑成思教授为代表的知识产权专家状告书生公司等案例，引发了人们对数字时代信息资源的法律问题的广泛思考。知识产权确实成为信息资源数字化建设中迫切需要解决的问题。另外，数字化信息资源的自由流通与限制利用、安全问题等也日益引起人们的关注。信息力量的推动、信息化的出现和发展给人类带来了新的资源、新的财富和新的社会生产力，同时也使人类在信息的生产、搜集、处理、积累、储存、检索、传递和消费等活动中发生的社会关系变得日益多样化和复杂化，因而也产生了诸如信息技术的不正当应用问题、信息网络和信息资源的安全问题、信息产业发展的结构性失调问题、信息市场的恶意竞争问题、信息侵权问题、计算机和网络犯罪问题、信息利益分配不公问题、越境数据流的非法截取问题等。面对数字时代出现的新的法律问题及由此引发的信息失衡现象，国家信息政策和法规必须作出新的调整，以适应信息数字技术的要求和信息产业发展的实际需要。

2.1　信息控制与获取的失衡现象

在新信息技术环境下，信息控制与获取的失衡现象在知识产权领域的表现是最为突出的。下面将主要对知识产权领域的信息失衡现象加以分析和说明，以加深我们对平衡信息控制与获取的重要性的认识。知识产权在世界范围内的无情扩张导致集中控制和丧失自由的危险，这种不断扩张的知识产权制度使得少数大公司聚集起巨大的知识产权组合。知识产权中包含着大量的利益，它对许多人工作和生活所依赖的信息资源享有某种支配权，这种信息以化学公式、植物和动物中的 DNA、支持数字技术的运算法则及书本和电子数据库中的知识等形式出现，这些资源对小到社区、大到各地区及国家的发展都关系重大。知识产权中的效率规则通常包括占有规则和传播规则。在一种民主制度中，如果信息生产中生产者和消费者的利益都能够得到很好的表现，这些利益都具有大致相同的影响力，人们可以期望建立一套有效的知识产权制度。消费者承认，为了获得不断增长的效率，某种程度的知识产权保护是必要的，但他们却并不愿意接受那些不适当地限制市场上信息传播或竞争的规则。所以，过分强调知识产权保护将导致由于知识产权过度垄断而增加的成本问题。而削弱知识产权保护则会引起过度自由搭乘现象，以及由此引起的在创新领域的投资减少。对中国等发展中国家，最好的规则可能应该是以最低的成本将知识迅速传播出去的规则，因为迅速传播知识将发挥中国在低成本的熟练工人方面的优势。另外，还可通过计算机软件开源运动、建立知识产权应用许可制度等来保证获得关键的技术数据而不是垄断利润。这些方法对发展中国家很有益处，特别是将其应用到生物技术等其他领域中的时候。发展中国家无疑面临着抉择，是按照西方各国历史发展下来的知识产权规则行事，还是选择另外一种途径，即注重知识传播所蕴涵的经济和社会功效。因此，立法的难点就在于如何在占有规则和传播规则之间找到一种平衡，这也是本书研究的重点，即如何在信息控制与获取之间建立一种适当的平衡。

具体说来，知识产权领域的信息失衡现象主要表现在以下几方面。

2.1.1　复制技术革命带来的权利人与社会公众利益的失衡

版权中最重要的财产权利之一便是复制权，复制权是版权保护的最基本权利。权利人正是通过控制作品的复制，才控制了其他使用作品的行为，从而从中获利并防止盗版的发生。与传统的复制方式相比，互联网的出现使得大量的数字化作品可以更加轻松地被复制，并且在全球范围内被访问和下载。在这样的环境下，复制越来越难以为权利人控制，版权人处于两难境地：一方面，作者不希望自己的作品被数字化，因为这样会很容易使作品脱离版权人的控制，增加被盗版或侵权的危险；另一方面，版权人又不得不将自己的作品数字化，以最大化实现自己的经济利益。在这种情况下，必须赋予版权人相应的网络复制的控制权，以控制网络上产品的随意复制。

但同时，信息在网络上的传输本身是一个充满了复制的过程，这些复制是维护计算机正常运转的必然要求，也是在现有的技术条件下难以避免的。如果将作品所有的复制权都赋予作者或者版权人的话，则意味着计算机的每一次运行过程中的复制都要经过权利人的许可。这样，互联网的迅速、快捷、方便的优势将荡然无存，互联网的信息交流也将受到遏制。因此，过分保护权利人的网络复制权必将损害社会公共利益。目前对网络环境下的复制权争议较多的问题有：网络上的暂时复制是否是传统意义上的复制？是否需要扩展现行版权法中的复制的概念？

对此，目前有两种相反的观点。一种是代表保护使用作品的公共利益一方，认为数字传输的暂时存储并不构成广义上的复制，理由是存储的时间太短，一旦计算机出现故障、断电或关机，显示器上的显示即消失。只有当作品在计算机硬盘或软盘上固定下来，或通过打印机打印出来，才构成复制。另一种则是代表保护版权人利益一方的观点，认为用户计算机之所以能够显示出作品，正是因为计算机的随机存储器对其进行了复制。美国白皮书、英国版权法、欧盟计算机程序法律保护指令、世界知识产权组织的《伯尔尼公约》提案和邻接权条约提案等都认为：尽管数字传输所导致的暂时复制十分短暂，但是用户计算机显示器上毕竟再现了作品。因此，利用电子手段的暂时存储构成复制；一次性复制件以计算机显示器为载体，与永久性的复制件一样，仍然是复制件，这意味着复制权在网络环境下的扩展。如果认定暂时复制属于传统意义上的复制，则意味着公众在网上的阅读和浏览将有可能受到版权人专有权的控制，作品在网络上的传输形成的暂时复制将有可能导致侵权。

1996 年底，WTO 在日内瓦举行的外交会议上，暂时复制成为讨论的热点问题，专家委员会最后形成了《伯尔尼公约》建议草案的第 7 条。第 7 条第 1 款规定，给予文学艺术作品的作者以任何方式或形式直接或间接地对其作品进行永久的或暂时的复制的专有权；而第 2 款又规定，如果暂时复制的目的纯粹为了观看作品，或者该复制属于短期（transient）或一时（incidental）的行为，只要此种复制被权利人或法律所许可，则缔约国可以通过立法对复制权加以限制。该条款是对《伯尔尼公约》第 9 条复制权及其例外规定的扩展，也是发达国家的版权人要求保护其利益的具体体现。而包括中国在内的发展中国家大多是文化产品的进口国，为了国家的利益而坚决反对将数字传输中的暂时存储视为复制。经过发展中国家代表的共同努力，1996 年 12 月的版权条约草案终于删除了该条款。

可见，在国际上如何解决数字技术带给传统复制理论的新问题，既是一个如何平衡作品权利人和社会公众之间利益的问题，也是作为文化出口国的发达国家和文化进口国的发展中国家之间经济政策冲突的体现。因此，在信息技术发展如此之快的今天，新技术随时都有可能挑战昨天的法律，而且越来越频繁。究竟什么样的版权法才能适应时代的发展，而又能实现版权法保护的初衷——鼓励创新，这是时常摆在我们面前的一个难题。但其宗旨是始终不变的，那就是要维护信息控制者与获取者之间的利益平衡。

2.1.2　技术措施的版权保护打破了原有的利益平衡格局

科学技术的发展一方面拓展了版权保护的对象，使版权的内容日益丰富；另一方面，又削弱了版权人对其作品的控制。数字技术和互联网的发展，使作品的复制、传播更加方便，而且费用低廉，同时版权人则感到对其作品的保护愈发力不从心。于是，技术措施越来越广泛地用来保护网络著作权，其法律保护对传统版权制度也带来了巨大冲击。版权人总是希望其可以对作品进行完全排他性的控制，通过技术措施，版权人对版权作品的控制力越来越强，而传统的版权法则是通过限制版权人的排他性权利来平衡版权人和公众之间的利益关系，版权法限制权利的制度通常有权利用尽原则、合理使用制度、版权保护期限、公共秩序保留等。由于技术措施的介入，版权法固有的这些内容都受到了极大的冲击。版权保护中的技术措施，以技术对抗技术为其核心思想，越来越受到版权人的推崇。技术措施在法律之外，有力地促进了作品的版权保护。有学者更是激进地指出："加密技术和电子合同的联合使用可能会彻底取代版权法。如果接触数字化作品的途径被有效控制，同时接触该作品时附随的合同具有法律约束力，则版权法存在的必要性将不复存在。"[1]

1. 技术措施的版权保护对合理使用的限制

在权利保护基础上的动态的利益平衡原则是整个知识产权立法的着眼点和灵魂，它包括知识产权人与相关民事主体以及其他社会公众之间的利益平衡、保护工业发达国家相对知识产权优势和保留发展中国家合理发展空间的利益平衡、发生权利冲突或权利竞合的知识产权人之间的利益平衡。[2] 在这几种利益平衡中，知识产权人与相关民事主体以及其他社会公众之间的利益平衡是最基本的最重要的利益平衡。为了维护这种利益平衡，法律设计出了种种制度，其中合理使用就是一种重要的制度。从产生之日起，合理使用就发挥出了重大的作用，确保了新闻自由和公民的资讯自由，维持了理性的公平正义原则，维护了版权领域创作者、传播者、使用者三者之间的利益关系的平衡，维护了公共利益和个人利益之间的平衡。合理使用制度的目的在于确保公众对于信息的获取权。对以往社会精神财富的利用而言，合理使用实质上是一种权益的分享，以至于美国学者都将现代著作权法描述为协调创作者、传播者、使用者权利的平衡法。[3]

然而，利用技术措施进行版权保护从其效果上看，不管是控制接触版权作品的技术措施，还是控制使用版权作品的技术措施，都人为地给合理使用人设置了障碍，把正常的合理使用排除在外。虽然版权人的技术措施并不是直接针对合理使用者的，但它提供的保护是"一刀切"，无论法律允许还是禁止的使用行为都毫无例外地被排除在外。技术措施固然阻止了非法入侵，保护了权利人的应得收益，而在同时，也可能取消或削弱法定的权利限制，让合理使用成为权利扩张的牺牲品，令权利人获得不应得的利益，同时也将降低互联网的使用价值。传统社会中公众对作品的合理使用，比如，反向工程研究、个人欣赏都是很容易实现的，但一旦加上技术措施，公众接触作品的机会都丧失了，合理使用自然变得更加困难。可见，技术保护措施几乎关闭了合理使用的大门，不合理地扩大了版权人权益的范围，不正当地侵害了社会公众的利益。

2. 技术措施权的版权保护与公平竞争制度的冲突

公平和效率是包括法律在内的整个社会制度所追求的两个最重要的价值目标，作为法律制度有机组成部分的知识产权法，同样追求公平与效率这两个最终的价值目标。知识产权法总是优先保护知识产品创造者的权利，以激励他们创造出更多的具有实用价值的知识产品。对知识产品创造者权利的优先保护，实质上就是对效率的优先追求。另外，公平竞争是市场经济的必然要求，知识产权法产生的目的和发展的动力在相当程度上，也在于维护和促进公平竞争的秩序。但是技术措施的发展，有可能产生垄断市场的力量，破坏正当竞争，损及消费者的权益。例如，以拥有音像版权的美国好莱坞八大电影公司为主的软件厂商为了防止DVD碟片被人轻易复制，损害它们近乎垄断的发行利益，不惜巨资研究出了防复制的内容扰乱系统（content scramble system），这是一种防止直接从碟片上复制文件的数据加密和鉴定方案，用来防止数字方式的复制。这意味着用户手中的这种 DVD 只能在专门的 DVD 机上而不能在普通计算机上进行播放。《计算机季刊》的负责人艾里克·柯利将一个用来破解 DVD 防复制密码的程序 DeCSS 公布在网站上，使用户可以在破解之后，用计算机看 DVD。结果，艾里克·柯利因此遭到美国电影协会的控告，法院对该指控给予了支持。[4] 但是，进一步的分析，我们可以看到一个强大得近乎垄断的企业对其作品进行保护，对其加密后只能用其生产或其指定的专门设备来阅读或使用，这种技术措施无疑在销售作品的同时，还向消费者搭售了专门设备，妨碍了其他经营者的公平竞争。

从价值目标来看，技术措施权的设定和保护追求的是效率，它极大地强化了版权人及邻接权人的权利保护，对新生的网络产业的发展和进步也起到了很大的促进作用。但从公平的角度看，技术措施权关闭了合理使用的大门，将原本属于公共领域的知识财富划归私人领域，抛弃了对公平价值目标的追求，人为地拉大了效率和公平的差距，激化了两者之间的矛盾。因此，从版权法所追求的价值目标的相互关系来看，技术措施权的设置和保护是有其不合理性的。

3. 技术措施保护对公有领域的侵占

确定版权人的权利范围与公有领域的界限是版权法的一个重要内容。处于公有领域的作品，任何人可以自由使用，从而保障公众从作者的创作中受益，也有助于作者从他人的作品中吸收营养。但技术保护措施有可能让一些人打着版权保护的旗帜对进入公有领域的作品进行侵占。美国著名学者保罗·戈尔茨坦曾就此对 WCT 第 11 条以及有关的实施该条的立法所存在的不公正性提出了批评，他指出："该条将对版权客体的解密行为规定为非法行为，但却没有将对不受版权保护的客体的加密行为规定为非法行为。例如，该条款允许数据库的卖主自由地对一组不受版权保护的数据以一段导言或一个关键数码系统的形式贴上一个版权的标签，然后把整个数据库加密，并依据第 11 条所制定的国内法阻止他人对整个产品解密。"[5]

技术措施侵占公有领域的情形主要有两种：一是原版权人将超过保护期的作品继续加以独占，即使其不再享有版权，但仍然对作品进行实际控制，以达到行使版权之目的。这样的结果是导致作品永远处于私有领域，妨碍了公众的自由使用，形成对公有领域的侵害；二是将从来都不受版权保护的内容进行不恰当地控制，如公共信息、智力活动的规则与方法等。

4. 技术措施权对公共秩序保留原则的冲击

公共秩序保留是法律对包括版权在内的知识产权的一项限制，凡是违背公序良俗的作品均不受法律的保护。在网络环境下，技术措施为违背公序良俗的作品提供了另一条保护途径。在网络环境下，作品的传播相当便捷，这也为有悖公序良俗的作品的传播提供了另一条途径，而不容易被行政机关所控制。技术措施更可能帮助非法作品逃避行政审查，因为这些作品加入了控制访问的技术措施后，执法人员难以接近作品进行合法性审查，或者使执法者在支付费用后才能进入审查，使得执法成本增加。此外，技术措施本身也可能对公众利益产生威胁。1997年发生的杀毒软件 KV300L++ "逻辑锁"事件，曾经轰动一时。[6]江民公司在新的 KV300 的 L++ 升级版中加入了一种被称为"逻辑锁"的程序，它可以自动检测用户的杀毒软件 KV300L++ 是否为盗版，并将盗版用户的整个硬盘"锁住"，使用户无法对计算机进行任何操作。显然，这种技术手段与 CCED5.0 软件中的破坏性加密程序一样，超出了版权保护的必要界限，而演变为对盗版用户的报复和惩罚，这与"任何人不得自任法官"的法律理念显然相悖。有的技术措施还可能影响信息安全。比如，一些软件加上了版权监视器一类的设置，使得用户计算机的数据甚至一些操作行为都可以被监控，这对公共安全当然是一种威胁。一旦被不法分子利用，信息安全、商业秘密、个人隐私都将处于失控状态。由于执法人员难以接近作品进行合法性审查，或者只有在执法者支付费用后才能进行审查，增加了执法成本，导致违法作品在网络上很容易脱离司法机关的控制而继续传播，从而对公共秩序造成损害。

此外，有些技术措施可以跟踪、搜集甚至利用用户的信息，其中包括个人隐私。如果用户的信息被跟踪、搜集之后被掌握信息的人不正当使用，或者进行商业利用，这无疑是对个人隐私的一种侵犯。目前，数据库的权利已得到保护，版权法也越来越重视对投资者利益的保护。出于对利益的追求，数据库的权利人越来越希望搜集到全面的数据，这些为了保护版权人的作品不被非法复制而跟踪他人私人信息的技术措施，使得用户的个人信息处于一种不安全的状态，影响了正常的公共秩序。

2.1.3　自由软件对现行版权理念的挑战及其影响

近年来，开放源代码（open source）的自由软件浪潮席卷了全世界。自由软件的出现及自由软件运动的兴起，一方面挖掘和弘扬了人类理性的合作、奉献、共享的精神，另一方面为在现行法律框架下的信息资源共享开辟了一条新的道路。自由软件（free software，后改名为 open source software）是相对于商业软件（commercial software）和共享软件（shareware）而言的。自由软件的开发者（包括修改者）将源代码全部公开，并且赋予用户运行、拷贝、扩散、修改完善等权利。自由软件的"自由"并不是指软件是免费的，尽管自由软件可以通过免费的途径得到，但是自由软件指的是自由而不是价格。

1. 自由软件运动的发展

20 世纪 70 年代初，MIT 人工智能实验室的研究人员在"自由"和"共享"理想的旗帜下开始共同开发、使用和修改软件，形成了自由软件概念的雏形。1985 年，自由软件的创始人、美国麻省理工学院的理查德·斯托尔曼（Richard Stallman）成立了自由软件基金会（Free Software Foundation，FSF），其宗旨是致力于消除对计算机程序在复制、分发、理解和修改方面的限制。为了实现 FSF 的目标，建立了 GNU（即 Gnu is not Unix，以区别于 Unix）项目/系统（GNU System），GNU 逐渐被当作自由软件开发项目的代名词。1991 年，Linux 在芬兰得到开发，并在 1999 年加入了 GNU System，称作 GNU/Linux，成为 GNU 最成功的项目之一。自由软件大都具有强大的网络功能、良好的用户界面、安全稳定可靠、节省投入资金、操作简便、兼容性好等特点。因此，从诞生之日起就显示出竞争优势。目前，已有包括中国在内的 20 多个国家制定了 Linux 计划，世界上大约有 70 部强制或鼓励政府使用自由软件的法规在制定之中。

为了推动自由软件的发展，Stallman 提出了 Copyleft 理念。他把 Copyright（版权）中的"Right"理解为"右"，而不是"权利"，然后将 Copyright 翻转成 Copyleft，其中的"Left"意为"左"。Copyleft 的中文含义并不统一，有学者将其译成"版权所无"，或"非版权"，或"左版"，或"版权属左"等。现在又有学者认为，Copyleft 的合理译法应为"版权开放"。但是，无论对 Copyleft 作什么样的解释，按照 Stallman 的观点，其中心内容应是"信息共享，源代码共享"，鼓励用户对计算机软件的自由获取和利用。所以，应把自由软件理解为一种"自由"，而非"价格"。

基于 Copyleft 理念的自由软件与商业软件有着明显的不同：①自由软件拒绝从软件开发中获得直接的商业利益，而商业软件以营利为目的；②自由软件向用户提供源代码，这是实现 Copyleft 追求的前提，而商业软件的源代码处于保密状态，是权利人赢利的资本；③自由软件允许用户实施反向工程，而商业软件往往对此予以否定；④授权其他用户对软件进行自由的获取和利用是自由软件权利人必须履行的义务，但在商业软件中大都由权利人决定，是否授权以及如何授权取决于权利人的主观愿望。自由软件和共享软件也不同，后者奉行"先试后买"（try-before-you-buy）原则，在功能上有技术限制，虽然用户无须经过注册或付费等程序就可以得到并按照自己的意愿使用软件，但用户必须在一个时间段内（一般为 30 天）决定放弃对该软件的使用或者注册成为合法用户。自由软件和公有领域软件的主要区别在于，任何人都可以通过对公有领域软件的创新而将其变为私有软件，并重新发放许可证，而自由软件对此予以禁止。

从本质上讲，自由软件的理念与软件版权制度完全相反。传统知识产权赋予权利人对其客体以专有权，通过排他性地行使权利来保护权利人的经济利益和精神利益。而自由软件的精神与版权制度正相反，GNU 成立的重要理念就是要着眼于全人类的利益，强调共享，任何用户都可以通过免费的途径得到并运行它，还可以随意地拷贝和扩散，甚至鼓励你去扩散，使更多的人能够分享。传统的知识产权保护的是作品的创作人对无形财产的绝对权利，而 Copyleft 虽然利用了版权制度，保护的却是公众获得知识的权利。这促使人们重新思考，究竟是对知识产权人的利益保护重要，还是保护人们获取知识的权利、促进文化交流进而在总体上促进知识的增长更重要。

2. 自由软件的影响

自由软件的推崇者认为：获得知识的自由是人的基本权利，而无形财产权并不是人的基本权利，版权干涉公众的自然权利。这是因为，从历史上看，无形财产权的出现是为了鼓励发明、创作，追求社会的更大进步，但当无形财产权反过来限制人类的创造力的时候，我们必须重新思考无形财产权存在的意义。另外，知识产权的客体——知识，与物权的客体具有不同的性质，它的无形性使得对其使用、交流本身不会对其造成任何损失，甚至会增值。这与物权有重大不同，物通常会因为对其使用而使得其价值消耗。因此，像保护物权一样保护知识产权并不明智，相反，对获取知识的自由的保护可能更重要。Linux 越来越盛行的事实也证明了这一点。

目前，知识巨头和技术巨头控制着我们对知识的获取，经济技术发达国家控制着技术的出口，合理使用正在被技术措施阻挡，欧盟对数据库的特殊权利保护使得千方百计要获取利益的投资商进一步将目光投向属于人类公共领域的数据、资料等。虽然对付出创造性劳动的权利人进行保护是应当的，但设立知识产权保护的最根本目的还是为了鼓励发明、创作，追求社会更大的进步。当知识产权过分膨胀到限制人类的创造力时，我们必须重新思考智力财产权存在的意义。Linux 已经证明，Copyleft 观念比 Copyright 观念更能集结众人之力，创造出更好的软件。

Copyleft 有两个主要目标：一是使自由软件的衍生作品继续保持自由状态；二是从整体上促进软件的共享和重复使用。Copyleft 唤醒了根植于人类天性之中的对自由与合作的追求，Copyleft 理念的实践证明："自由"和"共享"精神比"限制"与"专有"意识更能调动社会各方面的积极性，集结众人的智慧，开发和应用更先进的软件技术。这无疑对以知识产权保护为重要手段的软件开发市场竞争形成了冲击，也促使有关公司不得不改变竞争策略。2003 年 1 月 4 日，一向以垄断知识产权著称，而对自由软件从来就不屑一顾的微软公司作出了史无前例的决定：向十几个国家的政府部门和国际组织公开 Windows 操作系统的源代码。2003 年 2 月，比尔·盖茨访华期间向江泽民同志汇报开放源代码问题，并与代表中国政府的"中国信息安全产品测评认证中心"正式签署《政府源代码备案计划协议》，向中国政府 100% 地公开 Windows 源代码。尽管有学者认为，微软的这一新战略只是为平衡其与用户之间的利益而作出的一点战略性让步而已，并没有改变其重视知识产权保护的传统，而且它的"共享源代码"与 Copyleft 仍有本质的区别。但是不可否认，微软的决定仍然具有顺应潮流与理性进步的一面。自由软件运动为我国软件事业带来了机遇和挑战，它不仅要求我们站在哲学层面的高度对现行的知识产权制度进行深入的反思，而且促使我们行动起来，提出对策，为其发展创造有利的条件。

2.1.4 生物技术的专利保护及其对人类公共利益的影响

21 世纪是生命科学的世纪，而生物技术也成为全球发展最快的高新技术之一。生物技术的发展给各个领域带来了巨大的变化，然而，生物技术产业在给人们带来无限的产业利润和商机的同时，也带来了法律、道德、伦理以及科学发展各方面的问题。目前各国的生物技术专利保护的范围越来越宽。传统的专利法明确规定科学发现、疾病的治疗和诊断方法、生命物质以及违反公共秩序和道德的发明不能获得专利保护。而生物技术的发展却使得传统不能获得专利保护的物质具有可专利性。例如，对生物技术的专利保护一直走在世界最前列的美国，前期虽然对微生物发明有所重视，但都将其归入到方法、机器、制造品、物质的组成部分，或对其任何新颖而实用的改进[7]。然而在 1972 年，美国专利局首次确立了一项有关微生物———一种用来吞噬泄漏到海洋中的石油的微生物———的生物学专利，突破了之前对生命物质排除专利保护的传统。在这个具有里程碑意义的案例中，美国最高法院认为"专利法所保护的对象及于'阳光下的任何人为事物'"（anything under the sun that is made by man）。这一判决顺利地打开了专利法在生物技术领域的禁区，从此以后，美国法院大幅度放宽了专利法对自然物相关发明要求的司法保护范围，植物、动物甚至人体基因等都可申请专利，大有一发不可收拾之势。很多人质疑美国的做法，认为过于宽泛的专利保护可能会造成对人类资源的垄断，不利于全人类未来的健康发展。

1. 人体基因的专利性引发的基因争夺战及其影响

基因是人体天然就存在的物质，传统的专利法一直强调"科学发现不能授予专利权"，然而，目前大多数国家都对基因采取了专利保护。随着科技的发展，专利的保护客体不断增加。对基因采取专利保护实际上更多的是出于产业政策的考虑，也是发达国家占领全球市场的经济政策的胜利。基因专利实质上就是赋予专利权人对基因序列及其功能在相当长的一段时间内对此基因（或是基因序列、功能）享有的合法的垄断权，由于基因研究通常是和应用研究紧密相连的，权利人对基因可以延伸到对动植物品种、微生物、制药、基因食品等行业的控制，会给权利人带来巨大的垄断利润和市场优势。由于基因资源本身的有限性，对基因的专利垄断可能会造成对有限资源的控制。人体共有 10 万 ~ 14 万个基因，人类基因组只有一套，世界各国把投入巨额资金寻找基因的研究视为一场"基因争夺战"，谁占有较多的基因专利，谁就将在人类基因的商业开发方面抢占先机，而其他企业只有在获得基因专利许可权的前提下，才能进行该基因的相关开发和利用。发达国家不断攫取全球资源，利用发展中国家的人体基因资源，借助自身雄厚的技术力量进行研究开发，获得基因专利，极大地拉开了发达国家与发展中国家之间的差距，造成国与国之间、地区与地区之间贫富的两极分化。这也是大多数欠发达国家的法律专家大声疾呼"不应为人类基因注册专利"的原因。

法律的价值是保障人们平等地享有生命、自由和尊严，专利法为了鼓励创新而保护专利权人的利益，但却不能以牺牲公众的利益以及忽视人类的共同生存和发展的权利为代价。因此，对人权的保护应当是专利法首先需要考虑的问题。目前各国纷纷在专利法中规定了"违反公共秩序不授予专利权"的原则性条款，《TRIPS 协议》第 27 条第 2 款也作出规定："为了保护公众利益或者社会公德，包括保护人类、动物或植物的生命及健康，或者为了避免对环境的严重污染，各成员均可以排除某些发明的专利性，禁止这类发明在该成员地域内的商业性实施，其条件是这样的排除并非仅仅因为该成员的国内法律禁止这类发明的实施。"同时，大多数国家的专利法也以列举的方式明确排除了以下各项的可专利性：①克隆人的方法；②改变人的种系的遗传特征的方法；③为或关于商业目的使用的人的胚胎；④可能导致动物痛苦而对人类或动物没有任何实质性医疗利益的改变动物遗传特征的方法和由这些方法产生的动物。总而言之，专利法和相关法律中的这些"道德条款"，排除了某些有可能危及人类的道德伦理和尊严的生命物质或方法的可专利性，从而筑起了一道最基本的道德伦理保护屏障。

其实，不仅是专利法，整个知识产权领域也应当有伦理道德底线。美国知识产权委员会（CIPR）在其《整合知识产权与发展政策》报告中指出：在 1991 年到 2001 年间，美国的版税和主要与知识产权交易有关的许可费的净盈余，从 140 亿美元增加到超过 220 亿美元。而在 1999 年，据来自世界银行的统计表显示，发展中国家在版权和许可费上的赤字，有效的统计达到 75 亿美元。目前发达国家的知识产权保护已经形成了对知识的垄断，而且限制了穷人对知识的消费。该报告还援引《人权宣言》指出：人权宣言有一个广义的界定，承认"保护作者的任何有科学、文学或艺术产品带来的道德和物质利益的权利"，要和"共享科学进步及其利益……的权利"相互平衡[8]。

在此，CIPR 提出了知识产权保护与知识共享均衡的思想，也就是说：知识产权法保护的固然是权利人的利益，鼓励新的作品出现，但同时也应当照顾到人类的知识共享，寻求人类的共同利益。可以这样理解，知识保护与知识共享的平衡应当是知识产权保护的道德标准，这也同知识产权一直寻求的保护合理限度的目标是一致的。因此，判断一部知识产权法是否是道德的，首先要考虑这部知识产权法在多大程度上能够促进人类社会利益总和的提高。这就意味着知识产权法关注的不仅是对知识产权人的保护，而且起到鼓励创造和促进科技和艺术进步的作用。其次要考虑的因素是，利益的差距是否有合理的依据，并且能够给"最少受惠的社会成员带来补偿"。[9]可见，道德的知识产权法应当是知识创造与知识传播的统一，是权利人的利益增长与人类进步的统一。不过，如何保证知识产权的道德底线，不仅是知识产权法的任务，毕竟知识产权法的主要目的是对权利人的保护，而且还要有相关限制知识产权权利膨胀的法律法规相配套，如反垄断法、信息资源共享法等。只有具备一套与知识产权相互制衡的健全的法律体系，才能保住知识产权的道德底线。

2. 植物品种的可专利性及其引发的问题

植物是有生命的，传统的生物学方法很难保持重复性，因此，除美国和日本等少数国家外，很少有国家对植物提供专利保护。但是，随着生物技术的发展，人们可以利用转基因技术创造出自己需要的任何动植物。通过对植物授予专利，权利人可以控制所有的该品种植物及其种子，其他人要想获得该植物品种，必须经过授权。然而，由于许可合同双方地位的不平等，植物品种权利人可以轻易地控制人类赖以生存的植物，同时，由于专利赋予权利人一定时期的合法垄断权，整个农业和植物基因以及未来的高科技研究方向，也将被个别人或者公司控制。而且，权利人的权利可能延及植物品种的派生品种。虽然对派生品种的保护是为了让育种家控制其品种不因个别性状修饰或者基因突变而失去保护权，有利于权利人利益的保障。但是，对派生品种纳入保护却限制了其他人研发新品种。从生物多样性角度而言，专利权人对其研发植物如此全面的控制，将断绝他人改良植株的机会，不利于科研的进步。

2.1.5　知识产权滥用及其对信息资源共享的影响

1. 知识产权滥用及其表现

知识产权的滥用，是相对于知识产权的正当行使而言的，它是指知识产权的权利人在行使其权利时超出了法律所允许的范围或者正当的界限，导致对该权利的不正当利用，损害他人利益和社会公共利益的情形。[10]知识产权滥用的情形可大体分为两类：一是规则的滥用，即利用知识产权授权规则的不完整，去申请和获得本不该获得的知识产权；二是诉权的滥用，这通常指在市场竞争中，滥用的一方利用诉权达到贬低对手商誉或阻碍商务谈判等目的。从实践上看，规则滥用的阻碍更多地表现在信息共享上，也就是表现在对公共利益的损害上；而对诉权的滥用则主要表现在市场竞争中，知识产权权利人为限制竞争而滥用权利。

2002 年国内 DVD 行业遭遇的跨国公司集体收取专利费事件就是最典型的知识产权滥用案例。国内产品技术含量不足，主要依靠价格优势开拓市场这是很明显的事实。DVD 产品内含的专利零件非常多，据了解，一台 DVD 要交的专利使用费将近 200 元人民币！事实上，国内厂家一开始就认同缴交专利费，但是拥有专利权的跨国企业初期却非常"友善"。等到 2001 年底，当国内的 DVD 市场蓬勃发展，我国 DVD 厂商每年出口产品占世界 75% 的时候，它们却开始要求收专利费用。可见这是策划已久的知识产权战争。由于法律的漏洞和规制的不完善，跨国公司可以随时提起知识产权侵权之诉，我国 DVD 企业处于完全被动状态。2004 年 6 月和 12 月，无锡多媒体、无锡东强数码科技在美国以违反美国的《谢尔曼法》以及加利福尼亚州垄断法等法律为由，将以飞利浦为首的 3C 专利联盟告上法庭，并凭借美国的法律，开始反攻。跨国公司滥用知识产权，带来的主要是经济上的损害，也对我国的技术创新和发展形成阻碍。

如果说对诉权的滥用主要体现在市场上，那么对知识产权授予规则的滥用，则主要损害公共利益。2003 年 5 月，英国的费德里克有限公司向中国工商部门投诉，指称，中国社会科学出版社在使用"彼得兔"系列字样和"彼得兔"的部分插图时侵犯了公司的注册商标专用权。"彼得兔"的创作者，英国作家比翠克丝于 1943 年去世，即"彼得兔"于 1993 年进入公共领域。费德里克公司在这套图书版权即将过期时抢注了"彼得兔"商标。另一个例子是"玛吉尔"案件。玛吉尔公司以"玛吉尔电视指南"为名出版了一个周刊，播放所有电视节目预告。同时，RTE、ITV、BBC 三家电视台也通过报纸预告它们当天的节目。根据爱尔兰法和英国法，这种周期性的预告节目属于著作权保护的内容。因此，这三家电台起诉玛吉尔公司侵犯其著作权。知识产权法产生的初衷是保护人们智力成果及有关权益，鼓励科学文化的发展繁荣。费德里克公司这种抢注行为，等于是将要成为公众的东西占为己有，阻碍公众对"彼得兔"这种优秀作品的共享。"玛吉尔"案件中，三家电视台对节目预告拥有著作权，但如果限制玛吉尔公司的行为，将不利于公众获得信息。牺牲公众利益成全个别企业的垄断，这显然不是知识产权法保护的行为。

国家知识产权局 2007 年 2 月 12 日出版的《专利统计简报》显示，2006 年，我国国内发明专利申请比上年增长 30.8%，约为 2000 年（25 346 件）的 5 倍；国内发明专利授权比上年增长 20.1%，约为 2000 年（6 177 件）的 4 倍。国内发明专利申请和授权都继续保持了极高的增长速度（图 2-1）。

申请和授权发明专利的增长趋势明显，但也可看出看出，专利授权与申请的比例逐年下降，即大部分的专利申请并不符合授权要求。鉴于专利权内涵的经济利益，各单位、企业都对此非常热衷，这无可厚非。这种情况下，专利审查局的审查工作必定要细致和遵照程序，既要尊重知识成果又不能使专利权泛滥。

2. 知识产权滥用的原因及其规制的法理分析

知识产权滥用的原因可归纳为以下几方面：首先是法律冲突，知识产权法产

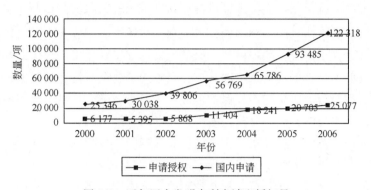

图 2-1　近年国内发明专利申请和授权量

资料来源：国家知识产权局规划发展司. 专利统计简报，2007（3）：2

生的一个重要作用是鼓励创新、保护创新，权利人享有对其智力成果的专有权。保护知识产权的法律体系由国内关于知识产权立法以及系列国际公约组成。目前，这些在国际知识产权纠纷中起重要作用的国际条约主要是由西方发达国家起草签订的，以发达国家的利益为主要参考标准。因此，当我们审视知识产权法律制度时，无论是国际规则，还是各国国内法的规定，均有不同层面的冲突与断层，为知识产权滥用提供了条件。其次是经济利益追逐，国内产品技术含量不足，主要依靠价格优势开拓市场，很多重要专利技术掌握在国外企业手中。美国是拥有专利最多的国家，以美国为代表的西方发达国家在经济和技术上的比较优势不言而喻。出于对垄断利润的追求，垄断企业遵循研发—智力成果—利润—再研发的循环发展途径，因此就出现我国 DVD 行业的上述困境。"美国的知识产权法是刚性的，而反垄断法是比较柔性的。美国在知识产权保护方面不断加强，而在反垄断问题上，当国内市场与争夺国际市场相冲突时，则会更多地考虑美国利益。"[11] 最后是知识产权制度构建的价值取向异化，对于高度概括的法律原则的解释与适用也受政治因素的影响。发达国家过高保护知识产权的用意在于维护其经济上的绝对优势，进而维护其国际政治上的大国地位。反观发展中国家，大多迫于经济全球化的压力，纷纷将本国的知识产权法律制度与"国际"接轨，给予发达国家的知识产权过度的法律保护，而缺少对知识产权滥用的规制，从而使占有绝对优势的知识产权人凭借其知识产权的独占性限制竞争对手，损害消费者利益。国家知识产权局魏衍亮先生曾将我国的知识产权制度称为"损己利人"的制度——不利于本国的利益。"近几年，中国海关 90% 以上的知识产权执法行为打压的是出口行为，其中绝大部分又是国外企业申请打压中国企业的行为。"[12]

知识产权是一种排他权，由法律创制的对智力成果的垄断权。为保障知识产权人的权利，鼓励创新，要求合理保护知识产权。赋予知识产权法律上的保护本身就是对社会共享信息的一种制约，目的是避免智力成果成为人人可以随意得到的信息，挫伤知识产权人的积极性。但是如果过度保护知识产权，对知识产权滥用的现象视而不见，造成信息难以共享，则限制了公众对智力成果的继承、传播和改进，日后的智力成果的产权保护也成了"无水之源"。知识产权滥用行为滥用了知识产权本身的合法垄断权，超出了公众的容许范围，损害了公众利益，就是对这种利益平衡的破坏。正是在这种相互影响的关系制约下，知识产权法必须对这两者的利益进行平衡。一方面是为了鼓励创新；另一方面是促进知识的传播和技术的进步，保护公共利益。规制知识产权的滥用，例如，对强制许可、知识产权的有效期限等的规定，就是公共利益和知识产权人利益博弈的结果在知识产权法上的体现。"禁止权利滥用"也是英美衡平法的一项重要原则，权利不得滥用是私法领域的一项基本原则。权利是国家用法律明确规定并以强制力保障的利益。权利的滥用不仅是对国家强制力的亵渎，也有可能造成侵权。知识产权人享有其作为创造者的权利，公众也有共享信息资源的社会权利。从这个意义上说，滥用知识产权也就是侵犯了公众的社会权利。

很多时候知识产权滥用是对经济利益追求的结果，也就是以垄断获取市场和利润。知识产权是合法的垄断权，是对智力成果创造者的激励和回报，通过限制竞争而实现。但如果一味地追求垄断利润，滥用这种合法的垄断权，就是知识产权滥用。前文提到我国 DVD 产业遭遇集体追缴专利费，便是跨国公司追求市场利益滥用知识产权的典型。这种随心所欲地利用知识产权诉权以及其他诸如搭售商品、拒绝许可等滥用知识产权行为，违反了市场经济公平竞争的原则。因此，规制知识产权滥用行为，是维护公平竞争、打破垄断的客观要求。

3. 以图书馆为代表的公共信息机构对信息资源共享的诉求

以图书馆为代表的公共信息机构，最能反映社会对信息共享的需求。信息共享是建立在信息开放、扩大流通的基础之上，要求信息无偿或低成本使用，限制信息专有，反对信息垄断，代表现实社会公众利益。学界将信息资源共享的最终目标概括为"5A"理论：任何用户（any user）在任何时候（anytime）、任何地点（anywhere）、均可以获得任何图书馆（any library）拥有的任何信息资源（any information resource）。信息资源共享是图书馆的最终目标。信息资源的建设遵循一些基本的定理：①人类的信息需求是无限的，满足信息需求是图书馆发展的动力；②信息资源是有限的，信息资源只是经过人类整理的有用的信息，人类智能的有限性决定了信息资源的有限性；③人人享有自由、平等地利用信息资源的权力，图书馆的信息资源是社会的共同财富；④免费服务是自由、平等地利用图书馆信息资源的基本保障。于是，以图书馆为代表的公共信息机构，要求信息资源的来源是无限的，而且是免费的，至少是低价的。澳大利亚法学者彼得·达沃豪斯与约翰·布雷斯韦特就特别推崇知识的公共性，他们认为，"自第一次世界大战以来，三大最重要的科学变革都是由于投资于大学科技人才的结果。由于将这些知识公之于众，这些知识产生了重大的影响"[13]。

知识产权能为信息共享提供丰富的信息资源。知识产权的确立和保护有利于激励知识生产的积极性，促进具有新颖性、创造性和实用性的发明创造成果及更多的优秀作品问世，为信息共享提供丰富的源泉。信息需求是无限的，知识产权的合理保护就是保障，有助于鼓励创作与创新。同时，知识产权能促进知识的广泛传播和利用，保障社会公众信息共享的权利。例如，专利授权前必须经过向社会公示这一环节，让社会公众了解其内容，从而作为其学习和改进技术的条件，也能更好地制止技术的垄断，因为专利都是有期限的。这就是可口可乐公司的配方宁愿采用保密方式也不申请专利的原因，就是为了保证垄断。同样地，著作权也有期限、地域的规定。知识产权并非绝对的垄断权，它在赋予创作者权利的同时，也规定了权利人的义务，对其权利进行了一定的限制。知识产权制度在时间、地域、保护方式和范围方面协调产权人与社会公共利益的相互关系，力图既能保障智力劳动成果创造者的权益又能保障知识信息的传播和共享，兼顾效率与公平，最终促进国家和社会科学文化事业的兴旺发达。

知识产权在经济方面的规定性虽然是对信息共享的制约，但这种制约是对信息共享行为的一种规范。例如，著作权的合理使用是对信息共享的一种规定，若超出了合理使用的范畴，就必须支付报酬。另外，著作权的法定许可和强制许可也是要向著作权人付费的。虽然这制约了信息的共享，但是这种制约避免了"公有物悲剧"的发生。公有物不受关心，遭到滥用是必然的。英国学者加雷特·哈丁说过："公有物中的自由给所有人带来了毁灭。"从这个角度说，知识产权的合理使用规定是对社会公众信息共享行为的一种规范，以确保整个社会的公共利益。

4. 知识产权滥用对信息资源共享的影响

知识产权滥用对信息资源共享的影响主要表现在以下几方面。

（1）公共信息机构利益空间受到严重挤压

随着网络的普及，著作权作品的受众范围扩大。原因是网络条件下，侵权行为变得非常方便和易于隐藏，侵权的举证越来越难。这种情况下，国际社会必然认为有必要加强对著作权的保护。信息共享是建立在信息开放、扩大流通的基础之上的，要求信息无偿或低成本使用。加大著作权保护的力度，必然导致信息获取的阻碍或者是获取信息的代价增大。发达国家信息基础设施优越，作为数字化时代的主要受益者，它们不断推动国际著作权保护标准的提高。在这种压力下，发展中国家不得不调整知识产权政策，通过加入国际法和制定国内法来提高本国知识产权保护水平。在这种情况下，公共信息机构的生存空间必将受到严重挤压。国际信息技术水平发展的不平衡，发达国家滥用立法权力，将形成对发展中国家公共信息机构的一大挑战。

（2）约束公共信息机构资源的更新

人人自由、平等、免费至少是低价地共享信息资源，是公共信息机构存在的意义。前文提到的"彼得兔"案，是知识产权滥用损害公共利益的典型。如果允许了费德里克有限公司的上述行为，则可能导致拥有知识产权的作品永无流入公共领域的可能。信息的更新和传播是社会前进的动力之一，信息的更新速度受阻，等于资源流动的减缓甚至是停滞。换言之，如果要使用这些作品，使用者必须付出相当的代价。私权的过度扩张，容易导致公共信息机构、信息用户侵权，或者导致信息用户付出过高的代价。在我国，公共信息机构是事业单位、非营利性机构，财政支出由国家划拨，为图书馆信息资源更新的财政预算的比例相对固定，知识产权的滥用可能导致图书馆等的经费短缺，其信息资源难以更新和增加。如果将经费用于图书等资源的更新，则用于公共信息机构的硬件设备（如计算机检索或读者服务等）的经费将相对紧缺。

（3）阻碍数字图书馆的建设

数字图书馆是信息共享的必然趋势，阻碍数字图书馆的建设可以说是知识产权滥用最直接最深刻的危害。数字图书馆海量信息的存储、检索、传播是主要的利用手段。目前的计算机检索服务是数字图书馆建设的一个步骤。计算机检索服务一般包括图书馆网络存取系统、光盘检索系统、共享联机目录检索系统等。信息技术条件下，网络资源的复制、下载、打印、传播与利用都变得非常方便。数据库所存储的信息一般都有著作权，而将享有著作权的作品数字化，会涉及很多知识产权问题，甚至一个数据库的结构也受著作权保护。如此一来，数据库用户的侵权就变得更为简单、更具隐蔽性。正因为如此，滥用知识产权、动辄得咎、用户随意的行为都可能变成侵权，这必然会严重挫伤用户的积极性，致使用户不敢使用数据库，数字图书馆的建设变得举步维艰，也造成信息资源的极大浪费。中国经济信息社起诉中国数字科学技术信息研究所侵犯著作权纠纷一案，便是被认为不适当地扩大了著作权保护范围的典型。[14]

2.2　信息控制与获取失衡的影响

由上可知，信息控制与获取的失衡现象日益严重，对人类信息活动的影响也是深远的，下面从四方面作进一步阐释。

2.2.1　传统知识产权法的利益平衡机制被打破

传统的知识产权法对权利的平衡机制主要通过权利保护范围、权利期限、合理使用等制度来实现。但是，从以上对信息领域的信息控制与获取的失衡现象的分析，可以看出，随着技术的发展，知识产权的平衡机制被打破了，主要体现在以下几方面。

（1）知识产权保护客体大为拓宽

信息技术的发展，使得知识产权领域出现了许多类似版权的新的权利类型，如软件、集成电路、数据库、网络传播权和技术措施权等。而生物技术的发展，使得许多原本人们认为不可能申请专利的客体也纳入专利法保护的范围，如基因、动植物品种、微生物甚至疾病的诊断和治疗方法。对于这些新出现的知识产权类型，除了和自身利益密切相关的人之外，大多数人都表示担忧。例如，商业方法专利，作为人类的智力活动和思维方法范畴，与人们的日常生产和生活具有密切联系，对它的专利保护无异于让权利人握紧了电子商务发展的咽喉；对于数据库和网络版权的保护让人担心公共领域和信息自由受到危害；技术措施和电子合同的出现更是加强了作品权利人对其作品的控制；而对人类基因的专利权使得人身体重要的组成信息成为他人所专有控制的专利，甚至对利用自己的遗传信息而研发产品（如使用基因药物）的使用都需要得到权利人的许可。同时，基因的专利保护实际上可以控制其他派生产品，如治药、医疗和转基因动植物。

（2）知识产权的地域性被突破

地域性是传统知识产权的重要特征，它意味着依一国法律产生的知识产权只能在一个国家内有效。高科技的发展实现了经济全球化和一体化，传统知识产权的地域性也受到挑战。发达国家正在不遗余力地宣扬和渗透它们的知识产权体系和思想，要求其他国家达到同等的知识产权保护水准。《与贸易有关的知识产权协议》也规定了各成员国知识产权保护最低标准。以最低标准作为协调各国知识产权保护水平，表面看似公平，实际上，发达国家拥有较多的智力成果，主张加强对知识产权的保护，可以凭借其在知识产权方面的优势垄断并不断扩大其科技和经济方面的利益，从而使知识产权成为发达国家垄断市场的工具。近年来，几乎所有的知识产权国际公约都规定了国民待遇原则，这意味着发展中国家要使用发达国家的技术，就必须获得许可并支付许可费用，发达国家从中获得巨额的收益，而本来起点就低的发展中国家则不得不为本国的每一步发展付出更多的代价。

（3）合理使用范围逐渐被蚕食

合理使用构成对知识产权的重要限制，是维护公共利益的重要手段，是知识均衡调节的工具。高科技的发展使复制变得异常简单，侵权也变得更加容易。为了保护自己的权利，知识产权人一方面加大对知识产权的保护力度，另一方面严格限制合理使用的范围，《与贸易有关的知识产权协议》也反映了权利人的这种要求，如《TRIPS 协议》第 13 条和第 30 条都规定，对专有权的限制应当局限在一定的特例中，并且该特例不能与创造物的正常使用相冲突，也不能不合理地损害权利人的合法利益。对合理使用制度造成更大冲击的是技术措施权。如前所述，在数字空间，利用技术措施，权利人可以轻易地将任何人排除在未经许可使用作品之外，电子书（E-book）就是一个典型的例子。虽然，利用技术措施进行保护的国家同时还规定保护技术措施的例外情况。但不难看出，在网络环境中，传统的"合理使用"范围已经大大缩小了。

（4）标准和知识产权的紧密结合进一步加强了垄断

近些年来，在国际市场竞争中，出现了一种新动向，那就是把技术标准与知识产权保护相结合，形成新的技术垄断联盟，借助于技术标准的特殊地位，强化相关知识产权的保护，借助于知识产权的专有性（又称垄断性）去实现对某些技术标准事实上的垄断，以追求最大经济利益。在传统产业里，产品与专利往往是相互对立的关系，因此专利对技术的垄断往往仅限于产品及其使用。然而，在高科技领域，一个技术标准往往决定一个行业的技术路线，它所形成的技术思想，不但能够形成成千上万项专利，而且影响相关行业，使后来者只得沿着这条技术路线走下去。因此，掌握着标准核心专利的权利人可以控制整个行业。同时，由于形成了标准，市场控制力的正反馈机制发生作用，其他配套产品的生产者往往选择市场占有率高的产品提供者作为其合作者，这又进一步提高了该产品在该产业的垄断地位。这个规律在软件业更加明显。由于软件的相关性，某种软件平台先以低廉的价格（甚至免费）捆绑在较为强势的计算机上，该计算机又容许兼容机生产的开放性扩大该规格的市场占有率，应用软件生产者乐于为市场占有率较大的平台生产软件，而丰富的应用软件又进一步提高该平台的地位，扩大其市场占有率。其他企业为了同其合作或者生存，必须使用其技术或者与其兼容。许多大的跨国公司抛弃了传统的牟利方式，利用现有的法律框架，另辟蹊径，在走一条"技术专利化、专利标准化、标准垄断化"的道路，以实现利润最大化。

随着科学技术特别是信息技术的发展，技术与知识产权保护的关系日益密不可分。借助于知识产权，特别是专利权保护的新技术，是制定新的技术标准的前提和基础，而技术标准是发展技术的规则和基本依据。技术标准本身原本应属于公有领域，要公之于众，提供给相关行业参考、采用、执行，有些甚至要强制执行。而知识产权所保护的客体，属于专有领域，两者之间有着根本区别。从世界发展趋势来看，产业标准趋于单一化，标准设定组织只允许标准内的竞争。然而，现代社会中，产业标准和技术专利、商标等其他知识产权都是密不可分的，这就打破了知识产权的垄断性和公益性的平衡，使得知识产权的垄断性扩大到对整个行业的控制。而且，与标准相结合的知识产权的性质已经发生了转变，是否能够促进创新还有待于进一步论证。不过，成为标准的技术专利则成为企业垄断整个市场的根本保证。由此可见，知识和信息作为公共产品的共享性、标准的公益性和知识产权的私有性（垄断性）产生了冲突；在知识经济中，由于知识产权和技术标准的密不可分，这种冲突还会随着垄断的加强而更加激烈。知识产权保护与技术标准结合，给产业界尤其是 IT 产业界提出了一个很现实的问题；也给法学界，特别是知识产权法学界提出了一个新的课题，值得我们共同去关注和研究。

2.2.2　信息利益分配失衡导致市场失灵

科学研究与创作是知识产权产生的源头。知识产权产生的根本目的是保护创作者的知识创新。信息的创作、生产、传播与利用组成一个信息利益链，在这个利益链上，存在着一些相互支持的利益集团。利益集团基本可以分为三类：一是原始知识创造者，这个集团主要由智力投入人组成，包括自由作者、合作作者、原作者、演绎作者、职务作者、委托作者等，他们是原始信息的创造者；二是信息投资人，包括出版者、广播组织者、录制者、表演者、传统投资人（银行等）、风险投资人（风险基金），也包括增值信息的投资者，如小型数据库制作者、信息分析专家、技术中介人、多媒体制作者；三是知识产品的终端消费者，即社会公众。知识产权的根本目标是保护原始信息的创造者，最终促进公共利益的发展。但是，现在上述三类人之间的利益关系发生了很大的变化。

知识产品的价格往往较高，在有些国家，计算机软件作为一种版权作品，其价格之昂贵已经达到了公众难以承受的地步。某些软件的合法复制品与盗版复制品的价格之比达到了 1000：1，一个普通的操作系统（计算机正常发挥功能所必须配置的软件）的价格竟达到发展中国家普通就业者的年工资水平。知识产品的定价与其他产品差别很大，而作为高新技术产业，国家往往给予了包括税收、土地、进出口、外汇等多方面的优惠。软件作为典型的知识产品，其边际成本几乎可以忽略不计，网上信息服务同样具有低边际成本的特点。版权作品价格过高，导致公众对著作权法的漠视。由于盗版存在的暴利，盗版现象将很难杜绝。美国商业软件联盟（BSA）2004 年年底委托市场调查公司 IDC 进行了一项软件盗版情况的调查，结果显示，2003 年全球使用的计算机软件中有 36% 为盗版，由此造成了 290 亿美元的损失。按照国家划分来看，中国与越南的盗版最为严重，其后是乌克兰、印度尼西亚、俄罗斯和津巴布韦。盗版率最低的是美国（22%）、新西兰（23%）、丹麦（26%）、奥地利（27%）和瑞典（27%）等国家。盗版现象的严重性早已引起广泛关注。美国的 S. 布雷耶法官作为一名信奉社会正义的法学家，提出了一种较具代表性的观点。他认为，就文学艺术作品而言，享有专有权利的基础很薄弱，文学作品的出版与销售应该允许自由竞争。虽然首先出版某作品的出版商比那些复制者付出的成本要高，但是该出版商正是由于首先在市场上出现（领先时间）而收益，并且永远有能力使用报复手段将其价格降到与模仿者相同的水平，从而达到消除复制积极性的目的[15]。显然高定价符合信息投资人的利益，而损害了公共利益。

　　知识产品的创造者与传播者同为著作权的享有者，在发达的市场经济条件下，他们的利益可以通过市场调节，自动实现利益平衡，在此过程中，价格发挥调节器的作用力量十分强大。在欧美等市场经济比较发达的国家，著作权市场相当成熟。而在许多市场经济还不够发达的国家，尤其是在曾经历过很长时间计划经济的国家，作者与出版者等传播者之间的利益严重失衡。国家计划和垄断的存在使价格的调节能力受到限制，导致著作权市场基本处于失灵状态。根据我国的稿酬制度，作者获得的报酬往往只相当于销售 200 ~ 400 册复本的定价码洋，作者的获益（包括重印获益）可能相当于出版者获益的 1% ~ 5% 的水平。

2.2.3　过分保护权利人利益造成公共利益空间受到严重挤压

　　在知识工业界的压力下，国际上不断抬高知识产权门槛，严重挤压公共利益空间。2000 年 9 月欧盟部长理事会达成政治协议，即关于欧盟版权指令的共同立场，欧盟内部市场总干事费力茨·波尔斯坦（Frits Bolkestein）认为"这是一个突破性的非常重要的法案"，而关心公共利益的学者称该法案忽视了公共利益因而是"不重要的并且肯定是无效的"。世界知识产权组织正在召集磋商《视听表演条约》，该条约被喻为"第二代 TRIPS"（TRIPS Ⅱ）。该条约一旦被批准，权利人将会从中受益。在 1996 年的日内瓦会议上，正是美国与欧洲等国代表的密切合作才使复制权（right of reproduction）要求和有关技术保护措施的义务得以通过。因此，欧盟指令本希望消除成员国法中存在的法律实施方面的障碍，但参与"游戏"的主要是"信息工业"而不是社会公众，对图书馆等社会公众利益的"例外规定定义得太窄"，该法案的公正性自然会受到怀疑[16]。美国出版协会发表的报告声明，图书期刊的远距离浏览不同于传统的在书店或图书馆的阅读，主张用更强硬的措施保护版权作品，特别强调"技术措施"和"版权管理系统"。事实上，出版商的某些观点已经得到立法者的采纳，例如，世界知识产权组织的《版权条约》，美国 1998 年通过的《数字千年版权法案》以及中国 2001年 11 月修改的《中华人民共和国著作权法》（以下简称《著作权法》）等。

　　中国 2001 年修改的《著作权法》中涉及很多有关信息公共获取的规定，如信息网络传播权（即以有线或者无线方式向公众提供作品，使公众可以在其个人选定的时间和地点获得作品的权利）、"汇编权"（即将作品或作品的片断通过选择或者编排，汇集成新作品的权利）、第 47 条第 6 款规定"未经著作权人或者与著作权有关的权利人许可，故意避开或者破坏权利人为其作品、录音录像制品等采取的保护著作权或者与著作权有关的权利的技术措施的，构成侵权，法律、行政法规另有规定的除外"。由于故意避开是一种法律禁止的行为，很可能使数据库制作者将处于公共领域的作品乃至唐诗、宋词、政府信息采取技术措施以限制一般读者的公共获取，这无疑不适当地扩大了保护的范围。我国知识产权法中的确出现了"超世界水平"规定，而在司法实践中"超世界水平"走得更远，甚至有要求无过错的网络提供人承担侵权责任的可能[17]。

　　促进经济增长、平衡进出口贸易和增加就业是理性政府在知识产权保护方面的动力因素。在知识工业界的压力下，国际上不断抬高知识产权门槛，严重挤压公共利益空间。在知识产权方面的压力主要来自工业界，如垄断性的唱片工业、出版工业、电影工业、超级数据库工业、超级软件工业。在它们的压力下，发展中国家不得不调整知识产权政策，通过国内法和国际法提高国际知识产权保护水平。提高知识产权的保护标准是必要的，但关键是如何维系知识产权与公共利益的平衡。国际图联认为，服务于公众利益的版权限制和例外正受到不断扩大的使用技术保护措施和建立许可合同限制的威胁。信息提供商的经济利益必须与社会获取知识的需要相平衡。增加使用技术措施和许可限制，将使这种平衡朝有利于商业利益的方向发展，这不利于信息使用者。这种趋势将损害世界所有信息使用者的利益，它对发展中国家使用者的影响则更大。由于世界越来越多地应用数字技术、网络技术创作和传播文化与知识，数字版权问题变得越来越重要。如果人类要在网络世界中尽可能地获取文化遗产，那么，非常重要的问题是调整此类获取的法律（主要是知识产权法）。对版权的过度保护，不合理地限制获取信息和知识，会威胁到民主的传统，影响社会公正原则。如果版权保护过大，竞争和创新就会受阻，创造力将会遭到扼杀。人们不希望信息获取完全控制在少数大跨国公司的手里。如果所有信息使用都受到控制，那么只有富人才能从世界创造性作品中受益。如果这种控制得不到限制，将严重损害整个社会的利益，人们不能指望权利人会把社会公共利益置于优先位置，所以政府应当发挥作用。

2.2.4 知识产权的全球化导致国际信息利益差距继续加大

发达国家与发展中国家在信息技术等方面存在着巨大差异，发展中国家在信息基础设施方面与发达国家之间也存在较大差距。贸易、金融和信息流动的全球化，加大了贫困国家和地区迅速落伍的危险性。当一些国家和地区解决信息过量问题时，在一些发展中国家还在忙于解决初级教育的课本问题。发达国家与发展中国家在信息资源拥有量方面差异也极大。例如，在数据库方面，美国占有世界70%的市场，中国数据库总量约占世界总量的1%，无法与发达国家竞争。信息资源拥有的不平衡，容易导致发达国家对信息的垄断，使发展中国家在信息资源利用方面处于不利地位。反过来，工业化国家从发展中国家获取的原始信息，经过加工之后形成信息商品，发展中国家又要付出高额代价去进口。全球知识需求与供应的不平衡，表现为知识差距（knowledge gaps）和信息问题（information problems）[18]。在这种情况下，国际知识产权立法采用统一标准将使发展中国家处于十分不利的地位，目前全球版权保护存在的不平衡[19]和知识产权保护目标偏离对发展中国家的承诺已经被认识到了[20]。

事实上，在不同国家和地区，公民获取信息的程度是不同的，即使在一国之内，城市人口与偏远地区的人们在信息获取的可能性方面也具有很大差异。电话、计算机网络等通信工具也集中在大中城市，社会资源的配置显然有待优化。在信息社会里如何解决信息资源共享与信息资源配置的矛盾？显然，过于严格的版权保护使经济欠发达地区的人们对信息的获取处于更为不利的地位[21]。

2.3 信息失衡引发的对知识产权制度合理性的思考

由上可知，知识产权制度是随着科学技术和商品经济的发展而出现的一种法律制度。在当代，随着科学技术的发展、知识经济的出现，知识产权制度的重要性越来越突出。然而，在当今知识"爆炸"、人类由传统工业社会进入信息社会之际，知识产权的保护却似乎走向了一个困境：一方面，社会的发展使人们对知识产品的需求不断增加；另一方面，社会的发展使传播和利用知识产品的能力与机会大大增强，传统的知识产权制度似乎难以抵挡住新技术革命的冲击。正是新技术革命，特别是信息网络技术发展的冲击，使一些人甚至包括研究知识产权的学者对知识产权制度存在的合理性产生了怀疑。他们惊呼："网络和信息技术的发展敲响了知识产权制度的丧钟。"在这种情势下，我们有必要从哲学层面冷静地思考一下知识产权这一存在了几百年的法律制度的合理性和正当性。

在现代国家，财产秩序的建立必须具有充分的理由：符合法治原则和精神，符合财产权构建的理念并维持财产法规则系统的逻辑一致性。满足合理性条件的财产法才会被人们认可，否则就不会成为人们自觉遵守的行为规范。在知识产权法领域，一方面，它的特殊性使人们对知识产权的认识产生困难，财产法发展史上从不曾出现保护对象没有确定的边界、全赖定义进行指称的"财产"；另一方面，当知识产权法日益被演绎成全球知识产品垄断工具的时候，也使得重新审视和反思它的立法原则成为必须。同时，知识产权保护领域中频繁发生的盗版现象，证明知识产权的合理性还没有得到社会公众的普遍认可。

在此，我们从利益平衡的角度对知识产权制度的理论基础加以论证，以寻求支持知识产权合理性的哲学根基和法律框架。

2.3.1　知识产权的几种主要理论与知识产权制度的合理性

当前知识产权理论研究中占主流地位的有劳动理论、人格理论、效益主义理论和社会规划理论等，虽然这些理论并不一定能够解决实践中的所有问题，但它们对于我们认识知识产权制度的内涵及其合理性却是不无裨益的。

（1）劳动理论

近代"劳动价值论"的创始人洛克基于自然权利的理论，阐述了劳动是获得私人财产的重要途径以及劳动使人们获得私人财产权的合理性，其基本思路是：人们劳作于无主的或"公有"的资源，则对其劳动成果享有自然的财产权利，而且政府有义务尊重和实现这一权利。这些思想被广泛认为特别适用于知识产权领域，因为这一领域中有关的原始材料（事实和概念）在某种意义上可以看做是"公有"的，而且劳动对知识产品的价值也似乎有着巨大贡献[22]。尽管洛克在其著作中述及的仅是一般意义上的财产权，但他的学说为后世学者阐述智力劳动与知识产权的关系提供了有益的思想资料。亚当·斯密作为资本主义"市场经济准则"的创制人，继受了洛克的劳动财产理论。他将财产定义为一种劳动的结果，"除了土地上天然生产的物品，一切产物都是生产性劳动的结果"。这一观点用以说明知识产权制度的功用，即保护智力成果（智力劳动的凝结）而不是智力劳动本身这一立法目标，是大有裨益的。总之，古典劳动价值学说是基于"物品"与有形财产所有权的经济分析，这一理论有助于我们认识智力劳动对知识产权的本源性意义。

（2）人格理论

人格理论源于康德和黑格尔的大陆法哲学，认为私有财产权利是某些人类基本需要得以满足的关键，因而政策制定者应努力创设和分配对资源的权利以最大限度上实现人们的需要。[23]基于这一立场，知识产权存在的合理性在于保护那些体现作家或艺术家"意志"（意志通常被视为"人格"的内核）的作品不被侵占或篡改，或者在于造就有助于创造性智力得以发挥的社会经济条件，从而有益于人类生活的繁荣。人格理论在欧洲影响深远，这主要表现在法国和德国等国家对精神权利的保护上：作者享有控制其作品是否公开的权利、从公开流通中取回其作品的权利、从其创造中获得适当荣誉的权利以及保护其作品不被歪曲篡改的权利等。传统上认为，这些权利存在的合理性在于，艺术作品体现并有助于实现其创造者的人格或意志。近代以前，人格理论并未被美国法接受，只是到了最近二十年，"精神权利"概念及其赖以存在的哲学基础才日渐受到美国法律制定者的欢迎。

（3）效益主义理论

效益主义理论要求立法者在设计财产权时应以社会福利的最大化为目标，在知识产权领域就要求立法者在以独占性权利激励发明与艺术作品创造的同时，对这种权利限制公众享用那些创造物的倾向予以控制，并力求在二者之间实现一种最佳平衡。威廉·兰德斯和里查德·波斯纳关于版权法的论述便是遵循以上思路展开的。他们认为，多数知识产品的突出特征是容易被复制以及能为多人同时使用，两大特征相互结合便产生一种危险，使这些知识产品的创造者可能无法收回其"表达成本"（如投入到写作或作曲中的时间和努力、与出版社或唱片公司的谈判成本等），因为盗版者只需花较低的"生产成本"（如生产和销售书籍和CD的成本）就能以低廉的价格为消费者提供同样的产品。创造者明了此种危险，就会打消生产具有社会价值的产品的念头。然而，通过赋予创造者在一定期间内生产其创造物的排他性的权利，我们就能避免上述经济上无效率的结果[24]。相关论述也同样支撑着作者对商标法的研究，他们认为，商标在经济上的首要好处在于：①减少消费者的"搜寻成本"；②激励商家一如既往地提供高品质的产品和服务，因为他们知道，由于其连续保持高品质而在顾客中产生了良好信誉，他们的竞争者不能通过假冒其标志的方法而搭便车[25]。

（4）社会规划理论

社会规划理论的主要观点是：一般的财产权利和特殊的知识产权的安排，能够并且应当以有助于培育和实现一种公正的和令人向往的文化为目标。内尔·内塔拉尔在其《版权与民主的公民社会》[26]一文中阐述了上述观点。他首先描绘了一幅"由社团、教堂、政治和社会运动、城镇和社区的组织、各种思想流派和教育机构所构成的健康的、参与性的和多元化的公民社会"的景象。然而，他认为这种社会不会自然生成，而需由政府来培育。版权法则能从下述两个方面有助于这种社会的培育。首先是生产功能：版权激励人们就一系列广泛的政治、社会和审美问题创造性地表达其想法，从而为民主文化和公民集会提供了讨论的基础。

其次是结构性的功能：版权为那些创造性的交流活动提供支持，使其不必依赖于国家补助、经营赞助和各级文化机构。贯彻上述两大目标并不是要求我们毫无原则地保持现有版权制度。相反，内塔拉尔认为，版权法应当按下列要求加以改善：版权的期限应当缩短，以扩大能为他人创造性地使用"公共领域"的范围；基于同样的理由，应当减少作者控制他人创作其"演绎作品"方面的权利；最后，应当经常运用强制许可制度以保持艺术家和其作品的"消费者"之间的利益平衡。

上述四种主要的知识产权理论能够为法律制定者提供解决实践中各种问题的依据，例如，当前的法律制定者面临诸多有关如何配置信息支配权利的难题：数据库的创造者能否向数据库的使用人和盗版者要求赔偿？两种故事情节或两个虚构的人物在多大程度上相似，才有必要认定为构成侵权？计算机软件应当由版权法、专利法还是一种特别法来规范？理论倡导者们认为，理论不仅仅是要对现有法律规则的产生原因作出系统解释，而且应当能够指导立法者和法官依照新技术的出现和新情况的发生来修订或扩张这些规则。当然，这些理论并不一定能实现为知识产权的理想塑造提供全面指导的初衷，但是借助这些理论，人们可能发现一些颇为可取的、解决特定问题的办法，同时鼓励参与法律形成过程的各方展开有价值的对话，使人们对知识产权的认识不断走向深入。

2.3.2　从知识产权制度的立法宗旨看其合理性

1967 年 7 月 14 日在斯德哥尔摩签订的《成立世界知识产权公约》第 2 条规定："知识产权包括有关下列项目的权利：文学艺术和科学作品；表演艺术家、录音和广播的演出；在人类一切领域内的发明；科学发现；外观设计；商标服务标记、商号名称和牌号；制止不正当竞争；以及在工业、科学、文化或艺术领域内其他一切来自知识活动的权利。这里的知识活动是指知识活动的主体追求智慧、获得知识、通过信息进行传输的过程。知识活动的本质是表达智慧。知识产权法参与个人知识活动过程中的表达、复制、传播、使用的整个过程，并提供产权保护。作品、技能、智能、技术、经验、配方、参数等，都是各种知识形态，其本质内容则包含各种意义和价值的智慧信息。"

但是，不能将知识产权立法宗旨理解成保护个人对自己特定知识形态的控制权。从促进知识活动发展的角度来说，在知识活动中形成的人与人之间真实的竞争，不是对知识形态占有的冲突和竞争，而是发现新内容、新价值、新意义、新功能并提高智慧水平和表达能力的冲突和竞争。不断追寻的意义和价值才是人类真正的稀缺资源，不断增长的创造力才是个人的竞争目标。鼓励发明、激励创造因此才成为知识产权法的立法宗旨和法律价值。所以应将知识产权理解为"创造性权利"。然而，知识产权的客体（知识产品或称为智力产品）具有无形性、继承性的特点，从而使之也具有公共商品的属性，换言之，社会公众对其也有合法的需求。知识产权法的一个主要目标是实现创造性表达的最大化。

所以，《成立世界知识产权公约》保护"一切来自知识活动的权利"，是为了促进个人乃至人类知识活动的发展。所以，严格意义上的知识产权，是符合法律规定保护条件的智慧表达权和对知识形态复制、传播、使用的许可权。通过规范知识形态而保护智慧信息，是知识产权法特殊的规范形式。它表现在专利法中，就是通过保护专利而刺激发明、激励创造；在著作权法中，就是通过保护作品而促进创作；在商标法中，就是通过保护商标及识别性标记而保护商誉、促进商品流通，等等。然而，将专利法理解成保护对"专利技术"的专有控制权并不断延长专利控制权的期限，将著作权法理解成保护作品的控制权而不断延长版权保护期，将商标法理解成保护商标和识别性标记而保护"抢注"，不能实现"促进科学、文化、艺术的发展和繁荣"、"促进工业领域正常发展"的法律价值，是违反人类知识活动的规律和知识产权法的立法本意的。

2.3.3 从利益平衡的角度看知识产权制度的合理性

由上可知，知识产权制度以保护智力创造者权益作为其核心立法原则。智力劳动者是知识产品赖以产生的源泉，不尊重智力创造活动，不维护智力劳动者合法权益，就会窒息智力劳动者的创造热情，使科技文化事业成为无源之水。同时，维护社会公共利益也是相关立法的基本动机。知识产权与思想、信息、知识的表述和传播有着密切的关系。在保障智力创造者权益的同时，必须考虑促进知识广泛传播和推动社会文明进步的公益目标。正如美国版权专家在评价美国版权法时所说的那样，著作权法涉及社会的、政治的、经济的、教育的和艺术的各个方面，它不能专注于作者权利的保护，而应顾及到广大使用者的利益。概言之，保护私人权利、促进社会进步的二元立法原则是知识产权制度的价值目标所在。就知识产权领域而言，社会在权利界定与分配方面实行"专有区域"（exclusive zones）与"自由区域"（free zones）的划分的。[27]"专有区域"在权利资源中涵盖面极广，智力成果创造者是这一领地的"独占者"。这一区域的设定，通过赋予信息创造者对其信息产品的控制权，带来智力投资成本的回报，维系智力劳动者的创造激情，因而是有效益的。"自由区域"中，使用者是这一区域的"自由人"，通过法律赋予其的信息获取权，无偿、自由或有条件地利用他人的信息产品。这一区域的构建，并不导致智力创造者的利益损害，却可以减少交易成本，促进智力成果的传播，因而也是有效益的。

所以，知识产权制度是一种分配权利与利益的平衡机制。在信息的生产、专有和使用之间达成平衡，是知识产权制度追求的一个重要目标。利益平衡因而成为知识产权制度的理论基础，它涉及智力产品的创造、传播之间的平衡、智力产品的创造和使用之间的平衡以及知识产权人的个人利益和公共利益之间的平衡等。从信息产权的角度看，知识产权可被看成是一定的信息财产、信息产权。在一定时期内，信息的容量总是有限的，在这个有限的信息量内，信息的专有和公有具有彼此消长关系。专有的比重太大，势必会给信息获取造成障碍，从而影响到公众对信息的获取以及信息自由流动，最终将妨碍知识产权制度目的实现；公有的比重太多，则会形成知识产权的弱保护，可能导致对信息生产的原动力严重不足，从而造成信息的稀缺，最终也不利于社会效用实现最大化。

知识产权理论上的利益平衡论，可以进一步概括为以下几个原则。

（1）知识产品的创造者与传播者之间的利益平衡

知识产权这种制度应当在创造和传播知识方面创造一种适当的平衡。例如，许多专利因为没有找到市场而从来没有在商业上使用，此时商业化的刺激就与对创造的刺激同等重要。在这一点上，该制度通过以下几方面为刺激创造与激励传播提供了重要保障：①准许以市场为基础的促进创造的刺激；②尽量使创造活动的成本最小化；③为实现经济与社会目标，及时规定发明与创造的公开与合理的公正使用制度；④通过与其他规则或经济制度相互衔接，如反垄断政策、影响知识产权价值的贸易与政策等。

虽然知识产权中不同制度的经济和社会目标不同，它们却都试图为开发新技术、信息产品和艺术创造提供充分的激励，并且确保在智力产品的有效分配中达成平衡。从政策工具和市场运作机制的角度看，知识产权制度对于解决市场中开发和信息流转的失败，是一个极佳的手段，因为对智力创造的刺激是以市场为中心运作的。实际上，当代的知识产权制度就被建构为既要保护作者和发明者的努力，同时又要尽可能广泛地传播信息。

（2）知识产品的创造者与使用者之间的利益平衡

从"利益"的角度看，在知识产品中，智力创造者和其他对该知识产品享有权利的知识产权人以及社会公众都有合法的利益。创造者合法利益的根基在于其智力创造的事实行为，而社会公众合法利益的根基则在于知识产品的社会性、继承性、人类自身发展对知识共有物的合法需求。如果有一个不断增长的思想公有资源库，它能够被每个人不受限制地使用，那么每个人至少与在荒野中第一个占有资源的人一样，有机会去占有思想。在通过私有化手段从公有资源库中移除的那些思想与社会赖以发展的那些思想之间，有一个平衡。

实际上，试图阻止个人使用他人的发明或者创作物可能会严重威胁到他人主权。作者创作和发明者进行发明的意义和尊严也要求他人来使用创作物或发明以促进智力产品的公开和流转。但问题是，知识产品的创造者与知识产品的使用者和消费者的立场和出发点是不同的：知识产品的生产者追求垄断利润的最大化，可能会忽视社会对科技和文化知识合法的最大化需求；知识产品的使用者和消费者则从知识产品的公共商品特性出发，他们会追求怎样使个人利益最大化，而不大关注是否会损害知识产品生产者的利益。从知识产权作为一种信息和非竞争性商品的角度看，为允许最大限度地获取信息，知识产权法在实现最佳社会效用目标中存在一个信息分配的问题。这也提出了在激励信息的创造与信息的获取之间建立一个理想的平衡问题，该问题的实质是对智力创造的激励与公众对智力创造的使用、需求的平衡。

（3）知识产权中私人利益与公共利益的平衡

知识产权中的私人利益是不言而喻的。知识产权中的私人利益表现为通过被赋予专有权，知识产权人可以凭着对智力创造的独占而获得精神和经济上的利益。现代各国的知识产权法无不对知识产权人的专有权作出尽量周全的规定。知识产权制度的重要目的，也在于保护知识所有者的知识产权。并且，近些年来，这种专有权有不断扩张的趋势。知识产权人的利益只是知识产权利益平衡机制中的一端——知识产权这种私权中还存在着公共利益。知识产权中私人利益的过度膨胀可能会损害公共利益，使知识产权制度的公共目标无从实现。从利益平衡论的角度看，知识产权制度也试图在激励功能和知识产权法的分配之间，在公共和私人利益之间确立一个精妙的平衡。

知识产权中的公共利益与"公共领域"有相契合的地方。知识产权中的公共领域涉及资源共享的问题。在当代，人们注意到，存在知识产权保护受经济利益驱动不断升级和信息资源共享的呼声日益高涨两种趋势。在调和这两种利益时，维护创造者权利与知识产权法中公共利益的平衡作为知识产权法的一个重要政策起了重要作用。知识产权立法虽然立足于保护知识所有人的知识产权，但同时又注重构成这种产权的知识充分公开和利用。特别是在我国这样的社会主义国家，在重视个人的经济权益和人身权益时，也要充分重视社会公共利益。个人利益与社会利益相结合，才能实现繁荣和发展我国科学文化事业的目标。

（4）精神权利与财产权利的平衡

精神权利属于人身非财产权，它是与人身不可分离而又没有直接经济内容的权益，包括姓名权、荣誉权、身份权等内容。著作权的人身权就是因作者创作了特定的作品而具有作者身份才形成的精神权利，著作权在实质上体现为一种"人格权"。1877年德国学者加雷斯提出了人格理论并认为人格属于工业与知识产权的内容[28]。版权中的精神权利属于人格权已经得到许多国家立法的认可。例如，日本著作权法列有"著作人格权"一款，中国著作权法采用了"人身权"一词，法国著作权法明确规定著作权包括精神权利的内容。甚至有学者认为，法国著作权法中精神权利的内容是民法上人格权的理论来源。然而，在社会信息化过程中，作者的精神权利却出现了被弱化的现象，如《TRIPS 协议》没有规定精神权利保护的强制义务。成员可以对公约规定的精神权利义务根据国内法予以免除。但是，成员须对《伯尔尼公约》规定的全部经济权利通过国内法授予其他成员的国民。在一些信息技术发达国家，网络空间中作者精神权利被弱化的现象已经通过立法或正在通过国际立法予以确认。加拿大、英国等国均在法律中允许作者放弃部分或全部的精神权利。

精神权利不应当被弱化，这是由版权的性质决定的。精神权利独立于财产权利而存在，它与作者的人格相联系。作者享有的这些人身非财产权不受其财产权的制约，即使在作品使用专有权转让的情况下，作者仍然保留人身非财产权。精神权利的核心是署名权、修改权、保护作品的完整权等内容。这些权利与表达自由相关联，是国际人权法规定的内容[29]。国际作家组织也正在努力阻止精神权利被弱化的趋势。在人权观念日益深入人心的今天，弱化版权中的精神权利，无论是新技术的原因还是经济的原因，都是与人类的发展趋势相违背的。知识既是精神财富也可以转化为物质财富，知识的创造者应该从中得到相应物质利益与精神利益。作者应有权决定自己的作品是否公开或发表、以何种方式发表，有权决定在作品上署名以及保护自己的作品不被歪曲、篡改。在数字时代，作者这些精神上的权利更容易被侵犯，对精神权利与财产权利保护的平衡将有助于鼓励作者的创作，也会保证公众对这些资源的有效利用。

(5) 发达国家与发展中国家的利益平衡

如果说知识产权法律是对属于私有领域的无形财产与属于共有领域的知识资源的界定，或者说是个人利益与社会利益的分配机制，那么知识产权国际保护制度就是这一利益分配机制的国际化，或者说是知识产权利益国际再分配机制。如果知识产权国际保护违背了公平正义原则，具有绝对技术优势的发达国家就会凭借知识产权国际保护机制对发展中国家实行经济掠夺，使后者在国际经济关系中永远处于不平等的劣势地位。虽然知识产权保护具有促进技术创新和经济增长的作用，但是，过高水平的保护必然使发展中国家付出的社会成本超出它能够承受的范围。对于尚处于工业社会初期甚至农业社会的发展中国家来说，按照过高水平的国际标准进行知识产权保护必然会带来民族利益的损失。发展中国家由于经济技术水平低下，尚未形成本国的技术创新和文化创新体系，以过高的标准向外国权利人开放知识产权市场，本国的经济和技术发展将有可能被外国技术垄断集团所控制，本国工业和公众消费者的利益将遭到难以承受的损失。另外，由于发展中国家不是技术的生产者，而是技术和技术产品的进口者和消费者，过高水平的知识产权保护就意味着它们必须为技术和技术产品的进口和消费向发达国家支付更多的费用，进而使得发展中国家的经济利益流向发达国家。

鉴于目前世界格局和发展中国家的经济发展水平，发达国家片面地强调高标准的知识产权国际保护，忽视发展中国家的经济利益和发展需要，既不公平，也不合理。从历史上看，任何国家在工业化进程的初期，由于技术、经济、文化水平较低，往往需要免费或廉价使用外国相对先进的知识，因此总要在一定程度上限制对外国技术创新和文化创新成果的保护，甚至将某个领域的技术和文化成就排除在可授予知识产权的范围之外。包括美国和欧盟许多成员国在内的发达国家，在其工业化进程的初期也是在一定程度上限制对外国技术和文化成果的保护。美国在19世纪就是著名的盗版国家。而对于化学物质和药品的专利保护，许多发达国家也只是在20世纪70年代才开始的。发达国家要求发展中国家立即达到它们经过上百年才逐步形成的知识产权保护水平，而置其社会公共利益于不顾，其正当性是值得怀疑的。

2.3.4 遵循利益平衡原则，实现知识产权法的立法宗旨

我们今天重申传统专利法、版权法、商标法的立法宗旨，可以更清楚地理解现代国家的职责：必须面对知识产权扩张实现新的平衡。利益平衡的立法原则事实上早已写入近代英美国家的宪法中，因此，应该属于宪法中知识产权法的立法原则。正因为如此，近代国家创制专利权、版权、商标权才具有合法性、正当性的条件和理由。根据利益平衡原则，重新修正日益扩张的知识产权制度，是现代国家的法定职责。这个法定职责恰恰被现代国家忽视了。美国法学界和知识产权界关注"知识公有领域"，实际上是发现知识产权法已经偏离了公平。2001年11月杜克大学法学院主办"公有领域论坛"，James Boyle教授总结了其他5位学者的观察结果，将目前美国知识产权扩张、缩减公有领域的过程（相应立法包括《千年数字版权法案》、《反电子盗窃法》、《版权保护期限延长法》）称为第二次"圈地运动"，与15世纪英国的"圈地运动"相比较，认为两者有惊人的相似性；两者的不同，主要是有形财产（土地）和无形财产（知识、信息）的区别。美国建国以来私权至上原则的运用，导致版权不断扩张，忽视了现代国家的公共职责。美国200多年版权法的历史，就是版权不断扩张的历史，"私有产权助长了一个人的以牺牲他人的自由为代价的自由"[30]。美国专利局不断修改专利审查指南，将软件予以专利法保护，创造了微软等世界霸权的地位，也制造了全球知识产权战争的恐慌局面。因此，现代国家在遵循利益平衡原则以实现知识产权的立法宗旨的法定职责时应注意以下几点。

（1）必须重新明确被近代国家表达在宪法知识产权条款中的平衡精神

　　既然近代国家经过周密的考虑、充分的权衡才创制出绝对排他性的专利权、商标权、版权，现代国家及其授权机关就要对它的平衡性负责。授权行政机关只能严格执行而无权修改平衡原则。否则，就是法律上的"越权"。特别是在信息社会，任何国家也无权对全球范围内的信息专利权作出仅有利于本国利益的立法。因为知识产权作为传播中产生的财产权，毕竟是建立在社会公众的学习自由权、教育权、信息自由权等基本人权之上的。当这个成本发生在发达国家与发展中国家之间时，需要以发展中国家牺牲本国人民基本人权为代价；即使在发达国家内部，该成本发生在少数垄断集团和大部分社会公众之间时，它也需要社会公众以牺牲自己宪法上的自由权为代价。这就违背了知识产权创制的平衡条件：社会公众暂时让渡的承诺，并没有出卖自己的自由，而是为了实现每个人的自由。除非为了人类的共同发展，否则，版权、专利权向社会公共信息垄断的扩张就没有正当性；如果现代国家坚守"鼓励创新、鼓励表达、鼓励新知识的创造"、促进人类文明传播与科学繁荣的宪法职责，就必须在知识产权与公共知识资源、共享性智慧信息、社会公共利益与个人私权之间重新进行平衡，目的是为了支持真正自由民主的现代社会和现代法治国家。

　　（2）国家不干预私法自治的原则不应成为放任知识产权扩张的理由

　　平衡作为知识产权的立法原则，应该属于现代国家的宪政原则，并与私权神圣的理念并存。因为知识产权是制定现行宪法的近代国家"创制"的。近代国家在"不得不"的情境中参与知识产权的创制，但它仅提供以"机会"为标的的公平机制，目的是打破平等主体之间的封闭状态或制衡状态，求得各方共同发展，并没有违反私法自治的原则。这是近代国家参与创制的、促进人类文明发展的"多赢机制"，没有干预私法自由。如果你的权利建立在他人自由限制的承诺下，他人的让渡应该表达为你的责任，使大家共同获益，否则就不公平；对让渡人来说，暂时让渡自己的自然权利，是为了自己真正实现自然权利。这就要求在知识产权立法中，国家必须满足"至善"的平衡条件，实现"多赢"的目标；否则，就会出现社会公众暂时的让渡超过可以忍受的限度，使宪法上的言论自由、思想自由、表达自由等权利受到侵害。因此，疯狂扩张的知识产权特权人应该受到现代国家更多的监管和限制，现代国家理性维持平衡的责任应该在宪法中重申并被确定下来。

　　（3）现代国家必须恢复或重建公共利益的空间以恢复传统平衡

　　第一，必须继续并保留知识产权法中为社会公众保留的、具有权利保障性质的平衡空间。比如，版权法中的合理使用制度、保护期限限制等，专利法中的强制许可制度、不能许可专利的主题等。这些平衡空间作为社会公众基本人权的保障，也是社会公众神圣不可侵犯的公共利益。如果版权的扩张最终限制了大众获取创作素材和创作的自由，并最终因为自由的限制而丧失作品的自由创作，就会造成一个新型的、现代的封闭社会。第二，必须由国家依据理性原则来掌握平衡，不能被少数垄断权人控制。如果少数人的垄断权建立在社会公众的高成本基础上，国家有权站在平衡的立场，让社会公众暂时让渡宪法上的权利而使自己的宪法权利在更高程度上实现。否则，现代国家就会成为少数垄断权人控制社会公众基本需求的工具。第三，现代国家重新建立平衡，必须拥有正当的理由。比如，在传统专利法的框架下，如果专利权人的绝对排他性权利是以牺牲后续发明人的自然权利为代价，那么，近代国家有"正当的理由"采取如下措施：① 后续发明人可以在公开技术基础上继续发明创造，这个权利对任何人都平等存在；② 专利权人的绝对排他性权利是"有期限"的权利，而"有期限"中的平衡是保证技术发明人能够正当地收回其技术投资的成本，并获得相应的投资回报；③ 有期限垄断的许诺最终是为了社会公众的信息自由、技术普及和整个社会的技术进步；④ 国家保留强制许可制度，允许公共利益与私权冲突时，国家行使特殊的平衡职责。

（4）平衡应该成为政策性立法的基本原则

人类知识活动的领域不同，目的和追求的意义不同。因此，不同的知识领域的智慧信息对人们的稀缺程度是有差别的。比如，建立在"为公开传播的智慧信息"上的版权与"为保密而秘密使用的智慧信息"上的专利权的平衡条件是不同的。将为了公开目的的智慧信息（包括作品、软件作品等）适用专利法来许可专利，就混淆了不同对象的不同平衡要求。专利权应该仅限在技术改造领域而不能扩张到公共信息领域。专利保护的"适格性"应限制在可"物化"的技术领域；否则，就会出现将公共性日趋增强的智慧信息许可给某个人垄断的情况。在生物技术领域的平衡也需要经过重新审视：基因技术已经接近了人类的本质，揭开人类的生命奥秘，这是人类共同的智慧结晶，也是人类共同的资源。如果将其不加区分地许可给某个人享有专利权，就会让某个人控制人类的生命奥秘，形成对人类生命的垄断权。因此，现代专利法必须经过严格的适格性审查和限制，提高创新审查标准，并在为人类共同发展的至善目标下，重建新的平衡。

（5）允许不同主权国家掌握自己的平衡空间

平衡应该是各个主权国家宪政的权力和内容，应该允许各个主权国家制定自己的知识产权政策以建立本国的平衡机制，促进本国的文明技术发展。因为不同国家的技术发展程度有极大的差异。人类知识活动应该实现全球共同发展的至善目标。应该允许不同国家、不同文化背景、不同道德观念、不同经济发展程度的国家，制定符合本民族、本地区、本国家的知识活动发展程度的平衡机制。当前由欧美等发达国家所左右的知识产权国际保护进程以扩大知识产权私权范围、维护知识资源创造者的权益为其发展方向。虽然提高知识产权保护的标准和水平是新技术革命条件下促进技术创新和文化创新的需要和必然结果，但以发达国家为主导的这种知识产权私权在国内法和国际法领域的扩张也可能造成难以预料的后果。一方面，知识产权私权在国内法领域扩张，必然导致原来为人们所共有的生产、技术、市场知识和技能开始划归私人领地，智力成果的公有领域进一步缩小，而公众在公有领域所享有的权利不断被蚕食，进而造成知识产权权利人的个人利益与公共利益的冲突加剧；过去属于个别现象的知识产权侵权行为，现在却普遍化了，形成动辄得咎的局面，只要稍不留意，就会在某一天突然被控侵权[31]。另一方面，将知识产权私权的这种扩张态势，通过知识产权国际保护机制扩张到具有不同经济发展水平、不同政治文化背景的发展中国家，又必然会在国际上进一步加剧它们与发达国家之间的冲突，扩大它们之间经济技术上的差距，使发展中国家在技术上更依赖于发达国家。1709 年英国《安娜法案》保护版权的期限是 14 年，是当时的英国政治、经济、文化水平和发展状况决定的；美国 1909 年的版权保护期也不过 28 年，并长期不保护外国作品；而世界贸易组织却要求全世界的发展中国家，包括中国在内的著作权保护期一定不少于 50 年，否则就以不许入关相威胁。

由此可以看到，几百年前近代国家创制的知识产权制度，不过是为我们提供了一个保护知识活动、追求智慧生活的"平衡机制"。具体的权利客体的获得条件需要立法者、司法者、授权行政机关，根据人类知识活动的特点来确定应不应该保护和用什么样的条件来保护，以实现知识活动过程中的不同责任分配，促进知识活动的发展。各国知识产权立法都应体现私法的平衡并实现公法上多赢的目标。而且，这个平衡的机制作为有法律效力的立法原则，为我们留下足够的知识产权与共享智慧之间的平衡空间或政策性调整空间，使这个多赢的机制继续为人类创造科学技术与文学艺术的繁荣。因为它不仅创造了近代文明，也创造了我们今天的信息社会。肯定知识产权的正当性，维护知识产权的平衡机制，实现多赢的至善目标，是人类社会共同的责任。知识产权法中的平衡空间，也是现代国家对知识产权扩张进行调整的"责任空间"。知识产权法应该重塑现代国家的平衡责任。这应该成为现代法治国家宪政的主题，乃至国际社会宪政的主题。

参 考 文 献

[1] 查尔斯·麦克马尼斯. 新千年的知识产权. 崔国斌译. 见：郑成思. 知识产权文丛（第 5 卷）. 北京：中国方正出版社，2001：435 ~ 470
[2] 陶鑫良. 网络时代知识产权保护的利益平衡思考. 知识产权，1999（6）：18 ~ 22

［3］Patterson L R, Lindberg S W. The nature of copyright：a law of users'right. 1991：2

［4］刘小磊. 在电脑上看 DVD 的权利. 南方周末，2001-12-06（第 23 版）

［5］保罗·戈尔茨坦. 版权及其替代物. 周林译. 电子知识产权，1999（6）：13～15

［6］寿步. 软件热点案例透析. 见：郑成思. 知识产权文丛（第二卷）. 北京：中国政法大学
出版社，1999：311～346

［7］美国《专利法》第 2 章第 10 节之第 101 条规定

［8］日内瓦发布的"知识产权委员会"报告：整合知识产权与发展政策. http：//www. myipr.
com/suma/2005-05/3813. html. 2005-12-20

［9］罗尔斯. 正义论. 何怀宏等译. 北京：中国社会科学出版社，1998

［10］王先林. 合理保护知识产权与控制知识产权滥用——关于思科与华为知识产权纠纷的一
点启示. 国际技术贸易市场信息，2003（03）：185～187

［11］石晶玉，蒙启红. 知识产权滥用的成因分析与博弈. 商业研究，2004（10）：177，178

［12］魏衍亮. 对知识产权滥用说"不". 商务周刊，2005（5）：50～53

［13］彼得·达沃豪斯，约翰·布雷斯韦特. 信息封建主义. 刘雪涛译. 北京：知识产权出版
社，2005：249

［14］冯晓青，杨利华等. 知识产权法热点问题研究. 北京：中国人民公安大学出版社，
2004.：304

［15］Goldstein P. 版权、专利、商标和相关国际学说. 知识产权法案例和资料. The Foundation
Press, Inc，1993

［16］Vinjie T C. Should we begin digging copyright's grave? EIPR，2000（12）：551～559

［17］乔生. 我国知识产权保护的现状与思考. 法商研究，2002（3）：120～126

［18］世界银行. 1998 世界发展指标. 北京：中国财政经济出版社，1999

［19］Gerhart P M. Why lawmaking for global intellectual property is unbalance? EIPR，2000（7）：
307～313

［20］Harms J L T C. Offering cake for the South. EIPR，2000（10）：451～453

［21］陈传夫. 国家信息化与知识产权——后 TRIPS 时期国际版权制度研究. 武汉：湖北人民
出版社，2002：122

［22］Hughes J. The philosophy of intellectual property. Georgetown Law Journal，1988（77）：287

［23］Radin M J. Reinterpreting property. Chicago：University of Chicago Press，1993

［24］Landes W, Posner R. An economic analysis of copyright law. Journal of Legal Studies，1989
（18）：325

［25］Landes W, Posner R. Trademark law：an economic perspective. Journal of Law and Economics，
1987（30）：265

［26］Netanel N. Copyright and a democratic civil society. Yale Law Journal，1996（106）：283

［27］Ploman E W, Clark H L. Copyright：intellectual property in the information age. London P Bos-
ton：Routledgeand Kegan Paul Ltd，1980：197

［28］王利民，杨立新. 人格权与新闻侵权. 北京：中国方正出版社，2000：19

［29］万鄂湘. 国际人权条约评述. 见：李龙，万鄂湘. 人权理论与国际人权. 武汉：武汉大

学出版社，1992

[30] Hettinnger E C. Justifying intelleectual property. Intellectual property moral, legal and international dilemmas. Adam D. Moore. Rowman, Littlefield Publishers, Inc. Lanham Boulder New-York Oxford：21

[31] 袁泳. 知识产权法与技术、文化创新. 北京大学学报（哲社版），1997（5）：103

第3章 平衡信息控制与获取的理论基础

信息时代的法律应该关注"信息"本身，即围绕社会与各种各样信息的相互关系来制定一套法律政策框架，而不是仅仅关注新技术的发展。这就要求我们建立一套标准的原则来将这些与信息有关的法律政策置于一个统一的"信息法"框架中。在此，我们试图建立一套与信息控制与获取相关的权利，并在此基础上设置一套标准的原则，从而建立起适应全球信息时代内部和谐统一的"信息法"。这也将构成平衡信息控制与获取的理论基础。以下将从理论上对这一法律体系加以阐述，以便人们更好地理解信息法及其功用。

3.1 信息、信息权利与信息法

我们要研究与信息相关的法律问题，首先必须明确该领域内的信息概念，了解信息法领域中的信息范畴。在此基础上，我们才能进一步探讨与此相关的法律问题。

3.1.1 信息法领域的信息概述

1. 信息的定义

以计算机技术为代表的信息技术革命将人类社会推进到一个全新的信息时代。从个人计算机到全球互联网，从细胞 DNA 信息到人类基因组，从网络结构和计算机建模到虚拟实在和人工生命，信息的力量正在迅速改变着人类的现实世界，信息的地位也日显重要。从 20 世纪 80 年代，人们就开始普遍使用"信息社会"的概念；90 年代后，"信息高速公路"、"信息公开"、"信息化"等词汇，更是成为使用频率越来越高的用语。尽管信息与物质世界相伴而生，但人类对信息的认识却经历了漫长的过程。

现代意义上的信息概念来自于通信科学的研究。20 世纪 40 年代，申农（C. E. Shannon）发表了《通讯的数学理论》和《在噪声中的通讯》等论文，首次提出"信息"的科学概念并创立了信息论。从通信过程的研究出发，申农将收信人在接收到信息之后被消除的不确定性的大小表示为接收到的信息量，因此，信息就可以被定义为"两次不确定性之差"。所谓"不确定性"，在热力学上被称为"熵"。美国著名科学家、控制论的创始人维纳（N. Wiener）在 1950 年发表的《人有人的用处》一书中指出："消息本身就是一种模式和组织形式。实际上就像外部世界的各种状态所组成的集合那样，可以认为消息的集合具有熵。正如熵是无组织程度的量度，消息的集合所携带的信息就是组织程度的量度。事实上，完全可以将消息所包含的信息解释为负熵。"因此，人们又把信息称为"负熵"。英国生物学家阿斯比（W. R. Ashby）是控制论的另一位重要的奠基人，他把信息理解为"变异度"。在 1956 年出版的《控制论导引》一书中，他首次提出了"变异度"的概念：任何一个集合，它所包含的元素的数目以 2 为底的对数就称为这个集合的变异度。他还认为，在更简单的情形下，也可以把集合的元素数目直接定义为它的变异度。这里，变异度的概念与申农的熵的概念等同，变异度被当作信息的概念来使用。特里比斯（M. Tribes）等在《能量与信息》一文中指出："既然可以把知识状态编码成这样的概率分布，我们就可以给信息下一个定义：信息，就是使概率分布发生变动的东西。"意大利学者朗格（G. Longo）在 1975 年出版的《信息论：新的趋势与未决问题》一书序言中指出：信息是反映事物的形式、关系和差别的东西，它包含在事物的差异之中，而不在事物本身。中国学者黎鸣在《恢复哲学的尊严——信息哲学论》一书中认为："信息是物质的普遍属性；它表述它所属的物质系统，在同任何其他物质系统全面相互作用（或联系）的过程中，以质、能、波动的形式所呈现的结构、状态和历史。"而对于信息的本质，维纳则在其《控制论》一书中提出了一个经典的哲学命题："信息就是信息，不是物质也不是能量。"这一论断明确地揭示了信息的本质。所以，从哲学上说，世界是物质的，物质是永恒运动的，推动物质运动的动力是能量，物质运动留下的"痕迹"就是信息。可见，信息是对物质的运动及物质间运动的一种描述，信息必须以物质为载体，以能量为动力。在此，我们可将信息定义为：信息是能反映事物存在和运动差异、反映客观事物特征并能消除事物不确定性的与物质、能量相并列的要素，是消息、数据、情报、知识、资料等的统称。

"信息"在英文中是"information"，来源于拉丁语"informatio"，意为"使……接收、感知"。由此可见，信息与知识（knowledge）、情报（intelligence，有时也译为 information）、消息（message，有时也译为 news）、数据（data）等概念都有着密切关系。因此，学界普遍认为，知识、情报、消息、数据均属于信息范畴，分别指不同内容或不同形态的信息。我国国家标准 GB4894—85《情报与文献工作词汇基本术语》中，关于"信息"的解释是："Information，是物质存在的一种方式、形态或运动状态，也是事物的一种普遍属性，一般指数据、消息中所包含的意义，可以使消息中所描述事件的不定性减少。"而"数据"是指数字、字母与符号的集合，"消息"是指用适当的语言或代码从一个信息源向一个或多个目的地传送的情况。英国《牛津英语辞典》对信息的概念表述为："通过各种方式可以被传递、传播、传达、感受的，以声音、图像、文字所表达，并与某些特定的事实、主题或事件相联系的消息、情报、知识都可以泛称为信息。"美国《韦伯斯特词典》（*Webster Dictionary*）将信息定义为："信息是知识和情报的通信和接受，并将信息表述为：① 由调查、研究和学习所得到的资料和知识；② 知识、学问和新闻；③ 事实、情况和数据；④ 表示数据的记号、信息和标识。"其对知识的定义则是："知识是通过实践、研究、联系或调查获得的关于事物的事实和状态的认识，是对科学、艺术或技术的理解，是人类获得的关于真理和原理的认识的总和。"世界银行出版的《世界发展报告》（1998 年）以"知识和发展"为主题，对数据、信息和知识分别进行了定义，指出："数据是经组织的数字、词语、声音、图像；信息是以有意义的形式加以排列和处理的数据；知识是用于生产的有价值的信息。"

2. 信息的特征

信息的特征很多，包括客观性、普遍性、无限性、传播性、动态性、依附性、共享性、可伪性、异步性等。[1] 在此主要说明其与有形物不同的特征。

（1）无形性

信息没有外在形体，但具有内在的使用价值和价值。信息的存在不具有一定的形态（如固态、液态、气态等），不占有一定的空间；人们对它的"占有"不是一种实在而具体的控制，而是表现为认识和利用。信息产品与物质产品有明显不同。某一物质产品，在一定时空条件下，只能为某一个人或社会组织来实际占有和使用，所有人可以有效地管理自己的有形财产，以排除他人的不法侵占；而一项信息产品则不同，它可以为若干主体同时占有，被许多人来共同使用；处分信息产品无须像处分有形财产那样需要交付实物，只要信息产品公布于众，第三人即可不通过处分的合法途径而取得利益。

（2）共享性

信息是一种经济学意义上的"共用品"。它具有共用品的两个特征：一是一个人消费不影响他人消费，即所谓"非竞争性的消费"；二是杜绝消费这类产品而不付钱的揩油者的费用很高。同一内容的信息可以在同一时间由两个或两个以上的使用者使用，便是信息的共享性，这也是信息区别于物质和能量的主要特性。信息的提供者并不失去所提供的信息内容和信息量，而物质、能量的交换则不一样，提供者必然要失去对所提供的物质、能量的占有和使用；否则，不成其为交换。信息的共享性又称无损耗性、可复制性，对信息的利用方式与对物的利用方式迥然相异，认识到这一点对信息产权的研究具有重要意义。

（3）传递性

信息是可以传递的，传递性是信息的一个重要特征。信息总是处在一定的流动过程之中，即信息流。没有传递就没有信息，更没有信息的效用。信息的传递可使信息在短时间内、在较大范围内扩散，从而对政治、经济、社会、科学技术、生活产生重大影响。信息的产生与信息的传递密不可分。在多数情况下，信息的传递依赖于信息载体来进行，并伴随着对信息的处理、转换和存储。信息既不是物质，也不是能量，但信息的传递离不开物质和能量。在信息的传递过程中必定有一定的物质及其运动的传递或变换，必定有能量的传递或能量形式的变换。

（4）时效性

信息的时效性是指信息从产生、接收到利用的时间间隔及效率。信息一经生成，其反映的内容越新，它的价值就越大；时间延长，其价值随之减小。例如，股票信息，股市信息瞬息万变，不同时刻的信息反映了不同的动态变化。掌握了最新信息，并能有效地利用它，就能实现信息的价值。信息的时效性是多元的，而不是单一的。一般而言，信息总是产生于事实发生之后，先有了事实，然后才能有信息，信息的滞后性就体现了人们的认识总是落后于客观存在的；信息又具有超前性，如预测信息，体现了人们在把握客观规律的前提下能够对有可能发生的事物进行科学的预测。

3. 信息的类型

邦奇和阿迪拉（M. Bunge，R. Ardila）将信息术语的使用归纳为七种方式，基本上反映了信息的主要类型：① 语义信息，说明或澄清一个术语或概念与相应的经验现象之间关系的信息，可被认为是有用或有效的信息。如果有人接受它，就会有不同的行动、意图或期望。② 基因信息，与病毒、植物或动物的DNA 有关，最终决定或共同决定产生部分酶、蛋白质等。③ 信号或数据，能够传递某种信息的中介。④ 消息，通信过程中的数据、信息或知识。⑤ 信息的数量或重量，应当区别于信息本身。⑥ 知识，无论是实用知识还是科学知识，都是一种试图表现某些经验或现象的假设，但并不是现象本身。⑦ 知识的传播，信号、信息或知识从一个人或地方到另一个人或地方的传递。在信息时代，以下各类信息越来越受到法律和社会的关注。

（1）个人信息

个人信息是自然人围绕个人自我管理和生活目的而收集、加工、保存和利用的信息。个人信息包括与存在个体相关的，并且可用于识别特定个体的信息。例如，姓名、生日、个人证件的号码、标志或其他记号、图像或录音及其他相关信息（包括某些单独使用时无法识别，但能够方便地与其他数据进行对照参考，并由此识别特定个人的信息）。个人信息不仅包括个体识别信息，还包括显示事实、判断或评价等所有情报，包括个人身体状况、财务状况、工作类型或职务等。

（2）数据库

数据库（databases）或称信息集合体（collection of information），是指"经系统或有序安排的、以现有或将来开发的任何形式或介质体现出来的作品、数据或其他材料的集合、汇集或汇编"[2]。数据库是开发全球信息基础设施的关键因素，是促进经济发展、文化发展和技术进步的重要工具。关于数据库，从科学技术的角度来讲，是指"为满足某一部门中多个用户多种应用的需要，按照一定的数据模型在计算机系统中组织、存储和使用的相互关联的数据集合"[3]；从法律的角度来讲，是指"以系统或有序的方法编排的，并可以通过电子或其他方式单独访问的独立作品、数据或其他数据资料的集合"[4]。

由此可见，数据库作为作品、数据或其他材料的汇编，被汇编在数据库内的作品、数据或其他材料构成了数据库的内容，它们是数据库的核心部分。数据库的主要功能在于向用户提供一定的信息。用户访问或使用一个数据库，其目的就在于从这个数据库中得到有用的信息；从用户的角度来看，一个数据库的价值取决于其信息含量。因此，数据库的内容是决定其使用价值和交换价值的关键因素。虽然数据库的内容可看成只是原已存在的作品、数据或其他材料的复制品，但将这些已有的材料汇编入数据库，并不是一个简单的复制过程。数据库的制作者要从数量众多甚至是无限多的对象中进行判断和选择，并要将经选择之后的对象按一定的顺序和结构表现出来，原本零散的、无序的作品、数据或其他材料由此成为数据库的内容，数据库也由此而产生。因此，数据库的制作者在制作时对数据库的内容所作的选择和编排——"付出劳动"，是其要求知识产权保护的关键因素。总之，没有数据库的内容，数据库无从产生，也就没有对数据库内容的选择和编排；而没有数据库制作者对数据库内容的选择和编排，数据库的内容只不过是一些零散的无序的作品、数据或其他材料，后者只能通过前者表现出来。因此，数据库就是内容与对内容的选择和编排的有机统一体。

（3）计算机软件

计算机软件是指计算机程序及其有关文档。程序，是指为了得到某种结果而可以由计算机等具有信息处理能力的装置执行的代码化指令序列，或者可以被自动转换成代码化指令序列的符号化指令序列或者符号化语句序列。同一计算机程序的源程序和目标程序为同一作品。文档，是指用来描述程序的内容、组成、设计、功能规格、开发情况、测试结果及使用方法的文字资料和图表等，如程序设计说明书、流程图、用户手册等。计算机软件作为一种信息产品在于它是由源代码的物理表达形式的信息组成。

（4）商业秘密

商业秘密是指不为公众所知悉、能为权利人带来经济利益、具有实用性并经权利人采取保密措施的技术信息和经营信息。由此可见，商业秘密具有"三性"，即秘密性、价值性、保密性。秘密性，即不为公众所知悉，是指该信息是不能从公开渠道直接获取的。价值性，即能为权利人带来经济利益、具有实用性，是指该信息具有确定的可应用性，能为权利人带来现实的或者潜在的经济利益或者竞争优势。保密性，即权利人采取保密措施，包括订立保密协议，建立保密制度及采取其他合理的保密措施。其中，技术信息是在实际应用中能够使用的技术情报、数据和知识，如专有技术、工艺流程、操作指南、化学配方、设计图纸等；经营信息指为企业所特有的，具有秘密性质的经营管理方法及与其密切相关的其他商业信息，包括企业的管理方法、客户名单、营销策略、广告计划、投标招标中的标底及标书内容、投资方案、人事变更等信息。在《与贸易有关的知识产权协议》第二部分第七节中，"商业秘密"这个概念并不存在，它被表述为"未曾披露过的信息"，以示区别作品、专利技术方案、商标标识等已经公开的信息。

（5）作品

作品作为版权法保护的客体，是指文学、艺术和科学领域内具有独创性并能以某种有形形式复制的智力成果。作品包含了法律列出的记载于有形介质上的信息形式，只要其具备最低限度的原创性就可以受到版权法保护。如报刊、书籍、图画、电影、广播等，是人们在生活中随时可以得到的最广泛的信息源。在版权制度下，对这些信息的未经版权人许可的复制、翻译将构成侵权。

（6）专利

专利作为技术发明和设计等技术性智力成果，是对自然规律的认识和利用，因而是一种关于客观内容的信息。构成新技术信息大部分的内容就是各国专利申请案中的专利说明书。绝大多数专利说明书公开刊登在出版物上，对相应的技术领域中感兴趣的人都可以得到这种信息。但未经专利权人的许可，任何人都无权按照说明书去实施有关技术或出售用有关技术制成的产品。

（7）商标和域名

商标是附在商品或服务上、用以说明商品或服务来源的信息。《TRIPS 协议》第 15 条规定，任何能够将一个企业的商品或服务与其他企业的商品或服务区分开来的标记或标记组合，均应能够构成商标。"标记或标记组合"实际上是一种标示性符号，它可以由文字、图形甚至气味、音响等要素或这些要素的组合构成。从信息学的角度看，这些符号都是信息，如文字、图形或其组合是一种光频形象信息，音响则是声频形象信息。这些符号被固定地使用在商品和服务上，成为表征商品和服务提供者的信息，或者说成为商品和服务提供者信息的载体，承载了不同于符号自身内容的内容，并建立了与商品和服务提供者的联系。既然是为了区别商品和服务的提供来源，那么这些被固定地使用在商品和服务上的符号就必须要表征商品和服务提供者的个性，具体说就是商品和服务提供者通过其所提供的商品和服务以及营销方式和风格所反映出来的技术水平、资金实力、质量标准、经营理念、管理能力等集合体，即商品和服务提供者的综合品质；从信息学的角度看，就是商品和服务提供者的结构性信息（structured information）。当各种符号因使用在商品和服务上而将这种结构性信息表征出来后，自然就将商品和服务提供者区别开来，也就完成了上述符号向商标的转化。换句话说，当符号承载了商品和服务提供者的结构性信息的信息时，就构成了商标。可见，"商标的价值在于浓缩与产品有关的一切信息"[5]。

域名是一种用于互联网上识别和定位计算机的地址（IP 地址）的结构式网络字符标识，是进行网络访问的重要基础。域名与商标既有联系又有区别。域名系统是为了标记和区分 Internet 上不同的计算机用户而建立的，因而具有显著的标识性。域名的标识性使其具备了类似于商标的广告宣传功能。但与商标不同的是，商标的标识性源于其显著性，而域名的标识性则是由它的唯一性作保障的。域名通过域名解析器与 IP 地址一一对应，具有极高的精确性，从而保证了域名在全球范围内的唯一性，而商标的唯一性则是相对的。此外，域名的排他性与商标的排他性有所不同，域名的排他性是由其唯一性决定的，它表现为域名申请中的"先申请先注册"原则，即某一域名若已为某用户所拥有，其他用户就不能再申请该域名。而对于商标来说，已注册的商标在不同种类的商品（或服务）上或在申请注册的地域范围之外或是超出注册的有效期使用就不具有排他性，商品种类、地域性和实效性是商标排他性的依据，并且这种排他性是相对的。而域名只要没有注销，其排他性不受地域和时间限制。

3.1.2 信息权利

信息权利是以满足一定条件的信息作为权利客体的法律权利类型，它是由多个子权利构成的法律权利束。这些子权利包括信息财产权、知情权、信息隐私权、信息传播自由权、信息环境权和信息安全权等。[6]具体说来，信息权利包括特定信息在生产、加工、存储、传播、获取和利用的过程中与主体利益联系起来时所产生的信息安全权（保护信息内容、信息系统安全的权利）、信息控制权

（信息使用权、信息加工权、信息传播权等）、信息保密权（国家秘密权、商业秘密权、隐私权等）、信息获取权（主要指对政府信息、企业信息及某些特定的私人信息的知情权）和信息垄断权（专利权、著作权等信息产权）等。信息的共享性使信息资源的跨时空、跨地域利用成为可能，但是，共享信息资源的利益必然在不同的主体间产生冲突。对信息的控制权往往意味着对一定利益的获取可能，因此，与特定信息之间存在的各种关联性，成为各个主体主张权利的依据。信息的复杂性决定了信息权利的复杂性和综合性。

1. 信息权利的内容

社会信息化使信息的权利确认成为一个重要的法律问题，与传统的知识产权既有区别又有联系的信息权利成为信息立法中的一个基础概念。信息权利从外延上包括了隐私权中对信息隐私的权利、公众获取政府信息的政治权利、传统的知识产权等，涉及财产性的权利和非财产性的权利，其性质不是单一的，而是综合性的。从内涵上来讲，信息权利泛指法律所确认的对信息享有的任何非合同权利。同时，信息权利必然受到一定的限制。由于同一信息会由于各种方式和不同的主体联系起来，这些主体从不同的角度享有不同性质的信息权利，这些权利之间的冲突不可避免。以个人数据为例，它是个人主张人格权的对象，同时也可能因为该个人是某一个上市公司的董事而成为企业必须公开的信息，或者因为该个人成为政府的公务人员而成为政府必须公开的信息，这种信息的范围、公开的范围、使用的方式都将在不同的情况下发生冲突。

信息权利作为一项综合性的权利，具体信息权利的性质不同，信息共享的范围和方式不同。政府信息的基本原则是实现全体公众的共享，表现在法律上的权利安排就应该是促进传播和流动，一方面要保障传播者的利益，另一方面又要防止垄断；信息隐私的保护则是通过限制流动实现人身利益，表现在法律上的权利安排就是限制共享，对其流动设定种种条件和要求。在信息权的具体权利发生冲突时，根据国家利益优先的原则和公共利益保护要求，个人权利会受到一定的限制或减损，但是这种限制或减损在法律上应该是明确的，而且不应该威胁到个体的基本人权。

2. 信息权利冲突

信息资源成为财富，各个法律主体产生了获取信息的强烈需求，产生了信息权利冲突。信息是减少不确定性的因素，信息为政府、企业、个人的决策提供条件，信息为企业带来收益，信息也是私人精神消费的对象。因此，围绕各种信息而产生的权利冲突也不可避免。

（1）信息权利冲突的表现——信息主体的利益冲突

利益是一个人应该享有的和可以享有的有益于、有利于自己的物质的或精神的事物。利益的直接指向便是利益主体与需求对象的关系。信息主体包括信息资源拥有者和非信息资源拥有者，他们都拥有各自不同甚至对立的利益，而需求对象——信息又是相对稀缺的，因而人们在争取实现各自利益的过程中经常会发生利益冲突。具体说来，可表现为以下几种。

1）信息主体与利益对象之间的冲突，其实质是利益能否实现的冲突。信息资源共享中的主体分为信息资源拥有者与非信息资源拥有者，具体来说包括政府、企业、公众和个人。政府是社会信息的最大占有者，其通过公开政务信息、发布社会经济信息等提高政府形象。企业作为信息的最大加工商，在信息开发、加工、维护过程中需投入大量成本，它们希望通过信息共享获得公司利润最大化，实现公司利润的增值。无论是政务信息、社会经济信息还是企业信息都与社会公众的生活休戚相关，为了实现自身利益的最大化，公众希望最大限度地知悉这些信息。但政府和企业出于信息安全、商业机密考虑，只局限于公开特定范围、一定数量的信息资源，而公众或个人愿意或者能够接受到的信息共享回报又呈现出有效供应不足或相对匮乏的状况。这样，政府与渴望得到的精神回报之间、企业与通过信息共享渴望得到的经济回报之间、社会公众与渴望共享的信息资源之间都必然产生冲突。

2）同一信息主体不同利益之间的冲突，体现为对不同利益的取舍。每一个信息主体都具有多种不同的利益追求。非信息资源拥有者若想共享信息，实现精神利益，多数情况下需要付出一定的经济代价，补偿信息资源拥有者的开发维护成本，牺牲物质利益；信息资源拥有者将自身占有的稀有信息共享，一方面有利于传播科学文化知识，吸引社会公众的眼球，抬高社会形象和知名度，满足文化利益和眼前利益；另一方面，稀有信息的无私奉献可能会影响到自身的发展，失去相对竞争优势，不利于政治利益、长远利益。

3）不同信息主体之间的利益矛盾，其实质是不同信息主体间的利益争夺。主要有：信息资源拥有者之间的利益矛盾，信息资源拥有者与非信息资源拥有者之间的利益矛盾，非信息资源拥有者之间的利益矛盾。信息资源拥有者之间的利益冲突主要是由于各自信息资源拥有量不均衡或者实现共享的信息资源量不对称，引发强势信息资源拥有者与弱势信息资源拥有者之间的信息共享难以开展，如政府与企业、企业与企业之间的利益矛盾。信息资源拥有者与非信息资源拥有者之间的利益矛盾表现为信息资源拥有者独占、垄断信息资源的倾向与非信息资源拥有者共享信息资源的愿望之间的冲突，如个人、公众与政府，个人、公众与企业之间的利益冲突。非信息资源拥有者之间的利益矛盾主要是对优先享有权和享有信息资源数量的争夺，如个人与个人、公众与个人之间的利益矛盾。

（2）信息权利冲突产生的原因

信息权利是由许多个子权利构成的法律权利束，不是由某个具体法律法规规范的一项权利，而是分散于各种具体法律法规中，信息权利的这一特征为信息资源共享过程中的权利冲突埋下了隐患。信息权利冲突的具体原因可归纳为以下三点。

1）信息权利边界具有模糊性和交叉性。由于法律未对两个或两个以上都具有法律依据的信息权利之间的相互关系作出明确界定而导致的信息权利边界的不确定性，即信息权利边界的模糊性。信息权利边界交叉是两个或两个以上法定信息权利之间存在交叉、重叠的权利，其交叉部分的利益为两个或两个以上权利人共同享有或相互牵连，因每个权利人都可进入此地带，由此而引发权利冲突。例如，就权利本质来看，信息获取权是保障人们自由获取某种信息的权利，公众的信息获取权能否得到保障直接关系到社会公正和社会稳定。而信息保密权则是阻止他人获得某种信息的权利。由于我国尚没有专门的信息公开法、隐私权法，对信息获取权、信息保密权的规定只散见于《中华人民共和国档案法》（以下简称《档案法》)、《中华人民共和国民法通则》（以下简称《民法通则》）等法律中，而且也未对"保密"、"获取"的权利边界作出明确界定，所以时常发生信息权利冲突。

2）信息权利的滥用。每一种信息权利都有其限度，有其行使的特定的时间和空间条件的限制，超过这个限度行使权利就是权利的滥用，就有可能侵犯他人的权利，引起权利冲突。由于我国没有专门的信息流通法、信息传播法等具体法律法规对信息主体的权利进行规范和保护，信息传播方、信息使用方在行使信息获取权、信息控制权时，经常会超过权利行使的限度而造成信息泄密，触犯其他权利主体拥有的信息控制权和信息安全权。我国 2006 年 7 月 1 日起施行的《信息网络传播权保护条例》将信息网络传播权规定为著作权人的一项基本权利并作了明确规定并提出了具体的保护办法，是防止信息获取权和信息控制权滥用的积极探索。其他的信息权利滥用包括信息安全权滥用、信息保密权滥用、信息垄断权滥用等。

3）信息权利具有相互性。信息权利的本质是利益，是一种主客观相结合的产物。信息主体的差异性和对立性引致利益的多样性和对立性，进而引致信息权利的多样性和对立性。科斯的权利相互性理论指出，任何不同权利主体之间的权利都是相互冲突的，一方主体权利的实现必然制约另一方主体权利的实现。信息获取权与信息垄断权、信息控制权与信息获取权、信息获取权与信息保密权、信息安全权与信息控制权是具有相互性的权利。例如，信息获取权要保障的是自由、平等地获取权利主体所需信息，而信息垄断权则具有专有性和排他性，权利主体有权禁止他人未经许可获取其信息，这两种相互对立的权利也经常性发生冲突。如新修订的《著作权法》与原《著作权法》相比，合理使用的条款有所减少，并且增加了"信息网络传播权"，强化了对著作权人信息垄断权的保护，但是却制约了公众信息获取权的实现。

3. 信息权利界定

在信息化社会，各个法律主体有获取信息的强烈需求，获取信息的权利需要有法律确认，所获取的信息也需要法律保护。人们需要实现信息的共享，但是传统的知识产权却要保护信息的专有性，这种共享和专有之间的冲突，仅根据传统的知识产权已无法界定各自的限度，我们需要站在所有信息相关方的角度，来讨论共享和专有的各自的使用范围。目前，我国国家信息机构垄断着全国80%以上的信息资源[7]，如果对这些信息资源的权利不能从法律上作出正确的界定，将阻碍对信息资源的利用，也将对国家的信息安全和信息产业发展造成不利的影响。

信息载体和传播方式的变革也为信息权利的界定提出了新的要求。传统的知识产权法律制度，是确认和保护信息权利的主要法律制度。但目前在绝大多数国家中，享有法律保护的还只是知识产权所涉及的专有信息。[8]也就是说，知识产权法保护和规范的仅仅是一部分信息而非全部信息。日本学者中山信弘在其《多媒体与著作权》中认为"知识产权法在本质上，是保护财产性信息的法律"。[9]但是，信息载体的电子化和信息传播的网络化，使对传统知识产权法规范围之外的信息收集、加工和传播成为必要，同时也成为企业获利的一种方式。因为现在的问题不是信息获得，而是信息超载，一名信息提供者产生的真正价值来自对顾客所需信息的定位、过滤和传播。[10]这些传统知识产权法之外的信息，如果没有法律明确与其相关的权利和义务，不同主体将从自身的利益角度出发争夺控制权，从而影响网络的发展和信息的传播。此外，法律主体和信息之间联系方式的复杂化为信息权利的确认带来了困难。网络中，信息源不仅分散无序，而且其更迭和消亡也无法预测；正式出版物和非正式信息交织在一起，使传统的人类信息交流链的格局被打破，各方在网络上既可以是信息的生产者、发布者，也可以是传播者和使用者。[11]信息权利的确认因此而变得复杂。

总之，信息权利作为泛指对信息享有的非合同权利，其性质不是单纯的财产性权利，而是包含特定财产性权利和非财产性权利的综合性权利。信息权利性质的复杂性和综合性，必然对信息立法产生重要影响。

3.1.3 信息法

信息法是调整人类在信息的采集、加工、存储、传播和利用等活动中发生的各种社会关系的法律规范的总称。[12] 目前，信息法学研究还远没有形成一个完善成熟的理论基础和学术体系，建立一个清晰的信息法体系框架将会促进与信息时代相适应的法律和政策的发展。今天的法律制定者往往把所有与信息相关的法律问题集中于技术领域而不是信息本身，这也将会阻碍我们建立一个有用的、统一的信息法律框架。因此，很多学者主张建立一个信息法体系框架，不管其最终是否会与网络法共存。然而有一点是至关重要的，我们提出创建一个信息法领域是源于我们看到了网络法所建立的政策法律框架的不足，亦即其不能很好地促进与社会信息处理活动相适应的法律制度的发展。

1. 信息法与网络法

在当今数字信息时代，我们是否有必要建立"信息法"这样一个新的法律部门？如果有必要，那么它的体系框架是什么？它和现有的"网络法"的关系如何？它们是贴着不同标签的同一事物还是有着本质的区别？这是研究两个部门法的学者们常常思考的问题。有学者认为"信息法"应该发展为一个独立的法律部门，不仅是在国内法层次上，而且是在国际法层次上，而"网络法"则应该避免作为一个专业词汇来使用，或者不应该作为一个独立的法律部门的标签。[13] 当我们在试图建立信息法的体系框架时，首先考虑的是这个体系框架应该适应信息时代的现有相关法律的发展。而现有的一些法律框架，如"网络法"就没有一套"作为一个专业领域的相关的概念标准"。[14] 有学者倾向于认为：网络法只是相关法律、法规在网络空间的新的集合，而信息法相对来说却具有更强的内在一致性。

弗兰克·伊斯特布鲁克法官（Frank Easterbrook）[15] 在一篇著名的、经常被引用的论文《网络空间与马的法律》中，引用了芝加哥大学法学院前院长吉哈德·凯斯普（Gerhard Casper）所作的一段评论，他说他很自豪芝加哥大学没有开设一门"马的法律"这样的课程。他的理由被归纳为两层含义：第一层含义，他认为法律课程应该局限于能够阐明整个法律的学科主题，而不是将两个领域相加，教授们对其中的任何一个领域都知之甚少，把两个你都不太了解的领域放在一起得到的结果是在两个领域中都是最差的。第二层含义，学习适用于某一专门领域的法律的最好途径是学习整个规则。有些案例是有关马的销售的，有些是有关人被马踢的，有些是有关赛马和许可证的，有些是有关兽医对马的照料的，还有些是关于马术表演的奖金的，等等。把这些都放在"马的法律"这门课程里来讲注定是含混不清、缺乏内在的统一原则的。所以，伊斯特布鲁克法官建议，一个人如果想学有关马的法律，最好是学习财产法、侵权行为法、商业交易法等之类的课程。因为只有把马的法律放在一个更广阔的商业活动规则下，才能真正理解有关马的法律。伊斯特布鲁克法官在论文中进一步探讨了"网络法"这样一个新的法律领域是否过于热心的法学教授们为数字时代创设的一个新的"马的法律"。他指出，由于大部分律师并不是计算机科学领域的专家，他们对计算机的理解以及对新的数字技术的预测极有可能是错误的。所以，他认为在这样的背景之下创立一个新的法律领域必将是没有内在联系和原则的。当然，伊斯特布鲁克法官的观点也招来了众多学者的反驳，最为著名的就是劳伦斯·莱希格教授（Lawrence Lessig）。他在文章[16]中指出网络法确实是有其内在联系的一个研究领域，法律和网络空间的联系是有着重要共识的。这个共识就是关于法律作为调节器的局限性和技术对这种局限的突破。这种突破既存在于现实空间，又存在于网络空间，其来源于对社会所拥有的限制人们行为的工具的认识。法律从其传统意义上来说，是指向基本行为的一种威慑命令，也就是这些限制人们行为的工具之一。普遍认为，法律能够影响其他工具。对这些工具的选择取决于其功效。但很重要的一点就是选择将会引起价值问题。通过研究法律和网络空间相关联的实例，我们将可能解决一些网络空间外的法律规则问题。当我们在研究网络空间的法律规制问题时，我们可以看到一些其他领域所不可能展示给我们的课题。

目前，无论国内还是国外都有越来越多的学者开始试图基于计算机、因特网或者信息本身来建立新的法律部门。这些研究所选择的主题范围和体系框架都各不相同，有的集中于计算机的商业应用，有的关注于计算机技术所涉及的社会问题，有的试图通过研究计算机对法律的影响来建立一个统一的体系框架，也有的将信息本身作为新的体系框架的统一要素。总之，在学术界，学者们对网络法的研究主题和体系框架还没有达成一致。所以我们提出要建立一个专门针对信息时代的法律领域，必须以"信息"而不是以"技术"为中心来创立这个法律部门，尽管这一部门法首先是由信息技术作为第一推动力而发展起来的。

许多学者阐述了赞成信息法的理由，认为我们应该集中更多的注意力于信息法而非网络法。有一点需要说明的是，我们这里的讨论并不是说这两个词在实质上代表相同的主题或者一个可以取代另一个；如果是这样，那只不过是在讨论为我们的研究领域换一个标签的问题，这样的探讨也将没有多大的实际意义。实际上，集中于网络法将使我们看不到信息法领域的更强的内在的一致性。不论人们是否接受伊斯特布鲁克法官的关于网络法作为一个部门法发展的批评，集中于网络法将有可能使我们偏离其他更有潜力的发展领域，这些领域将更有助于我们研究信息技术对法律的影响。换言之，网络法集中于"信息技术"的技术方面，必然会忽视技术的重要的"信息"方面。信息技术使人类以前所未有的方式和规模处理信息，就必然要求我们思考各种类型信息的法律权利，并且要创立一个有用的理论框架来处理这些重要的社会和经济问题。

所以，信息时代新的法律框架应该是关注信息本身，而不是关注使信息更广泛地传播而且更有争议的技术。当然，也并不是说就不需要围绕技术的网络法。只是我们应该明确这两个领域研究主题的区别：网络法是以技术为中心，而信息法是以信息为中心。显然这两个领域在研究内容上会存在交叉，它们都会研究信息知识产权、与个人信息相关的隐私权、信息产权等。但网络法还会涉及网上活动的司法管辖权、法规权能、网上言论自由等，因而内容更为广泛。而信息法则仅限于信息本身和社会对与信息相关的法律预期与需求，而不管信息是怎样通过媒介传输的。因此，信息法与网络法可能会存在研究内容的重合，但它们毕竟不是同一回事，如果当今的学术界仅仅关注网络法宽泛的内容，将可能阻碍一个更为明晰的、具有内在统一框架的"信息法"领域发展。于是，有学者进一步提出可以放弃把网络法作为一个专业名词来使用，将网络法中与信息权利相关的部分划分出来，形成一个新的"信息法"框架来组织研究相关的法律问题；而网络法中其余的部分则可归入国际公法和国际私法、侵权行为法、刑法和合同法。[17]

雷蒙德·尼莫教授（Raymond Nimmer）[18]就曾指出，数字技术的出现就好比是19世纪的电力发明，它们呈现出螺旋式的、几何级数的发展模式；当时就出现了一些关于"电力法"的文献。电的发明催生了这些早期文献的出现，并且改造了当时的法律，一直持续到今天。他进一步指出，新兴的数字技术、全球网络、多媒体产品以及工业、社会和个人生活的自动化等重塑了我们今天的法律，但将来也会变得习以为常甚至会过时。正如在19世纪引起当时的通信技术法律改革的因素，在一段时间以后变得平常并且逐渐过时一样。于是，尼莫教授得出结论：我们需要重新架构一个新的法律体系，不是以不断革新的技术为基础——因为技术只会带来特定领域的法律变革，而是以通过这些技术获取、存储和交流的信息本身为基础来构建这个新的法律体系。他进一步指出，确实存在一个关于信息财产的权利、责任、合同实践等的内部和谐一致的法律体系，这个领域与技术有关但又独立于技术。

这是一个引人注目的观点。围绕社会对信息的处理而不是围绕为处理信息而发展的特定技术为中心来建立的法律体系，当然更经得起时间的检验，并且比不断变化的技术能更好地反映社会和商业的需求。以信息处理为中心构建的法律原则将更易于反映其作为一个学术领域的概念标准，因为这些原则将会反映社会对信息的基本认识——信息的社会和商业价值以及法律如何平衡信息领域相互冲突的利益，而不是关注对一定时期特定技术的法律规制。

另外一个提出围绕信息本身而不是新技术带来的特定案例来建立一个新的法律框架的学者是雷蒙德·库教授（Raymond Ku）[19]。库教授在其案例教材《网络信息法》中提出："网络信息法是有关以计算机为媒介的世界中的信息的调整、控制和传播的（法律规范）。"并进一步强调，数字时代社会关注的许多问题——包括印刷型、视听性资料整合为同一载体、用户消费习惯的监控、要求个人为获取音乐、软件等支付费用以及监控的能力、视频监控等——这些都涉及网络世界中信息的传播和控制。因此，网络信息法学也就是研究计算机联网的世界中信息的法律规制。

可见，"网络法"和"信息法"作为新的法律研究领域往往相互混淆的一个主要原因，就是它们的产生和发展都源于 20 世纪后期数字信息技术的兴起。数字技术确实带来了一系列新的法律问题，如网上知识产权问题、网上有害信息的控制问题、网上名誉权侵害问题、网上赌博问题、网上域名与搜索引擎相关法律问题等。这些问题可能要从技术本身来分析，这是网络法要解决的问题。另外，信息技术的发展极大地提高了人们处理信息的数量和范围，这就需要分析社会对这些问题的认识以及法律如何保护各种类型的信息以防止其被非授权地获取、使用和公开。

因此，人们开始考虑是否需要建立新的法律部门来回应数字技术的挑战，如果需要，该领域的研究主题是什么？应该如何组织？笔者在这一领域已从事了多年的研究和教学工作，也常常在思考这些问题。在教学和研究的时候，常常是将一些并不相关的法律问题集中在一起，冠之以"网络法"之类的名称教授给学生，而自己也不明了这些问题的内在联系和体系结构是什么。于是，当看到越来越多的专家学者提出应以信息而不是技术来构建新的法律体系时，笔者也深有同感。在此，笔者结合国内外专家的观点提出一个新的信息法的体系框架，希望能在将信息法的研究进一步引向深入方面作出一定的贡献。

2. 一种新的信息法体系框架——基于权利模型的信息法体系框架

如上所述，越来越多的学者们认识到，人们在商业的、消费的、公共的和私人的背景下处理信息的方式在社会中变得日益重要，这很有可能成为一个新的法律框架的统一要素，而不像技术飞速发展，新技术不断要求新的法律体系与之相适应。因此，信息法的一个基本观点就是：信息法应该以信息时代对社会至关重要的信息的法律保护为中心，而不是信息赖以存储和交流的技术为中心来构筑其体系。德恩·麦克雷德（Dane McLeod）[20]曾提议在澳大利亚设立侵权行为法来规制未经授权的、侵入计算机系统的行为，并强调该法律应着重对数据（信息）的破坏，而不是对硬件或系统的破坏。因此，以下提出一个以信息为中心的、基于权利模型的信息法体系框架。

如前所述，既然信息控制与获取问题已经成为信息法的核心问题，就应当确立一系列与信息的控制与获取相关的基本权利，然后在这些权利的基础上建立信息法的体系框架。信息控制权包括两类基本的权利，那就是与信息相关的财产权和隐私权；信息获取权则是宪法所赋予公民的自由获取信息的权利。比如，从经济学的角度看，确立信息产权的目的就是信息生产者通过控制权利客体的传播以获得经济效益。[24] 而信息获取是公民在社会生活中与外界交流的基础，信息获取权是基本人权的主要内容。[25] 二者在现实生活中必然会发生冲突。信息法就是要研究信息控制权和信息获取权的具体内容以及两者之间的关系，并寻求平衡这两类相互冲突的权利的途径和方法。进一步说，信息产权、信息隐私权和信息获取权这三类权利基本上反映了当今时代信息法律政策方面的主要问题，可以作为构建信息法体系框架的主要原则和基石。当然，它们并不一定能够包括所有与信息相关的法律问题，比如，有关网上信息权利的司法问题，更多与国家主权和法律冲突相关，我们把它归入国际公法或国际私法领域更恰当，而不将其归入信息法的范畴。

这个框架为建立一个更为和谐统一的信息法体系框架奠定了很好的基础。这一框架有以下两个特点：一方面，这是一个着眼于社会的信息法律实践、实用性很强的模型。它力图反映社会的需求，其功能在于促进适应社会信息实践需要的法律的制定和发展。另一方面，这一体系模型是借鉴有形的物理世界的概念来解决无形世界的有关问题。因为人们对于财产权和隐私权的概念都比较熟悉，而它们又往往与信息获取权相对抗。我们利用这些具体的、关于有形物的概念来阐明与信息这类无形物有关的法律问题，将有助于我们更好地设计平衡信息控制与信息获取的法律制度，也将有助于政策法律制定者们利用熟悉的法律概念来处理新形势下出现的新的实际问题。当然，这些人们熟悉的概念，在某些情况下需要重新诠释其含义。总之，我们将在新的环境下以新的方式来使用现有的概念，并建立一个新的信息法体系框架，这个理论体系的目的就是要平衡信息领域中各种相互冲突的利益，实现信息利益的社会平衡和经济平衡。

3.2　平衡信息控制与获取的法理基础

在现代社会中，由于社会事务的错综复杂、社会主体利益的多元冲突以及社会经济发展中的不平衡与追求适合需要的平衡等原因，法在实现多重价值目标的过程中，必须平衡协调各种冲突的因素，才能真正发挥作用。因此，平衡是现代法的基本精神之一。在现代法制建设中，应当充分认识和开发法的平衡机制。作为平衡信息控制与获取的重要法律制度，信息法同样也不例外。以下将从法哲学、经济学和社会学等角度，分析平衡信息控制与获取以建立信息法平衡机制的重要性和理论基础。

3.2.1 法哲学基础

从哲学上讲，"所谓平衡，就是矛盾的暂时的相对统一"[26]，是事物处在量变阶段所显现的面貌。平衡的概念在现代社会广为使用，涉及社会生活的各个领域，成为对社会现象进行解释和分析的重要方法。人们在观念上常常对不平衡而产生的运动较为重视，而对平衡而产生的有序容易忽略。恩格斯强调："平衡是和运动分不开的"，"物体相对静止的可能性，暂时的平衡状态的可能性，是物质分化的根本条件，因而也是生命的根本条件。"[27]恩格斯还从宏观到微观分析了运动与平衡的关系，他说，"在天体的运动中是平衡中的运动和运动中的平衡（相对的）"，"在地球上，运动分化为运动和平衡的交替：个别运动趋向于平衡，而整体运动又破坏了个别的平衡"；"在活的机体中我们看到一切最小的部分和较大的器官的继续不断的运动，这种运动在正常的生活时期是以整个机体的持续平衡为其结果，然而又经常处在运动之中，这是运动和平衡的活的统一。"[28]从人类社会的整体来讲，没有运动就没有社会的发展，但没有平衡也就不会有人类社会的存在，也不可能有社会和经济的有序发展，更不存在相对稳定的社会形态。

在有阶级的社会中，掌握国家政权的阶级为了维持其政权的长治久安，都很重视运用法律作为治国的根本方法。"法者，国之权衡也"[29]，即通过制定行为规范，使法令像称轻重的权衡一样，成为判断行为的是非功过和赏罚的标准；用一系列公平的行为规范体系形成相应的法律机制来"定分止乱"[30]，从而建立既有利于掌握国家政权阶级利益又适应社会发展需要的社会关系和社会秩序，达到"缘法而治"[31]的目的。可见，法律机制的内在精神和重要功能是平衡。这些哲学理论在信息法律领域中同样适用。信息法律保护正是要通过利益的平衡以达到促进信息的生产、传播和利用，实现社会效益最大化的目标。当然，这种平衡的实现必须依赖具体的制度设计。

同时，所有的平衡都必须置于特定的时空条件下，脱离一定的时空限制，平衡便无从谈起。在对信息权利保护的平衡机制进行探讨时，也要进行限定。在一国之内，法制以及市场应是统一的，因此有一个权利保护的平衡问题；随着全球化进程的加快，整个世界成了一个统一的市场，一系列国际公约的缔结使得众多的国家结成联盟或者置于一个体系之内，因而在世界范围也存在一个平衡问题。对这两个不同层面的平衡都要给予足够的重视，否则将危及国内的竞争秩序，阻碍公平合理的国际经济秩序的建立。

（1）信息控制与获取法律平衡机制的价值目标

信息控制与获取的法律平衡机制的价值目标，就是使信息领域的各种矛盾、冲突、对峙因素处于相对均衡、协调的和谐状态，通过均衡保护的途径，促进科学文化事业的发展。就法律所追求的价值而言，公平正义乃是建立信息控制与获取的法律平衡机制基础。正如博登海默所言："我们必须得出这样一个结论，即每个社会秩序都面临着分配权利、限定权利范围、使一些权利与其他（可能相抵触的）权利相协调的任务。'共同福利'或'共同利益'（common good）这一术语是一个无处不用的概念工具，它意味着在分配和行使个人权利时绝不可以超越外部界限，否则全体国民就会蒙受严重损害。在个人权利和社会福利之间创设一种适当的平衡，乃是有关正义的主要考虑之一。"[32]

信息产权制度的核心是促进社会的发展。信息产权不是对信息创造劳动的报酬，而是一种对信息创新的激励，其终极目标是为了公共利益。"公共利益"这个概念源于罗马，用罗马思想家西赛罗的话说，即"人民的利益是最高的法律"。按照国际著作权组织的一位高级官员的解释是："公共利益这种良好愿望本身就包含着这样一种含义，多数人的利益高于个人利益，任何一个公民都应该为了全社会的共同利益而放弃个人私利。"[33]也就是说，各个社会成员的利益与社会的整体利益应维持一种基本的平衡和协调关系，这样，社会成员和社会才能得以满足需要和发展。这就要求社会成员和社会在主张和行使各自的权利时，应适当限制在一定范围内，任何一方超过这一限度，就必然会侵吞对方的权利，从而打破两者之间的平衡和协调关系。现代社会权利、义务双重本位和社会、个人双向本位的价值体系模式，要求人们在主张和行使自己的权利时，注意"度"的限制和约束，顾及他人利益和社会公共利益。[34]

（2）信息控制与获取的平衡机制是一个动态的辩证过程

平衡作为法的内在精神和外部机制，是一种状态，是一个过程，是动态的辩证过程。社会是不断发展的，平衡是永无止境的。在社会发展中，已有社会结构、社会关系等变量会经常处于不平衡、不确定、不协调的状态，法律平衡机制把社会结构、社会关系、社会主体的行为调整为有机的互动状态，将各种活跃的社会变量控制在有利于社会和经济发展的范围内，消除或减少可能造成的无序状态，保证社会和经济的有序发展。

信息控制权与信息获取权的平衡状态同时也表现为利益平衡的动态过程，它随着社会经济、文化和科技等因素的发展而发展。因此，理想的利益平衡状态只是暂时的和相对的，不平衡才是信息控制权与信息获取权关系状态的特征。"尽管给予平衡是暂时的现象和状态而可能随时被打破，却不能因为这种'暂时'的平衡而否认平衡的价值——原有的平衡被打破后，会在新的环境下形成新的平衡。"[35]正是基于对理想的利益平衡状态的追求，才使平衡信息控制与获取的法律——信息法不断趋于完善，呈现螺旋式上升的发展趋势。另外，平衡的相对性表明信息法的利益平衡是有条件的，一旦环境和条件发生变化，就必须运用各种手段来达到新的理想利益平衡。

3.2.2　经济学基础

法律经济学派主张，法律制度的宗旨必须以效益为价值取向，使法律朝着促进社会经济效益最大化的方向发展。一切法律制度和法律活动，都应以有效分配和使用资源，最大限度增加社会财富为目的。正义一直是法律的基本价值目标，如同真理相对于思想体系而言，正义是社会制度的首要价值。[36]然而，正义价值并不能完全涵盖法律的效益价值，正义的最终实现并不等同于效益最大化的成就。法律经济分析的结果表明，植根于经济生活之中的法律不仅应具备维系社会正义的职能，还应担负起实现权利资源有效配置、促进社会财富增加的使命，于是正义与效益构成了当代法律的双重价值目标。财产法的经济目标在于最合理地利用有限的资源和最大限度地扩大产出，即实现效益的最大化。下面从产权界定和产权交易两方面运用经济学理论和方法对信息产权制度进行分析，探讨平衡信息控制与获取的经济学基础。

1. 信息——公共产品：信息产权界定及利益平衡的前提

在信息这一无形资源上界定产权，导源于经济学家关于公共产品与私人产品的分类。私人产品具有个人排他使用的特点，即一件物品在特定的时空下只能为某一特定的主体所使用。学者们形象地描述说，"一条裤子在某个时间只能由一个人穿着"，"一辆汽车不能同时朝两个不同的方向行驶"。这就是说，"在私人产品的消费上具有对抗性"。[37]与私人产品在消费上具有对抗性不同，公共产品在使用和消费上均不具有排他性，在某一时空条件下可以为不同的主体所同时使用。如同一辆公共汽车，出资者与未出资者都在乘车，公共汽车公司必须为每个人提供便利，却无法辨别出乘车人是否付费，那些没有为公共产品消费出资的人，被法律经济学者称为"搭便车者"。[38]对纯粹的公共产品来说，难以或不可能阻止搭便车者的这一事实破坏了这类产品的市场运行。

信息作为一种特殊商品，具有公共产品的某种属性。信息的生产是有代价的，而信息的传播费用相对较小，对信息生产者来说，难以通过出售信息来收回成本。一旦生产者将其信息出售给某个消费者，那个消费者就会变为原生产者的潜在竞争对手，或是其他消费者成为该信息的"搭便车者"。可见，作为信息产权客体的信息产品具有非物质性特点，主要体现在知识产品的生产者很难控制知识创新的成果、知识产品的个人消费并不影响其他个人的消费以及知识产品是一种易逝性资产等方面。[39] 由于信息产品具有公共产品的属性，因此，其产权界定，即回答信息产品是公有还是私有问题的时候就必须考虑公共产品的"外部经济效应"和"搭便车"（free rider）问题，并以效益最优为原则。

"外部经济效应"是指一个经济人的行为对另一个福利所产生的效果，可以是正外部效应，如某人播放优美音乐，他人免费欣赏；也可以是负外部效应，如某单位排污，使他人环境受损。在精神领域，外部负效应会导致智力成果创造者利益最大化行为的无效益。因为信息消费者基于使用与消费的需求，可能会利用信息产品的公共产品属性去追求其效用的最大化，这将损害智力成果创造者的利益。而这种以损害他人利益的方法来增加自己利益的行为是不符合经济学效益原则的。在精神领域，信息产品一旦公开，智力成果创造者很难控制不向其支付费用而享受其产品利益的"搭便车"行为，因此，他们不能通过市场交易得到足够的收益以补偿其成本，从而使他们丧失了创造的积极性。在这种情况下可能会出现私人市场提供的知识产品数量小于最优值，导致信息经济学所称的"不足"（non appropriability）。

信息产权是一项重要的民事权利。如同其他财产权制度一样，信息产权法的核心内容在于保护信息产权不受侵犯。对于法律保障权利不受侵犯的社会功用，法律经济学的解释有其独到之处。波斯纳认为，"对财产权的法律保护有其创造有效使用资源的诱因的经济功能"[40]。正是农夫能够获得土地作物的财产权，才有诱因促使农夫致富并尽可能节约耕种土地所需要的成本；基于信息产品所具有的上述公共产品属性，一般的结论是其产权不宜私有，如果将其产权界定为私有，则其履行和保护费用极高。但是信息产品对于社会发展和科技进步是至关重要的，如果任由上述"不足"状况发展，将导致信息产品从市场上消失，那么最终消费者乃至整个社会的福利都将受到严重影响。因此，设置一些制度来矫正外部经济效应是必要的。保罗·萨缪尔森提出："对付外部经济一般的药方是，外部经济效果必须用某种办法使之内部化。"[41] 内部化就是要让该物品的消费者支付成本，对于信息产品，可以通过保护智力成果创造者一定期限内的专有权利，以对其进行补偿，鼓励其进行创造，建立起知识产权创造的激励机制。因此，信息产权采用私人产权的形式，即信息产权制度。该制度应兼顾信息产品的公共产品属性和信息产权的私人产权属性，即智力成果创造者将其信息产品公布，使公众能了解并有条件地使用；同时，其在一定时期内享有独占使用、制造信息产品等专有权利。由此可见，信息产权制度是通过保护智力成果创造者无形财产垄断权，来激励其在信息生产上的投资。

2. 信息产权交易的规制

在界定了相关产权，保护智力成果创造者合法权益的同时，也要规制产权交易，促进信息的广泛传播和使用。正如前文所述，法律经济学曾提出过一个著名的悖论：一方面，智力成果创造者在没有法定的垄断权利保护下，很难收回创造的对价和回报，这会使他们丧失创造的积极性；另一方面，一旦他们成为垄断者，可能会滥用其权利以获取超额利润，从而阻碍信息产品的传播和使用，无法实现资源配置的最优效益。要解决这一问题，在法律上就要设计一套与信息产权相抗衡的权利，即信息获取权。传统的知识产权法通过法定许可使用、强制许可使用及合理使用等制度对权利人的权利进行必要限制，促进知识产品的传播、使用，平衡权利人和社会公众的利益。在此，我们将对权利的限制上升为社会公众的信息获取权，以将社会公众的利益与权利人的利益放到同等重要的位置。这在经济学上体现为遵循交易成本最低化的原则，利用基于产权界定所形成的集中交易方式，调整智力成果创造者、传播者、使用者的权利配置关系，以实现促进文化发展和推动社会进步的最优效益。

具体说来，信息共享与信息产权保护之间可以看成是一场博弈，个人本位与社会本位的博弈。权利的保护与限制如同一项制度设计，其核心理念在于确定一种规范，设置人们的行为界限，从而将人们的行为纳入一定的范围。虽然说信息共享与产权保护有着如此微妙的关系，但是协调两者的利益也是有很强的可操作性的。从理论上说，我们可以粗略地把信息共享和专有看做是影响信息生产力增长的两个要素，如图 3-1 所示[42]。

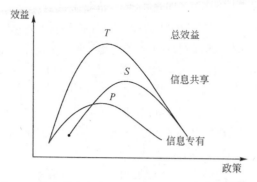

图 3-1 信息共享与专有政策对信息生产效益的影响

信息产权即信息专有政策可以鼓励信息生产者的生产积极性，激励他们创造更好的智力成果。政策向信息专有适度倾斜，即适度信息产权保护可以促使整个社会效益的增长。但随着政策的倾斜，当到达 P 点时，将达到政策饱和的状态，

也就是说超过 P 点就变成过度的保护。从图 3-1 中可知，只有适当的政策导向，即 P 点才是最合适的。同理，信息共享政策同样符合这一规律，只有在其最高点 S 点，共享所产生的效益才会最大化。两者结合来看，只有当信息共享与信息专有政策均到达 T 点时可使社会总效益最大化，T 就是均衡点。当然实践中 T 点在何处，怎样才是适度的保护，仍需要进一步的探讨。我们要从宏观的角度去研究共享和专有的对立与统一，在共享与专有之间找到这样一个均衡点来促进整个信息产业的健康发展。

3.2.3　社会学基础

平衡信息控制与获取还要求从国家、社会公众和个人作为一个结合体的角度提出其理论基础，不是片面突出强调国家利益、社会利益或个人利益，而是寻求它们的平衡点，通过它们的互动影响以达到促进整体发展的目的。这一理念同 19 世纪末 20 世纪初兴起的社会法学派的理论主张相一致。社会法学派认为，应抛弃对法律形而上学和纯粹逻辑实证的分析，要将法律置于更为广阔的社会领域中去考察，强调法律在社会中的实际效果和目的。特别是美国著名法学家罗斯科·庞德（Roscoe Pound）的社会学法学理论为利益平衡原则提供了社会学上的理论支持。

庞德认为，进入 20 世纪已不应再争论权利、法的本质和制度的出发点，而是应更多地考虑人们的利益、目的和要求，并协调或调和各种关系，财产法已从权利本位转向利益本位。庞德认为法律的目的是保障社会的一般安全，他在分析了人们以往对"安全"的四种认识后指出，"首要的问题是承认某一种需求——承认和保障各种利益"，[43]他主张"应将法律看做是满足各种社会需求（文明社会中存在的各种请求、要求）的社会体制，手段是以最小的牺牲尽可能促使这种体制有效"[44]。他指出，"某种法律制度要达到法律秩序的目的，就必须通过：①承认某些利益，包括个人、公共和社会利益；②规定各种界限，在这些界限内，上述各种利益将得到法律的承认，并通过法律规范使之有效；③在法律规定的界限内努力保障这些已得到承认的利益"[45]。可见庞德认为法律的目的在于满足人们的各种要求和愿望，同时还要对各种利益进行协调、分配。

对这种经常发生矛盾的利益进行协调、均衡的手段就是法律这样一种社会控制的工具。庞德认为文明既对客观自然界进行控制，也对人类自身进行控制。控制人类自身的支配力是通过社会控制来实现的，"社会控制的主要手段是道德、宗教和法律"[46]，"在近代世界，法律成了社会控制的主要手段"[47]。他同时指出，之所以要通过法律进行社会控制，是因为人的本性中的欲望和扩张性与社会本性是相矛盾的，正是这一矛盾成为产生利益冲突的根源。因此，"在根本上必须在合作本能与利己本能之间维持均衡。社会控制的任务就在于使人们有可能建立和保持这种均衡，而在一个发达社会中法就是社会控制的最终有效的工具"[48]。

庞德同时应用耶林的利益分类说，将利益分为个人利益、公共利益和社会利益三类。个人利益就是从个人生活出发所提出的愿望、要求，它包括人格利益、家庭利益和物质利益。公共利益是国家作为法人这样一种财产权主体进入市场享有的利益。社会利益是庞德阐述的重点，他分析了社会利益在整个利益体系中的地位及其具体内容，指出了社会利益包括一般安全中的社会利益、社会体制中的社会利益、一般道德中的社会利益、保护社会资源的社会利益、一般进步的社会利益和保障基本生存条件中的社会利益。在将利益进行细划之后，庞德指出这三种利益是经常矛盾的，法律的作用就要协调这三种利益并寻求一种共同的利益予以保护。"从法律的作用来看，它是为了满足、协调、调整这些重叠和经常冲突的请求、要求，或直接予以保障，或通过界定和协调各种个人利益加以保障，以便使最大多数的利益或我们文明中最重要的利益有效果，同时使整个利益清单中的其他利益的牺牲降低到最低程度。"[49]

庞德的社会学法学思想将法律视为一种协调、均衡各种利益冲突的社会控制的工具，这一理论为信息领域的利益平衡原则提供了社会学基础。利益平衡原则在信息产权制度中的体现正是通过信息产权的制度设置，使之成为一种控制手段以协调各方的利益冲突并寻求一种平衡点。庞德对利益的划分，就是要维系个人利益与社会利益中促进社会经济、文化利益的平衡，即一方面通过对智力成果创造者一定期限内对其信息产品的控制权来维持一种激励机制；另一方面通过赋予公众以信息获取权以促使智力成果的传播进而促进整个社会的经济、文化进步，维护社会公众的利益。因此，信息控制权与信息获取权的平衡具有社会学上的合理性。

参 考 文 献

[1] 周庆山. 信息法教程. 北京：科学出版社，2002：2~4

[2] 董炳和. 数据库的法律地位. 郑成思. 知识产权文丛（第1卷）. 北京：中国政法大学出版社，1999：312

[3] 中国大百科全书编委会. 中国大百科全书·电子学与计算机（第2卷）. 北京：中国大百科全书出版社，1986：680

[4] 欧洲议会与欧洲联盟理事会. 关于数据库法律保护的指令（96/9/EC）和WIPO专家委员会《关于数据库的知识产权条约》实质性提案（CRN/DC/6）

[5] 黄晖. 驰名商标和著名商标的法律保护. 北京：法律出版社，2001：118

［6］李晓辉．信息权利推理．吉林大学博士学位论文．2004：26，27

［7］郭志明，叶仙娥．信息政策对信息服务产业化的影响．情报学报，2002（2）：221

［8］郑成思．知识产权论．北京：法律出版社，1998：48

［9］中山信弘．多媒体与著作权．北京：专利文献出版社，1997：4

［10］卡尔·夏皮罗，哈尔·瓦里安．信息规则——网络经济的策略指导．北京：中国人民大学
　　　出版社，2000：5

［11］付立宏．论国家网络信息政策．中国图书馆学报，2001（2）：34

［12］周庆山．信息法教程．北京：科学出版社，2002：30

［13］Jacqueline L D. A framework for information law and policy. Oregon Law Review, 2004, 82 (3)

［14］Nimmer R T. Information law. Thomson West, 2005: xi

［15］Easterbrook F H. Cyberspace and the law of the horse. U. Chi. Legal F, 1996: 207

［16］Lessig L. The law of the horse: what cyberspace might teach. Harvard Law Review. 1999 (501):
　　　113

［17］Jacqueline L D. A framework for information law and policy. Oregon Law Review, 2004, 82
　　　(3): 698

［18］Nimmer R T. Information law. New York：Warren, Gorham & Lamont, 1996: xi

［19］Ku R S R, Farber M A, Cockfield A J. Cyberspace law: cases and materials. 北京：中信出版
　　　社，2003：xxi

［20］McLeod D. Regulating damage on the internet: a tortious approach? Monash University L Rev,
　　　2001, 27 (2): 344, 350

［21］张文显．法哲学范畴研究（修订版）．北京：中国政法大学出版社，2001：342

［22］迪特尔·梅迪库斯．德国民法总论．邵建东译．北京：法律出版社，2000：62

［23］朱谢群．创新性智力成果与知识产权．北京：法律出版社，2004：5

［24］卢晓宾．信息研究论．长春：东北师范大学出版社，1997：291，292

［25］娄耀群．信息法研究．北京：人民法院出版社，2004：189

［26］毛泽东选集（第5卷）．北京：人民出版社：375

［27］马克思恩格斯选集（第3卷）．北京：人民出版社：563

［28］马克思恩格斯选集（第3卷）．北京：人民出版社：564

［29］《商君书·修权》

［30］《商君书·定分》

［31］《商君书·君臣》

［32］埃德加·博登海默．法理学——法哲学及其方法．邓正来译．北京：华夏出版社，
　　　1987：296

［33］杰利恩·达维斯．权利集体管理中的公共利益．版权参考资料，1990（2）：11

［34］吴汉东．关于中国著作权法观念的历史思考．法商研究，1995（3）：44～49

［35］冯晓青．利益平衡论：知识产权法的理论基础．知识产权，2003（6）：16～19

［36］乔克裕，黎晓平．法律价值论．北京：中国政法大学出版社，1991：160

［37］［38］罗伯特·考特，托马斯·尤伦．法和经济学．上海：上海三联书店，1994：147

[39] 吴汉东. 关于知识产权基本制度的经济学思考. 法学, 2000 (4): 33, 34

[40] 波斯纳. 法律之经济分析. 上海: 上海三联书店, 1994: 24, 25

[41] 保罗·A. 萨缪尔森, 威廉·D. 诺德豪斯. 经济学（第12版）. 高鸿业等译. 北京: 中国发展出版社, 1992: 1203

[42] 胡峰. 知识共享与知识产权保护均衡研究. 图书馆建设, 2005 (6): 32～34

[43] Pound. An introduction to the philosophy of law. New Haven: Yale University Press, 1955: 39

[44] Pound. An introduction to the philosophy of law. New Haven: Yale University Press, 1955: 47

[45] Pound. In my philosophy of law. Denver: West Publishing Company, 1961: 261

[46] 罗斯科·庞德. 通过法律的社会控制. 沈宗灵译. 北京: 商务印书馆, 1984: 9

[47] 罗斯科·庞德. 通过法律的社会控制. 沈宗灵译. 北京: 商务印书馆, 1984: 10

[48] 罗斯科·庞德. 法律的任务. 童世忠译. 北京: 商务印书馆, 1984: 89

[49] Pound. A survey of social interests. Harvard Law Review, 1943 (57): 43

第4章 平衡信息控制与获取的权利基础

在法哲学上，"权利是（比义务）更根本的概念，是法哲学的基石范畴，无论是法学理论，还是法律实践，都应当以权利为本位"[1]。国外曾有学者早在1910年就指出："权利是私法的核心概念，同时也是对法律生活多样性的最后抽象。"[2] "从现象上看，权利这一规范性概念是社会成员特定利益要求在法律上的表现；从本质上看，权利通过界定每一个人的特定利益要求而标示出了人与人之间的基本利益关系。简言之，权利是保障主体实现自身特定利益并因此而界定主体间利益范围从而化解或避免利益冲突的法律工具，权利内涵中的核心要素是被法律认可并予以保障的'特定利益'[3]。"因此，我们首先确立一系列和信息控制与获取相关的基本权利，然后在这些权利的基础上建立信息控制与获取的法律平衡机制。

4.1 信息控制权

所谓控制，是指有效地掌握、驾驭对象，不使其任意活动或超出正常范围。信息控制权有广义与狭义两种解释。广义的信息控制权是指主体对其具有管辖权的信息可以采取保护措施，以保证信息的秘密性、正确性和完整性的权利。狭义的信息控制权，是指主权国家防止信息网络中的本国数据被窃取、篡改、毁坏和抵御外来有害信息对本国的侵蚀、破坏的权利。从以上定义可知，信息控制权是国家主权在信息时代新的表现形式。无论国家、组织还是公民，行使信息控制权的目的都在于确保信息和信息系统的安全，维护自身所拥有的信息权利。例如，版权法就是授予作者在有限的时间内对作品的某些使用进行控制的专有权利。信息控制权源于平等主体的独立权与自卫权，是针对可能出现的侵犯而设置的盾牌，本身就是对正常秩序的维护。信息控制权的行使一般并不对信息内容加以干预，而是防止信息系统被非法侵入，把住信息输出、输入的关卡，防止关系国家安全、自主知识产权或涉及个人隐私的信息任意被泄露，抵御有害信息的攻击与侵犯。从根本上说，信息控制权的确立与正确行使是时代的必然产物与要求。[4]可见，信息控制权包括两类基本的权利，那就是与信息相关的信息财产权和隐私权。

4.1.1 信息财产权

信息财产权是指信息的创造者对有关信息拥有的某种财产性权利，权利人通过这种财产权控制信息的传播和他人对信息的使用，从而收回创造成本并获得一定的利润。信息产权与知识产权在内涵上具有统一性。知识产权是指法律赋予智力成果创造者对其特定的创造性智力成果在一定期限内享有的专有权利，又称为精神财产权或无形财产权，以区别于实物财产所有权。目前一般指著作权（版权）及其邻接权、专利权、商标权、服务标记权、厂商名称权、货源标记权、原产地名称权等智力成果权以及反不正当竞争权等。信息作为被传递的知识与事实，具有无形性的特征，而知识产权也是一种无形财产，因此，二者在本质上具有一致性。但是，二者又是两个不同的概念，信息产权的外延比知识产权更加广泛，知识产权只是信息产权的一个二级分支或组成部分。

1. 信息财产权与信息控制

财产意味着拥有，《牛津简明英语辞典》将财产定义为："被某人或某些人拥有或属于某人或某些人的状态。"而拥有意味着占有，同样在上述词典中，将"拥有"定义为与占有某物相关，而占有意味着控制某物以对所有其他人都具有排他性。通过前面的分析可知，围绕信息控制与获取权创建一个统一的体系框架已成为创建一个和谐的信息政策与法律体系的核心问题。因此，在这个背景之下，信息财产权很显然是作为与信息相关的"控制权"而发挥其功能的。这一体系框架中另一主要的"控制权"形式就是后面将要论述的"隐私权"。

在信息法的背景下，传统的财产权的某些方面将需要进一步规范。例如，"占有"不能仅仅限制为有形物组成的现实世界中实际的物理占有。这在法律上并不是一个新问题。知识产权法在历史上已经将许多对无形物的拥有视为财产权，尽管它们并不能被实际地占有。实际上，知识产权以外的法律领域，也已将对其他无形物的拥有视为财产权，如债券、有价证券等。尽管这些物体都具有无形性，但仍然能被拥有和转让。我国《民法典知识产权篇专家意见稿》第五条明确规定："知识产权的客体表现为一定的信息，一般不能作为占有的标的，故不适用与占有相关的制度，如取得时效制度等。"[5]这一条是明确知识产权客体的信息本质，目的是避免人们错误地把这种客体与物权有形体的那些客体同样对待。然而，这种观点在民法学界并非没有异议。早在20世纪50年代，史尚宽先生就曾经指出知识产权至少可以适用占有制度中的取得时效和准占有[6]。要讨论知识产权能否适用占有制度的问题，首先必须探讨知识产权的客体应否成为占有的标的。

知识产权的客体为人类精神活动所产生的创造性智力成果，其本质是一种信息。作为知识产权客体的信息与作为物权客体的有体物在法律上有着很大的区别。世界知识产权组织认为：知识产权与有形财产最主要不同点在于：对于诸如一张桌子，所有人可以通过占有它而基本上达到保护自己的财产不受侵害的目的；而对于诸如一项发明、一部作品或一个商标，所有人基本上不能通过占有它们而达到保护它们不受侵害的目的[7]。例如，出版社丢失作者手稿应当负何种责任？一部分法官及学者均认为，出版社仅仅负有物的保管合同中保管者的违约责任。他们只把着眼点放在载有作品的"纸"这种"物"上，而全然不顾这种物上所载的本来可以无穷尽的被复制的"作品"这种信息。他们把载有这种信息的物与一般物同等对待，结果显然对作者不公。德国慕尼黑上诉法院法官 Hans Marshall 认为：丢失作者手稿的情况，如果作品系尚未出版，出版社除了违约之外，还侵犯了作者的大部分精神权利。作者除请求违约赔偿之外，还有权请求精神权利的侵害赔偿。由此可见作品这种无体受保护客体与有体受保护客体的区别。

此外，从信息经济学的角度看，知识产权或者信息被界定为具有强烈"公共产品"性质，而大部分有体物被界定为"私人产品"性质。"公共产品"与"私人产品"的主要区别在于其非穷竭性和非排他性。非穷竭性（inexhaustibility），亦称非对抗性（non-rivalry），是指公共产品被生产出来之后，对它的消费无论扩大到多少用户，其品质和功用也不会有任何下降，用户之间也不会有任何相互干扰；从经济学的角度来说，就是公共产品提供的服务扩展到其他消费者的社会成本近乎于零。而私人用品则相反，不同用户对于相同产品的使用会发生冲突，具有穷竭性或对抗性。在这一意义上，作品或专利技术等信息具有典型的非穷竭性，一个作品完全有可能被成千上万人通过书籍、电视或者网络进行欣赏，一个技术完全有可能被成千上万的企业使用，而它们之间毫无干扰，甚至可能毫无察觉。然而作为私人产品的有体物，小到桌椅，大到机器设备，一旦被一人使用，他人就不太可能同时使用。正如俗话所说：我有一个苹果，如果我把苹果给了你，我便没有了这个苹果；如果我有一个主意，如果我把主意告诉给你，我们两人就都有了这个主意。

信息还具有非排他性的特点。所谓非排他性（non-excludability），是指公共产品的生产者如果要排除他人未经许可对其产品的使用，将会非常困难或者因费用高而不切合实际。非排他性和非穷竭性密切相关。一般私人产品，如桌椅或机器等有体物，由于具有穷竭性，被一人占有使用，在物理性质上便不能再被他人占有使用。所以，有体物的占有是天然排他的，如果法律要保护权利人对有体物的排他性支配权，只要保护其占有状态便可。相反，信息的占有完全是非穷竭性的，权利人即使自己正在占有和使用着某种信息，任何他人也完全有可能同时占有和使用着相同的信息。所以，信息的占有是天然非排他的，如果法律要保护权利人对信息的排他性支配权，仅仅保护权利人的占有状态是不够的，法律还必须更艰难地拟制出一种排他效力，强制排除任何未经权利人许可而对信息的占有和使用。在实践中，由于信息技术和网络技术的发展，信息的复制和传播越来越容易；相应的，排除他人未经许可使用的难度也越来越高，信息的非排他性也呈愈演愈烈之势。

正是因为信息具有公共产品的非穷竭性和非排他性，它很难成为物权法中占有制度的标的。中国民法学界普遍将物权法上的"占有"定义为"对物有事实上的领管力"[8]；而所谓"对于物有事实上的领管力"，是指"对于物的支配，排除他人的干涉"。[9]然而，由于信息的公共产品性质，一人对于信息，特别是知识产权信息的所谓"占有"，在事实上很难排除（也不太会干扰）他人对于相同信息的占有和使用，所以也就谈不上产生任何可以"排除他人干涉"的"领管力"。这种成千上万人对于同一信息的同时"占有"，与物权法上的具有当然排他性的"占有"概念在实质上是大相径庭的。也就是说，当事人即使事实上占有并使用着某种知识产权信息，也无法获得物权法意义上的"占有"，因此建立在"占有"概念之上的整个占有制度就无法适用。

在信息时代，作为拥有权的属性之一的"占有"的条件，已发生了巨大的变化，人们对其所作的阐释已远远超出了其最初的物的范畴。如今，拥有权中的"占有"属性已被一个更为重要的概念——财产"控制"所超越。尤其是在特定的信息背景下，尽管信息不能被实际地物理占有，但却理所当然地可以被控制。信息控制可以通过多种方式实现，如法律手段、合同方式或排除他人获取信息的技术措施等。因此，信息控制理论将被运用到信息政策与法律体系框架中，作为平衡信息控制与获取法律机制的理论基础之一。

信息时代的"占有"概念的变化应该不会引起对信息产权感兴趣的人们的惊讶，因为作为财产权属性之一的"占有"首先就是要求对有体物组成的现实世界中的财产提供有效的控制。从财产权理论出发，对私人财产的拥有权（或称所有权）包括对物的领管和完全的排他性，强调第一个占有某一财产的人能够排除其他任何人的干涉。如果你从物理事实上拥有某物，当然可以采取措施来控制它。事实上，如前所述的《牛津英语辞典》就是将"占有"定义为"对某物的控制"。

说到财产权的排他性，如果将其理解为某人可以"排除其他所有人"的完全拥有或控制某财产，显然是不切合实际的。因为，任何财产权都不是绝对的，亦即没有人能够控制任何事物以排除所有其他任何人的干扰。威廉·费希教授（William W. Fisher III）[10]就曾指出：没有任何财产权是绝对的，它们往往都要受到限制。最明显的例子就是房地产产权的限制和例外往往包括限制性的条款或使用权。例如，伦敦的马克思、恩格斯故居，斯特拉斯堡的莫扎特故居等，其现在的所有人（物权人）在行使权利时均受到更多限制，如不得改建、拆建，不得在装修时改变房屋外观，等等。诸如此类对名人故居、列入"文物"的房产等物权的权利限制，在许多同样的法律中已经很常见。可见，不仅仅是知识产权，任何民事权利（包括物权）均应当有所限制。如果某种民事权利不受限制，则必然妨碍其他民事权利的存在或行使。

知识产权领域财产所有权的"非排他性"例子也很多。例如，私有财产权中版权仅仅保护版权拥有者反对他人复制其版权作品。版权法并没有授予版权作品拥有者以对抗所有其他人的排他性权利，而仅仅是反对他人未经许可的复制。除此之外，版权拥有者与不动产拥有者一样，也面临各种各样的限制。特别是，版权拥有者的财产权受到合理使用的限制，这将被作为信息获取权的一种在后文加以论述。又比如，专利法授予专利权人在专利有效期内控制其专利发明的排他性权利。但专利权也不是绝对的，同版权和不动产一样，专利也有例外和限制规定。该领域最明显的例子就是"规避设计"（designs around）。所谓规避设计，就是创造一项发明实质上与某项获得专利的发明相同但技术上又没有侵犯该专利的权利要求。实质上，规避设计作为一项重要的知识产权战略是允许的，因为它与复制有着显著的区别，复制意味着剽窃他人的发明。而规避设计则是通过取消、取代或改变专利权利要求中的某一关键元素，以避免新技术或产品对专利权利要求构成侵权，是以加入自己的创新为基础的。所以，从某种程度上来说，规避设计通过鼓励创新促进了公共利益并有助于实现专利法促进技术发展的最终目的。司法实践中，专利拥有者在某些特定情况下也可能面临强制许可制度的规制。《巴黎公约》（全称为《保护工业产权巴黎公约》）和《TRIPS协议》都允许为公共利益目的实施强制许可，例如，《知识产权协议》第31条规定："当缔约方在全国处于紧急状况时，或非商业性利用的情况下，任何缔约方可以放弃这种限制。但是，当全国处于非紧急状况或在其他非紧急状况下，一旦发生这种使用，则应尽快通知专利权人。"所以强制许可也可被看做是对专利这种排他性财产权的一种例外规定。不过，强制许可在政策和实践上都比较难于实施，所以在欧盟的数据库指令中最后将其删除。然而，当我们考虑到一些信息产品的财产权时，有必要重新思考采纳强制许可制度的重要性，尤其是当政府以平衡数字信息经济中的私人权利和公共利益为目标的时候。今天有大量实际的例子可供我们全面探讨数字信息产品的强制许可义务的有效性，特别是在有关专利药品的国际获取的争论中，强制许可被反复提起。因此，在授予专利权人以财产权和强制许可的获取权之间要维持恰当的平衡，也需要一种政策的选择。

可见，作为财产所有权的特征之一的"排他性控制"从来就不是一个绝对的概念。这是我们在信息时代考察财产权的性质时必须牢记的一个重要因素。这些权利将永远要面对其他的权利和利益的挑战，因此，本书认为大部分相互竞争的权利和利益问题都可以归结为信息控制与信息获取相对抗的平衡问题或者一种控制权与另一种相对抗的控制权之间的平衡问题。

2. 信息财产权作为商业交易的工具

以上分析了信息时代财产权概念的基本属性，下面我们还会看到财产权作为一种商业交易工具的有效性。财产权概念从产生起到现在一直被用作支撑有关财产权转让的商业交易有效途径。正如杰希卡·利特曼（Jessica Litman）[11]教授所说：财产存在的理由是其可转让性；财产法的目的就是规定转让的条件。财产法赋予财产拥有者控制其财产或出售、许可使用其财产的能力。信息财产的商业价值使人们希望以其进行交易，许多学者探讨了将有价值的信息产品视为财产的合理性。进一步要讨论的问题是在信息时代赋予某些信息产品以财产权，但又不能包括在现有的知识产权体系之中。最典型的例子就是不具有独创性的数据库。美国的 Feist 案确立了这样一个原则，即在内容的选择和编排上不具有独创性的数据库是不受版权法保护的，亦即这样的数据库不享有版权。Feist 案中的白页电话号码簿只是简单地按字母排列，在数据的选择、协调和编排上缺乏最低标准的原创性，因此不能得到版权保护。满足创造性的最低要求意味着大量的在开发中花费了人力物力的数据库因缺乏创造性而得不到著作权的保护。于是，欧盟数据库指令创设了一种新型的"特别权利"（sui generis right）财产权，其主要目的就是要保护对数据库的投资。为了保护对信息的投资及流通，法律赋予信息的投资者以财产权。符合相应客体构成要件的信息，分别可以受到专利权、商标权、著作权等知识产权的保护。对不符合传统知识产权构成要件的信息，法律直接赋予其特定的权利，从而也成为信息权利的客体，受到特定的法律保护。可见，赋予一些新型信息产品以财产权的动议主要还是源于：就相关产品能更有效的从事贸易交换。商业秘密作为一种信息产品成为私有财产，也主要是为了商业交换的便利。所以，在信息法框架下，将某些信息产品定义为"财产"将能反映其商业价值，从而满足信息拥有者希望就其拥有的信息产品进行有效交换的愿望。

一些信息产品的"准私有财产"（quasi-proprietary）性引起了能否将其视为财产的广泛探讨。其中的一个原因就是：信息时代，立法者避免增加无形财产权的种类和数量，主要是考虑到信息产品的"过度财产化"（over-propertization）

问题，如 J. H. 瑞奇曼（J. H. Reichman）和帕米拉·萨缪尔森（Pamela samuel-son）[12]在《数据能获得知识产权保护吗?》一文中表达了对美国对于数据库创设强有力财产权保护的关注；杰奎琳·利普敦（Jacqueline Lipton）在《信息想成为财产：电子商务财产的立法商品化》[13]一文中，则指出了目前的司法实践中有提高信息产品商品化的趋势；约翰·R. 泰瑞恩（John R. Therien）[14]在论文《驱除"每次使用都要付费"的社会幻象：保留数字时代的合理使用和公共领域》中指出，如果法院不采取充分的措施保护"合理使用"，DMCA（《千年数字版权法案》）将会使信息产品过度财产化。

然而，如果能对财产权概念进行充分的引导和控制，可能反对在更大范围内使用财产权概念的呼声会低落一些。比如，有学者提出通过义务重新定义信息财产权，即要求财产拥有者必须承担一定的社会责任，并以此作为授予一些有价值的信息产品以财产权的条件。[15]授予财产权与承担相应的义务本来就是不相矛盾的，特别是有些义务是同保留公共领域（如保护大众的信息获取权）和保护个人信息不被非法使用（如信息隐私权）密切相关的。因此，信息政策与法规的制定应该贯穿平衡信息控制权与信息获取权的理念，以更好地保持二者的平衡为目标。这样将有可能避免在信息时代过度将信息商品化和不断扩大信息财产权的范围和种类而不考虑必要的利益平衡。

3. 从知识产权到信息产权

信息产权理论于 1984 年由澳大利亚学者彭德尔顿教授（Michael Pendleton）在其专著《香港的工业和知识产权法》[16]一书中作了初步阐述。1987 年，郑成思在《计算机、软件与数据库的法律保护》一书中作了全面的论述。又在中国专利局的《工业产权》杂志 1988 年第 3 期上撰文作了进一步展开探讨。西方学者于 20 世纪 90 年代上半叶开始讨论信息产权问题。美国加利福尼亚大学伯克利分校的萨缪尔森教授（Pamela Samuelson）1991 年发表《信息是财产吗?》[17]一文，荷兰海牙的 KluwerLaw International 出版社 1998 年出版《知识产权和信息产权》（*Intellectual property and information property*）一书，美国缅因州大学李特曼教授（Jessica Litman）1999 年发表《信息隐私和信息产权》[18]一文。1999 年 7 月，美国推出《统一计算机信息交易法》，主要涵盖的是知识产权的网上贸易，可见其实际上已经把"信息产权"与"知识产权"交替使用了。俄罗斯 1999 年的《信息安全学说》则提出必须积极开发信息财产及利用这种财产。日本 2002 年出台的《知识产权基本法》及《知识产权战略大纲》中，提出"信息创新时代，知识产权立国"，应当说是较清晰、较完整地道出了信息、信息化与知识产权的关系。信息产权可以理解为知识产权的扩展，这一概念突出了知识产权客体的信息本质。

在信息社会，信息财产成为高于土地、机器等有形财产的主要财产，因此法律就必须对其加以保护，而信息产权法的产生也因此成为必然。事实上，信息产权法律中的主要部分早已存在于现行法中，即传统的知识产权法。如专利法保护就是新技术信息，而没有申请专利的新技术信息一般被作为商业秘密保护。在世界贸易组织的《与贸易有关的知识产权协议》中，"商业秘密"这个概念就被表述为"未曾披露过的信息"，以示区别专利技术方案、作品、商标标识等已经公开的信息。商标可以看成是附在商品或服务上用以说明商品或服务来源的信息。报刊、书籍、电视、电影、广播等是主要的、最广泛的信息源，人人都可以通过这些媒介获得自己所需要的信息。但是在颁布了版权法的国家，未经作者、出版社、电台、制片厂或其他有关权利人的许可，人们在许多场合都无权复制、翻译或传播自己所得到的这类信息。总的来讲，信息覆盖了知识产权保护的客体，信息产权的核心仍旧是知识产权。[19]

综上所述，我们在信息法体系中引入信息财产权概念时，应进行适当的调整和限制，以避免其负面影响并符合现实的需要。当然，在信息法框架内，对财产权概念的调整和限制要通过平衡信息财产权和其他相竞争的信息控制权或信息获取权来实现。

4.1.2 信息隐私权

依据古典理论，隐私权乃"独处之权利"（right to be alone），强调个人私生活事务不受恣意公开干扰之权利，性质上属于消极被动的权利。这一时期对隐私提供保护的制度为责任规则（liability rule），即通过侵权行为损害赔偿责任机制予以保障。20 世纪以后，人与人之间的交往日趋复杂，大众传播媒体发展一日千里，政府功能的大幅扩张与商业社会的蓬勃发展，人类社会生活发生了重大的变革，促成这种发展最重要的原因之一即在于对于各种信息，尤其是个人信息的有力掌握。而在计算机普及后，个人信息的搜集、处理与利用更为方便。这种趋势无疑已强烈威胁到个人信息的隐秘性，当个人资料轻易地暴露于有心人的侵袭与操控之后，个人隐私权不免饱受威胁。于是"信息隐私权"（information priva-cy）的概念应运而生，以对抗信息时代隐私权所受到的冲击。可见，信息隐私权是随着社会对个人信息的保护而产生的，指个人针对其信息所享有的权利，强调的是个人对其信息的决定权、支配权和控制权。国外就有学者将信息隐私权定义为：对其他人能够了解到的关于你的信息的控制能力。

1. 信息隐私权的法律基础

现代意义上的隐私权概念起源于美国。美国隐私权的概念最早在侵权行为法领域提出，历经诸多学者和立法以及判例的推动，通过宪法判例的形式逐步取得了合宪性基础。在美国宪法和普通法领域，隐私权作为一种保持人格完整独立、人格不受侵犯的权利而存在。随着信息社会的到来，美国隐私权由消极隐私权向积极隐私权转化，产生了信息隐私权的概念。

隐私权的概念是萨缪尔·沃伦（Samuel Warren）和路易斯·布伦蒂斯（Louis Brandeis）首先提出的。他们于 1890 年在《哈佛法学评论》（*Harvard Law Review*）上发表了一篇题为《论隐私权》（*The right to privacy*）的论文。这篇论文素有世界隐私权研究的起点之誉。该文认为，法律应该保护个人保留其个人思想、情感、情绪以及私生活不对公众公开的权利。文章指出，每个人都有权决定"他的思想、观点和情感在多大程度上与他人分享"，"在任何情况下，一个人都被赋予决定自己所有的信息是否公之于众的权利。"[20] 两位法学家把心灵的平静（peace of mind）作为隐私权的核心内容。1960 年，普罗瑟（William L. Prosser）[21]教授提出了四个侵害隐私权的领域，它们是：①侵入隐私，指对于他人生活安逸的侵害，包括侵入他人住宅、偷听他人私谈、窗窥他人行动，等等；②公开私生活，即公开他人不愿为人知的私人事实，如揭发他人不愿为人所知的私人资料等；③公开他人之不实形象，使他人处于为人误解状况；④窃用姓名或形象，即侵犯他人姓名或其他人格利益。普罗瑟教授关于侵害隐私领域的划分成为美国司法实践中判断隐私侵权的基础。从此，无论是立法还是学理上，利用隐私权保护人格的思想在美国都占据了主流地位。

美国法中隐私权与人格不可侵犯是一个问题的两个方面，隐私权保障的就是个人人格不受侵犯。美国的隐私权制度根植于人性尊严，是全面保护个人人格的法律制度。沃伦和布伦蒂斯的隐私权论文，强调的就是人格不受侵犯的神圣目标。而第四修正案对自由的保护，是隐私权最主要的甚至是唯一的源泉。美国隐私权的理念与美国文化有密切关系，美国文化中的"个人性"，包括个人独立、不受侵犯和个人自由。除此之外，将人格不可侵犯作为隐私权的一个解释，另一个主要原因是出于司法实践的需要。不同的国家，不同的民族，由于其生活习惯和文化的差异，对隐私的理解各不相同，即便在同一个国家，每个人对于隐私范围的要求也是不同的。这使得法律在提供保障时面临具体标准的困难，而人格不可侵犯不仅为侵害隐私权提供了法理上的指导，而且可以为具体的侵权行为提供一个弹性的标准，在一定程度上弥补了这个不足。

美国宪法没有对隐私权作出明义规定。在美国，普遍认为美国宪法第一、第四、第五以及第十四修正案是隐私权的法源基础。这种理解所指的隐私权，是基本权利形态，是关于婚姻、生育、避孕、家庭关系、对子女的养育与教育等性质的活动。1973 年的 Roe vs. Wade 案判决奠定了个人隐私的合宪性基础。1977 年的 Whalen vs. Roe 案使隐私权发展到信息隐私权，这是美国联邦最高法院关于计算机收集个人信息的第一例判决。该案涉及纽约州一项利用计算机收集特定病人的个人信息的立法是否有效的争论。大法官史蒂文思（Stevens）认为，信息社会政府合理的行政需要建立在大量的个人信息的基础之上，防范个人信息不被不当收集与揭露就成为一项重要的法律问题。尽管该案判决否定了涉案病人在该案中主张的个人信息隐私的权利，但它并不否定一般的个人信息隐私权。史蒂文思大法官认为，个人信息的广泛收集，尤其是借助计算机等高科技手段收集个人信息，对于州政府的行政来说是十分必要的，并且州政府在该个人信息的处理上体现了保护原则。因此，本案不足以构成对任何权利或自由的不当侵害。该案判决的意义在于：它在充分肯定政府对个人信息的合理收集的同时，高度肯定了人们的信息隐私权利。但遗憾的是，该案并未将信息隐私权明文确立为一项宪法权利。

我国《民法通则》没有直接规定公民的隐私权及相关的侵权责任，但是《中华人民共和国宪法》（以下简称《宪法》）有关条文明确规定了公民的人格尊严不受侵犯、公民的住宅不受侵犯、公民的通信自由与秘密受到法律保护，这些无疑都是保护公民的隐私权或者说公民的私生活安宁的宪法渊源。我国刑法、刑事诉讼法、民事诉讼法及为数众多的行政法律法规，则直接规定了保护公民的隐私权。为了弥补民法通则在隐私权保护方面的不足，我国最高人民法院在司法解释中明确指出，揭露、宣扬他人隐私的行为，属于侵害名誉权的行为，应当依法承担民事责任。

2. 信息隐私权——信息时代隐私权概念的拓展和核心内容

在初期阶段，隐私权一直被作为普通法中侵权行为法上的权利，意味着与个人私生活有关信息不受公开以及属于私事领域不受干涉的自由，是一种要求他人放任自己独处而不受打扰的权利。可见传统理论反映出隐私权是一种被动地与他人保持一定生活距离而得以独处的权利，该权利的确立旨在实现主体不被干扰，以保持平静的生活状态。因此长期以来，个人信息方面的隐私权即体现为主体对自己意欲隐瞒的私人信息享有不被窃取、刺探，不被非法披露、公开等的权利。这似乎试图通过法律以对主体以外的不特定他人附加一种不得侵犯他人隐私的义务，但却没有体现出主体对自己信息所享有何种积极控制和支配的权利。这在网络尚未产生和迅速发展的时期并没有太大的影响。

然而，当计算机和万维网使得信息的处理无比快速、便捷和低廉时，对隐私权的保护便显得有些"力不从心"。因为此时再将个人信息的保护寄托于他人的不侵犯而不是自己的主动控制上，不论是从利益驱动的角度还是从信息主体与侵权人实力悬殊的角度都是不现实的。况且信息进入网络之后，其传播范围之广、侵权后果之严重、侵权救济之困难都是网络出现之前所难以比拟的。因此，只有赋予主体对自己信息积极的、排他的控制权利才能最大限度地保护自己的信息，或者把可能发生的侵权行为限制在最小的范围之内。日本芦部信喜教授认为，作为人格权之一的隐私权随着信息社会的发展，已被视为"控制有关自己的信息之权利"[22]。按照对现代隐私权概念的理解，作为"个人信息控制权"的隐私权所保障的，已不限于传统意义上尚不为人所知、不愿或者不便为人所知的个人私事（即一般而言的隐私），而是扩展到了所谓的个人信息，即可以识别出个人的所有信息。这些信息可以以文字、图表、图像等任何形式存在，并可以附载于纸张、电磁媒体等任何媒介之上。这种认识转变促使隐私权逐步由一种私法上的民事权利，演变为一种公民在宪法上的基本人权。

信息隐私权除了包含个人事务不受他人恣意公开干扰的权利之外，还包括在没有通知当事人并获得其同意之前，不得径行搜集当事人的个人信息及信息持有者不得将当事人为某一特定目的所提供的信息用在另一个目的上。其核心理念在于，个人不仅是个人信息产出的最初来源，也是其正确性、完整性的最后查核者，以及该个人信息的使用范围的参与决定者。由此可见，信息隐私权有别于传统隐私权仅具有消极防御的性质，而具有积极请求权的性质。此种明白告知及参与决定的个人信息支配权，正是现代个人数据保护制度的最重要机制之一。信息隐私权概念的提出，表明信息社会对隐私全面保护的实现，同时也意味着消极隐私权开始向积极隐私权转化。在信息社会以前，隐私权是作为一种消极的权利而存在，是一种求生存的权利，属于免于被入侵和独处的权利。其作用仅在于被动地防御私生活领域遭受外界的侵扰，以及在遭受侵扰之后获得赔偿的权利，因此，学理上称之为消极的隐私权理论。信息隐私权侧重于个人信息主体对个人信息积极的决定权和支配权，其权利主体是个人信息本人，其义务主体是除了本人以外的其他一切个人或机关，从权利状态看是一种积极的权利。

在美国，隐私权被作为一项最为重要的宪法权利而不是普通的民事权利，以宪法惯例的形式得到学术与实务部门（包括联邦最高法院裁决）的确认。同样，在法国，1958年宪法虽未明确规定隐私权，但法国宪法委员会通过1994年的一项裁决，确认宪法隐含了隐私权。在爱尔兰，宪法未明确提及隐私权，但爱尔兰最高法院裁决，公民有权援引宪法第40.3.1个人权利条款证明隐私权的存在。隐私权这种基本人权地位在一系列的国际法律文件中同样得到了体现。1948年的联合国人权宣言，明确保护居所和通信的隐私不受侵犯。其第12条规定："任何人对其隐私、家庭、房屋或者通信均不受武断干扰，对其尊严或者名誉不受攻击。任何人均有权对这种干扰或者攻击获得法律保护。"众多的国际人权文件均将隐私权视为一项重要的权利,《公民与政治权利公约》第 17 条、《保护所有移徒工人及其家庭成员权利国际公约》第 1 条、《联合国儿童保护公约》第 16 条都采用了相同的表述。特别需要提到的是《欧洲人权公约》,该公约第 8 条规定:"①每个人都有权使其私人生活和家庭生活、其房屋和通信受到尊重。②除非根据法律规定,并且为了国家安全、公共安全或者国家的经济福利,为了防止无序或者犯罪,为了保护健康或者为了保护其他人的权利与自由所必须,公共权力机关不得干预这种权利的行使。"该公约的执行机关是欧洲人权委员会与欧洲人权法院,它们在保护隐私权方面非常积极,一贯对第 8 条的保护进行扩张解释,对限制条件从严解释。实践中,如果政府对私人行为应该加以禁止而不予禁止,它们就会扩充第 8 条的保护范围,从政府行为扩张到私人行为。由于《欧洲人权公约》在许多欧洲国家具有直接的法律效力,因此,公约第 8 条的规定在这些国家实际上具有宪法地位,可以被法院援引裁决案件。此外,在其他许多国家的宪法中,隐私权的这种基本人权地位也得到了宪法的明确规定和保护。

3. 信息隐私权与个人信息控制权

在国际社会,人们谈论个人信息保护问题时往往将其同隐私权保护相等同,而对隐私权的保障确实是个人信息保护的主要目的和逻辑前提。人类社会进入20 世纪 60 年代之后,随着计算机技术的不断发展,信息的大量收集、储存和利用成为可能,这使得隐私权受到侵害的可能性越来越大。因此,传统意义上具有消极、被动等特点的隐私权概念已显得过于狭隘,很难适应社会发展的需要。在这种情况下,出现了所谓"个人信息控制权"的理论,即"所谓隐私权,乃是指个人自由地决定在何时、用何种方式、以何种程度向他人传递与自己有关的信息的权利,以及权利主体依法按自己意志利用与自己有关的信息从事各种活动以满足自身需要的权利"。个人信息控制权,或简称个人信息权,是在传统隐私权概念基础之上发展而来的。具体来说,是指拥有信息的人依法对其个人信息所享有的支配、控制并排除他人侵害的权利。其权利内容具体包括信息决定权、信息保密权、信息查询权、信息更正权、信息封锁权、信息删除权和报酬请求权。

1) 信息决定权,是指本人得以直接控制与支配其个人信息,并决定其个人信息是否被收集、处理与利用以及以何种方式、目的、收集范围、处理与利用的权利。决定权集中反映了个人信息权的人格权属性——绝对性与支配性,在各项权利内容中居于核心地位。

2) 信息保密权,是指本人得以请求信息处理主体保持信息隐秘性的权利。

3) 信息查询权,是指本人得以查询其个人信息及其有关的处理情况,并要求答复的权利。对信息的控制与支配,必须首先了解哪些个人信息被收集、处理与利用的情况，特别是在此过程中信息是否被保持完整、正确与适时。信息查询权是重要的当事人权利，除非因公益或保密之需要，任何机关不得任意剥夺。

4）信息更正权，是指本人得以请求信息处理主体对不正确、不全面、不时新的个人信息进行更正与补充的权利。更正权具体包括：个人信息错误更正权，即对于错误的个人信息本人有更正的权利；个人信息补充权，即对于遗漏或新发生的个人信息，本人有补充的权利；个人信息更新权是本人要求对于过时的个人信息及时更新的权利。

5）信息封锁权，是指在法定或约定事由出现时，本人得以请求信息处理主体以一定方式暂时停止信息处理的权利。本人有权请求信息处理主体以暂时停止信息的处理与利用的权利。该项请求权是依照公平信息使用原则建构的。根据该原则，在没有通知当事人并获得其书面同意之前，信息处理主体不可以将个人为某种特定目的所提供的资料用在另一个目的上。德国联邦《个人资料保护法》规定，所谓封锁就是以限制继续处理和使用个人资料为目的而对个人资料加注特定"符号"。

6）信息删除权，是指在法定或约定的事由出现时，本人得以请求信息处理主体删除其个人信息的权利。

7）信息报酬请求权，是指本人因其个人信息被商业性利用而得以向信息处理主体请求支付对价的权利。报酬请求权来源于"信息有价"[23]的社会观念。特定的信息处理主体必须在对信息控制、处理与利用前后向本人提供一定的报酬。

可见，个人信息控制权在客体、内容、行使方式等方面有别于传统的隐私权，发挥着不可替代的作用，是个人信息保护法所确认的一项新生的独立权利，也是信息隐私权在数字时代的主要内容。

4. 信息隐私权与财产权的区别

信息隐私权是除财产权以外的另一个重要的信息控制权形式。在许多情况下，这两种形式的控制权有着密切的联系。显然，信息财产权和隐私权都在某种程度上意味着对某种信息财产的控制和排除他人未经许可使用其财产的排他性权利。然而隐私权又和财产权有着明显的区别。

首先，个人信息具有人格标志意义，此点财产权根本无法体现。因为"财产权的客体是权利主体对物、行为、智力成果等所享有的法定利益，这些法定利益在现实生活中直接表现为商品，因此可以任意地分割、消费或有偿转让。而人格权客体并不是商品，虽然在法律技术的作用下，有时它们可以采用类似商品的价值形式来表现，但是，就其性质来说是不能分割和转让的"[24]。这当然是源于对人格本身的基本尊重。至于网络环境下具有人格属性的个人信息又日益凸显出它的财产属性，我们完全可以通过将传统的隐私权引申为上文论及的积极主动的"信息隐私权"来实现。这种主体对自己信息收集、处理、存储、分发及利用的控制权，不仅可以体现在对个人信息人格属性的控制上，也可以体现在对其财产属性的利用上。只是这种利用并非财产法中的出售或买卖个人信息，而是通过主体授权、许可的方式，允许他人使用个人信息并由这些使用人为此支付一定的经济代价。这种授权或许可虽是主体行使支配权而使用自身信息的一种新型的方式，但其并不会使个人信息脱离主体的控制。此与财产权中对于转让后的财产，主体便不再享有支配的权利有本质上的差别。

其次，隐私权限于个人而且基于个人自治的宪法概念，这可能是隐私权与财产权的主要不同之处。瑞蒙德·尼莫（Raymond Nimmer）教授曾将隐私描述为："隐私权的本质就在于宣称个人有控制与本人相关的信息的披露、使用和获取的权利。这种权利的提出是基于社会政策或有关个人自治的宪法规则。它表明个人在社会中的地位是由其控制个人信息的能力决定的。当然，这项权利也不能保证一定会被确认或能对抗与其控制的利益相竞争的权利。"[25] 从这段论述可以看出：第一，信息隐私权是存在于个人而非机构或其他法律实体中，因此法律视角中的隐私权是有关个人保护他或她的个人自治的权利，而不是用于商业背景下的权利设计，财产权在商业背景下才是最有用的。当然，这并不是说隐私信息本身不具有商业价值。实际上，当隐私信息被放入一个有关用户消费习惯的数据库中，将是非常有价值的。但我们在这里所说的隐私权是保护人们不希望交易的个人信息权益。个人对于其信息的控制目的不在于商业价值，而是个人主体性的表现，即个人不应被他人利用而贬低了自己的地位。因此，如果商业实体希望保护其有价值的商业信息不被非授权地获取，往往会求助于财产权而非隐私权保护。第二，隐私权的一个主要特征是控制信息的披露、使用和获取，这与信息财产权对信息的控制理念具有某种相似性。

在实践中，隐私权和财产权在信息时代确实表现出某种相似性。对此，杰希卡·利特曼（Jessica Litman）[26]教授基于隐私仅限于个人对其自身信息的事实展开了分析。她指出：对于某些物品创设财产权的目的就是为了便于对其进行商业交换和使用；如果我们不想就某类物品进行交换，就不必将其视为财产对待。尤其是对于个人信息，她表达了对其实施财产权保护的忧虑：任何类型的信息财产权都会带来重要的政策和言论自由问题。事实是基石——表达的基石、自治的基石以及知识本身的基石。当我们承认事实的财产权保护时，我们就是认可事实可以被私人拥有，对某一事实的拥有者有权限制对该事实的使用。这一观点是激进的，也和现今的宪法第一修正案的有关规定不相符。因此，对个人数据创设财产权保护的思想将带来基本的宪法问题。利特曼教授进一步指出财产权保护不是保护个人数据隐私的最有效模式。

由此可见，事实和知识对于自我表达思想、知识的发展以及自治的重要性。因此，作为事实、数据和知识的信息应该被公开使用，这应该成为我们许多法律的重要基础，尽管我们已经接受了某些信息享有合法权利。利特曼教授强调了不是出于交换的目的就不必创设信息财产权。她接受版权作品的财产权保护，但值得注意的是，版权并不是赋予信息和思想本身以财产权，而仅仅是保护对思想的特定的文字表达。版权法采用思想和表达二分法原则（idea and expression dichotomy)，即作品是思想的一种表现形式，版权的效力只能基于这种特定且具体的表现，而不能保护这种具体形式所反映的内在思想。因此，从版权法来看，信息产品被赋予财产权是出于商业使用和鼓励创新的目的。

当然这一理论不能被推广到所有信息时代被赋予财产权的信息产品，商业秘密、专利和数据库特别权利保护等就是财产权被用于保护信息的内容而非表达的实例。不过，这些权利的创设应当有适当的条件。有越来越多的学者开始关注：法律对信息产品的内容赋予财产权，却没有很好地维护私人利益和公共利益的平衡。因此，在相互竞争的信息控制权和信息获取权之间建立良好的平衡机制，将是信息法律和政策领域的一个重要任务。

因此，对个人数据赋予隐私权比赋予其财产权更为恰当，信息隐私权能更好地给予对个人信息的获取、披露和使用进行控制的能力。虽然，我们在这里将隐私权视为信息控制权的一种，但它有时又可以对信息获取权的政策调整起到一定的作用，如法律规定个人为了核实个人信息的准确性有从他人处获取有关其个人信息的权利。

4.2 信息获取权

信息获取权是宪法所赋予公民的自由获取信息的权利。信息获取权的概念有广义和狭义之分。广义的信息获取权指信息主体有依法获得政府信息、企业信息、消费者信息、图书馆等公共信息机构的信息以及法律规定应予公开的信息的权利。狭义的信息获取权仅指有关政府信息公开的法律中规定的信息主体有权以法定的形式要求获取的，公开政府机关以职权搜集、归纳、整理的信息的权利。例如加拿大《信息获取法》中规定：除了在有限的特殊情况之外，公民具有查阅或者取得联邦政府机构的档案记录或者得到其复印件的权利。[27]

4.2.1 信息获取权的实质和范围

在信息法领域，获取权是和控制权（财产权和隐私权）相抗衡的权利。"获取"本身是一个相对来说可以自我解释的概念，英国《牛津英语辞典》将其定义为："进入或到达某处或某物的能力"。信息法中，获取主要是指获取某种信息或由信息构成的财产的能力。尽管获取权的概念看上去似乎是不证自明的，然而在某些方面它要比表面看上去复杂得多。以前，人们可能把信息获取实际上当作信息控制的一个要素。然而，在本书中，控制是指一种排他性的权利，而获取则是基于正当的公共政策利益对这种控制权的限制和例外。可见，本书所说的控制权是来源于与特定信息相关的财产权益或隐私权益，而获取权在某种程度上则更普遍或更具有多样性。沙切尔（Schachter）[28]曾强调在许多情形下政策调整对于信息获取权的需求，并指出：为了发展观点、促使达成一致以及设计基于意识形态的解决社会、政治或文化紧急事件的办法，社会必须依靠获取思想、观点和事实信息的能力，这些信息实际上关系到无限的主题。可见，获取权来源于广泛的政策视角，取决于具体情况下需要信息获取的特定理由。所以，获取权的种类范围很广，不像前面说到的财产权和隐私权有着同样清晰的法律或政策基础。获取权的运作比控制权更灵活，因为它反映了特定情况下社会需要限制特定的人对特定信息控制的态度。

从衡平法来看，获取权的唯一清晰的统一基础就是人们在社会上、政治上、经济上的一致认识，即在特定情况下，对某种特定控制权的限制和例外必须作为一种公共政策来确定。获取权的范围不可能有比这更清晰的解释了。因此，信息获取权的目标就是与信息控制权相抗衡，当信息控制权自由发展到与公共政策相背离的时候，信息获取权将能灵活地减轻其损害。可见，这种权利越灵活，它的应用就越不确定。正如传统的英国衡平法，确定性是以公平和灵活性的名义被牺牲掉的。这是一个难以解决的问题，因此，在任何情况下也不应成为创设一种具有广泛的公共政策的正当性的灵活权利的障碍。最终，"获取"的法律体系在如上所述的范式下，将是在一个一个案例的基础上发展起来的。由此可知，这一权利的灵活性是其重要的优点，其重要性远远超过了对其范围的确定和权利本身的明确性。实际上，这种灵活性对于信息法的发展是非常重要和有用的。接受广义的灵活的信息获取权将会减轻对信息的过度的财产化以及对于信息财产权的过于依赖。"获取"将成为对信息财产权的重要限制力。

现代社会，信息政策和法律框架下"获取权"的法律原则主要包括版权法中的合理使用、知识产权相关的强制许可、特定情况下如为执行司法程序的目的需要公开个人信息的法律规定等。以上这些情形，或多或少都是某人出于公共政策正义的特定目的，对实际上由他人控制的特定信息进行获取。其正当性的理由范围很广，例如，在知识产权领域是为了保护信息和思想的公共领域，在揭露个人信息以满足司法程序需求的情况下是为了保留司法正义的获取权。

可见，在信息政策与法律框架下的获取权思想是有一定的复杂性的。这里的获取不仅指获取信息本身，而且通常是有特定目的或为了特定目的需要的获取。例如，版权中的合理使用原则更多的是关于使用而非获取，尽管事实是：某人为了合理使用某作品首先必须能够获取该作品。当然，这些使用必须符合版权法中规定的合理使用的目的，如我国《著作权法》中规定：为个人学习、研究或者欣赏，使用他人已经发表的作品；为介绍、评论某一作品或者说明某一问题，在作品中适当引用他人已经发表的作品；为报道时事新闻，在报纸、期刊、广播电视节目或者新闻纪录影片中引用已经发表的作品。亦即在符合新闻报道目的的范围内，不可避免地再现已经发表的作品；为学校课堂教学或者科学研究，翻译或者少量复制已经发表的作品，供教学或者科研人员使用；国家机关为为执行公务在合理范围内使用已经发表的作品；图书馆、档案馆、纪念馆、博物馆、美术馆等为陈列或者保存版本的需要，复制本馆收藏的作品，等等，以上非商业目的使用享有版权的作品，可以不经著作权人许可，不向其支付报酬。实际上，数字版权作品的获取与使用是密切相关的。在实践中，当某人正在寻求对被技术加密的数字版权作品进行合理使用时，获取和使用这两个概念是很难截然分开的。然而，美国的《千年数字版权法案》却试图做到这一点：国会创设了有关信息获取的法律，却不考虑其对版权作品的合理使用的潜在影响。另外，强制许可是规制有关对版权作品或专利发明的商业性的使用的。而对个人身份信息的获取以执行司法程序显然是出于帮助某一个人寻求对抗另一个体的证据的目的。

所以，信息获取权的法律机制必须考虑到特定情况下获取信息的目的。这也与前述沙切尔教授有关社会获取个人信息的目的是非常广泛的论述一致。这一机制就隐含在获取权概念的灵活性，换句话说就是：信息法框架中的获取权的运作方式是和传统的英国法中的衡平法原则相同的。政策和法律的制定者将获取概念运用于某一特定问题时，必须灵活运用并且考虑到所有相关的公共政策，包括在特定情形下获取特定信息的目的。获取权已成为在相互竞争的信息权利和利益之间获得适当平衡的政策工具。尽管信息获取权的灵活性会带来一些不确定性，但至少在初始阶段，它会有助于建立与社会的信息期望相一致的法律政策，从而作为一种重要的抗衡工具以防止对信息产权提供过度的保护。

4.2.2　信息获取权的实际运用和发展

在运用信息获取权的实践中，当获取信息的目的不会在很大程度上影响到信息控制方时，信息政策和法律的制定者往往会支持允许信息获取的相关政策和法规的发展。例如，为了核实信息控制方所拥有的个人信息的准确性，澳大利亚《隐私权法案》规定澳大利亚的信用报告局应该提供对个人信用报告信息的获取，并改正有关个人身份报告的任何错误。然而，当信息获取是出于商业目的，特别是出于一种与该信息控制权拥有者相竞争的商业目的，对信息获取权就要进行更多的考量和仔细的审查。在这种情形下，作出信息获取权是否应该凌驾于信息控制权之上的决定时，必须非常敏锐地考虑到一些问题，如授予某人信息获取权会在多大程度上给予其在市场上"不公平的优势"。

实际上，仔细研究当前的网络法资料，就会发现在平衡信息控制与获取权方面的法律的发展情况。一个最典型的例了就是有关"计算机入侵"（computer trespass）的法律发展。在因特网发展的早期，许多人认为获取权在网络空间是最重要的，如约翰·佩里·巴洛（John Perry Barlow）就是其中的一名代表人物，他在《网络空间独立宣言》（Cyberspace declaration of independence）[29]一文中提出：网络不需要规制（beyond regulation），我们要在网络空间创建思想民主，没有任何法律能够阻止聪明的"黑客"对数字信息的获取。而"黑客"（hacking）和"解密高手"（cracking）这样一些词，从一开始被创造出来就是指那些利用自己的计算机专长侵入他人安全系统的人。然而，事实并非如此，网络空间最终并没有朝那样的方向发展。正如库教授（Professor Ku）[30]等所指出的：说到网络独立的时代，实际上今天以地域为基础的政府正有效地规制着因特网。《千年数字版权法案》（DMCA）和《计算机欺诈和滥用法案》（Computer Fraud and Abuse）的实施，说明法律规则同样适用于网络。那些认为法律不可能规制网上信息的获取和利用的人会发现，他们将和隐私权或财产权相关的法规相抵触。

如前所述，信息获取权是为了维护对信息控制权（包括财产权和隐私权）的限制和例外而提出的。为什么要提出这样一个权利？其根本原因在于：人们日益认识到并且开始批评近年来对数字信息产品的过度财产化已经导致了前所未有的对信息产品的大量垄断。一些学者开始讨论对数据库是否应该实行强有力的保护[31]、数字时代如何保留合理使用和公共领域[32]等问题。如果我们仍继续强调强有力的财产权和隐私权保护，我们将有可能失去建立一个平衡的信息政策与法律体系的机会。如果法律和政策制定者从一开始就能够认识到信息法是一个复杂的体系，不同类型的人群和机构针对相互竞争的信息权利有不同的法律保护需求，这将有利于促使他们建立一个更为恰当的体系框架来促进法律的平衡发展。目前的问题是，法律更多的是代表经济上占主导地位的大财团利益，它们强调要不断强化信息产权保护。而一旦相关立法赋予实施，就很难对已被接受的法定权利作出限制。例如，对数据库的知识产权保护而言，对原有的保护范围进行扩充远比对已有的保护进行限制容易得多。

针对目前的情况，有学者甚至提出应废除产权的概念，认为这是立法者创设更多财产权利的基础。而实际上我们知道这是不可能的。首先，不管立法者是否支持强有力的信息产权保护，事实是它一直存在。人们希望保护自己有价值的信息，以防被非授权的获取和使用或在市场上被商业性的使用，他们会依靠合同和技术措施来获得与产权制度下同样的，甚至比产权制度更好的保护。不管立法者是否对特定的信息产品创设特别的知识产权，他们同样可以求助于合同和数字权利管理来对其信息产品加以保护。数字权利管理就是专门用于保护权利所有人的知识产权财产，防止其被"盗版"的技术。许多国家的版权法都禁止对数字权利管理措施的规避。在很多方面，合同和数字权利管理已成为了新的财产权。其次，产权概念本身并不存在问题，实际上它在实践中是很有用的。产权很好地描述了一种有价值的产品，人们希望以其进行交易。这一概念带来的实际问题是法律和政策的制定者在实践中不加限定地使用产权概念来对抗其他所有的权利。例如，美国通过制定《千年数字版权法案》（DMCA）来支持和确认数字版权就是一个很好的例子。很多学者批评 DMCA 没有考虑到保护与版权相竞争的权利，如合理使用等，指出其中的反规避措施应当修订。[33] 同样，欧盟对数据库的特别权利保护也受到类似的批评。因此，问题往往出在立法者在实践产权概念时没有充分考虑对其进行限制的必要性。这就是为什么我们在接受信息产权概念的同时，又必须将获取权放到与其同等的位置，以防止产权限制弱化的原因。

将信息获取权与信息控制权相提并论，目的很明确：尽管立法者在控制信息财产权的创设上可能权力有限，但他们毕竟有权力也有义务为了公共利益对某些权利加以恰当的限制。这将通过依法实施某些相竞争的权利或对信息产权的滥用加以限制来实现。法定信息获取权的发展，作为财产权和隐私权的平衡机制，将会重新调整相关信息权利的现有平衡。尽管在现有的版权法背景下，大量的获取权还保留着"合理使用"的现有标签。然而，如果"合理使用"被重新诠释为一种明确的"获取权"，而不仅仅是作为对版权的一种限制手段，那么在版权领域，私人利益和公共利益之间最终将会达到一种不同以往的、全新的平衡。这种新的平衡将更符合信息时代信息法的实际，而且也比仅仅用"合理使用"来限制强大的财产权更加有效。实际上，合理使用的法律基础一直以来就没有真正获得过统一的认识。所以，政策和法律制定者在法律中明确确立某项权利之前，要从政策角度仔细考虑不同的人对于特定信息所享有的特定的，有时是相对抗的权利。实施新法律的方法应该是从一开始就应该考虑各种权利的平衡，而不是过分强调某一种权利并取消对它的限制。

以平衡信息获取权与信息控制权（信息财产权和隐私权）为基础来发展信息法的重要意义还在于：将"获取"定义为一种与信息财产权和信息隐私权相对抗的权利，而不仅仅是对相关权利作出一定的限制，将有助于围绕"获取权"本身来制定和发展相关的法律。这一法律体系是与信息财产权和隐私权相关，但又独立发展的。作为信息政策与法律的一部分，"信息获取权"法律体系的发展将对引导整个信息法的未来发展具有重要的意义。在信息时代，信息获取权相关法律的缺失是整个信息法的重大缺憾。

4.2.3 信息获取权与知情权

知情权（the right to know），又称为知的权利、知悉权、了解权。这一权利是由美国的一位新闻编辑肯特·库珀（Kent Copper）在 1945 年 1 月的一次演讲中首次提出来的，其基本含义是公民有权知道他应该知道的事情，国家应最大限度地确认和保障公民知悉、获取信息的权利，尤其是政务信息的权利。知情权的概念有广义和狭义之分。广义的知情权泛指公民知悉、获取信息的自由和权利；狭义的知情权仅指公民知悉、获取官方信息的自由和权利。在一般情况下，知情权是指广义的知情权。

知情权的主体不仅可以是公民，也可以是法人，其内容主要包括：①知政权。即公民依法享有知道国家活动、了解国家事务的权利，国家机关及其工作人员有依法向公民和社会公众公开自己活动的义务。这一权利的内容被称为"公开化"。②社会知情权。即公民有权知道社会所发生的、他所感兴趣的问题和情况，有权了解社会的发展和变化。③对个人信息的知情权。即公民知悉有关自己的各方面情况的权利，如自己的出生时间、地点、亲生父母。④法人的知情权。法人在不妨碍他人利益和社会利益的前提下，有权获得一切对它有用的信息，包括法人机构对其内部成员的有关情况的知悉以及法人对要求加入其组织的人主要情况的知悉。⑤法定知情权。即司法机关为侦查案件、审判案件搜集证据而享有的了解案件有关情况的权利。也有学者将知情权分为两类：一类是公众知情权，即社会公众了解国家机关的活动、国家官吏和公众人物的个人情况以及社会事件内容的权利。例如，公众有权了解公务人员的一切可能影响公务活动的私人情况，这是公众的知情权。如果以隐私权为由禁止公众的这种了解，就侵犯了公众的知情权。另一类是个人知情权，即公民个人了解虽为他人所有但涉及自己利益的他人情况、资料的权利。例如，妻子有权了解丈夫因某种情况感染性病，病人虽难以启齿，但考虑对妻子健康有重大影响，丈夫应当把该事告知妻子。

在我国的宪法与法律中，找不到直接规定知情权的条文。有关知情权的法律依据，一般是从宪法规定的言论自由、出版自由的法律条文中引申出来的。如我国《宪法》第 2 条规定，国家的"一切权力属于人民"，"人民依照法律规定，通过各种途径和形式，管理国家事务，管理经济和文化事业，管理社会事务"。人民要管理、国家、经济、文化和社会事务，就必须知道国家、经济、文化、社会的各方面信息；而这些信息的来源多掌握在国家机关手中，国家机关应主动地或应公开这些信息，以使人民"知"和"行"。否则，让人民管理国家事务便是一句空话。根据宪法，我国陆续制定了一些法律规范，以确认和保障公民知悉、获取有关信息的自由和权利。例如，《中华人民共和国行政诉讼法》（以下简称《行政诉讼法》）的被告举证责任及公开审理、《中华人民共和国行政处罚法》（以下简称《行政处罚法》）规定的"公开原则"、"听证制度"以及《中华人民共和国选举法》的候选人公布的规定等，均不同程度地反映出公民知情权的内容。我国还有一些法律法规分别涉及公民知情权的条款，例如，《中华人民共和国消费者权益保护法》对消费者知情权的保护、《中华人民共和国证券法》对股东知情权的保护，等等。这些法律法规是理解和评价我国公民知情权法制建设实际情况的重要依据。

由上可知，信息获取权与知情权在内容上有很大的重叠性。应当说，我们在这里提出的信息获取权的概念在外延上是广于知情权的，并且在制度安排上比知情权有更强的灵活性，尽管在内容上知情权可以构成其主体。所以，在此我们将知情权划归信息获取权的范畴，但信息获取权本身由于其灵活性必将随着社会信息矛盾的不断发展而发展变化。

4.3　信息控制权与信息获取权的关系

从经济学的角度看，确立信息财产权的目的就是信息生产者通过控制权利客体的传播以获得经济效益。[34] 而信息获取是公民在社会生活中与外界交流的基础，信息获取权是基本人权的主要内容，[35] 二者在现实生活中必然会发生冲突。在数字时代，信息控制权与信息获取权之间的矛盾日益严重，一方面，大众要求信息无偿或者低成本使用，要求信息开放、扩大信息的流通，维护其信息获取权；另一方面，权利人特别是知识产权所有者则要求独占或者垄断自己的权利，保护自己创造性劳动依法所产生的权利，维护其信息控制权。显然，二者互相矛盾、互相关联，存在着此消彼长的对立统一关系。国家信息政策法规应该对矛盾着的权利主体利益进行协调，以达到两者利益均衡为目标，构建国家信息政策法规保障体系。信息法就是要研究信息控制权和信息获取权的具体内容以及两者之间的关系，并寻求平衡这两类相互冲突的权利的途径和方法。由此可见，信息财产权、信息隐私权和信息获取权这三类权利基本上反映了当今信息时代信息法律政策方面的主要问题，可以作为制定信息政策与法规的基石；而在此基础上确立起来的利益平衡机制将可以作为我们制定相关信息政策与法规的指导原则。以下进一步详细分析信息控制权与信息获取权的关系。

4.3.1 信息产权悖论

在信息产品的创造、传播和使用过程中，广泛涉及信息产品创造者、传播者和利用者的利益，这些利益既相互统一又相互矛盾。信息产品创造者的创造活动是信息产品诞生的基础，如果无视创造者的利益，则会阻止信息产品的生产，传播者和使用者的利益都会成为无源之水、无本之木。因此，法律赋予信息创造者对其信息产品的控制权，权利人通过控制其作品的传播和使用而获取报酬，从而激励其创作出更多更好的作品。信息产品传播者的活动是信息产品创造者利益与使用者利益之间的桥梁，传播者通过复制、表演、出版等活动拓宽了信息产品应用的空间，为创造者产生了收益，又为使用者带来了知识应用上的利益；同时，传播者在进行这些活动时进行了再创造或为此投入了一定的成本，故有理由获取一定的收益。对于合法的信息产品使用者，他在使用信息产品时支付了一定的使用费，因而应当享受到信息产品的应用所带来的利益，信息产品的创造者也因此取得了劳动回报，从而创造出更多更好的信息产品。通过信息财产权制度的这一利益调节机制，信息产品的生产、传播和利用形成一个统一完整的有机体。

然而，现实世界中的信息产品利用机制常常发生功能失灵。信息产品的创造者总希望在信息产品的使用中谋取最大收益，因而常常不惜一切手段来强化无形财产权的控制甚至采取一些妨害公平竞争的做法，而信息产品的传播者和使用者往往也希望自己成为不付使用费的"揩油者"。这就产生了法律经济学曾对信息产权的设定提出的一个著名的悖论："没有合法的垄断就不会有足够的信息生产出来，但是有了合法的垄断又不会有太多的信息被利用。"[36]该理论认为，在信息方面确立产权的每一种方法的显著经济特征在于这些产权都是垄断权。一般来说，垄断性产业比竞争性产业缺乏效益。一方面，新信息的生产者在一个不受管制的市场中回收价值是困难的，通过给予信息的生产者以垄断权，该生产者就有一种强有力的刺激去发现新信息；另一方面，垄断者对产品索取高价将阻止该产品使用，消费者可能难以支付费用去充分使用信息，从而无法实现资源配置的最佳效益。所以，在知识产权的经济分析中存在着这样一种趋势，即把全部的知识产权难题归结为"激励"（incentive）与"获取"（access）之间的一种交换。由于知识财产通常能够被竞争对手所复制，而其无须承担创造该产品的任何成本，所以就存在着这样的担心，即如果没有法律保护以防止复制，则创造知识财产的激励就会受到破坏。同时，针对复制的法律保护有可能使知识财产的创造者得以对复制件（他在其上的财产权使之成为一个垄断者）收取超过其边际成本的价格，从而阻止了那些将该获取价格估价为高于边际成本但低于该价格的人获取（使用）该知识财产。[37]

在信息财产等无形财产权制度设立之初，法学家曾以"天赋人权"为口号，以自然法理论为基础，将著作权、专利权等权利皆视为一种天赋的、不可剥夺的人权，将创造者的利益列于首要的、第一的地位，其他人的利益均来自于创造者的授权。但过分强调创造者的利益往往会以牺牲社会公众的合法利益为代价。日本学者曾这样描述著作权绝对专有所产生的严重后果："不取得版权所有人的许可，一般人永远不能使用该作品，其结果，将是社会文化的发展和提高受到很大的阻碍"，[38]作品传播者、使用者的利益也将荡然无存。为此，绝对放任的"个人本位"观不仅不能促进人类社会的进步，反而会成为人类文明和进步的路障。与之相对，原苏联及一些发展中国家的立法出于发展国家经济和文化的需要，曾一度采取"国家本位"的立法观，过分限制信息产品创造者的利益，甚至规定了"国家征收"版权的绝对限制私权的制度，这种过分限制的做法极大地剥夺了信息产品创造者的合法利益，妨碍了信息产品的产生。

如今，大部分国家摒弃了"个人本位"和"国家本位"的立法观，选择了二者兼顾的立法观，即法律一方面要维护信息产品创造者的利益，激发其创作热情，为人类创造更多更好的作品；另一方面，要对这一专有权利给予适当限制，以维护社会公共利益。也就是我们这里所强调的要维护信息控制与获取的平衡。例如，1994 年达成的《TRIPS 协议》第 7 条规定了该协议的宗旨："知识产权的保护与权利行使，目的应在于促进技术的革新、技术的转让与技术的传播，以有利于以社会福利的方式去促进技术知识的生产者与使用者互利，并促进权利与义务的平衡。"可见，平衡信息控制与获取的最终目的就是为了谋求信息产品的创造者与社会公众之间的利益平衡。

4.3.2　信息控制权与信息获取权的平衡

信息控制权与信息获取权的平衡主要体现为信息产品创造者个人利益与社会利益的均衡状态，具体表现在以下几方面。

1. 权利享有期限与地点的平衡

信息财产权是法律规定的一项专有权利，若允许权利人无限期地占有信息产品，势必会严重损害社会利益，为此，必须通过时间限制和地域限制来实现个人利益和社会利益之间的平衡。

信息财产权是有一定保护期限的，在保护期届满后，即进入公有领域，成为任何人都可以自由利用的公共财产。早在 1421 年，意大利就出现了类似早期英国的专利，规定"保护期"为 3 年。英国 1624 年《垄断法规》最早规定了发明专利的保护期。世界上第一部著作权法——1709 年英国的《安娜法案》的第 11

条也明确规定了作者专有权的有效期。法律规定信息产权的有效期，主要基于以下考虑：

第一，信息产品是个人创造性和社会性相结合的产品，信息产品的社会属性是阻止信息产权被权利人永久占有的一个主要理由。"知识产品最终进入公有领域的事实表明，知识产权的权利主张只是在信息进入公有之前对某些使用的临时限制……我们可以将知识产权看成是'潜在的思想产品的公有'，在这个意义上，知识产权的赋予与运作似乎是从潜在的公有到现实的公有的历史移植。"[39] 信息产品的社会性同时表明，赋予信息产品保护期限等限制，也使创造者本人获益。由于信息产品创造者的创造活动建立在前人智力创造的基础上，信息产权保护范围和期限等扩大将提高信息产品创造者预期收入的同时，也将增加其享有信息产权的信息产品的生产成本。"当未来收入的增加所造成的限制的增量可以被忽略不计时，如果没有早期作品处于共有使用领域而供人们在不支付著作权费用的情况下用于创作新作品（由于永久性著作权的存在），那么，作者的成本就会很高。"[40]

第二，就智力创造本身的特性看，特别是就发明来说，即使在缺乏最初发明的情况下，在某个特定的时期内总有可能被别人赶上来。赋予最初发明者永久的权利，将会损害他人同等的创造力和对知识共有财产的获取。并且，信息产品本身具有一定的生命周期，一定时期内的发明创造肯定会被将来更先进的科学技术所代替。赋予无限的保护期或者尽管有限但很长的保护期在实际中的意义本身不大。

第三，从知识产权专有性维持的社会成本来看，延长保护期可能增加信息产品的潜在使用者、消费者或者生产上的潜在对手所承担的额外成本，特别是专利权税的计算是按使用时间和税率计算的，时间越长则该费用就越大。信息产品的保护期限越长，不但不会带来更多的社会产品，反而会增加产品的价格和消费者的损失，并由此可能导致所增加的社会成本超过信息资产给社会带来的收益。因此，合理的信息产权的保护期应当综合考虑权利人的私人收益率、社会收益率和社会损失之间的平衡。

第四，从信息产权制度的功能看，赋予信息产权永久性的权利或者过长的保护期，将会阻碍信息产品的广泛传播和利用，无从实现信息产权制度的最终目的。

第五，从公平正义的理念看，个人在智力创造物的投入上总是有限的，以有限的投入获取无限的权利，不符合公平正义的理念。而维持信息产权的垄断性所付出的社会成本也应当通过对信息产权的限制获益才符合公平正义的要求。

目前有一种普遍延长信息产权保护期的趋势，其中最为突出的是版权法。过去，许多国家的版权保护期是作者终生加死后 25 年或 50 年。现在，许多国家已延长至作者终生加死后 70 年。劳伦斯·莱希格认为，美国在过去的 40 年里，版权保护期至少延长了 11 次。彼得·贾西教授将此称之为"建立在分期付款制度上的永久性版权"。[41] 版权保护期限定在一定的时期内，这段期限届满后，版权作品就进入公有领域，任何人可以为任何目的自由使用。这是版权的一个非常重要的方面，因为它保证了一个可永远供教育、研究和新作品创作发展所需的巨大资源宝库。然而，由于保护期的不断延长，版权作品进入公有领域受到了限制。版权保护期为作者提供了明确的保护期限，因而不断延长保护期不合理地损害了信息使用者的利益。许多国家政府在延长版权保护期的同时，又主张通过数字化更广泛地获取本地资料，其中许多材料在版权人看来是没有经济价值的。然而，这些作品在保护期届满前（远远超出作者的有生之年），不会进入公有领域，依然无法广泛获取。

随着经济全球化和一体化进程的加快，信息产权的地域性也日益模糊。信息产权法是国内法，只在本国有效。而《TRIPS 协议》等属国际公约，可在其成员国内有效。如就版权法而言，对没有参加国际公约并无双边协定的国家公民而言，他们可以自由地使用他国公民作品，当然他们自己的作品也不受该国保护。如今的知识产权保护全球化的模式强调当今世界各国相互依存，应该采取相同的知识产权标准。由美国和欧盟公司主导的知识产权一体化进程一旦在世界范围内获得成功，发展中国家通过反向工程和模仿进行学习的能力将受到限制，这将给发展中国家的经济增长带来极大的危险。这些大集团公司所制定的"知识游戏"规则将在知识产权问题上不断侵蚀各国所拥有的主权，从而加大了对发展中国家的不平等，同时也相应地给发展中国家带来更大的发展成本。

2. 权利行使方式的平衡

信息产权人在行使权利时，行为方式应以不损害社会公益为原则。例如，信息产权人不得以专有权为由，阻止他人为教育目的的使用作品。发展教育事业，为公民提供充分的完善的教育机会，是各国普遍推行的公共政策，受教育权也是宪法规定的公民的一项基本权利。因此，在保护信息产权人的个人权利的同时，不应使这项专有权利成为妨碍公民受教育的屏障。如果在著作权领域不加以限制，则作者及其子孙在受益的同时，社会公众的权利就受到了无期限的限制。"这实际上是一种权利冲突——作者或所有者及其子孙后代的权利与社会公众获取人类文明的权利之间的冲突。"所以，各国在著作权立法中一般允许为教学目的而自由使用有著作权的作品，但不得用于商业目的。另外，如果不加分析地允许信息产权人自由地行使其权利可能会产生类似于垄断的危害。尽管我们不认为信息财产权的专有性就是垄断，但信息产权人在行使其权利时却有可能实施一些垄断市场的行为。例如，信息产权人可以通过拒绝许可他人使用、规定反竞争性条件（如不置疑条款、单方独家回授条款、一揽子许可、指定技术来源、指定进货或销售渠道、搭售等）等方式来排挤竞争对手，以达到垄断市场的目的。[42]上述垄断行为的实施，违反了信息财产权法保护的初衷，极大地损害了社会利益。为此，《TRIPS 协议》第 40 条第 2 款特别规定，该协议本身不影响成员国通过立法确认、防止和控制滥用知识产权、妨碍竞争的行为，如单方回授条款、不置疑条款及一揽子许可等。

3. 权能均衡

所谓权能均衡是指："各行为主体依法享有的权利之种类、数量处于一种相对的平衡状态。"[43]现代信息财产权的权利内容，实际上是由一束一束的权利所组成的。例如，专利权可分为专利实施权、专利许可权、专利转让权、专利标记权及其他权利；商标权可分为商标专用权、商标转让权、商标许可权及商标续展权等。[44]但是，这些权能并非自始就有，而是随着社会科技文化的发展而逐步产生的。例如，专利进口权就是在国际贸易日益扩大，国际专利保护日益重要的背景下产生的。这些不断产生的权能从某种程度上讲，是通过权能的丰富来弥补国际经济、文化及贸易的发展给信息产权人所带来的损失。反之，如果一国的法律不切实际地超前授予信息产权人过多的权能，不但无助于保护其利益，反而会引起信息产权人与社会公众之间的利益冲突。

参 考 文 献

［1］张文显. 法哲学范畴研究（修订版）. 北京：中国政法大学出版社，2001：342

［2］Tuhr A V. 德国民法总论（第一卷）. 见：迪特尔·梅迪库斯. 德国民法总论. 邵建东译. 北京：法律出版社，2000：62

［3］朱谢群. 创新性智力成果与知识产权. 北京：法律出版社，2004：5

［4］汤啸天. 信息控制权初论. 政治与法律，2000（4）：19～23

［5］郑成思. 民法典（专家意见稿）之"知识产权篇"第一章. 环球法律评论，2002 年秋季号：308

［6］史尚宽. 物权法论. 北京：中国政法大学出版社，2000：84，605

［7］WIPO. Introduction to IP. Kluwer Law International，1997

［8］史尚宽. 物权法论. 北京：中国政法大学出版社，2000：525

［9］王泽鉴. 民法物权（二）. 北京：中国政法大学出版社，2001：155

［10］Fisher W W III. Property and contract on the internet. Chi-Kent L Rev，1998（73）：1203，1207

［11］Litman J. Information privacy/ information property. Stan L Rev，2000（52）：1283，1295

［12］Reichman J H, Samuelson P. Intellectual property rights in data? Vand L Rev, 1997（50）：51, 52, 53

［13］Lipton J. Information wants to be property：legal commodification of E-commerce assets. Int Rev. L Comp. Tech, 2002, 16（1）：53

［14］Therien J R. Exorcising the specter of a "pay-per-use" society：toward preserving fair use and the public domain in the digital age. Berkeley Tech L J, 2001（16）：979

［15］Lipton J. Balancing private rights and public obligations：reconceptualizing property in databases. Berkeley Tech L J, 2003

［16］Pendleton M. The law of industrial and intellectual property in Hong Kong. Butter-worth Press, 1984

［17］Samuelson P. Is information property? Communications of the ACM, 1991

［18］Litman J. Information privacy/ information property. Stan L Rev, 2000（52）

［19］郑成思, 朱谢群. 信息与知识产权的基本概念. 科技与法律, 2004（2）：39～45

［20］王利明, 杨立信. 人格权与新闻侵权. 北京：中国方正出版社, 1995

［21］Prosser W L. Privacy. Cal L Rev, 1960（48）：383～389

［22］李震山. 论资讯自决权. 现代国家与宪法. 台北：月旦出版社, 1997：723

［23］卡尔·夏皮罗, 哈尔·瓦里安. 信息规则. 北京：中国人民大学出版社, 2000：17

［24］申政武. 论人格权及人格损害的赔偿. 中国社会科学, 1990（2）

［25］Nimmer R T. Information law. Thomson West, 2005：xi

［26］Litman J. Information privacy/ information property. Stan L Rev, 2000（52）：1283, 1295

［27］黄瑞华, 朱莉欣, 汪方军. 论网络环境下的信息获取权. 情报学报, 2001（6）：269～275

［28］Schachter M. Informational and decisional privacy. Cardina Academic Press 2003

［29］Barlow J P. Cyberspace declaration of independence. http：//homes. eff. org/ ～ barlow/Declaration-Final. html. 2005-10-20

［30］Ku R S R, M A Farber, Cockfield A J. Cyberspace law：cases and materials. Aspen Publishers, Inc., 2002

［31］Reichman J H, Samuelson P. Intellectual property rights in data? Vand L Rev, 1997（50）：51～53

［32］Therien J R. Exorcising the specter of a "pay-per-use" society：toward preserving fair use and the public domain in the digital age. Berkeley Tech L J, 2001（16）：979

［33］Samuelson P. Intellectual property and the digital economy：why the anti-circumvention regulations need to be revised. Berkeley Tech L J, 1999（14）：519

［34］卢晓宾. 信息研究论. 哈尔滨：东北师范大学出版社, 1997：291～292

［35］娄耀群. 信息法研究. 北京：人民法院出版社, 2004：189

［36］罗伯特·考特, 托马斯·尤伦. 法和经济学. 张军译. 上海：上海三联书店, 1994：185

［37］威廉·M. 兰德斯, 理查德·A. 波斯纳. 知识产权法的经济结构. 金海军译. 北京：北京大学出版社, 2005：11

［38］半天正夫, 纹谷畅男. 著作权法50讲. 魏启学译. 北京：法律出版社, 1990：216

［39］冯晓青．知识产权法哲学．北京：中国人民公安大学出版社，2003：99

［40］理查德•A．波斯纳．法律的经济分析．蒋兆康译．北京：中国大百科全书出版社，2004：51

［41］世界知识产权组织版权和邻接权常设委员会．数字环境下版权和邻接权限制和例外——国际图书馆界的观点．版权公报，2003（2）

［42］王源扩．试论与知识产权有关的反竞争行为及其法律控制．政法论坛，1996（4）：1~21

［43］曹新明．试论"均衡原理"对著作权法律制度的作用．著作权，1996（2）：66~70，80

［44］蒋言斌，蒋美什．论知识产权的权利体系．知识产权，1997（4）：3~6

第5章　平衡信息控制与获取的政策、原则和实践

以权利为基础的信息政策与法律框架，围绕着信息控制权与获取权，具体来说也就是财产权、隐私权与富有普遍灵活性的获取权而展开。这一框架将有助于决策者在特定情况下，针对特定的信息问题，制定恰当的政策以保持这些权利之间的彼此平衡。这将促进一个更加和谐的、平衡的信息政策和法律体系的诞生和发展，而不像现在的"网络法"等法律体系的发展，围绕特定的技术而不是社会需要处理的信息本身。因此，目前的"信息法"应该是围绕现有的法律领域，如知识产权法、民事和刑事侵占法以及隐私法等与信息密切相关的领域展开，密切关注与特定信息相关的政策法律领域的发展。当然，这一框架体系中还有许多问题需要解决，其中一个最重要的问题就是如何将这一框架中的原则付诸实践。这就是我们在这一部分要探讨和解决的问题。

5.1　权利平衡：信息财产权、隐私权、获取权与合同自由的平衡

当今，合同自由日益成为法律的核心甚至凌驾于法律之上，如传统的与信息产品密切相关的知识产权法。信息时代的政策制定者不仅要考虑与信息相关的财产权、隐私权和获取权之间的平衡，还要考虑这些权利最终与保护合同自由之间的平衡。例如，法律规定个人检索数据库以检验有关个人信息的准确性的信息获取权优先于数据库制作者对信息汇编的财产权。欧盟1995年7月26日通过的《数据保护规章》规定了数据主体的"获取权"，即数据主体有权在合理的间隔和不迟延或过分花费的情况下获取数据，个人可能需要校正不准确的数据，因而数据用户必须告诉他们数据已披露给的第三者或是对数据的任何改动。然而，如果数据库制作者在合同条款中规定个人无权获取或修改相关数据，信息获取权将如何应对这一合同条款？另外，即使合同规定了个人拥有这项权利，但必须以支付过高的使用费作为实现其权利的基础，又将如何应对？曾有学者探讨了网上内科医生信息的相关问题，指出某些私人组织将内科医生的信息放到网上提供给公

众查找并收费，据此内科医生本人也不得不付费来获取有关自己的个人信息。[1]

5.1.1 合同自由的缘起及其实质

合同自由原则是私法意思自治的主要内容和基本表现形式。它起源于欧洲中世纪，确立于资本主义自由竞争时期。合同自由原则以个人本位思想为基础，强调个人权利和自由，强调契约自由和意思自治，在自由竞争资本主义时期发挥了重要作用。合同自由原则产生的经济理论基础是自由竞争资本主义时期以亚当·斯密为代表的自由主义经济思想。提倡自由放任的经济政策，主张废除各种限制性规定以保护自由竞争。同时，18～19世纪的理性哲学主张人生而平等，生而自由，每个人都有自由的意志，有按照自己的意志去追求自己的利益，并赋予当事人在其合意中表达的自由意志给予法律效力。这种强调人类自由的理性哲学为合同自由的确立提供了哲学基础。正是在这种自由主义经济思想和强调人类自由的理性哲学的基础上，适应自由资本主义经济发展的需要，近代私法确立了合同自由原则的理论。

同时，商品经济在西欧及地中海地区的发展，为合同自由原则的确立提供了社会实践经验。商品经济的发展，社会分工越来越细，人与人之间的经济生活联系越来越密切，任何一个人必须与市场打交道，参与商品的生产、交换、分配和消费的各环节。由于人们生产、生活与市场的联系不可分离，人们逐渐认识到商品价格是按照供求关系变化而不断变化，于是人们通过对市场供求关系的分析，购买或出售商品以获得利润来实现自己经济实力的壮大。由于当时科技不发达，许多行业还是简单的手工操作和个体经营，人与人之间的实力差距不大，而且大多数商品交易的主体都是个人，当事人在订立合同进行交易过程中还无法利用个人之间这种微不足道的差距而获得巨大的利益。这时人们就假想每个人的权利能力完全平等，统称为自然人，对于社会各种组织团体，无论其大小强弱而统称为法人。它们都是社会市场活动中平等的主体，可以自主地选择相对方当事人，按照市场的规则，并借助于自己的技能和判断能力，讨价还价，进行谈判。这种自由自主的交换不仅能提高财产、资源的利用效率，在整个交换过程中增值，而且能使交换双方达到各自交换主体当初预定的目标。在当时的自由资本主义时期，各自由经济实体自由地参与市场的生产、交换等环节，每个主体可以根据市场规则和追求利益最大化的原则选择最合适的缔约相对人，在订立合同过程中，充分体现了当事人的自由意志，实现了交易的公平、公正。所有这些经济活都为合同自由原则的产生奠定了实践的基础，推动了合同自由原则的产生。19世纪早期第一部典型的反映商品经济社会关系的资产阶级民法典《法国民法典》使合同自由原则得到了正式的确立。

人在市场经济中的合同自由应该是天然受保护的。如果在市场上没有充分引入竞争机制，可能会引起市场失效、管制失效的问题。现代西方公共选择学派（布坎南为代表）把政治上的人以及经济生活中的人都当作经济人，从个人私利最大化角度提出寻租理论。寻租现象完全背离了合同自由、公正、合理的价值。但是我们在论述合同自由时有一个前提，就是合同受社会契约论的影响，认为契约自由是高于法律的。对这一点有很多学者持怀疑态度：合同上的自由就是法律自由，合同法就是民法的重要部门法，法律上的自由与不自由是由立法者的意志所决定的，取决于立法者的价值取向，首先考虑经济规律。为什么封建社会没有合同自由的提法，这是由封建社会的经济条件决定的。但正如凯恩斯的提法：天然意义上的自由没有平衡机制，政府在考虑自由的同时兼顾平等公正的现象也是可以理解的。从抽象角度将合同自由扩大化就忽视了它是一种法律上的自由，受立法者的意志影响。因此，在市场经济中，我们应尽可能将机会留给当事人，但不排除国家对它进行矫正。

5.1.2　对合同自由的限制

随着社会经济的发展，特别是自 20 世纪以来，各资本主义国家先后由自由竞争过渡到垄断阶段、国家资本主义阶段，传统的合同法赖以存在的经济基础发生了巨大变化，诚实信用及以它为基础的附随义务、格式合同条款、强制性缔约等规则和制度的出现，使以合同自由原则为基础的传统契约法受到来自各方面的限制。

（1）强制性缔约

在当今世界各国的合同立法、学说、判例中，默示条款、格式条款、合同形式的特别要求等，使得契约自由原则受到很大的限制，其中对传统契约理论冲击最大的当数强制性缔约的出现。强制性缔约是指个人或企业负有应对相对人的请求，与其订立契约的义务。换言之，合同一方当事人对相对人的要约，非有正当理由不得拒绝。这就使得契约一方当事人对另一方当事人提出的要约负有必须承诺的义务，即强制缔约义务。这种义务是法定的，是法律对合同自由的限制。

（2）格式合同制度

格式合同（the regulation of formula articles）又称标准合同，一般是指由具备特定条件的一方当事人依法向不特定另一方当事人发出固定形式的要约，并且所有不特定的另一方当事人无差别地完全接受，以此来界定双方权利义务关系的协议。格式合同是一种特殊的协议，它在订立、履行、变更、解除等方面除遵循合同法一般规则外，还有自己的特点：第一，格式合同内容一经确定下来，便平等地无差别地适用所有不特定的另一方当事人，不再与另一方当事人协商合同内容的增减变化；第二，格式合同的内容和形式是相对固定的，具有较大的稳定性，另一方当事人只有两种选择，即接受或拒绝。格式合同条款的实质是方便合同订立，节约交易时间和交易成本，规制合同自由，实现公平正义，保护双方当事人的利益。

（3）附随义务

附随义务的理论发源于德国，后被各国立法、判例及学说接受。它的基本含义是，在合同关系发展的各个阶段，除给付义务外，基于诚实信用原则，尚发生旨在辅助当事人实现其利益和各种通知、协助、照顾、保护、保密等义务。附随义务突出表现为合同义务的扩张，不仅不用当事人意思表示直接进入合同中，作为合同义务的一部分；而且现代合同法已经从仅仅保护成立并生效的合同，改变为对合同以谈判、订立、履行至终止全过程的调整，突破了传统合同自由原则关于合同内容即合同当事人权利义务的确定必须当事人双方合意，否则无效的规定。

5.1.3 信息权利与合同自由的关系

由上可知，信息权利的维护和合同自由的保护有时是会存在一定的冲突的。信息法律领域的政策制定者必须考虑：在多大程度上合同自由可以影响信息权益的保护政策。实际上，已有学者开始考虑到在制定信息政策框架并在此框架内建立相应原则的时候，不能被合同条款超越。如朱利·克汗（Julie Cohen）教授就信息隐私权与合同自由之间的平衡原则进行了探讨。[2] 又如，Guibault 的《版权限制和合同：对合同使版权限制失去效力的分析》[3] 一书指出，传统版权法使作者对原材料的控制和社会在思想、信息自由流动及商业等利益之间达到相对平衡。但在今天数字网络环境中，这种平衡已极大地向一边倾斜，强大的权利人在合同中强行附加使用条件，远远超出版权法规定的范围。该书对相关领域的研究具有十分重要意义，它研究了这类冲突，首先分析了冲突的起因，然后探讨了冲突的当前表现、未来特征和潜在后果。该书将重点集中于保护言论自由、隐私权、传播知识、保护竞争和保护作者免受市场失败等宪法权利法定的版权限制，清晰地解释了这些限制的理性和用合同手段使它们失去效力的不合法性等问题。当我们越来越清晰地认识到版权与合同的交汇点暴露出我们时代最深刻、最具有深远意义的矛盾时，本书很有说服力的分析对所有领域的公法和私法研究都具有无可估量的价值。

在美国 1996 年 ProCD vs. Zeidenberg 一案中[4]，被告购买了一份原告编制的电话名录光盘，在光盘包装盒中有一张表格，提示该光盘仅仅是供家庭使用的。被告将光盘内容上载到网站上提供给公众。原告以违反启封许可合同为由起诉了被告。法院认定，如果不承认启封许可合同的效力，原告的利益就难以得到有效保障，因此认定被告的行为构成了违约。然而，根据美国联邦著作权法，原告编制的电话名录是不受著作权法保护的，该名录一出版就处于公有领域，人人都可得以使用。原告利用启封许可合同禁止被告发行该电话名录的行为缺乏法律根据。被告上诉到第七巡回法院。上诉法院认定，联邦著作权法的原则不能排除该州合同法的规定，因此被告的行为仍然构成违约。

"ProCD 案"带给著作权法的冲击无疑是巨大的，本案中争议的标的根本就不受著作权法的保护，但是销售者可以凭借一纸合同藐视著作权法的存在。如网络合同中损害公众利益的条款比比皆是，比如，侵害合理使用的空间，禁止购买者对作品进行讽刺性模仿或批评，那么著作权法的利益平衡机制将被破坏，正义不复存在，著作权人成为极端的垄断者。因此，摆在我们面前的问题是：许可合同的被许可人是否完全要受合同限制，如果合同条款表明，不能对作品进行任何的复制，那么是否不论复制的目的、范围和性质都要获得著作权人的许可；使用著作权作品的用户应该在什么情况下受合同制约，如果许可合同与著作权法的原则冲突，何者更为优先？

可见，当特定利益被认为有必要超越当事方的合同自由时，就必须在相关立法中明确规定。实际上，从来就没有绝对的"合同自由"，总有一些合同因为不合法而失效或因为公共政策的原因而不被实施。如《中华人民共和国合同法》（以下简称《合同法》）第 7 条就明确规定："当事人订立、履行合同，应当遵守法律、行政法规，尊重社会公德，不得扰乱社会经济秩序，损害社会公共利益。"可见，虽然合同的订立和履行是属于合同当事人之间权利义务关系的问题，主要涉及的是当事人的利益，国家一般不予干预，由当事人自主约定，采取自愿的原则。但是，合同既然是一种法律关系，是一种社会公共生活中的事务，就不仅仅是当事人之间的问题，有时可能涉及社会公共利益，涉及维护经济秩序，就不能任由当事人为所欲为。因此要求合同当事人在订立、履行合同时，必须遵守法律、行政法规，否则，国家将进行必要的干预。并且提倡尊重社会公德，这与合同法的合同自由原则并不矛盾。合同自由不是绝对的，世界上没有也不可能有绝对的自由。合同自由是以遵守法律，维护社会公共利益和经济秩序为前提的，这也是任何权利和自由行使的前提条件。只有更好地遵守法律，维护社会秩序，才可能更有效地保障和维护合同自由原则。

总而言之，政策和法律制定者在考虑信息产品中的各种权利平衡的时候，不仅要考虑信息财产权、隐私权、获取权等权利之间的平衡，还应该考虑到技术和合同等的影响，确保即将制定的政策或法律能解决所有这些相关的问题。这个工作执行起来有一定难度，但要制定和谐而又富有成效的信息政策和法律，这又是必不可少的。

5.2 信息财产权与获取权的平衡：数字时代的版权合理使用

在特定的条件下，法律允许他人自由使用著作权作品而不必征得著作权人的同意，也不必向著作权人支付报酬的情形，在著作权法领域被称之为合理使用。[5] 合理使用主要是指为了批评、评论、新闻报道、教学（包括为了课堂教学使用的多份复制）、学术和研究的目的，合理使用享有版权的作品，而不构成侵犯版权。美国是最早系统阐述合理使用制度的国家，1976 年联邦著作权法又对判例法中有关合理使用的准则作了概括性的规定，这就是著名的美国《著作权法》第 107 条的规定，即在任何特定的情况下，确定对一部作品的使用是否是合理使用，要考虑的因素应当包括：①使用的目的和性质，即是营利性还是非营利性，一般非营利性构成合理使用的可能性大；②享有著作权作品的性质，即该作品已经出版还是没有出版、是事实性的记述还是创造性的描绘，一般对已经出版的事实性记述作品的利用构成合理使用的可能性大；③同整个著作权作品相比所使用的部分的数量和质量；④使用对著作权作品潜在市场或价值的影响。这四个条件必须综合权衡考虑，在美国判例中，通常使用的目的和性质以及使用对著作权作品潜在市场或价值的影响是法官首先考虑的因素。

版权法中的合理使用制度在某种程度上也是为了维护言论自由权与版权材料的产权之间的平衡。因为有过多的知识产权法律，需要采取一定的措施防止对言论、表达和思想树起过多的障碍。由此可见，在历史上人们就已认为有必要保护对某些形式的知识产权信息的获取。换句话说，知识产权法从总体上来看，尤其是版权法，往往极为关注财产权与获取权的平衡。尽管立法者和政策制定者并不总是清晰地意识到这一点，他们提到的往往是对财产权的限制。而实际上，如上所述，信息法体系中的获取权就是对信息财产权以及其他信息控制权的一种新的"限制"方式。

但是在纷繁复杂的现实世界中进行微妙的平衡谈何容易！虽然美国著作权法关于合理使用的这四条判断标准在世界范围内都有深远的影响，美国大量的判例表明相似的案情在不同的法官裁量下却有不同的结论。比如，在 Original Appalachian Artworks, Inc. vs. Topps Chewing Gum, Inc. 一案中，一家制造新颖卡片的制造商滑稽性地模仿了被称为 "Cabbage Patch Kids" 的玩具，这些讽刺模仿卡片采用了许多可怕和滑稽的名字与人物来嘲讽 "Cabbage Patch" 形象，但是出乎许多著作权法专家的意料之外，联邦法院判定这种滑稽模仿不构成合理使用。但在另一著名的案例 Leibovitz vs. Paramount Pictures Corp. 案中，被告滑稽模仿著名影星 Demi Moore 为 Vanity fair 杂志封面拍摄的怀孕全裸照片，上诉法院却认定被告的行为构成合理使用[6]。无怪乎有美国学者提出质疑：合理使用制度公平吗？甚至主张取消合理使用制度。

5.2.1 数字时代合理使用制度面临的挑战

合理使用制度是各国著作权法的通行制度，但也是著作权实务与理论研究中一个最易引起争议而又难以为人理解的规则[7]。合理使用制度在传统著作权时代就呈现出纷繁复杂性，网络技术的发展打破了原有的平衡，在当今的数字信息时代，版权侵权的"合理使用"抗辩的范围和实施也变得更加复杂。网络带给人们全新的观念，它影响到创作作品的任何方面。在网络上，作品可以很容易地处理、获取、操作、运输、传播和使用；复制品可按照原版质量无限制地生产，而且复制费用非常低；网络增加了公众获取其他人著作权作品的途径，增加了从不同资料中有选择地提取、使用各种成分，以及单独或合并地重新使用资料的灵活性；不论是数字化的文字、音乐、数据、录像还是动画等本质上具有相同的属性——都是二进码，以前不同作品需要不同介质的差别不见了，它们可以通过压缩技术很便利地传输。

（1）合理使用在数字时代面临的危机

著作权悲哀论者认为，一时之间，网络似乎成了盗版的天堂，传统著作权法的利益平衡机制被打破。合理使用制度在网络时代遭遇空前的危机。因为网络使得作品的传播完全脱离了传统上作品赖以寄托的载体，任何网络用户都可以轻而易举地将计算机中存储的数字化作品通过网络传送给其他的用户或上载至网络站点供人自由下载，如果有一份作品在非著作权人手中，那么通过在计算机上大批量的拷贝，该作品可以在短期内形成千千万万份盗版复制件。网络由于其初始建造者的本意，一开始便具有"自由和信息共享"的天性，向公众利益倾斜。而合理使用制度就是作为著作权人和公众利益的平衡机制出现的，体现了正义的价值观、拥有合理的经济内核，并与反垄断的思想相辅相成。网络的出现似乎对这些合理使用制度存在的理性基础都发起了质疑：著作权人不再能享有其权利，正义的天平倾斜了；网络给著作权人与公众提供了充分的交易机会，交易成本大大降低，而著作权人都不能控制自己作品的使用与传播还谈何垄断。美国 Spoor 教授曾经谈到："技术进步对合理使用的影响远甚于对权利的影响……权利通常是以一种公开的方式作概括性地阐述，较易适用于新技术，而合理使用往往更加特定化，具体化……简而言之，权利具有自我适应性，可自我调整，而合理使用则并非如此，必须被动地被调整。也就是说，即使法律创造了一种平衡的解决办法，而随之而来的变化却极易打破这种平衡，除非存在某些能调整对合理使用的解释的内部机制。"[8]这也是本书将合理使用上升为信息获取权的主要初衷之一。

随着利用技术手段进行侵权行为日趋严重，许多著作权者也开始在数字化作品中使用各种技术手段保护自己。目前著作权人广泛采用保护著作权的技术手段主要包括访问控制措施和使用控制措施。访问控制措施主要有口令加密技术，插入像信用卡一类的验证硬件才可进入等；使用控制技术，例如，电子文档指示软件、加密、电子签名以及电子水印，限制使用期限等。毋庸讳言，技术保护措施与著作权法从来都存在互补关系。在传统著作权法时代，采用的技术手段是在权利作品上加上防伪标志。而在网络时代，技术保护措施更是找到了施展拳脚的阵地。但是，著作权法应该在多大程度上向技术保护措施让出空间正引起国内外学者此起彼伏的争论。其中的焦点之一就是技术保护系统与合理使用制度的法律协调问题。技术措施尤其是访问控制技术措施犹如给作品加上了一把锁，只有付费者才能获得钥匙，而除此之外的任何人都将被拒之门外。即便使用者是出于教学、学习或研究、新闻报道、公务使用、介绍、评论等非营利性目的的少量复制、少量引用、表演和广播都不得入门，这显然扩张了著作权人的权利，大大挤压了公众的合理使用空间。但是，目前 WIPO 和世界许多国家都已经通过立法确立了技术保护措施的合法地位并规定了技术规避措施的违法性。

（2）实践中的冲突

1998 年 10 月，美国出台了《千年数字版权法案》（DMCA），该法案针对数字技术和网络环境的特点，对美国版权法作了重要的补充和修订，其核心内容集中在对技术措施和权利管理信息的法律保护。DMCA 规定的技术保护措施颇为复杂，将反技术规避措施分为对行为的禁止和对设备的禁止。

1）对行为的禁止。DMCA 1201（a）第一项规定：禁止任何人规避有效地控制对于作品获取的技术保护措施。该条款并不需要侵权人具有任何知识或主观侵权意识，因此法律的覆盖范围非常广，也就是只要有规避行为就是侵权，即便没有产生任何侵权的效果。法案接着在 1201（a）第三项规定规避技术措施是指：非经著作权人授权，将集合作品拆散、加密作品解密，以及其他的回避、越过、消除、净化，或以其他方式损害技术保护措施。该条款的目的是为了有效地控制对于作品的获取。

2）对设备的禁止。DMCA 也禁止生产规避技术保护措施的设备。法案 1201（a）第二项和 1201（b）规定禁止任何人制造、进口、向公众提供和运输任何技术、产品、服务、设计、部件和零件，如果它们的设计或生产主要是用来规避技术保护措施；如果除了规避技术保护措施，它们仅仅具有有限的商业意义，如果销售者知道它们可以用来规避技术保护措施。这两款还表明其目的是为了有效地控制对于作品的获取和有效地保护著作权所有人的权利。

当然，DMCA 考虑到规避可能有合法的理由，设立了 7 项例外。它们是：非营利性图书馆、档案馆和教育机构的例外；法律执行、情报机关和其他政府活动例外；反向工程的例外；加密研究的例外；父母阻止未成年人接触网上色情或其他有害内容的例外；出于保护隐私权而保护个人识别信息的例外以及安全测试的例外。

由上可见，DMCA 对行为的禁止目的只是为了有效地控制对作品的获取而没有涉及保护著作权人的权利，这似乎为公众出于对作品合理使用的目的规避技术保护措施提供了法律依据。法案在 1201 条也强调："本条不影响依据本法产生的权利、救济、限制或未侵犯著作权的辩解，包括合理使用。"这表明，有关合理使用的所有法律规定，都将继续适用。但是且不论理论上技术保护措施让普通公众对作品进行合理使用几乎不可能，而实践中即便是出于合理使用目的对技术保护措施的规避在美国也从未被认可，从下面两个案例中可见一斑。

第一个判例是 2000 年 8 月由纽约州南区联邦法院判决的 "Universal city studios Inc. vs. Reimerdes" 案。[9] 原告为环球影视城等 8 家电影公司，它们通常是先以影剧院上映的方式发行电影，然后再以录像带和 DVD 等家庭录像片的方式发行电影。由于 DVD 中的电影是数字化的，很容易被他人非法复制发行，原告采用了 "内容扰频系统"（content scramble system，CSS）的控制访问系统。根据 CSS，只有在含有解密钥匙的 DVD 机或计算机驱动器中，DVD 盘才可以被观看。DVD 盘的销售量每星期大约 100 万张以上。1999 年 10 月，挪威的一名少年开发了一种软件，可以解开 CSS 系统的密码，从而访问、下载、复制和发行 DVD 盘中的内容。一时之间，包括被告在内的许多网络服务商和网站都在发行或提供 DeCSS 软件。

在诉讼中，被告提出了许多辩解，其中之一就是合理使用。法院承认，由于运用了控制作品获取的技术手段，可能会影响对享有著作权作品的合理使用，甚至影响到对不享有著作权作品的使用。例如，在本案中，由于原告采用加密技术，某些可能的合理使用也变得不可能，它不仅防止了非法的使用，也防止了合法的使用。法院对这个抗辩的回答是，合理使用指的是对作品的某些使用不构成侵权，而被告提供规避他人技术保护措施的技术，违反了 DMCA 第 1201 条，合理使用是有关侵权的辩解，而不是规避技术措施的辩解，只有访问获得授权后，传统的不侵犯著作权的辩解，包括合理使用才可以完全适用。法院还认为，国会是有意不将合理使用的辩解适用于技术保护措施，国会在考虑 DMCA 时完全明白传统的合理使用制度的作用，即调和著作权所有人的专有权利和公众的利益，国会已经在立法中采取了一系列的措施，以平衡各种利益关系。例如，规避的行为仅仅限于该行为本身，不及于随后的访问作品的行为。又如，法律还规定了一些"合理"的例外等。最后，法院在有关合理使用部分得出的结论是：合理使用并不能成为规避技术保护措施的理由。

另外一个案例是 1999 年 12 月 20 日的 "RealNetworks Inc. vs. Streambox Inc." 一案。[10]原告是开发和销售不同版本 "RealPlayer" 的企业，它在其产品中采用了一种被称为"秘密握手"（secret hand shake）的控制访问机制。根据该机制，当访问者试图访问某一作品时，服务器要求提供版权人授权的信息和程序，如果服务器认可了有关的信息，就会以信息流的方式（streaming format）向访问者传送所要求的作品，包括音乐作品。"秘密握手"传输"信息流"的方式有两种，即可以下载复制的和不能下载复制的，由一个"复制开关"（copy switch）加以控制。著作权人在通过"瑞尔网络公司"的服务器提供作品时，大多选择了不能下载复制的方式。被告则通过反向工程获得了 "RealPlayer" 软件中"秘密握手"机制的密码，并将密码纳入了自己生产的收录机中。因而，当被告的收录机与原告的服务器相连接时，服务器就以为是在与 "RealPlayer" 相连接，从而使得收录机访问了服务器中的作品。而且，被告的收录机还会忽视"复制开关"，不论著作权人的选择是什么都可以下载复制作品。[11]原告向法院提出请求判定被告侵权，同样法院在审理的过程中驳斥了被告关于合理使用的抗辩，并否认了被告认为自己的行为与 1984 年的 Sony Corp. vs. Universal City Studios, Inc. 一案中 Sony 公司的行为雷同，指出 DMCA 已经在某种程度上推翻了 "Sony" 的判决。

美国迄今为止涉及技术保护措施与合理使用制度关系的上述两个案例，得出的结论都是规避行为与合理使用互不相容。事实上早在国会听证会上就有人指出合理使用并不能成为规避技术保护措施的理由。就像在传统著作权法中，合理使用并没有授权人们去书店偷书来合理使用一样，DMCA 也没有授权人们解开保密之锁，然后登堂入室合理使用。[12]但是也有人辩解：合理使用能否成为规避技术保护措施的理由取决于合理使用的性质。也就是说合理使用究竟是公众的积极权利还是仅仅作为公众侵权的抗辩。如果是公众的积极权利当然可以出于合理使用的目的规避技术保护措施[13]。从以上的司法实践中可以得出结论，美国倾向于排挤合理使用在著作权法的空间，因为当初一同提交国会的 S. 1146 法案和 H. R. 3048 法案明确主张合理使用可以作为规避技术保护措施的理由，但它们都被国会否决。

所以，DMCA 出台后，不断有提案指出该法案削弱了合理使用，限制了人们对于有效防止获取版权作品技术保护措施的规避，对人们合理使用被技术措施保护起来的版权作品带来了极大影响，呼吁要保留数字版权中的合理使用。比如，

《数字抉择和自由提案》（*Digital Choice and Freedom*）提出：应该允许为了非侵权使用版权作品的目的而规避内容保护技术。《数字媒体消费者权利提案》指出：要通过修订 DMCA 第 1201 条规定来保护消费者的合理使用权，即允许规避对版权作品的非侵权使用的复制保护措施。可见，美国国会面临着恢复平衡的压力。国会如果决定恢复这种平衡，就会保护与获取权相关的合理使用权，使其凌驾于版权人使用的技术保护措施、合同限制或 DMCA 及其他法律之上。

5.2.2　从 Google 数字图书馆计划看合理使用的新问题

数字图书馆是数字时代发展的必然产物，体现了 21 世纪图书馆的发展方向。但从目前数字图书馆的建设情况来看，其中所涉及的合理使用问题是社会最为关注的焦点之一。2004 年，Google 宣布的数字图书馆计划（Google books library project）再次将数字时代的合理使用问题推向了峰顶浪尖。2004 年秋季，Google 宣布要在互联网上建立数字图书馆，准备以扫描的方式将哈佛大学、牛津大学、斯坦福大学、密歇根大学和纽约公共图书馆的藏书，以及各大出版商发行的图书数字化。出版商和作者们对图书数字化会侵害其版权的问题表示出极大的担忧。美国出版商协会（AAP）和美国作家工会已针对此向 Google 提起了诉讼，致使 Google 一度暂停了对受版权保护图书的扫描工作。但 Google 并未就此罢手，认为这一计划符合美国版权法中的合理使用条款，于 2005 年 11 月重新开始进行扫描工作，并宣布正式推出全球第一家网上图书馆。Google 的数字图书馆是否属于合理使用的范畴？法庭对 Google 一案作何判决？可以预见，Google 一案将如 Napster、MP3.com 等案件一样，成为信息法的经典案例，将对全球数字图书馆的建设乃至数字时代整个社会的发展产生深远的影响。

1. 案情简介

2005 年 10 月，美国出版商协会（AAP）向法院提起诉讼，指控 Google 公司的数字图书馆计划侵犯出版商的版权。出版商与 Google 公司发生争执的焦点在于版权作品的授权问题。Google 认为，它们所进行的数字图书馆计划（Google Books library project）符合美国版权法中合理使用的条款。它们只是在创建一个大规模的图书卡片目录——而且对于受版权保护的图书，Google 只允许读者阅读三言两语的片段，因此它无须获得版权持有人的许可。[14]出版商方面则反驳称，在未经许可的情况下扫描一部完整的著作，并将其存储在 Google 的服务器上，已经是非常明显的侵犯版权行为。[15]AAP 的 CEO Patricia Schroeder 在一份声明中表示，在起诉 Google 和保护权益方面，出版业非常团结。尽管作者和出版商了解 Google 搜索引擎的用途，并认为"数字图书馆计划"是一项极好的资源，但事实上，根据当前的计划，Google 是在慷作者和出版商之慨，自己则从中赚取巨额的收入。[16]

对于这起官司，Google 公司发表声明，称遏止"数字图书馆计划"是一种短视行为，不但不符合全世界读者的利益，也不符合全世界作者和出版商的利益，并称该计划是一个"让更多的人查询、购买到图书的历史性举措"。Google 公司负责法律事务的副总裁 David Drummond 也表示，扫描图书并建立索引并不违反目前的版权法律，反而与版权法的初衷一致，即让更多的图书为人所知晓并提高图书的销量，这些方面对出版商来说无疑是有利而无害的。[17]对于那些不愿意让 Google 扫描其版权书刊的版权所有人，Google 在其网站上提供了相应的步骤，以便版权人将其作品排除于扫描计划之外。出版商对此却不以为然，他们认为根据版权法，Google 应该征得版权人的同意，而非采取所谓的"opt-out policy"，即让各版权人向 Google 提供其不愿被纳入 Google 计划的版权作品列表。[18] Patricia Schroeder 以声明表示，Google 的做法将防止侵犯版权的责任推卸至版权所有人而非使用者身上，明显违反版权法的有关原则。[19]

尽管 Google 与美国出版商协会双方正在进行激烈的唇枪舌剑，但法庭仍未最终定夺。不过仅就此案双方各执一词，便能在一定程度上反映出数字时代合理使用范围的界限模糊，导致像 Google 数字图书馆计划这类数字时代的新生事物踩在合理使用的法律边缘地带。其实，Google 数字图书馆计划显然是造福全世界读者的，站在社会整体角度考虑，Google 这一计划无疑将对人类文化传播起到巨大的推动作用。但由于在经济利益方面存在冲突，产生版权纠纷却也不可避免。这也反映出合理使用制度在数字图书馆建设中面临的挑战。

2. Google 数字图书馆计划涉及合理使用的几个主要问题

数字图书馆建设初期搭建技术平台，基本上不会涉及对版权作品的使用，自然谈不上侵权或版权保护。不过一旦进入信息资源建设阶段，将文献资源数字化，版权问题就显得尤为突出了。若建设中能以合理使用作为强大后盾，便会省却许多后顾之忧；反之，倘若失去了合理使用这一强大后盾，数字图书馆的建设则需步步为营了。以下着重分析 Google 数字图书馆计划中涉及的、与合理使用密切相关的几个主要问题。

（1）文献信息转换——文献数字化

数字图书馆建设过程中，需通过扫描或其他方式将大量的馆藏文献数字化，亦即通过数字化技术将作品或文献由传统表现形式转化成计算机能够识别的二进制编码数字。从信息组织的角度来说，这种转化仅仅表现为文献资料形式特征上的转变，而非内容特征。在此过程中，由于没有产生内容上的创新，并未形成新作品，因此文献数字化应当归入复制权的范围之中。关于这一点，许多国家都已达成共识，例如，美国《知识产权与国家信息基础设施》（即通称的"白皮书"）中提到：将印刷作品扫描而成的数字文件，即为该作品的复制件；其他作品（包括照片、电影或录音制品）的数字化也构成复制。[20]英国《版权法》第 17 条第 2 款规定：在文学、戏剧、音乐或艺术作品中，复制是指以任何物质形式再现作品，包括利用电子手段将作品存储于任何媒介中。[21]我国国家版权局颁布的《关于制作数字化制品的著作权规定》第 2 条规定，将已有作品制成数字化制品，不论已有作品以何种形式表现或固定，都属于我国《著作权法》所称的复制行为。[22]

文献数字化属于复制权范围，我国《著作权法》明文规定复制权属于著作权，是著作权人的合法权利之一。著作权人可以许可他人行使复制权，并依照约定或者著作权法有关规定获得报酬。[23]不过对于图书馆的复制行为，法律还作出了例外的规定。例如，图书馆为陈列或者保存版本的需要，复制本馆收藏的作品，属于合理使用，可以不经著作权人的许可，不向其支付报酬。美国《数字千年版权法案》（DMCA）也规定，非营利图书馆和档案馆为内部存档或馆际互借之目的制作 3 份复制件，这些复制件也可以是数字化的，前提是这些数字化复制件不得向图书馆建筑以外的公众传播。[24]

（2）文献信息的网络传播——浏览与临时复制

数字图书馆通过扫描等方式将大量馆藏文献资料数字化后，还需将其上传至网络服务器中，便于读者浏览或下载有关文献资料。网络信息浏览是否属于合理使用一直是人们争论的焦点，因为读者在浏览网上信息时，计算机会自动"复制"所浏览的文件，并在本地计算机的缓存中形成暂时复制件。那么，Google 数字图书馆计划以扫描的方式将参与计划的图书馆馆藏作品进行全文复制，并存储于 Google 的服务器上，是否属于合理使用的范畴？

对于缓存中的暂时复制，更多的是涉及技术层面的问题，并非用户所能控制，法律界一般也会采取较为宽容的态度。澳大利亚 2000 年通过的《版权修正（数字议程）法案》中指出，在线浏览版权作品过程中，以及在特定类型缓存中产生的暂时性复制，不构成侵权。不过这种例外仅限产生于非侵权通信过程的暂时复制，且该复制对原版权作品经济利益方面产生的影响必须是微乎其微或毫无影响。[25]英国联合信息系统委员会（JISC）颁布的《电子环境下的合理使用指南》规定，对于某些计算机软件的操作，如网络浏览器，可能会在用户的硬盘中产生电子文档的复制件，若此为软件操作所必需的，且不存在长期保存该复制件的意图，则偶然性复制属合理使用之列。[26]而在美国 Religious Technology Center vs. Netcom Online Communication Serv. Inc. 这一经典案例中，主审法官认为浏览可以造成显存中出现一个未经授权的复制品，但这种复制应被认为是合理使用，因为"浏览中所包括的临时复制是不必要的，人类无法感知数码信息，尽管功能上与阅读相同。阅读不涉及版权问题，任何人都可以到图书馆，在未征得版权人允许的情况下阅读作品。实际上版权人也很难证明浏览侵权或想到要去起诉浏览的个人。除商业使用或可能损害他人利益时，数码浏览应认定为合理使用"。[27]

（3）数据库的版权——指南性数据库与源数据库

自数据库出现以来，其知识产权问题一直引起国际知识产权界的关注。《欧盟数据库指令》中规定：凡在其内容的选择与编排方面，体现了作者自身智力创作的数据库，均可根据本指令获得版权保护，但该指令为数据库提供的版权保护不可扩展到数据库的具体内容上。[28]世界知识产权组织将数据库作为汇编作品，认为数据库如果符合独创性的标准，是可以受到与其他文学作品一样的保护，但不得损害汇编内每一作品的版权保护。[29]在欧盟的推动下，美国也尝试建立相应的保护机制，但由于"特殊权利保护机制"（sui generis protection）受到了除数据库权利人以外几乎所有人的反对，美国的几个相关法案（H. R. 3531 法案、H. R. 2652 法案以及 H. R. 354 法案）都未获通过。

对数据库有两种不同层次的法律保护：一是版权保护；二是特殊权利保护（sui generis protection）。正如上述《欧盟数据库指令》的规定，数据库版权保护的对象是"原创性数据库内容的选择与编排"，而非数据库中的内容。而数据库特殊权利保护则正好相反，其保护对象恰恰是版权法所不能保护的"数据库的内容"。内容相对具有原创性的选择与编排，对数据库制作者意义更为重大，因此数据库特殊权利保护较好地弥补了版权法保护数据库的不足。

数据库根据指引和导向的不同，可分为指南性数据库和源数据库两种类型。指南性数据库是指引读者用户到另一信息源获取原文或其他章节，如自建馆藏书目数据库或报刊篇名数据库等；源数据库是指读者用户可通过此类数据库直接获取原始文献及其有关数据，如我国许多高校图书馆购买的 CNKI（《中国期刊全文数据库》）便是一个典型的例子。

当用户向 Google 递交一个检索提问后，Google 即把书刊的一小部分复制并呈现在其网站上。这些显示结果是根据不同用户提出的不同检索问题而作出的回应，公众并不能因此而获得版权作品的完整内容。将大量版权作品上传至网络供全球读者浏览，为保证用户浏览过程中产生的暂时复制为合理使用，Google 必须首先保证上述检索回应过程属于"非侵权通信过程"。Google 是一家 IT 企业，并非"非营利的图书馆"，那么根据美国的法律规定，这一过程属于合理使用吗？这其中涉及数据库版权保护问题。

笔者认为，Google 数字图书馆当属指南性数据库与源数据库两者的结合。

Google 计划中的待扫描图书可以分为两大类：一类是超过版权保护期的作品和处于公有领域的作品；另一类则是受版权法保护仍处于版权保护期的作品。对于前者，Google 可以任意使用，不需要考虑合理使用规则，也不需要任何人授权，Google 对该类作品完成扫描后即可将其放到网络上供读者全文浏览，因此可以认为 Google 数字图书馆是源数据库；而对于后者，Google 当前的做法是根据读者的检索要求，显示相关图书的其中一小部分相应内容，若读者认为有必要对该图书作进一步阅读，可通过 Google 网站上所提供链接与图书的经销商取得联系并进行购买。显然，此时 Google 起到了指南性数据库的作用。

对于非公有领域的图书，传统图书馆可以为读者提供免费借阅服务，鉴于合理使用条款，Google 目前仅仅起到指南性数据库的作用，而不能像源数据库那样提供图书的全文浏览，这样做似乎有违数字图书馆这一宏伟计划的初衷；否则，Google 利用自身搜索引擎的强大优势，整合各大图书馆的数据库资源即可，何必劳师动众对馆藏图书一页页进行扫描呢？那么，究竟 Google 能否找到一条通往源数据库的出路呢？

通过以上三个方面，我们可以总结出数字作品的特点与合理使用之间的两大矛盾：其一，数字作品复制成本低廉，传播速度快，检索便捷，使得对于版权作品使用的目的、数量以及市场影响都难以把握。在数字网络环境下，图书馆对传统作品"点对点"的传播模式变为对网络作品的"点对面"模式，这意味着同一部作品通过网络传播将会比传统传播方式拥有更广泛的读者或受众，这无疑会对作品的潜在市场产生不利影响。其二，数字作品易于被篡改，难以保证使用过程中，按规定指明作者及作品的名字。我们不可否认，相对于传统图书馆，数字图书馆将会是社会信息交流的一个质的飞跃。但在此过程中，本应起到促进作用的"合理使用制度"却反而变成一道障碍，由原来的催化剂变为现在的反催化剂。因此，有必要对合理使用制度在数字时代的合理性进行重新审视。

3. 数字环境下合理使用的判定标准

由上可知，Google 案主要涉及在未经授权的情况下，对作品进行全文复制，但仅显示作品的一小部分内容，是否构成侵权？其中涉及版权人的两种排他权：一是制作并发布作品复制件的权利，二是向公众展示作品的权利。因此，Google 只有证明其行为属于版权法中其中一条侵权例外条款，即属合理使用，才能使其数字图书馆计划继续走下去。下面就以合理使用的"四因素"来分析 Google 计划中可能涉及的合理使用问题。

（1）使用作品的目的和性质

依据使用的目的判定是否合理，尤其是允许以非商业性的目的使用享有版权的作品，一直是合理使用的基点之一。Google 作为一个商业网站本身是通过用户点击其网页上的广告而获得收入。但在 Google Book Search 的网页内，我们看不到任何广告内容，仅仅在页面内提供了若干购书链接，且 Google 并不会因为用户点击购书链接而获得任何商业利益。尽管购书链接带有商业性质，但这更多的是属于一种附带性功能。并且，Google 对作品的使用可以归结为"具有创造性的转换使用"（transformative），即进一步改善了信息的获取方式。那些图书并非仅仅从一种媒体转换到另一种媒体上，读者使用 Google Book Search 的检索服务不能替代其阅读作品的行为，因为 Google 仅提供作品其中一小部分的浏览。此外，Google 还添加了搜索功能，该功能在传统的印刷版本中是不存在的。从更宽泛的意义上讲，Google 的使用属于"带创造性的转换使用"，因此，从使用作品的非营利性这点来看，Google 在某种程度上是符合合理使用要求的。

（2）被使用的版权作品的性质

自 1790 年开始，图书作品就开始受到美国法规的保护。而被使用的版权作品的性质，即原告的作品是事实性的（factual）还是虚构性的（fictional），对判定合理使用具有重要的参考意义。一般来说，如果原告的作品是事实性的，如传记、历史、观点综述等，被告的引用、释义，甚至是大量的引用或解说，都可能是合理使用。但如果原告的作品是虚构性的，如小说，则被告的引用或释义构成侵权的可能性就极大。其原因是鼓励作者的创造性劳动，同时也鼓励事实的传播。尽管存在大量的事实性（factual）或描述性（descriptive）作品（如参考书、工具书等），但这些书籍都具有高度创造性。而对于某些事实性作品，Google 或许能为自己的使用加以辩护。不过，Google 数字图书馆计划作为一个整体，并没有对事实性作品与非事实性作品作区别对待。所以，在这一点上合理使用的抗辩是较难成立的。

（3）使用作品的数量及实质部分在原版权作品整体中所占的比例

这里，使用的数量和质量都是就原告的作品而言，而不是就被告的作品而言的。被告不能辩解说，由于复制来的东西仅在自己的作品中占极少的部分，因而不属于侵权。同样，即使被告从原告的作品中拿走了很少的一部分，但如果这是原作中最重要的精华部分，仍然构成侵权。具体到本案，Google 对作品的使用包括全盘扫描和仅展示作品的一小部分，如果仅展示作品的一小部分，Google 合理使用的理由是较充分的，但如果是对作品的全盘扫描，则对原告更为有利。

（4）使用行为对版权作品潜在市场或价值的影响

这是合理使用分析中最重要的因素。很难想象 Google 计划会对作品的现有市场带来何种不利。但在 MP3 案中，法庭明确表明对于现有市场（CD 市场）的积极影响并不能为被告侵害原告潜在市场（录音制品空间变换传输的市场）之行动辩护。目前仍很难确定 Google 计划会对图书作品的潜在市场带来何种侵害，这当然不可能是电子图书（eBook）市场，毕竟以数字化格式提供的作品仍是少数。原告可以声称 Google 的服务将用户从出版商自己的网站引向其他图书零售商的网站，但这一经济影响将微乎其微，因为整体销售状况及作者或出版商的版税将可能增加。

针对因素四，全文扫描的复制件可能会因网络漏洞而被自由使用，而部分展示可能阻碍作者及出版商对其他搜索引擎类似使用的许可。Google 可以通过加强安全控制来解决前者；后者则涉及"副业收入"（ancillary revenue）的来源问题。首先，Google 的这种使用行为，可能对作品实体或数字版本的当前市场带来积极影响，对网络市场的影响（当前市场收益减去副业市场的损失）也可能同样是积极的。其次，Google 计划可能提示出版商，使其认识到如果他们选择进入这种副业市场的利益。另外，最关键的是，很大一部分已出版图书（包括仍处于版权保护期的）已经停止印刷了。要想查明版权或所有权状况几乎是一项不可能的任务。综合所有要点，法官或许会认为 Google 对潜在市场的损害事实并不存在，而且 Google 采取的"opt-out policy"应是合理的。目前法庭仍未对 Google 一案作出判决，图书馆界、法律界、出版业界都对 Google 数字图书馆与美国出版商协会、美国作家工会进行的这场战役继续保持着高度关注。从 Google 一案中，可以感受到数字图书馆建设中版权问题不可小觑。数字图书馆合理使用问题是否有更好的解决方案？下面我们就此问题进行探讨。

4. 数字图书馆合理使用的解决方案

（1）我国数字图书馆的版权模式

Google 数字图书馆计划之所以会引发版权纠纷，关键是与出版商及作者之间的沟通出现问题所致。目前来看，我国几家典型的数字图书馆运作良好，下面简要介绍一下几个典型的运作模式[30]：

1）清华模式。主要针对期刊版权，首先取得出版单位的授权，通过出版单位刊登有关说明取得作者的同意而获取作者授权，并给出版单位和作者支付适当版税。这种授权是"非排他性"，出版单位和作者可以继续和其他机构合作。清华同方光盘公司在创办中国学术期刊（光盘版）的过程中，在版权建设方面开展了许多创造性的工作，取得了不小的成果，对于后来者具有很好的借鉴作用。这种模式的不足之处是对于已经发表的作品的授权考虑不周。

2）书生模式。主要针对书籍版权，同时取得出版单位和作者的授权，通过为出版单位提供有关服务换取授权。因为各种条件的制约，作者授权取得进展甚微。对于解决出版社授权问题，书生公司作了有益的探索。

3）超星模式。主要针对书籍版权，先使用并预留适当比例的版税，如果作者有异议，与作者商谈并取得作者授权；如果作者不同意，支付已使用版税并将其作品删除。同时，还委托版权保护中心代收代转一部分版税。

4）方正模式。以高额回报取得出版单位的授权，作者授权由出版单位负责解决。较之其他模式，更加商业化和更加彻底。不足之处是高额回报的兑现有一定的风险。

5）博库模式。直接支付现金购买作者版权。不足之处是成本太高。

6）雷速模式。采取版税制和版权置换方式，同时直接取得出版单位和作者的双重授权。雷速模式综合考虑了其他模式的特点，代表了未来解决版权问题的发展方向。

由此看来，我国的这些数字图书馆都属于商业性质，在建设中与出版商及作者方面作了良好的沟通，因此不会出现像 Google 数字图书馆计划那样的烦扰，且能够为读者提供"源数据库"（提供全文检索及下载）的服务。但这些模式显然已经摒弃了合理使用的权利，这与我国采用"规则主义立法模式"来限定合理使用的范围不无关系。而 Google 数字图书馆计划则一直坚持"合理使用"的正义之举，坚持扫描图书及显示一小部分作品的合理性，为数字图书馆的发展探索一条康庄大道。一旦 Google 能在此案中胜诉，必将对数字图书馆的发展前景带来光明的启示。因此，笔者认为，除非 Google 计划像我国数字图书馆那样，转为商业性质，否则 Google 要以合理使用作为数字图书馆计划的法律依据和行为准则，就不太可能对处于版权保护的作品提供"源数据库"（全文浏览）的服务。尽管 Google 不能提供全文浏览，但它已经实现了源数据库的其中一个功能——对作品的全文检索，这也是 Google 计划进行全文扫描的意义所在。

（2）数字作品的双层合理使用模式

由上可知，数字时代中的合理使用往往在防止侵权的名义下被实质性禁止。为解决这一问题，一些美国学者提出了新的针对数字作品的"合理使用建构模式"。[31]这一模式包括两个层面的内容。第一个层面是由版权法列出绝对属于合理使用的行为。但这种规定只是合理使用的最低标准。第二个层面则是引入中立的第三方对是否是合理使用作事前判断。使用者如果认为自己的行为是合理使用，但该行为又不属于版权法明文列示的行为，则可以向第三方提出申请，由其决定使用人能否实施该行为并提供密码等相关实施渠道。至于第三方的设置，有人提议设立一个所谓的"数字版权信任委员会"（Digital Property Trust），但有人认为国会图书馆即可承担这一职责。虽然就个案予以审查的成本较高，但数字技术可使所有流程都能通过网络进行，因此成本并不构成主要障碍。该种模式较 DMCA 模式而言更具灵活性，因此更能适应数字时代的要求。双层合理使用模式的确能够解决目前合理使用实际上不能运作的困境。但"事前审查"实际上已经改变了传统合理使用的其中一个基本特征——不需征得版权人的同意，行为人完全握有主动权。而且如果发生纠纷，第三方处于何种法律地位仍需进一步探讨。

通过Google数字图书馆计划产生的版权纠纷我们可以了解到：数字时代的合理使用问题纷繁复杂。合理使用与侵权之间仅有一步之遥，如何准确划分其界限并没有绝对的标准。社会在发展，技术在进步，法律法规也应不断完善以适应时代的变化。"站在巨人的肩膀上"，这句话反映了知识的继承与发展，我们敬佩Google在数字图书馆建设中对合理使用权利的执著追求，我们呼吁数字时代合理使用范围的扩大；我们也相信合理使用制度在新时代能够得到长足的发展。

5.2.3 数字时代合理使用制度的新发展

不可否认，技术保护措施与权利限制之间的交点是今天立法者在数字时代的合理使用领域遇到的最棘手的问题，也是信息财产权与获取权失衡的主要原因之一。技术措施是著作权人为了控制作品而设置的保护屏障，是信息产权人实现其信息控制权的重要手段之一。网络技术的发展曾给著作权人的利益造成很大威胁，在法律反应不及的情况下，权利人通过开发和设置技术手段以防范非法使用者。这种做法普遍实行后得到法律的承认。给予技术措施法律保护的义务出自世界知识产权组织互联网条约。我国《著作权法》修订后也增加了保护技术措施的规定，《著作权法》第47条第（6）项规定，避开或破坏权利人对其作品设置的技术措施，构成侵犯著作权应受到法律制裁。然而，包含在作品中的技术性措施既可阻止非法的使用，也同样阻止法律所允许的合理使用。这样一来，某些原本可以合理使用的作品现在无法自由使用或者因规避技术措施而陷入侵权的困境。

在欧洲，欧盟《信息社会著作权指令》试图从以下途径解决这一困境：首先，要求成员国提供足够的法律保护，以禁止规避技术措施的行为。同时，考虑到技术保护措施可能带来的对作品的垄断，指令要求成员国采取适当的措施确保权利人能使权利限制或例外的受益人从权利限制或例外中获得利益。这一限制性规定主要适用于私人复制、图书馆复制、临时复制、非商业性目的社会组织对广播的复制、为教学和科研的使用、残疾人使用和为社会公共利益而使用。也就是说，法律所允许的合理使用不受技术保护措施的限制，为了实现合理使用而有规避行为的，应视为侵权的例外。

美国自1998年《数字千年版权法案》对版权法作出修改，增加了网上侵犯知识产权行为的责任以来，关于禁止规避技术保护措施的规定一直是引起争议的焦点。2003 年 3 月一个名为《数字消费者知情法》的参议院提案，在背景陈述中指出，采用技术措施至少给数字内容的使用者带来了如下不利影响：第一，妨碍了消费者出于合理的、个人的以及非商业性目的的利用和处理信息内容；第二，阻止消费者以其期望的方式利用和处理其合法获得的数字内容，使消费者不公平的感到意外。[32] 总之，技术保护措施和使用者及社会公众的利益发生了冲突，而新法案的目的正是为了消除技术保护措施给公众网络消费带来的不利影响。与该法案同一时期提交国会讨论的还有另外两个法案，即《数字媒体消费者权利法》和《增进作者利益且不限制进步或网络消费需求法》。三个议案产生的背景都与《数字千年版权法案》有关，各自从不同角度对《数字千年版权法案》作出修正，矛头集中指向技术保护措施。《数字媒体消费者权利法》在"关于合理使用的修正"中提出，"为促进有关技术措施的科学研究"和"如果对技术措施的规避并未导致侵犯作品的版权"的不构成违法。这实际上是允许消费者出于非侵权目的规避技术措施。《增进作者利益且不限制进步或网络消费需求法》对合理使用范围作出了扩充性修改，将合理使用从传统的复制、录制扩大到"包括模拟和数字传输"。《数字消费者知情法》从保护消费者知情权角度，要求对数字内容设置了技术措施的生产者或发行者，在销售之前向购买者披露技术措施的性质及有关情况。现在，《数字媒体消费者权利法》已由美国国会通过开始实施。

我国《著作权法》第 47 条第（六）项规定了规避技术措施行为的法律责任，同时指出"法律另有规定的除外"。这实际上就是为协调技术措施权和权利限制之间的冲突留有的空间，亦即为了更好地平衡产权人的信息控制权与大众的信息获取权。在这一空间里如何充分考量保护技术措施给著作权带来的影响，处理好技术措施权（信息控制权）和公众合理使用权（信息获取权）的关系，欧盟和美国的立法对我们有很好的借鉴和启迪。首先，当法律赋予著作权人一些新的权利时，是否应同时考虑对这些权利的行使给予必要限制；亦即在扩充信息控制权的同时，应考虑到与信息获取权的平衡。如果一方面是著作权人权利的扩张，另一方面是传播者、使用者权利的丧失，那么，就有可能破坏原有的平衡。其次，在信息社会，通过大众媒介获取和使用信息已成为一项日常消费活动，网络因此成为继报刊、广播、电视之后新的大众媒介——数字媒介。网络用户也就成为数字媒介消费者。和模拟世界的物质产品、精神产品的消费关系相同的是，数字媒介消费者和服务者之间，由于信息不对称、技术能力差异等方面因素，前者依然处于弱势地位。基于保护消费者的立场，对网络服务商等技术措施使用者规定相应的义务，以保障网络用户即数字媒介消费者的利益，使其信息获取权得以实现，是维护著作权利益平衡的重要方面。再次，维护著作权人、使用人、社会公众之间的利益平衡，固然是《著作权法》的重要使命，但是在调整手段和调整方法上需要有其他部门法的参与。面对数字世界中复杂的利益关系和技术性问题，《著作权法》必须与其他法律相互配合、相互协调，才能实现其最终目标。

5.3　信息财产权与隐私权的平衡：
数据库中的个人信息保护

这里提到的信息财产权和信息隐私权同为信息法体系中的信息控制权，在某些情况下信息控制权之间也需要寻求平衡。在此我们主要探讨的是数据库的生产者对数据库拥有的财产权和数据库中的个人信息控制权（即信息隐私权）的冲突与平衡问题。

在有价值的信息产品中往往包含很多重要的个人信息，如消费者的消费习惯、医疗记录、信用记录等。"传统构成个人财富的房地产、金银珠宝、货币和有价证券、知识产权，现在又有了新的内容和新的表现形式，如公司里的财务信息，银行、保险公司里的财产、人身信息，公、私部门中个人的人事档案，纳税记录，医院里个人的健康、医疗信息等，构成了个人信息和个人信息权的主要内容。这些信息携带的以及潜在的巨大商业价值被认识和开发出来后，成为个人财产的重要部分。法律对私生活权利的保护，集中体现在对这些个人信息的保护。"[33]因此，个人有权控制什么样的信息将被包括在数据库中、数据库的制作者将如何使用这些数据以及确保数据的准确性。许多国家都是既有对有价值数据库的法律保护，又制定了数据库中的个人信息隐私权保护的相关法律。比如，欧盟创设特别权利对数据库实施强有力的保护，同时也对个人信息实行强有力的保护。而美国既没有对数据库采取强有力的知识产权保护，也没有与个人信息相关的隐私权保护的专门立法。无论如何，维护数据库中相互竞争的权利平衡，主要指数据库的信息财产权与个人的信息隐私权之间的平衡，它是各个国家都会面临的主要问题。下面将在分析数据库信息财产权保护和个人信息隐私权保护的基础上，进一步说明建立这种平衡的重要性。

5.3.1　数据库的信息财产权保护

欧盟的数据库指令明确确立了数据库的产权，对数据库采取两种不同层次的保护——版权保护和特别保护，其主要目的是保护那些承担投资风险的数据库产品投资者。指令规定给予数据库制作者一项特殊权利，即防止对数据库内容的全部或实质部分摘录或再利用的权利。摘录权类似于版权中的复制权，是指采取任何方法或以任何形式，将数据库内容的全部或实质部分永久性或暂时转载到别的载体上的权利。再利用权类似于版权中的传播权，是指以任何形式向公众提供数据库全部或实质部分的内容的权利，包括复制件的发行、出租、在线传输或其他形式的传播。同时指令还规定了特殊权利的保护期为数据库向公众提供之日起十五年，如果在数据库内容的增删、更改上有进一步的实质性投资，保护期将重新计算。[34]

除欧盟以外的世界上大部分国家将数据库纳入著作权法保护的范畴。据世界知识产权组织统计，有130多个国家的版权法以某种方式规定了对数据库的版权保护。[35]这些国家没有数据库特别权利保护，一些数据库受到版权保护，并且纳入著作权法保护的只限于那些在内容的选择或者编排上体现独创性的数据库，而且只保护其表达，不保护其内容。不过，数据库的制作者仍然可以通过技术保护措施和限制性的许可条款来防止对数据库的内容进行非授权的再摘录和再利用。

但是，不论是在欧盟还是在世界上其他国家和地区，数据库中的信息获取权与财产权的平衡问题一直都是困扰数据库法律保护发展的主要问题。这实际上和前面讨论的版权中合理使用信息的获取权与财产权的平衡问题具有一致性。反对给予数据库特别权利保护的学者们认为，部分数据库已受版权保护，而事实的资料不应当归私人拥有，这种事实资料的汇集不应受保护，再加强数据库法律保护很可能导致信息垄断，造成获取及利用信息上的社会不公。确实，给予数据库特殊权利保护未尝不是一种保护数据库的方法。然而适当的、完善的数据库立法应当做到维护一种利益的平衡，即不受限制地获取信息及观点方面的利益与限制这种获取以鼓励制作信息及观点间的平衡[36]。维持这种平衡，不仅仅是维护一种社会的公平、公正，而且是保证信息充分传播，促进社会经济、科技、文化发展的需要。因此维持这种平衡是数据库立法应当坚持的一个基本原则，也是立法能否做到适当、完善的关键之处。

然而，纵观欧美相关立法就可以看出，给予数据库特别权利的保护其出发点是保护数据库制作者对数据库所做的投资，只要数据库制作者对数据库的编排做出投资，就有权控制他人对数据库本身的使用，也就是说，原来处于公有领域的思想、事实、数据被划入了数据库制作者的专有权之内，这对于再创造和市场竞争是很大的威胁，乃至极易破坏权利人的利益和公众利益之间的平衡，使得天平向权利人一边倾斜。比如，欧盟指令规定对只有唯一来源的数据库不给予任何的强制许可，这导致竞争被破坏乃至被取消。再如，美国法案将数据库的特殊权利保护并不置于美国法典中的版权部分，使得合理使用原则无从在数据库领域适用。总之，当前欧美等国对数据库的特殊权利保护使得数据库从弱保护变为过度保护，从而打破了利益的平衡。

5.3.2 信息隐私权对数据库财产权的制约

数据库中不仅存在数据库的信息财产权与公众信息获取权的平衡问题，还存在数据库的信息财产权与个人的信息隐私权之间的平衡问题，这也是下面要讨论的重点问题。数据库中主要涉及两类主体——数据主体和数据用户，维护这两者之间的利益平衡也是维护数据库的信息财产权与个人信息隐私权之间的平衡的关键。按照英国 1984 年《数据保护法》的规定，数据主体是指其个人信息被作为个人数据加以收集的自然人，即数据主体是有关数据所针对的对象。数据主体有权在合理期间内，并且在没有不适当的延误或费用的情况下，得到数据用户是否拥有其数据的告知，并可获取数据用户所拥有的个人数据。如果核实，使这些数据可以得到更证或者删除。可见数据主体对其个人信息享有以下权利：①控制权，即数据主体对有关本人的数据最终的决定权，他人收集、使用这类数据必须经本人同意，否则即构成侵权。②获取权，即数据主体有权获取他人拥有的有关本人数据的权利。③知悉权，即数据主体有被告知个人信息被收集处理、被许可使用的数据控制者身份所有事项的权利。④修改权，即数据主体有要求数据用户或者有关政府机构对其档案中不准确、不恰当、不适时或者不完整的部分进行更正的权利。⑤抗辩权，即数据主体有为某些被处理数据的披露或使用进行抗辩的权利。⑥请求司法救济权，即当数据主体的各种权利被他人侵害并造成损失时，有请求司法救济的权利。

数据用户是指合法的收集、拥有、控制并使用有关数据者。通过非法手段收集或者获取他人的个人数据者，不能被视为法律所承认的数据用户。英国 1984 年《数据保护法》给数据用户下的定义是：数据用户是指这样一些组织或者个人，他们控制着收集到的、已经或者准备进行自动处理的有关个人数据的内容和使用方法。"控制"是指有权对要记录的信息和要使用这些数据的目的作出最终的决定。数据用户可以是自然人，也可以是法人或非法人团体。数据用户作为数据的知悉、使用、控制、传播者，个人数据的泄露与否由他们直接决定。有些数据是数据主体不愿意透露给第三者的，希望个人信息掌握在自己控制之下。所以为了保护个人信息隐私权或个人信息控制权，法律为数据用户设定了一些义务，以强制数据用户以承担义务的方式来保障数据主体的权利。

在欧盟，相关立法已经考虑到数据库的信息财产权与个人信息相关的信息隐私权的平衡，尽管立法上可能并未如此表述。例如，欧盟的《数据保护指令》规定了个人信息保护的七个方面的基本原则，实质上也就是信息用户应承担的义务，包括，①数据质量，被自动化处理的个人数据应当：（a）正当合法地获取和处理；（b）基于特定的合法目的存储，并不得通过与这些目的相悖的方式而被使用；（c）与存储的目的具有充分、相关而不多余的关系；（d）是准确的，并在必要时保持更新；（e）通过允许识别数据主体的方式被保存，但保存时间不得超过存储数据所必需的期限。②数据的特殊类型，除非国内法已提供了适当的保护措施，禁止对揭示以下内容的个人数据进行自动化处理：人种、政治主张、宗教或其他信仰以及与健康或性生活有关的个人数据。与刑事判决有关的个人数据，也不应当被自动化处理。③数据安全，应当采取适当的安全措施，保护自动化数据文档中的个人数据，使其免受偶然或未经授权的破坏或意外丢失，同时免受未经授权的获取、变更或分解。④对数据主体的保护，应当使任何人能够：（a）确认自动化个人数据文档的存在，获悉文档的主要目的、文档管理者的身份、惯常居所及其主要营业地；（b）在合理的期限内，无过多延迟、无过多花费地确认与其相关的个人数据是否已被存储在个人数据文档中，以及通过能被其理解的方式向其传达这些数据；（c）如果被处理的数据违反了法律的规定，则可以对这些数据进行矫正与删除；（d）如果没有满足数据主体关于本条 b 款和 c 款规定的确认、传达、矫正或删除数据的要求，则数据主体可以要求赔偿。⑤例外与限制，对个人数据保护的例外或限制必须是基于以下目的并且在民主社会中必须采取的措施：（a）保护国家安全、公共安全、国家的财政利益或抑制刑事犯罪；（b）保护数据主体或他人的权利和自由。⑥赔偿责任，对违反有关数据保护基本原则的行为，应当承担适当的制裁措施与赔偿责任。⑦扩大的保护，个人数据保护中所有的规定都不得被解释为是对一方授予数据主体超过本法规定之更多保护措施的限制或其他影响。

由上可知，欧盟数据指令规定了公司团体和其他机构可以存储哪些类型的个人信息——"除非国内法已提供了适当的保护措施，禁止对揭示以下内容的个人数据进行自动化处理：人种、政治主张、宗教或其他信仰以及与健康或性生活有关的个人数据。与刑事判决有关的个人数据，也不应当被自动化处理"。还规定了信息的使用——"基于特定的合法目的存储，并不得通过与这些目的相悖的方式而被使用"。特别是，该指令还规定了欧盟公民的个人数据只向除欧盟 15 国之外采用这些法律或倾向于提供数据"充分保护"的国家传输；禁止一些消费者数据传向没有采用同样严格数据保护法律国家的企业。这一指令尤其阻止欧盟公民的数据流向美国，因为美国没有必要的数据保护法律。这些条款可以看做是基于隐私权的信息控制权，必须与数据库的财产权相抗衡。

5.3.3 个人信息保护的平衡规制模式的寻求

美国是一个尤其重视企业的创造力与创新性的国家，其权利法案对传统个人权利的保护对世界各国宪法也产生了重大的历史影响。对于网络和现代通信技术所带来的海量个人信息收集、存储和处理，根据美国官方的说法，它们既有利于跨境贸易和电子商务，也会引起对个人隐私权的担忧。美国政府的政策取向是，既要在国际范围内保护个人隐私，又不应阻断跨境信息流，影响电子商务和跨境贸易。美国政府希望通过对隐私保护采取平衡的规制方式，创造有利于创新的最佳增长环境。美国官方认为，美国的规制方式更加注重防止对个人信息滥用所造成的实际危害，因此可以保持商界最大的参与。相反，欧盟指令不加区分地适用于所有的行业，适用于个人数据处理的所有环节。

在立法上，美国历来就没有对与个人数据相关的隐私权提供直接的法律保护。尽管在普通法中承认了一些隐私权，但主要还是依赖于与不正当竞争和欺诈性商业行为相关的法律来保护隐私。目前，美国也没有设定隐私保护最低要求的综合性联邦法律。相反，美国对隐私保护采取了一种灵活的策略。美国政府认为，自律机制（包括企业的行为准则，民间"认证制度"以及替代争议解决机制）配合政府的执法保障，可以有效地实现保护隐私的目的。为此，美国政府一直保持与商界和消费者团体的对话，鼓励更多地保护隐私，采用自律性的隐私保护政策。

美国联邦贸易委员会提出了四条信息公平操作的原则，指出用户应该拥有下述权利：①知情权，即清楚明白地告知用户收集了哪些信息，这些信息的用途是什么；②选择权，即让消费者拥有对个人资料使用用途的选择权；③合理的访问权限，即消费者应该能够通过合理的途径访问个人资料并修改错误信息或删除数据；④足够的安全性，即网络公司应该保证用户信息的安全性，阻止未被授权的非法访问。并对保护消费者的隐私权提出了下列建议：①指定一名信息安全官员来确保公司对消费者信息的使用是符合法律的。②设置密码，安装鉴定软件来对获取消费者个人信息的人进行监控。③设置防火墙或者将消费者的个人信息在线收集到经过保护的、在网上无法进入的服务器当中。④对所有包含客户个人信息的文档进行加密。⑤安装安全相机以保护数据分析仪器的物理安全。但是，美国联邦贸易委员会的报告指出，Internet 产业无法贯彻该委员会所颁布的四条信息公平操作的原则，根据联邦代理处的统计数字，只有 20% 的网络公司和 42% 的大型站点遵循这些协议。因此，联邦贸易委员会放弃了对网络自我管理机制的支持，并呼吁立法机构保护用户的隐私。

另外，在某些高度敏感的领域，美国政府认为适宜通过相应的立法，保护个人信息。美国国会通过的法律所保护的高度敏感个人信息包括儿童信息、医疗档案以及金融数据。例如，1998 年通过的《网上儿童隐私权保护法》规定，搜集12 岁以下儿童的资料时，须获得家长的同意。并且，美国行政当局已经制定了行动计划，以进一步防止身份盗窃、发送垃圾邮件以及未经授权使用社会保险号等行为。为实现这些目标，美国联邦贸易委员会已经宣布了一项主要的隐私保护执法计划，增加资源，保护消费者的消费信息不被滥用。

在国际上，美国政府一直通过各种国际组织如经济合作与发展组织、全球电子商务对话（Global Business Dialogue on Electronic Commerce）、泛大西洋商务对话（Trans-Atlantic Business Dialogue）以及各种消费者组织等，推行其隐私保护灵活策略。经济合作与发展组织 1980 年制定的隐私保护与跨境数据流指南以及 1998 年全球隐私网络渥太华宣言，都明显地体现了美国的策略，强调了自律规制的重要性。目前，经济合作与发展组织正在进行的项目包括进一步鼓励使用隐私保护技术，加强对使用者网络隐私意识与观念的教育。同时，亚太经合组织（APEC）也积极讨论起草一份隐私保护框架，包括隐私保护的原则与实施机制。APEC 隐私保护框架以经济合作与发展组织指南为主要参考，争取在个人信息保护与信息的自由流动之间保持平衡，也反映了美国在隐私保护问题上的策略。该框架已于 2004 年 11 月在 APEC 领导人峰会上最后通过。

5.3.4　信息财产权与信息隐私权的平衡

由上可知，大部分国家同美国一样，既没有数据库特别权利保护也没有个人信息隐私权保护的专门立法。然而，信息法所强调的信息产品中相互竞争的权利的平衡，已经使很多国家开始考虑是否应当像欧盟那样，先确立相关的信息权利，然后谋求相互竞争的权利之间的平衡。不论欧盟在实践上是否已经获得了数据库相关的财产权与隐私权的平衡，至少在欧盟内部已经明确认识到了这两类相互竞争的权利，这必将有助于其建立相关权利之间的平衡。而对于美国等其他一些首先还没有明确个人信息隐私权的国家，要寻求相关权利之间的平衡，自然更加困难。

所以，目前我国在还没有专门的信息隐私权立法的情况下，应尽快确立自己的信息隐私权概念，并在此基础上采取专门的立法规制模式，通过制定自己的网络个人信息保护法以实现个人信息的保护。我们认为，不论是欧盟立法模式还是美国立法模式，都有其合理的地方，更重要的是，都有各自的价值观和社会基础作为支撑。作为第三方，比较好的选择是分别汲取其有益的经验，并结合本国的国情作出具体的制度设计。日本学者在这个问题上观点非常鲜明，值得我们借鉴。日本学者丝毫不讳言日本的个人信息保护立法表面上类似欧盟立法模式，实质上采纳了许多美国的做法。我国的立法应充分吸收、借鉴欧盟与美国的经验，在每个具体的制度设计上都充分考虑将两者的长处结合到一起，并反映中国社会生活的现实与长远需要。

可喜的是，我国的《个人信息保护法》即将出台。2005 年《个人信息保护法草案建议稿》的出台，标志着我国的个人信息立法保护即将迈上一个新台阶。该草案确立了个人信息法律保护应遵循的五条原则，即知情同意原则、目的明确原则、限制利用原则、完整正确原则、安全原则等。另外，就国家机关和非国家机关分别作出了对个人信息的收集、处理和利用的相关规定。最后还对损害赔偿作出规定。该草案挣脱了美国分散立法模式的束缚，取纳德国模式进行统一立法，较好地为个人信息的保护和利用提供统一的行为规范。同时，扬弃了美国的隐私权理论而将权利基础定位在人格权理论之上，为个人信息保护立法找到了适合我国法律体制与人格权观念的立足点。在国际贸易方面，做到了既兼顾个人信息的合理流通，又加强了对我国个人信息资源的合法保护。

5.4　信息隐私权与信息获取权的平衡：个人识别信息的公开

在信息法领域，讨论得比较多的热点问题是信息财产权与信息隐私权或信息获取权的平衡。然而，信息隐私权与信息获取权也经常相互竞争，只是该领域在过去往往被忽视。随着信息法的发展，特别是近年来随着与个人信息相关的隐私权的发展，该问题日益引起社会的广泛关注。比如，起诉方要求网络服务提供商（ISP）提供潜在的被诉方或潜在证人的个人识别信息，此时就涉及有关个人识别信息的隐私权（作为控制权）与信息获取权之间的平衡问题。并且该领域的问题最明显的表现是信息知情权与隐私权的冲突，所以，下面将对此二者的冲突与协调加以分析和论证。

5.4.1　政府信息公开中知情权与隐私权的冲突

政府信息公开作为行政公开的具体途径和直接方式，已成为当今世界各国政府治理实践的标志和公共管理理论所公认的发展方向，并为法律所确认。政府信息公开的动机和本质是保障公众对官方信息尤其是政府信息的知情权。随着人类政治民主化、社会信息化、行政公开化的进一步发展，公众主体意识的增强以及公众对各种信息资源需求的日益扩大，人们认识到，政府行政在很多情形下是对个人作出的，政府所搜集、储存、公开的信息往往是个人或与个人相关的信息。据调查，政府拥有整个社会信息资源的80%，政府为了更有效地管理国家和社会公共事务，收集了大量的公民个人信息，建立起巨大的数据库。这些信息可分为两大部分：一是政府机构在管理国家和社会事务的过程中所形成的信息；二是政府在管理国家和社会事务中所收集的信息，这部分信息含有大量有关个人隐私的信息，包括个人识别资料，如姓名、性别、年龄、出生日期、身份证号码、电话号码、通信地址、住址、电子邮件地址等，以及个人背景资料，如婚姻、家庭状况、教育程度、职业、收入情况等。随着这些含有大量个人信息的数据库的无限制的使用，这就给雇主、政府机构或其他使用者提供了选择的依据，不可避免地会导致公民个人生活与人格的萎缩。1998 年 5 月 14 日，克林顿在向所有行政部门及机构发布关于联邦记录中的隐私和个人信息的备忘录时提到，"联邦机构对个人信息记录的逐渐网络化将导致在使用分析信息的方式上个人隐私权的削弱"[37]。另外一位观察家曾说："卷宗社会（dossier society）的基础正在建设中，在这样一个社会里，利用平常交易中所采集到的有关消费者的数据，计算机可以被用来推测个人的生活方式、习惯、下落、社会关系，等等。"[38]政府部门所收集到的有关居民的信息，如机动车辆管理部门在颁发执照的过程中所采集的驾车人的姓名、身高、体重、年龄、视力矫正镜的使用等信息，这些信息很容易经过编辑处理，被出售给一些数据公司或营销公司。如果对这种情况不加以限制，用于特定目的的信息就变成了准市场上的公有信息。Jeffrey Rothfeder 在其《可出售的隐私》一书中揭示美联邦政府各机构大约有 2000 个数据库，其中记录着数以百万计的公民的信息。许多机构相当自由地"分享"着这些信息，或用来寻找如偷税者等可疑行为的不轨者[39]。

当前人们对网络隐私权关注最多的是新闻媒体侵权、商业主体之间的侵权等。美国的一项调查结果却出乎人们的意料——政府是公民隐私权最主要的侵权者，其中以为刑事侦查需要而实施的侵权又占绝对多数。当然隐私权的保密不是绝对的，该权利的行使不得违背公共利益原则，对违反国家法律法规、有悖于公序良俗行为的隐私权，法律是不会保护的。由于刑事侦查是国家公权力合法侵入公民私生活的行为，它服务于更高的目的——公共利益和公共安全，但是它可以采用一些剥夺或限制公民人身权（包括隐私权）和财产权的强制措施，从而将导致被告人正常安宁生活被破坏，私生活的信息情况被他人知悉以至泄露。而互联网上的情况就更严重，因为侦查机关事先估计和掌握的情况不可能是充分的，这样就有可能造成对被告人与犯罪完全不相干的个人信息的入侵。于是，如何防止侦查人员以为了公共利益之必须为借口，滥用刑事侦查权在互联网上行侵犯公民隐私权之实的情况发生？为了确认某些行为是否属于违法犯罪，需要获取大量相关信息，通过搜查或扣押的手段才能发现有效的、真实的、关联的证据，那么这样的行为是否应该界定侵犯了互联网上用户的隐私权呢？这些问题在进入信息化社会中普遍存在，如何解决不仅是个技术问题、法律问题，更主要的是政府在对公权利（国家安全）和私权利（隐私权）二者之间的价值取舍问题。

由此可见，在政府信息公开过程中，政府部门是个人隐私权的最大威胁。连一向强调保护个人隐私的美国政府也在侵犯他人隐私事件中扮演不光彩的角色。如美国联邦调查局的"食肉者"网上邮件窃读系统引发激烈争论。该系统可以被安装在 ISP（网络服务商）的设备上，从浩如烟海的电子邮件中找出发自或送至目标嫌疑犯的邮件，并将其内容复制到"食肉者"计算机的硬盘上。但人们无法确定该系统是否仅仅读取那些只与罪案调查有关的电子邮件而不侵犯网民的其他隐私，从而引起了用户甚至是服务商的极力反对。现在越来越多的美国法庭批判在对案件审理中对家用 PC 进行调查取证，如莱温斯基一案。因此，当政府行政公开涉及个人信息时理应遵循法定的规则。于是，为保障个人的隐私权，保证政府对个人信息处理的正确性，制止行政机关滥用个人信息侵犯个人隐私的隐私权法应运而生。20 世纪 70 年代美国将《隐私权法》纳入政府信息公开法律制度，与《信息自由法》、《阳光中的政府法》相匹配，奠定了行政公开的法律基础，完善了行政公开的法律制度，确认了公共管理的理论成果。对隐私权的研究已从法律领域的民法层面，扩展到公共管理领域的行政公开范畴，作为一种发展趋势对隐私权的保护已进入了行政公开的范畴。

我国政府在电子政务信息公开的过程中，随着大量信息以数字化的形式公开，不可避免地也会侵犯公民的隐私权，而我国对隐私权保护的现状又是极不完善的。我国在隐私权保护的立法方面还相对滞后，无法充分、有效地协调信息公开与隐私权保护之间的冲突。目前，我国还没有一部专门的、系统的隐私权保护法，相关规定散见于《宪法》、《民法通则》等相关立法中。如我国《宪法》第38 条规定："中华人民共和国公民的人格尊严不受侵犯。"我国《民法通则》第100 条规定："公民、法人享有名誉权，公民的人格尊严受到法律保护，禁止用侮辱、诽谤等方式损害公民、法人的名誉。"全国人大常委会《关于维护互联网安全的决定》规定："利用互联网侮辱他人或捏造事实诽谤他人及非法截获、篡改、删除他人的电子邮件或者其他数据资料，侵犯公民通信自由和通信秘密的，可构成犯罪依法追究刑事责任。"

而有关网络环境中隐私权保护的法规和规章则更少。1997 年 12 月公安部制定的《计算机信息网络国际联网安全保护管理办法》第 7 条规定："用户的通信自由和通信秘密受法律保护。任何单位和个人不得违反法律规定，利用国际互联网侵犯用户的通信自由和通信秘密。"1998 年国务院信息化工作领导小组发布的《计算机信息网络国际联网管理暂行规定实施办法》第 18 条也明确规定不得在网络上散发恶意信息，冒用他人名义发出信息，侵犯他人隐私。原邮电部发布的《中国公用计算机互联网国际联网管理办法》第 10 条、第 11 条也作了类似的规定。2000 年 11 月 7 日信息产业部发布施行的《互联网电子公告服务管理规定》中规定："电子公告服务提供者应当对上网用户的个人信息保密，未经上网用户同意，不得向他人泄露。"

目前我国信息公开中的隐私权保护，基本上还是依靠政府部门自律，但是政府部门还缺乏统一的可操作的自律规范，因而不可避免地导致大量的个人信息被不当地收集、储存和公开，甚至被非法利用，给公民隐私权造成了极大的损害。

由此可见，我国有关隐私权保护的立法效力层次低，法律条文过于笼统，缺乏可操作性，对隐私权的保护还处于较低水平。我国《个人信息保护法》的出台有望改变这一局面。为此我们应当完善隐私权保护体系，既充分实现政府信息公开，又能有效地保护个人隐私。

5.4.2 信息公开中隐私权与知情权的协调

欧美等国在回应技术发展、鼓励信息公开、加强隐私保护方面建立了完备的法律框架。与此同时，在实践上，它们就信息公开中产生的个人数据安全与隐私保护问题，以判例的形式确定了一系列的原则、规则，这些都值得其他国家借鉴。

美国信息公开与隐私权保护的立法与司法保护相对完善。1966 年美国率先制定的《信息自由法》、1974 年颁布的《个人隐私法》、1976 年通过的《阳光下的政府法》、1996 年的《电子化信息公开法》等一系列联邦立法，配合美国《宪法》第 1 条修正案、第 4 条修正案和第 14 条修正案，形成政务公开与隐私保护的基本法律框架。尤其是其《个人隐私法》，可视为美国隐私保护的基本法。与政府信息公开的宪法原则相匹配的另一个美国宪政原则是个人隐私不得侵犯。现代国家掌握公民众多的个人信息，《信息公开法》的施行很容易泄露公民个人的隐私。为了平衡两者关系，才导致了 1974 年《个人隐私法》的出台。它规定了美国联邦政府机构收集和使用个人资料的权限范围，并规定不得在未经当事人同意的情况下使用任何有关当事人的资料。该法也确定了政府机关通过法定程序收集和保存涉及个人隐私的档案信息，应向当事人个人公开的原则。当事人对记入档案的不正确的个人信息有权要求相应机关改正，如不予纠正则当事人可提起诉讼。1999 年 5 月，美国通过《个人隐私权与国家信息基础设施》白皮书，阐述了对信息活动中公民个人隐私权进行保护的政策取向。此外，纽约州亦就备受争议的网上收集个人资料等问题提出新的立法建议，严禁企业收集并共享能够鉴别个人身份的资料。1997 年，康涅狄格州通过消费者隐私权法案，其中对采用电子邮件形式散发广告进行了限制。与此同时，美国也通过判例确立了隐私权保护方面的一些原则。例如，在 1993 年的 Bourke vs. Nissan MotorCrop. h U. S. A. 案中，确立了 E-mail 中隐私权保护的一般原则："事先知道 E-mail 可被别人查阅，可能泄露其个人数据的情形，即可视为对隐私权无合理期望。且所有者、经营者对网络的访问不构成截获。" 1994 年 Steve Jackson Games vs. United Stats Secret Service 案中明确，国家机构未经授权不得私自阅读或删除私人的电子邮件，截获电子邮件数据更需获得法律执行令而非搜查令。

加拿大政府鼓励信息公开的同时，在隐私保护方面，提供了两项措施：一是开发"隐私影响评估"政策和保护个人信息的指导方针；二是实施"安全通道"工程，该工程的核心部分是建立公钥基础设施的构造（PKI），即公民在提供身份论证、数据和交易完整性和审计的过程中，对公民的个人信息、敏感信息实行保护。值得注意的是，加拿大政府采取的措施并不能完全解决隐私保护问题，因为 PKI 体系本身也存在对公民隐私的威胁。

欧盟有关信息公开与隐私权保护的相关立法也有相对完善的体系。欧盟早在 20 世纪 70 年代就发布了一系列文件，确认了对信息自由的保护。1999 年 10 月组成了专家小组拟定《信息自由法》建议稿；欧洲人权法院也积极以判例法的形式确认了公民的信息自由权。欧盟的许多成员国如丹麦、芬兰、爱尔兰也均相应颁布了《政务公开法》、《政府行为公开法》和《信息自由法》等。在加强信息公开的同时，它们也注重隐私权与个人数据安全的维护。例如，1970 年德国数据保护法，1973 年瑞典数据保护法，1995 年欧洲议会和欧洲委员会颁布的《数据保护令》。欧洲议会 1995 年 10 月 24 日通过的《欧盟个人数据保护指令》几乎包括了所有关于个人数据处理方面的规定。其目的在于保障个人自由和基本人权，以及确保个人数据在欧盟成员国之间的自由流通。根据该指令，数据控制者的义务主要有保证数据的品质、数据处理合法、敏感数据的禁止处理与告知当事人等。数据当事人则享有接触权利与反对权利，并有权更正、删除或封存其个人数据。1996 年 9 月 12 日欧盟理事会通过的《电子通讯数据保护指令》是对《欧盟个人数据保护指令》的补充与特别条款。1999 年，欧盟委员会先后制定了《Internet 上个人隐私权保护的一般原则》、《信息公路上个人数据收集、处理过程中个人权利保护指南》等相关法规，为用户和网络服务商（ISP）提供了清晰可循的隐私权保护原则，从而在成员国内有效建立起有关网络隐私权保护的统一的法律法规体系。

在政府信息公开的过程中，中国政府同其他国家一样，都面临着个人隐私权的保护问题，即政府信息的最大限度公开与个人隐私数据保护之间的协调问题。法律保护个人隐私权，但是在实际操作过程中，个人的哪些数据需要保护，哪些可以上网公开，是非常复杂的问题。政府机构所拥有的信息与公众之间隐私利益的冲突就如科学的两面性一样，是一个硬币的两个方面。政府在收集个人信息和保护隐私利益方面应当发挥更重要作用，必须在两者之间保持恰当的平衡。为此，结合国外的先进经验，提出以下几条原则，来协调政府信息公开与公民隐私权保护之间的冲突。

（1）坚持利益衡量与权利限制原则

在协调权利冲突时，我们需要运用利益衡量的方法来协调与平衡各种相互冲突的利益。所谓利益衡量的方法，就是对两种或两种以上相互冲突的利益进行分析和比较，找出其各自的存在意义与合理性，在此基础上作出孰轻孰重、谁是谁非的价值判断。在相互冲突的利益之间，有的是针锋相对不可调和的，那么，利益衡量的结果只能是牺牲或者舍弃一个具有较少合理性的利益。在另一些情况下，相互矛盾冲突的利益可能协调，各退让一步以求得各自的生存空间。实际上，政府信息公开与个人隐私是辩证的，我们应构建相应的平衡模式。在公开政府文件以提高政府的信任度的同时，为避免政府未经授权而事实侵入个人的隐私进而规定相应的义务，以维持两者之间的平衡。

个人隐私原则上是受法律保护的，但如果该隐私涉及社会公共利益时，就应受限制。一个普通公民的普通疾病也许与社会公共利益无关，但如果他患的是一种恶性传染病，例如 SARS 期间，SARS 疫情的发布，准确统计病人的数字，公布其具体病情，使得某些病人及其家属因此受到困扰。但是为控制疫情，引起公众的高度警觉和积极配合，在此紧急状况下，为了社会公共利益的需要，病人的隐私权将受到一定程度的限制。美国也是如此，尤其是在"9·11"以后，其隐私权保护有这样一种趋向，即隐私权应当让位于公民其他的如生命权等基本权利。美国学者劳·阿兰·查尔斯曾说："在这个时代，我们的政府更应关注公民的生命安全而不是去保护无形的隐私权[40]。"同时，他认为，在"9·11"以后，生活安宁权与生命安全权两种利益的冲突可能更加激烈。所以基于公众利益或国家安全，隐私不可避免地要迁就公共安全的需要。尽管如此，政府信息公开中的公众知情权与个人隐私保护在不同程度上还是能够构建有效的平衡。

（2）借鉴欧美安全港模式保护公民隐私权

安全港模式是当前世界各国有关公民隐私权保护所形成的三大保护模式之一，是欧盟与美国在长达三年的隐私权保护谈判中逐步确立的一种将政府部门自律规制与立法规制相结合的新模式。该模式要求各行政机关根据自己的情况，事先拟定一个合理的有关个人信息的收集、储存、使用与公开等方面的规则，该规则经过立法机关通过以后即成为安全港，以后相关政府部门只要遵守了该规则，就可以免责。借鉴欧美成功模式，我国各政府职能部门可以依据安全港模式，根据各自的情况，拟定一个合理的有关个人信息的收集、储存、使用与公开等方面的规则，并通过立法机关予以确认。譬如，公安、税务、金融、人事、档案及社会保障等部门都可以根据各自收集、储存、使用与公开个人信息的情况，拟定相关规则。这些规则的法制化，将为以后的信息公开行为保留合理的空间。

另外，在构建安全港模式时，各政府职能部门还应当遵循以下原则：①政府部门在收集、使用个人信息时，必须告知数据主体该信息的收集目的及用途，并提供相关的联系方式，以供数据主体了解政府部门在限制第三方使用和公开该信息方面所采取的措施。②政府部门在收集、使用目的之外，向第三方公开或提供个人信息时，必须征得数据主体的同意。③政府部门必须采取合理的安全防范措施，以保护个人信息不被丢失、误用和未经授权地使用、公开、改动和破坏。④数据主体有权使用该信息并且修改不真实的个人信息。

目前，我国还未通过政府信息公开法；与此同时，隐私权作为一种民事权利，是受民事法律规范调整的，而民法规范中不大可能对行政机关的信息公开行为予以调整。所以，我们没有必要也不可能单独制定一部法律来平衡政府信息公开与隐私权保护之间的冲突，而应当完善现有法律框架。这与美国学者劳·阿兰·查尔斯观点相同："为保持隐私权和公众知情权的双重利益的平衡，制定一个全新的保护公开文件中的个人隐私的法律是非常困难的，还不如完善现有的公共信息公开与隐私权保护的法律框架，以加强两者的平衡。"[41]譬如美国华盛顿州就有法律予以确保政府公开所持有的相关文件与信息，并保障公众对州政府信息的获取权。与此同时，公众对于包含有个人隐私的政府信息的获取权也有例外，这些例外分别由联邦法和州法所确认。如前所述的安全港模式，就为相关政府部门收集和使用信息划定了一定的区域，在区域内的行为是合理、合法的，可以免责。这使得电子政务信息公开与公民隐私权保护获得了恰当的平衡。

另外，在现有法律框架内，我们还应在政府部门的数据安全与保密、信息筛选制度、信息认证等方面构建具体规则，完善信息收集的程序规则，进一步对信息划分采用不同密级与保密认证，从而既充分保护个人隐私权，又为个人数据的收集、传输和利用提供必要的保障。要说明的是，除了上述原则与安全港模式外，还有一种"技术及个体自我主导模式"，即强调通过加强个体的权利保护意识和结合使用相关软件，如"个人隐私选择平台"（P3P）等方式达到保护隐私权的目的。但由于这类系统或程序本身的安全性和可信度仍值得怀疑，因此这些工具性的技术软件并不能完全取代隐私保护的法律框架，而仅具有辅助保护功能。

总之，政府信息公开所引发个人隐私权保护问题，其实质是公众的社会利益与个人利益冲突。在利益平衡的基础上，合理设置安全港模式，从而既最大限度地促进信息公开，实现公众知情权；又最低程度地损害个人隐私利益，维持二者之间恰当的平衡。

参 考 文 献

[1] Baczynski K. Do you know who your physician is? Placing physician information on the internet. Iowa L Rev, 2002（87）: 1303 ~ 1332

[2] Cohen J. DRM and privacy. Berkeley Tech L J, 2003（18）: 15

[3] Guibault L M C R. Copyright limitations and contracts. An analysis of the contractual overridability of limitations on copyright. Kluwer Law International, 2002

［4］ Orourke M A. Copyright preemption after the PROCD case：a market-based approach. http：//www. law. berkeley. edu/journals/btlj/articles/12_ 1/O'Rourke/html/reader. html. 2005-09-16

［5］ 吴汉东．著作权合理使用制度研究．北京：中国政法大学出版社，1996：1

［6］ Stim R. Copyright law. West Legal Studies Thomson learning, 2000：56

［7］ Patterson L R, Lindberg S W. The nature of copyright：law of users' right. London：The University of Georgia Press，1991：6

［8］ Spoor J. General aspects of exceptions and limitations to copyright：general report. in ALAI study days-the boundaries of copyright：its proper limitations and exceptions. University of Cambridge. Sydney：Australian Copyright Council, 1999：27～41

［9］［10］ 李明德．因特网与合理使用．著作权，2001（2）：24～27

［11］ 李明德．网络环境中的版权保护．环球法律评论，2001（1）：5～19

［12］ Samuelson P. Intellectual property and the digital economy：why the Anti-Circumvention regulations need to be revised. http：//www. sims. berkeley. edu/～pam/papers/Samuelson. doc. 2005-09-28

［13］ Samuelson P. The digital dilemma：a perspective of intellectual property in the information age. http：//www. sims. berkeley. edu/～pam/papers/digdilsyn. pdf. 2005-09-28

［14］［15］ 戴寻严．Google 数字图书馆火药味渐浓．http：//www. chinabyte. com/news/195/2162695. shtml. 2005-10-21

［16］ CNET 科技资讯网．美出版商协会起诉 Google 数字图书馆计划违法．http：//www. zdnet. com. cn/news/net/story/0，3800050307，39426348，00. htm. 2005-10-20

［17］ 令狐达．出版商将 Google 告上法庭 数字图书馆再遭官司．http：//www. enet. com. cn/article/2005/1020/A20051020463940. shtml. 2005-10-20

［18］ Wood D B. Copyright lawsuit challenges Google's vision of digital "library". http：//www. csmonitor. com/2005/0926/p03s01-ussc. html. 2005-09-26

［19］ 赛迪网（新浪网转载）．Google 暂停藏书计划 涉及侵犯著作权疑虑．http：//tech. sina. com. cn/i/2005-08-15/1747693740. shtml. 2005-08-15

［20］ Lehman B A, Brown R H. Intellectual property and the national information infrastructure. The Report of the Working Group on Intellectual Property Rights, September 1995：67

［21］ United Kingdom Copyright. Design and patent act 1988, November 15, 1988. Chapter II 17, (2)

［22］ 国家版权局．关于制作数字化制品的著作权规定．第二条. 1999-12-09

［23］ 中华人民共和国著作权法（2001 年修正版）．第十条

［24］ The Digital Millennium Copyright Act of 1998 U. S. Copyright Office Summary. December 1998, Title IV：15

［25］ Attorney-General's Department. Copyright reform：copyright amendment（digital agenda）act 2000. http：//www. ag. gov. au/agd/seclaw/Copyright%20Amendment%20Act%202000. htm. 2000

［26］ Joint Information Systems Committee and the Publishers Association. Guidelines for fair dealing in an electronic environment，1998

[27] Religious technology center V. Netcom Online Communication Serv. Inc. 907 F. Supp. 1361, N. D. Cal. 1995

[28] The European Parliament and the Council of the European Union. Directive 96/9/EC of the European Parliament and of the Council of 11 March 1996 on the legal protection of databases. Chapter II, Article 3

[29] 阮延生. 版权保护与数字图书馆的合理使用. 福建师范大学学报（哲学社会科学版），2003（2）：139

[30] 鞠建伟，江润莲. 我国数字图书馆面临的问题的综述. 现代情报，2003（10）：148

[31] 费兰芳. 合理使用制度的危机——从数字化作品谈起. 科技与法律，2002（4）：87

[32] 美国《数字消费者知情法》（参议院提案2003年3月24日提交参议院）. 知识产权文丛6（第10卷）. 北京：中国方正出版社，2004

[33] 王传丽. 私生活的权利与法律保护·民商法纵论. 江平教授七十华诞祝贺文集. 北京：中国法制出版社，2000：208

[34] E. C. Directive 96/9 on the Legal Protection of Databases, OJ 1996L77/20, Recital 41, 42, 43, 44 and Article 7 (1)(2)(3)

[35] 郑成思. 知识产权保护实务全书. 北京：中国言实出版社，1995：15

[36] 王果明. 信息权利和数据库的立法保护——欧美资料库立法现状述评. 知识产权，2000（2）：46

[37] 玛格丽特·安·艾尔文. 信息社会信息隐私权保护. 民商法论丛，2002：548

[38] Chaum D. Security without identification: transaction systems to make big brother desolate. Communications of the ACM, 1985(21): 1030

[39] Rothfeder J. Privacy for sale. NewYork: Simon and Scgyster, 1992: 124~152

[40] [41] Raul A C. Privacy and the digital state: balancing public information and personal privacy. Law Library Journal, 2002(94): 655

第6章 信息控制与获取的
法律平衡机制的构建

以上对平衡信息控制与获取的体系框架及应遵循的政策、原则和实践等问题进行了分析，下面在此基础上探讨具体的平衡机制的构建，以期对实践能起到一定的指导作用。

6.1 平衡机制构建的目标

平衡机制的核心是促进社会的发展。在信息社会，由于存在着信息独占和反对信息垄断的多元选择，存在着知识信息创造者、传播者、使用者在行使权利时一定程度的对峙等现实问题，平衡机制在实现其政策咨询、管理与协调、推进信息交流、促进科技成果商业化和产业化等作用的过程中，必须统筹兼顾、平衡协调各种可能相互冲突的因素，兼顾各方面的利益，才能真正发挥作用。在此，我们将信息控制与获取的平衡机制的目标分为静态和动态两种。

6.1.1 静态目标

大多数情况下，权利冲突方对平衡的结果都不会感到满意，都会认为自己的权益减少了，这就需要法律对平衡的结果予以强制性确认。每个人都会追求自身利益的最大化，进行利益平衡只是在一个相对公平的层面上作出旨在保证社会利益最大化的取舍。法学上的利益平衡不能保证每个人都满意，但只要达到了如下目标就认为获得了静态的利益平衡：体现利益平衡原则的法律对资源进行强制性分配后能够使参与分配者进入稳定状态，即每个经济人都认同这种分配规则，至少也要使各经济人所得在其可接受范围之内而不至于造成对该种分配制度本身的否定。比如，知识产权代表的是个体的利益，是私权的一种；参与文化活动则是宪法赋予公民的基本权利，是公权的一部分。知识产权制度的创设即是基于公共利益的目的，一方面明确承认知识产权为私权，另一方面也确认知识产权保护的目标应是促进技术的转让和传播，促进社会福利，促进知识产权的创造者和使用者之间的平衡。设立知识产权制度的目的不在于为了保护而保护，而在于通过保护促进社会进步和科技创新，这是国内和国际知识产权法制的共同价值取向。例如，著作权法是通过对作者权利的保护和限制，特别是合理使用制度的创设来弘扬平衡精神。其对作者权利的限制，也就是对公众权利的保护，是通过地域保护限制、时间保护限制以及权能保护限制（规定公众合理使用的范围）来实现的。著作权法中"平衡精神所追求的，实质上是各种冲突因素处于相互协调之中的和谐状态，它包括著作权人权利义务的平衡，创作者、传播者、使用者这三者之间关系的平衡，公共利益与个人利益的平衡等。"[1]

6.1.2 动态目标

按照经济学上的效益原则，利益平衡的目标被确定为总体利益的最大化，其效益原则只关注了平衡时计算的利益总量，而没有加入时间参数。而法学上平衡的动态目标是三维的，即进行平衡加权的不仅是法律关系所涉及的各方利益，还要考虑未来因素。法律不仅要解决当前的纠纷、追求当时稳定的秩序，还要有一个指引作用，即法律要有预见性，其对规则的设计不仅要考虑当时的各方利益，还要指引未来的利益取向。法律的指引作用要求利益平衡要考虑时间因素，因为其肩负着引导未来利益取向的重任。可见，法学上的效益最大化是有别于信息经济学上的效益最大化原则的。

单纯进行静态的利益平衡有可能由于不关注未来利益取向而造成法学上的悖论。按照信息经济学上的决策论方法，L. C. 托马斯在著名的石油市场对策分析案例中得到了如下结论：对于集体利益，越大越优；对于个体，并非集体利益越大个体利益就越大[2]。根据决策论，在小联盟中自己的收益可能大于在大联盟中自己的收益，"若干参与人形成小联盟后得到的收益有可能会比形成统一大联盟的收益更大[3]"。如果这时只进行经济学上的利益平衡，即不考虑时间参数，只追求当时利益的最大化，应当鼓励小联盟的形成，而法律将这种联盟予以确认就有可能得到未来收益最小的后果。以盗版软件为例，盗版者与盗版软件的最终使用人结成联盟可以得到联盟效益的最大化，他们双方各得其所。但是，这种形式的效益最大化损害了作者的利益，将导致作者创作冲动的减弱，最终的结果是知识的再生产因无利益驱动而不能维持，社会因无新鲜信息的流入而变得未来信息收益最小。因此，立法者就要通过法律限制市场行为，禁止最终用户和盗版生产者、销售者结成联盟，即使这种联盟在经济学上可以获得最大化效益。法律的责任不仅在于规范现在的利益分配，还要指引未来的利益取向，于是就有了所谓的信息激励制度。这种制度的建立是为了保证未来社会总体利益最大，从制度设计上给予作者适度的信息垄断，既保持了持续生产的激励机制，又不至于过度损害信息流通的效益。如果设计的权利边界恰当，就可以在信息生产者和使用领域达到利益平衡的动态目标，即长远目标的利益最大化。

6.2 平衡机制构建的原则

在信息控制与获取的法律平衡机制的构建中，为了达到权益上的平衡，必须坚持一些基本原则，这是取舍某些利益的依据，从而形成高质量、高效率的法律平衡机制，有效地调整和平衡不断变化的经济结构和各种利益关系。

6.2.1 正义价值原则

公平正义应是信息控制与获取的法律平衡机制构建的基本指导原则。就法律所促进的价值而言，公平正义是整个平衡机制的基础。公平，即公正、合理。正义，一方面体现为目标的正义，表现为所应追求的某种完善的目标、道德价值或理想程序；另一方面是具体规定的正义，意味着一套公正的规范和原则。构建一套平衡机制协调信息控制与信息获取之间的冲突，以解决个人利益和社会公共利益之间的矛盾，这是一种正义的追求。正义不仅是一种理想和目标，也是一种现实的可操作的法律原则、标准和尺度。人们期望通过平衡机制建立起信息创造者、传播者与使用者之间的和谐关系，其价值目标在于通过均衡保护的途径，促进科学、文化事业的发展。这些机制具有普遍意义和正义内容，它不仅要求人们严格遵守规则，正当和诚信地使用他人创造性智力成果，而且要在处理纠纷的过程中公正无私、不偏不倚。

6.2.2 效益价值原则

法律经济学的核心思想是"效益"，认为法律制度的宗旨必须以效益为价值取向，使法律朝着促进社会经济效益最大化的方向发展。一切法律制度和活动都应以有效分配和使用资源、最大限度增加社会财富为目的。20世纪初，意大利经济学家帕累托提出最优资源配置原理，即人们通常所说的"帕累托最优"。这一概念通常表述为："如果没有方法可使一些人境况更好一些而又不致使另一些人境况变得更差一些，那么这种经济状况就是帕累托有效的。"通常认为，社会改革应当以此为原则，如果这种变革都已经完成，再也没有继续改革的机会存在，社会就处于帕累托最优状态。经济学家经常将资源的最大效率配置作为检验经济总体运行效率与社会福利的一种准则。

构建信息控制与获取的法律平衡机制时也应当以其实施后达到的效益作为评价标准。在作为法律经济学基石的科斯定理中，效益与市场成本是两个密切相关的重要概念。所谓效益，本意是指用最少的成本去获取最大的收益，以价值最大化的方式利用经济资源。所谓成本，即是运用市场价格机制的成本，也就是与市场机制共存的、用于交易的非生产性成本。科斯定理一般表述为以下三个定理：①如果存在"零交易成本"（zero transaction cost），不管怎样选择法律规则，有效益的结果都会出现。换言之，当交换是无代价的，并且个人是合作行动时，法律权利的任何分配都是有效益的。②如果存在着"实在交易成本"（positive transaction cost），有效益的结果就不可能在每个法律规则下发生，即不同的权利界定，会带来不同效益的资源配置。③产权的界定、安排和重新安排都存在交易成本，并且都有可能被过高的交易成本所妨碍。科斯定理认为：零交易成本只是一种假定，现实交易中存在着"实在交易成本"，这种交易成本包括：获得准确市场信息所需的成本、讨价还价与签订合同所需的成本、监督合同履行所需的成本。在上述实在交换代价的情况下，有效益的结果就不可能在每个法律规则下发生，此时，合意的法律规则是使交换代价的效应减至最低的规则。

上述理论为我们提供了根据效益原理认识和评价信息控制与获取的平衡机制的途径。平衡机制的构建应遵循交易成本最低化的原则，调整信息生产者、传播者、使用者的权利配置关系，以实现促进文化发展和推动社会进步的最优效益。

6.2.3　公共利益原则

在公共利益和个人利益发生冲突时，法律通常会作出维护公共利益的选择，也就是公共利益优先原则。公共利益优先原则在信息法学中的广泛应用是符合信息外部性要求的。信息创造价值的前提在于分享主体的规模化，这就要求信息的高度流通。信息只有被分享，才能创造出更大的价值。某种信息产品创造的价值依赖于使用该信息产品的规模，保证多数人的信息利益体现了信息分享的规模效应和由规模效应产生的信息外部性效果。因此，在构建信息控制与获取的法律平衡机制时，也应使用公共利益优先原则。例如，在平衡信息隐私权与信息获取权的过程中，当公众人物的隐私权与公众对其个人信息的获知权相矛盾时，法律要求公众人物适当减损其隐私权以满足公众的好奇心，即维护大众的信息获取权，这就体现了公共利益优先原则。又如在对信息控制权与信息获取权进行平衡的过程中，当著作权人的专有权与公共教育政策规定的公众对该信息的使用权相矛盾时，法律规定合理使用原则，优先保护公众的受教育权和信息获取权，这也是公共利益优先原则的体现。

6.2.4　国家利益原则

国家利益是主权国家在国际关系格局中生存和发展的需求，是一个主权国家在开放的国际关系中认定的物质与精神需求的总和。国家利益的外延可以用尤·

库库尔卡在《国际关系学》中提出的国际关系中的需求来概括，包括："①正常的内部活动与发展。②在国际环境中安全生存下去（依据多头政治与系统进化的原则）。③担任相应的国际角色（依据自己的地位与其他参与者交往的期望）。"[4]我国有学者将国家利益的外延按照优先顺序从高到低归纳为国家领土、国家安全、国家主权、国家发展、国家稳定、国家尊严[5]。

在我国，虽然国家利益、社会利益和个人利益从根本上说具有一致性，但在具体问题上也会出现利益冲突，需要通过一定的原则加以平衡。一般来说，国家利益优先权最高，公共利益和个人利益在与国家利益冲突时，会在一定程度上受到法律的限制。国家利益的至上性源于"国家利益关系到民族生存、国家兴衰的重大利益，反映了国家绝大多数民众的共同需求。许多西方国家在处理国际关系的传统做法上，将国际利益视为'最后的语言'，……任何国家都将在有关自己生存、安全、发展等重大国家利益的问题上，表现出毫不动摇的坚定性[6]"。

由于国家利益的至上性，利用国家利益原则作出的利益平衡一般也是广义的利益平衡，即这种平衡的结果有可能是完全放弃参与平衡的某些利益，国家利益成为剥夺某些权利的理由。在信息关系规范中，体现国家利益原则的平衡机制主要体现于信息安全和对信息财产权进行限制的法律规范中。例如，在信息安全中有关国家秘密、国家对国际出入口信道的管理以及信息网络国际联网安全保护的管理规定等。在信息财产权中，对信息权利人确立或行使权利的约束，有些也是出于国家利益的考虑。例如，《中华人民共和国专利法》（以下简称《专利法》）第49条规定，在国家出现紧急状态或者非常情况时，或者为了公共利益的目的，国务院专利行政管理部门可以给予实施发明专利或者实用新型专利的强制许可。

6.3 平衡机制的具体构建

根据上述目标和原则构建信息控制与获取的利益平衡机制，具体说来有以下几种类型。

（1）基于社会总体利益的平衡机制

信息专有权可以看作信息生产者与社会进行交换的所得。信息生产者将其生产的信息贡献给社会，社会给其一定时期内的专有使用权作为回报。社会需要的是作为公共财产的信息，其给予信息生产者的专有权如果没有时效限制，该信息就永远不会进入公有领域。从整个人类文明发展史可以看出，任何一项信息最终都将成为整个人类文明的一部分，没有哪一项信息会永远作为私有财产被个人垄断。为平衡社会总体利益和信息权人利益这两种经济性利益，可以使用效益主义原则。社会给予信息生产者一定时期内的垄断权，一方面是激励其继续生产信息的积极性，另一方面也是为了使信息生产者将产品贡献给社会，若干年后成为社会公共财产的一部分，从而融入构成人类文明的全部知识中，因为任何有用信息的失传都是人类财富的损失。因此确立信息专有权的时效对于社会总体利益都具有重要的意义。所以各国的知识产权法都对专利权、著作权、商标权等规定了保护期，这其实也是一种利益平衡机制。

（2）基于他人经济利益的平衡机制

如果信息权人对信息专有权的使用严重阻碍他人使用该信息的利益，根据效益原则，为保证信息效益的最大化，法律应当有限度地剥夺其专有权，允许他人对信息的使用，使之创造更大的社会效益。如我国《专利法》第 48 条规定："具备实施条件的单位以合理的条件请求发明或实用新型专利权人许可实施其专利，而未能在合理长的时间内获得这种许可时，国务院专利行政部门根据该单位的申请，可以给予实施该发明专利或实用新型专利的强制许可。"

（3）基于公共利益的平衡机制

如果信息权人对信息的专有权的使用妨碍了社会公共利益的实现，比如国家安全，则法律有限度地剥夺其权利成为当然。如我国《专利法》第 49 条规定："在国家出现紧急状态或者非常情况时，或者为了公共利益的目的，国务院专利行政部门可以给予实施发明专利或者实用新型专利的强制许可。"按照公共利益优先原则，在承认信息专有权的情况下，利益平衡的趋向应当有利于社会信息效益的实现，因此著作权法、专利法等都设立了强制许可制度，适度抑制信息专有权，以促进社会公共利益。《TRIPS 协议》为了强化对知识产权滥用的限制以促进公共利益，在第 48 条还规定了对滥用知识产权的赔偿责任。该项规定的内容可分为两个部分：一是对一方当事人申请的措施已经采取，但该申请人滥用了知识产权执法程序，司法当局应当责令该申请人向误受禁止或限制的对方当事人就因滥用而造成的损害提供适当赔偿。还应有权责令申请人为被告支付由此引起的包括适当律师费的开支。二是在知识产权行政执法中，行政机关及其人员只有在善意采取或试图采取特定的救济措施时，才能免除他们对采取该措施的过失责任。《TRIPS 协议》的这些规定是之前所有知识产权国际条约中所没有的，这些规定不仅为知识产权持有人在知识产权的应用和交易中获取相应回报提供了严格的保护措施，解除了技术发明人向社会公开其技术发明和专利内容的后顾之忧，促进了技术和知识的公开和传播，而且有效地解决了社会公众利益与创新者利益的平衡，体现了权利与义务的对称性，为建立公平有序的市场秩序，反对各种不正当竞争提供了重要保证。

（4）基于信息再生产的平衡机制

信息之间是有关联的，其生产活动只能在借鉴前人已有信息的基础上进行，如果信息权人利用其对信息的专有权妨碍他人利用该信息，并在其之上进一步生产其他信息，法律应当在平衡了信息权利人和他人信息再生产利益的基础上作出有利于后者的选择。这种法律平衡机制利用效益原则和公共利益原则，平衡的不仅是信息权利人利益和他人信息再生产利益，更重要的是他人进行信息再生产后带来的公共利益的实现。因此，利用信息专有权阻止他人信息再生产的行为受到法律的抑制。如我国《专利法》第50条规定："一项取得专利权的发明或者实用新型比前已经取得专利权的发明或者实用新型具有显著经济意义的重大技术进步，其实施又有赖于前一发明或者实用新型的强制许可。在依照前款规定给予实施强制许可的情形下，国务院专利行政部门根据前一专利权人的申请，也可以给予实施后一发明或者实用新型的强制许可。"

（5）基于保护在先权的平衡机制

类似于物权法中的先占原则，最先创造出信息的生产者应当对该信息享有专有权。然而，与物权的自然获得不同的是，信息权利的获得以履行法定的申请程序为前提。如果信息的首创者或者相对首创者由于没有履行该法定申请程序而没有获得信息专有权，则信息权人不得以其对信息的专有权限制首创者或相对首创者对该信息的使用。在专利法和商标法中首创者或相对首创者的该项信息权利叫做"在先使用权"。这是基于公平原则的利益平衡。如果仅仅因为在先权人没有履行法定程序就剥夺了其在先使用权，显然有失公平。

在专利制度中，在先使用权被用来保护在专利权授予前已经使用该项技术人的利益。我国《专利法》第62条第3款规定，在专利申请日以前已经制造相同产品、使用相同方法或者已经作好制造、使用的必要准备，并且仅在原有范围内继续制造、使用的，不视为侵权。在先使用权作为对专利权的一种限制，不仅有利于保护在先发明人的或者设计人的利益，而且能够消除因"先申请原则"所产生的某些弊端。如果没有此项制度，只要某个单位或个人就某项发明创造取得了专利权，其他单位或个人即使投入了大量人力、物力、财力或智力完成发明创造，并且在申请日前已开始制造相同产品、使用相同方法或者已经做好了制造、使用的必要准备，也不得继续进行制造或者使用。这既不利于科技进步，也不利于经济发展。所以，专利法通过规定在先使用权制度而使专利权人的利益和先用权人的利益均得到了合理的保护。需要指出的是，在先使用权是法律特别授予先发明人的一项权利，先发明人在行使此权利时受到严格的限制，即只能在原有范围内继续制造、使用该产品。

普通人的姓名权、产地名称权等权益作为合法的利益也应得到尊重，信息产权人在行使权利时不应损及上述利益。例如，日本在1991年修订的商标法中规定，他人以正常方式使用自己的肖像、姓名、雅号、艺名、笔名，以正常方式表示该商品或服务或类似商品、服务的普通名称、产地、销售地、质量、原料、性能、用途、形状、价格等，且使用是善意的、正当的，则商标权人无权予以禁止。在 1993 年 12 月通过的《欧共体商标条例》第 12 条也规定了类似的条款。

首创者或相对首创者对于信息的"在先使用权"构成对信息所有权人的权利限制，这种现象在"先申请制"国家中尤为突出。实行"先申请制"的国家将信息所有权给予先申请的人，而不考虑其是否为首创者，原因是考察信息首创者的成本较高，并且建立先申请制度本身就会督促信息首创者尽快去申请信息权利以免被他人抢先。在"先使用制"国家中，问题相对简单。如果信息的首创者或相对首创者能够提供证据证明其使用信息在权利申请人之前，信息权利授权机构将变更权利人为该信息的首创者或相对首创者。

（6）基于一次性获益的平衡机制

信息产权人将信息产品售出后，就不能再控制信息产品的流通并从中获益。如我国《专利法》第 63 条第 1 款规定："专利权人制造、进口或者经专利权人许可而制造、进口的专利产品或者依照专利方法直接获得的产品售出后，使用、许诺销售或者销售该产品的，不视为侵犯专利权。"在专利理论中，这种制度被称为"专利权穷竭"，又称"首次销售原则"（first sale doctrine），即指专利产品经专利权人授权被首次销售后，专利权人即丧失对该专利产品进行再销售、使用的支配权和控制权。可见，法律作此规定是为了平衡信息产权人的信息控制权和大众的信息获取权，既让信息产权人有所受益，又不能让其永久性地控制信息的流通，以增加信息的流通速度并减少流通费用。这是根据效益价值原则作出的利益平衡。但该原则的使用也是有例外的，例如，我国《计算机软件保护条例》第 21 条规定："合法持有软件复制品的单位、公民，在不经该软件著作权人同意的情况下，享有下列权利：为了存档而制作备份复制品。但这些备份复制品不得通过任何方式提供给他人使用。一旦持有者丧失对该软件的合法持有权时，这些备份复制品必须全部销毁。"也就是说，信息产品的受转让人虽然可以再次转让该信息产品，但不得复制该信息产品，否则就打破了法律确立的信息产权人获利权和信息流通的社会需要之间的平衡，因为在这种情况下，信息产品的非法复制人攫取了本该属于信息产权人的利益。

（7）基于其他利益的平衡机制

如为保证社会基本知识的普及而确立的受教育权可以对抗信息专有权；为鼓励尖端信息产品的生产，为科学研究确立的信息使用权具有比信息权人利益更高的优先级；为满足公众知情权而确立的新闻权具有公共利益的价值，因此可以对抗信息所有权人的权利。我国《著作权法》第 22 条确立了教育、科研、新闻中信息的使用权高于信息专有权的利益平衡原则。这些利益平衡的作出有的是根据公共利益原则，有的是根据国家利益原则。

人类信息活动的各个环节都可能涉及利益平衡问题，所以在此结合信息活动的主要流程，着重对信息生产、传播和利用等环节中涉及的利益平衡机制加以论述。

6.3.1 信息生产领域的利益平衡机制

信息不同于有形产品，由于其具有无形性和反复利用价值不减性，信息生产者无法像控制有形产品一样控制信息。如果不确定信息生产者的专有权，知悉该信息的其他人也可以利用该信息创造价值，信息生产者的利益将无法体现。只有当信息生产者获得了专有权，其行使所有权才具有了实在的意义，其转让、使用许可的行为才能实现经济利益。而给予信息生产者专有权的过程又是一个以利益平衡为原则的信息产权划界过程。信息专有权过大，就会影响该信息在社会中的流通范围和速度，其社会价值就会减少，不利于文明的进步和社会的发展；然而，给予信息生产者专有权过小又会影响其继续创作的积极性，减少对其再生产信息的激励，社会就没有新鲜信息流入，信息的动态价值目标也不能实现。所以，立法者在确立信息专有权时，应利用平衡机制来划定其边界，平衡信息生产者和信息使用人的利益，使得信息专有权对于信息生产者的激励足以维持信息再生产，对于信息使用人又不至于过度妨碍在信息流通中创造效益，从而实现利益平衡的动态目标——信息长远效益的最大化。下面以专利制度和创作共用（creative commons）为例，对信息生产领域利益平衡机制作一探讨。

1. 专利制度中的利益平衡机制

专利制度是商品经济的产物，是商品经济条件下保护和促进发明创造这种无形商品的生产和流通的有效手段。作为信息选择的工具，专利权通过专有权的保护，为信息的有价值的交换带来了便利，并且达到最大限度地利用和获得福利的目的。从专利制度的角度看，在信息的生产、交换、流动过程中，信息的最佳分配关注的是怎样建构一种信息生产和传播的制度，使其最大限度地分配相关的信息给那些最需要使用信息的人。因此，专利制度必须考虑一个平衡问题——专利制度如何有效地促进信息的选择和分配，而不会损害信息生产者扩散信息的积极性。要解决这一困境，就是建立一种专利制度的利益平衡机制，即在保护专利权的基础上对该项垄断权实行必要的限制，以均衡权利人和社会公众之间的利益，确保社会公众接触和利用专利产品的机会。专利制度中利益平衡机制的构建兼顾了知识产权人的专有权和社会公众的自由获取信息的利益，最终使得知识产权法通过对信息获取的有限的抑制，扩张了信息的总量，为更大程度的信息自由提供了保障。专利制度中的利益平衡机制主要有以下几方面。

（1）充分公开机制是专利制度利益平衡的关键

专利制度从专利权人的利益角度赋予了专利权人对发明创造的垄断权，同时也从社会公众利益的角度出发确立了社会公众对专利技术的必要获取，作出了相应的权利安排。从专利法的目的与利益平衡的关系也可以看出，专利法中"以垄断换取公开"的机制体现了专利制度中的利益平衡理念。专利权是一种垄断权，但根据专利法的宗旨，垄断权的授予却不能构成对技术发展的障碍；相反，它应当有利于技术发展和进步。这就离不开专利权人对专利技术的"充分公开"。因为唯有充分公开专利，社会公众才能够获取专利信息，分享专利发明的利益。专利法一般规定了充分公开是专利申请人获得专利的一个重要条件。专利法通过强制要求专利申请人描述发明的细节、充分公开发明的要点，规定了充分公开的条件，从而使包括专利权人的竞争者在内的社会公众能够在此基础上作出改进发明、学习新的知识、获得新的技术信息的决策。

专利制度中的充分公开机制也体现了知识产权法利益平衡的一般机理，即对知识产品创造的鼓励和对社会公众获取知识和信息的平衡。专利技术的公开使得公众能够接近专利发明。这种公众对发明的获取应当看成是专利制度的本质内容之一，因为它既使竞争者从被公开的发明中学习知识和了解信息，"站在巨人的肩膀上"继续进行创造活动，从而使他们能够在原有发明的基础之上创造出更好的发明，也使一般的社会公众特别是技术人员通过专利信息，获得知识和信息，增进自己的学习。

另外，从对专利法目的的分析也可以看出，专利法还能避免重复研究、重复投资，从而在避免社会资源浪费的基础之上促进社会资源的有效配置。这一目的的实现也是建立在专利公开的基础之上的，因为潜在发明者通过了解该专利就不会投资进行重复研究，而是将自己的智力资源和财力投入到新的领域，力图使自己成为新的发明人与专利权人。实际上，公开机制还具有促进专利发明被广泛利用的功效，因为在公开后，潜在的使用者可以了解专利技术的情况，从而确定是否利用该项专利，进而决定与专利权人达成许可或者转让合同。公开机制对专利权人、使用者和社会来说都是十分有利的，因为专利权人可以通过许可或者转让形式实现自己的经济利益，使用者也可以获得经济利益，社会则从专利应用提供更多更好的专利产品和技术与信息的扩散中受益。

（2）适度与合理的专利保护范围是专利制度利益平衡的基础

在专利制度的不同阶段，由于技术对经济和社会发展影响的差异而使得专利权保护的力度与范围存在不同之处，甚至有巨大差异。总体上，专利的保护水准存在由低到高的趋势。然而，无论在一个国家经济和社会发展的哪一阶段，专利法总是需要遵循在确保必要的垄断保护以刺激发明创造的基础之上，同时保障公众对技术和信息的必要接近。这种适当与合理的保护范围主要涉及以下几个方面：

1）专利权客体的合理界定。在一定的社会中，哪些发明创造应当纳入专利保护客体、哪些不宜纳入专利保护的客体，需要根据当时的社会经济发展状况、整体上的知识产权保护水平、该客体纳入专利保护和不纳入专利保护的优劣，特别是给予专利保护与不给予专利保护在协调发明者和社会公众之间利益关系时哪一种情况更适合。原则上，专利保护客体的范围应当与当时的经济技术发展状况相适应。考察专利制度的历史，我们会发现专利保护客体有扩张的趋向。伴随着专利保护水平的提高，专利保护客体的范围需要扩展。但在被扩张的专利保护客体中，依然存在着确定适当的保护范围问题，例如当基因领域成为专利保护客体范畴时，不能理解为所有的基因技术都应当纳入专利保护客体之中。基因的专利保护是伴随着对有关主题而严格限制的。像克隆人的方法、改变人的生殖系统基因同一性的方法、改变动物遗传基因同一性的方法等就不能成为基因专利的主题。

2）专利权内容和行使的合理确定。专利法赋予了专利权人一系列的专有权利，例如，根据我国《专利法》的规定，发明或实用新型专利权的范围包括禁止任何单位或个人擅自为生产经营目的制造、使用、销售、提供销售、进口其专利产品，或者使用其专利方法以及使用、销售、提供销售依照该专利方法直接获得的产品。但是，专利权的这些专有权的行使不应当构成对公众正常地接近专利技术和相关的知识和信息的限制，也不应当妨碍负载专利技术的专利产品的市场流通。这样，就有了专利法中的不视为专利侵权的"侵权例外"的制度安排，像"专利权用尽"、"专为科学和实验而使用专利"等。特别是在"侵权例外"中，对先发明人的利益保障要求专利权法对专利"在先使用人"的利益作出适当安排，以维护专利法追求的法律公平正义价值和社会资源的有效分配和使用。实际上，从各国专利法对先用权问题的规定看，专利权人和在先使用人之间的利益协调关系，典型地体现了专利制度中的平衡精神。

3）专利权的适当和合理的保护期限的界定。专利权作为一种垄断权在时间上是有限制的，而不是永久性的。专利的期限受到严格限制，结果是发明本身在一个相对短的时间内进入了公有领域，成为社会的公共财富，任何人可以利用。专利保护适当而合理的期限具有两方面的重要含义：一是保障专利权人有足够的时间获得对发明的投资回收。适当而合理的专利保护期限意味着专利垄断的所有人将有足够的机会利用他的商业优势收回他的成本，他的竞争者也能够通过受让或者接受许可等形式利用他的发明。如果专利的保护期限太短，专利权人将无法通过使发明的商业化而收回投资，从而不能为其后续发明提供经济基础。二是为竞争者以及其他社会公众的后续发明和获取知识和信息创造一个"公共领域"空间。专利法通过确定有限的保护期限设立了"公共领域"。公共领域是公众自由地、不受限制地接近的领域，是专利法保障技术发明成果最终回归于社会、最终成为任何人都可以利用的共同财富的重要保障。在专利权期限届满后，发明即成为公共领域的一部分。

（3）合理分配专利权利益的平衡机制

专利制度实际上将利益分成了对应的两部分，一是权利人的垄断利益，二是权利人以外其他主体的利益，即通常所称的社会公共利益。由于社会经济、技术、文化意识传统的多方面制约和影响，专利权利人和社会公共利益之间，理想的、绝对的平衡状态在现实中并不存在。个人利益与公共利益本质上不是对立的，公共利益体现的是对社会共同福利的追求，从这个意义上说，个人利益是公共利益的一个组成部分，与公共利益是一致的。但是，公共利益的实现要求对社会成员个体在追求和实现个人利益的时候进行一定的制约，以不损害公共利益为前提。因此个人利益的扩大和公共利益的维护之间必然要产生矛盾。专利权益的合理配置是一个动态的配置过程。在市场经济条件下，为了实现创新，不同社会或同一社会的不同发展阶段，根据各自的价值取向，法律利益的权衡有着不同的选择。一般来说，当社会处于工业化初、中期，市场孕育、发展之时，法律保护的重点应放在权利人这一边，帮助权利人尽快占据市场垄断地位，并使之不断稳固，以激发潜在的个体创新能力。当社会发展到市场成熟阶段，法律就会制止垄断权利的扩张，转向维护社会公共利益，以保持社会的整体创新能力。

（4）专利技术的垄断与推广应用之间的利益平衡

专利权人以专利权限制专利发明的使用而对社会公众获取专利技术、对竞争者使用专利技术施加了限制。从专利法的宗旨看，这种限制却不应阻碍专利技术的推广应用。专利法需要解决在垄断和促进发明创造的推广应用之间的平衡。这需要借助于在专利法中确立一些限制垄断权的制度来加以解决，有些则需要借助于专利法之外的竞争法像反垄断法的规定来解决。不仅反垄断法对专利领域的垄断行为进行了限制，而且专利法本身也限制了从专利中获得垄断利润的可能性。专利侵权例外、专利的强制许可、专利的实施许可与转让制度等就是重要的体现。从我国《专利法》的规定来看，在专利技术的垄断保护基础之上实现促进发明创造的推广应用是一个重要的立法目的。在广义上，上面阐述的专利保护期限的限制，也是促进发明创造推广应用的制度，因为有限的保护期意味着在保护期届满后专利技术可以被任何人自由地使用，原来的专利技术最终成为社会公共财富。

2. 创作共用利益平衡机制

创作共用（creative commons，CC）是应自由文化潮流需求，受自由软件运动基金组织 GPL（通用公共许可证）启发而产生的适用于各类型作品分享的标准化版权许可协议。CC 被定义为网络上的数字作品（文学、美术、音乐等）许可授权机制，同时也适用于非网络作品，它致力于让任何创造性作品都有机会被更多人分享和再创造，共同促进人类知识作品在其生命周期内产生最大价值。CC 由美国斯坦福大学法律系教授莱斯格（Lawrence Lessig）等于 2001 年创始的非营利性组织——Creative Commons 发布，现已被全球越来越多的国家和地区采纳，其协议版本已从 CC1.0 发展到 CC3.0。

CC 摒弃了传统版权"所有权保留"的呆板，在现行著作权法的框架下倡导"部分权利保留"（some rights reserved），通过免费向权利人提供一系列经过精心设计、合理安排的许可协议，由权利人自己来对其作品的使用作出合理的决定，决定放弃哪些权利、保留哪些权利。在其 6 种合理有效的常用许可协议中，信息权利人可以根据自己的需要选择其中的任何一种。这 6 种主要的授权组合为署名（by）、署名－禁止派生（by-nd）、署名－非商业性使用（by-nc）、署名－非商业性使用－禁止派生（by-nc-nd）、署名－非商业性使用－相同方式共享（by-nc-sa）、署名－相同方式共享（by-sa）。[7]创作者可以通过三个方面：许可文字和图标、法律文本、机器代码（RDF/XML），自动把自己的作品与正式法律基础相关联，从而有效地"护卫"自己的作品在网络和传统模拟空间的传播和分享。

CC 的利益平衡机制可概述如下：

（1）维护信息所有者的利益，平衡信息共享与被任意侵权的机制

CC 并不违背现行版权法，而是在承认信息所有权的前提下，进行授权设计。CC 的授权要素包括署名、非商业性使用、禁止派生、以相同方式共享。这些授权要素经组合之后构成了从"松"到"紧"的授权限制，给创作者更加灵活便利的选择。署名和禁止派生实际上体现了维护所有权人发表权和保护作品完整权的这一部分精神权利。CC 许可协议是非排他性许可，信息权利人在选择了一种许可协议后，仍然可以使用其他许可方式获取利益。其中，非商业性使用的授权要素设计就是用来允许人们在保留对著作权进行商业性使用权利的同时，将他们的信息作品在最广阔的空间发行和传播。"非商业性使用"是针对使用信息作品的人而言的，而不是针对信息权利人本身，是限制使用作品的那些人（被许可者）只能在非商业的环境下使用。但是，作为信息权利人或是许可人，可以随时对其作品进行商业性使用，从而确保了其信息作品经济利益的实现。而其他为了获取经济利益而想复制或者改编作品的人，必须要首先取得个别授权。[8]

（2）维护信息利用者和社会公众的利益，平衡信息获取和产权保护的机制

在版权法律的严密保护及扩张之下，社会公众的利益空间日益压缩。公民的信息自由权作为一项基本人权应该得到尊重，其信息获取权作为其中的重要部分，也是实现个人全面发展和社会民主自由平等的重要条件。[9]在原有的版权体制之下，社会公众要么不能顺利地获取所需信息资源，要么因为通过不合法的方式或途径获得所需信息资源，而要承担侵权责任。CC作为一种自由文化的积极推广者，实现对版权的完全控制与无权利保护的无政府主义的平衡。它一方面为社会公众接触到尽可能多的信息提供了方便，另一方面也解除了信息使用者和社会公众的侵权风险。例如，国外开放存取的两大出版商——生物医学中心（Bi-oMed Central，BMC）和科学公共图书馆（Public Library of Science，PLoS）都采用了CC的"署名"许可协议（Creative Commons Attribution License），即任何人只要按照作者或者许可人指定的方式对作品进行署名，就可以自由复制、发行、展览、表演、放映、广播或通过信息网络传播作品，创作演绎作品，对作品进行商业性使用。[10]Springer公司的Open Choice项目采用的是CC"署名－非商业性使用"许可协议（Creative Commons Attribution Non－commercial License）。麻省理工学院的开放式课程计划（MIT opencourseware）是CC许可协议最早也是最主要的使用者。目前已上线的1400多门课程采用的是"署名－非商业性使用－相同方式共享"（by-nc-sa）许可协议[11]，每门课程包括课程大纲、阅读材料、课堂笔记、作业、学习资料等，任何人都可以访问，并利用这些资料进行学习，并且在保持同样协议的前提下创作衍生作品，包括翻译成其他文字。可见，CC的理念和精神以及其授权设计一方面体现了信息资源共享的实质，另一方面也很好地平衡了信息资源共享中信息所有与信息自由的利益冲突，为信息所有者和信息使用者开创了一个双赢的局面。

6.3.2 信息流通领域的利益平衡机制

信息流通对于人类有着更为重要的作用，如果停止了信息流通，人就变成了封闭的个体，也就无所谓社会、国家了。信息有各种流通方式，从古代劳动中的口授到以系统化传授知识为目的的教育事业，从简单的面谈、喊话、驿站、烽火，到邮政，再到电子信箱，信息流通表现出程序化和电子化的趋势，信息流通方式不仅决定着信息流通的效率，而且决定着使用该流通方式人群的信息传播权利。信息传播权属于人的言论自由权范围，除了法律规定不许传播的信息外，任何人都有权向他人传播信息。拥有现代信息传播工具的能力决定了实现信息传播自由权的程度。由于现代通信技术发展的不均衡，借助信息传播模式的现代话语权出现了。发达国家借助遍及世界各个角落的现代传播工具的优势，理所当然地

获得了依靠现代信息流通方式支持的话语权。从广播、电视、网络、出版业、计算机软件制造业到电影和多媒体、数据库无不充斥着信息技术发达国家的声音。有些学者将现代的社会定义为后信息化社会，在这种社会里，信息传播工具落后的民族只有"听"的权利。可见，在信息流通领域，更需要建立有效的平衡机制。在信息流通领域，电信从业者作为信息传播通道的经营者，由于其管理出租信息传播的通道和设备，对于信息流通具有重要意义。但信息通道的自然垄断性又需要政府的介入，因此对其管理和经营者的规范理应纳入法制轨道。所以，以下内容主要围绕电信业论述信息流通领域利益平衡机制的建立。

1. 市场准入中的利益平衡机制：从业资格

电信市场的准入一直是管制最为严格的领域。市场准入的利益平衡主要在允许充分竞争带来的市场活力以及保持该行业适度规模的行为能力之间进行。电信业不同于其他服务业，保持适度规模的行业行为能力是其提供高质量、低价格服务的前提。尤其对于基础电信行业，如果不规定较高的入门条件，对于投资巨大的基础电信业务，电信服务提供者无法保证持续稳定的经营。另外，提高入门条件还是限制自然垄断领域过度竞争的必然要求。在铺设电缆等基础网络设施建设领域，由于沉淀成本巨大，并且投资或周期较长，如果没有严格的入门资格限制竞争者的行为能力，势必造成社会总成本的浪费。因此，保持电信行业，尤其是基础电信业的适度准入限制，是降低电信费用、保证电信业适度规模下提交服务质量的要求。然而，电信业的入门条件又不能过于苛刻。如果入门条件过高，过度限制行业从业者的数量会带来竞争的不充分，结果是形成行业垄断，导致服务价格提高、质量下降。因此，在限制和放任之间应当保持适度的平衡。具体说来，其利益平衡机制的建立应主要考虑以下几方面的利益平衡。

（1）开放市场和保护民族工业、国家主权的平衡

保护本国电信业不仅涉及保护民族工业问题，更由于电信本身与国家安全、民族利益紧密联系在一起，因此本行业适度限制外资也是出于保护国家主权的考虑。例如，各国电信法都规定了经营者资本构成中外资所占比例的上限。我国《电信条例》第10条规定："经营者为依法设立的专门从事基础电信业务的公司，且公司中国有股权或者股份不少于51％。"我国《外商投资电信企业管理规定》第6条也有相同规定："经营基础电信业务（无线寻呼业务除外）的外商投资电信企业的外方投资者在企业中的出资比例，最终不得超过50％。"

（2）公司的规模性和市场充分竞争的平衡

对垄断的政策选择包括管制和引入竞争，其中引入竞争是消除由信息不对称造成的管制失效的根本办法。[12]在引入竞争时又会出现利益平衡问题：为保证入

门公司具有连续稳定的经营业绩，必须要求电信从业者具有适度规模。然而，如果限制过于苛刻又会有损竞争数量，因此应平衡保证公司规模化和市场充分竞争的矛盾，如规定申请者上报的可行性研究报告和组网技术方案以及审批时应考虑公司的实力、提供长期服务的能力等。有关报批文件都要求在申请行业许可证时上报证明其行为能力的材料。有关注册资本也有严格的规定，如我国《外商投资电信企业管理规定》第 5 条规定，"外商投资电信企业的注册资本应当符合下列规定：（一）经营全国的或者跨省、自治区、直辖市范围的基础电信业务的，其注册资本最低限额为 20 亿元人民币；经营增值电信业务的，其注册资本最低限额为 1000 万元人民币；（二）经营省、自治区、直辖市范围内的基础电信业务的，其注册资本最低限额为 2 亿元人民币；经营增值电信业务的，其注册资本最低限额为 100 万元人民币"。

（3）频率资源的稀缺性引起的电信从业者间的利益平衡

频率资源的短缺性对整个电信从业者的数目构成限制。在有限频率资源前提下，电信市场主体不可能无限增多，有些申请者由于受到频率资源的限制必然被拒之门外。频率资源在信息时代的重要性要求对它的分配不能由市场自发完成，要保证各方从业者的利益，就需要有一个权威机关进行计划性的、公平的分配。分配频率资源应当充分保证公共利益，即将有限的频率资源分配给能给公众带来更大利益的申请者。

2. 价格管制中的利益平衡机制：禁止交叉补贴

电信作为现代社会信息的主要传递方式，其资费在电信服务提供者和用户之间并不具有平等性。由于自然垄断行业的天然不充分竞争，用户如果接受电信服务，对于其资费就没有讨价还价的余地。因此，政府对于电信资费的管制成为维持电信服务者合理利润与用户合理使用费用之间平衡的必须手段。

价格作为通过市场配置资源的主要手段，从总体上说应当是放开的，由商品生产者或服务提供者通过市场的供求平衡关系自行调整其商品或服务的价格。但是，对于自然稀缺性商品或自然垄断类服务，由于不能进行充分竞争的自然垄断特性，价格就不能完全通过市场竞争来确定，这就需要政府定价或政府指导价，以便将从业者的资本收益率控制在合理范围内。一般说来，价格管制方面的利益平衡机制包括以下几种。

（1）价格批准

各国电信法都将垄断性电信服务的价格归入政府批准的范围，电信公司只能按照政府批准的价格或在政府批准的浮动范围内收费。例如，我国《中华人民共和国价格法》第 18 条规定了对于自然垄断商品的政府指导价或政府定价，《电信条例》第 23 条规定我国的基础电信业务实行政府定价、政府指导价或者市场调节价，增值电信业务实行市场调节价或者政府指导价。

（2）反交叉补贴

在电信业发展的初期阶段，由于竞争不充分，电信的定价以价值为基础，和成本没有太大关系。对于同一业务，使用价值不同则价格也不同，如商业用户的使用价格高于一般居民，城市用户高于农村用户，这样势必招致不同用户之间的交叉补贴。典型的交叉补贴的例证是美国的 AT&T 公司，其 1964 年的垄断业务（长途服务）的收益率为 10%，而其竞争业务（电报专线）的收益率为 1.4%，其电传交换服务的收益率为 2.9%，由此可见其对垄断性业务的收费畸高，而对竞争性业务的收费畸低。而与其竞争的电信公司不能得到从垄断性业务中才能得到的补贴，从而处于不利的竞争地位。由于交叉补贴使得面向单一群体服务的电信公司缺少补贴而不能平等地参与竞争，因此，管理当局严格限制交叉补贴的存在。为促进不同电信业务提供者平等竞争，美国联邦通信委员会采用完全成本分配法来计算成本，即将所有成本分摊到不同业务中，以防止不同业务间的交叉补贴。由于按照价值定价的原则极易引起电信业的不公平竞争，因此随着竞争的充分，价值定价原则逐渐被按照成本定价的原则取代。

（3）信息上报制度

政府在进行价格管制时需要解决的首要问题是政府与被管制电信从业者之间的信息不对称，即政府在制定价格政策时并不确切地知道某个从业者的费用成本，只能利用平均资本收益率作为制定政策的基础。为确切掌握电信公司的经营信息，各国电信法都规定了电信公司的经营信息上报制度，以便于政府作出正确的价格管制政策。例如，我国《电信条例》第 26 条规定："……电信业务经营者应当根据国务院信息产业主管部门和省、自治区、直辖市电信管理机构的要求，提供准确、完备的业务成本数据及其他有关资料。"

3. 保证公民基本通信权的利益平衡：普遍服务

为保障公民信息交流的基本权利，必须以他们可以承受的价格向其提供现代社会最常用的信息传播工具——电信，这就是普遍服务的宗旨。普遍服务是指用普通人可以承受的价格向全体公众提供电信服务。德国《电信法》第 17 条对普遍服务的定义是："普遍服务是指用于公众电信业务最基本的一类业务，这种业务有着规定的特定的质量，每一个用户都能介入，不受住宅和工作地点的限制，而且价格合理。"由此可见，普遍服务包含服务的可获得性、价格的可承受性以及服务质量的保证性。要做到普遍服务必须将电话的普及率提高到每户居民都可以获得，以及将基本服务的价格降低到普通居民可以承受。

普遍服务的主要针对对象是：①农村、海岛、荒漠等人口稀少地区；②教育、慈善机构、公共医疗等社会福利机构；③低收入等弱势群体；④火警、匪警、急救等紧急救助电话。普遍服务义务是收入在个人之间或地区之间重新分配的重要工具。换句话说，就是商业和城市用户补贴住宅或农村用户，长途业务、增值业务和无线业务补贴固定的本地业务。

建立该制度的目的在于确保公民最基本的信息传播权。美国《1934年电信法》给普遍服务确定的目的是"为了使尽可能多的美国人民以合理的价格、充足的设施享受快速、有效、遍及全国乃至全世界的有线与无线通信服务"。1950年以后，随着电信在信息传播中的作用越来越不可替代，保障国民的电信权成为保障公民自由权的一个重要方面，普遍服务的概念也逐步变成"公民参与社会交往和言论自由的基本权利"。其具体内容包括：保证任何人在任何时间、任何地点都可以方便地享受到电信服务，电信服务标准的统一和无歧视，普通家庭经济能力可以承受的资费价格。设计普遍服务制度时需要进行的利益平衡是：既维持普通公民可以承受的电信服务价格从而保障公民最基本的信息交流权，又使电信服务提供者在以普通公民可以承受的低价提供服务时不能损失商业利益。由于电信从业者是以追求商业利润为目的而存在的，管理者必须建立一定的机制给予普遍服务提供者利益补偿，否则就不能保证用户长久稳定地享受该项服务。

当然，实现普遍服务的利益平衡机制也是一个动态的机制，必须随着环境和其他条件的变化而调整。管理者在最初时往往允许普遍服务提供者存在一定程度的交叉补贴，用以弥补因提供该服务而损失的利益。例如，美国20世纪50年代为了保证当时普遍服务提供者AT&T的经济利益，政府允许其交叉补贴行为，在70年代末，其长途业务收入的26%用于补贴本地业务。当时的管理者认为，只有长途业务补贴本地业务才能保证本地业务在低价格下的普遍服务，而要维持长途对于本地的交叉补贴，就必须保证长途的高利润；而对长途高利润的保障只有通过垄断，否则长途市场的充分竞争会使得价格趋于成本而不可获得用于补贴本地业务的高利润。后来，为了降低长途用户的电信开支，管制者决定开放长途市场，在长途市场引入竞争机制。这势必减少了普遍服务提供者的长途垄断利润，使得其无力开展用长途补市话的普遍服务，因而要求为普遍服务的本地业务从长途收入以外找到补贴的来源。为解决普遍服务提供者的补贴问题，开始实行普遍业务服务基金制度。美国的普遍服务基金建立于1983年，根据美国电信法，所有跨州电信业务的公司都要提供普遍服务或交纳普遍服务基金，但是从事国际电信服务、优先电缆租赁、开放式视频系统、卫星广播和信息服务的公司可以豁免该义务。

可见，为保障公民基本通信权进行的利益平衡确立了普遍服务制度，该制度设计需要在竞争和垄断之间作出选择。长途业务垄断者可以通过长途垄断收入交叉补贴其提供本地普遍服务的损失，但这样最终损害了长途用户的利益；若允许长途领域的竞争，则充分竞争后长途收入趋于成本不再能补贴普遍服务的损失，这就需要建立一套普遍服务补偿机制，在普遍服务提供者、本地用户、长途用户和其他普遍服务义务主体间达成利益平衡。现代通行的做法是建立普遍服务补偿基金，对于普遍服务的义务主体、基金来源、基金分摊都要由法律作出合理公平的规定。

6.3.3 信息服务领域的利益平衡机制

信息服务主要是指图书馆等信息机构为读者提供的信息咨询、检索、借阅等服务。在此过程中涉及信息的收集、处理、利用、存储和传播的各个环节，也需要建立有效的利益平衡机制来保证信息服务的顺利进行。下面主要以图书馆开展的信息服务为例，着重探讨图书馆信息服务中涉及的个人信息保护和著作权保护中利益平衡机制的建立。

1. 个人信息保护中的利益平衡机制

信息社会，信息渗透到各个领域，成为一种基础性的支柱型资源。在信息的沟通交流过程中，个人信息的作用越来越重要。合理地使用个人信息，有助于了解、开发和满足用户的本质或潜在需求，最终成为社会发展的动力来源。为满足用户的特殊信息需求，专业的信息机构正不断地增加。图书馆作为一个传统的信息机构，要想在信息时代生存下去就必然要参与到市场竞争中去。图书馆信息业务，特别是数字图书馆的信息服务走向多元化，必然涉及了大量的个人信息。用户个人信息的运用出现在整个信息服务的收集、处理、利用、存储和传播的各个环节。在没有统一的法律保障情况下，用户的个人信息受到了很大的威胁。如何保护个人信息成为现代社会特别是信息服务业的一个突出问题。目前，我国第一部专门针对个人信息保护的《个人信息保护法》即将出台，我们在此讨论其对图书馆信息服务的影响，将对图书馆更好地开展信息服务具有一定的指导作用，同时也将更有利于图书馆制定适当的策略，建立有效的平衡机制，以在有效地保护用户个人信息的同时，提供高质量的信息服务。

（1）网络环境下图书馆信息服务方式的改变增加了对个人信息的需求

在传统的图书馆观念里，图书馆的信息服务是建立在纸质为主的信息媒介上，而进入信息时代，许多非纸质的资源也进入了图书馆，图书馆成为社会信息资源的收藏中心。信息用户范围的扩展和信息服务需求的多样化让新环境下的图书馆，在提供信息服务上呈现出新的特点并发展了新的内容。图书馆信息服务在服务手段、途径、服务深度上都发生了变革。从宏观角度看，图书馆信息服务呈现十大趋势：体系化、网络化、全球化、服务对象广泛化、服务内容深层化、标准化、管理集成化、合作化、个性化、特色化与精品化。[13] 而从微观角度看，信息服务方式转变对用户个人信息的搜集、分析、利用、存储、传播方面都有很直接的影响，同时体现了个人信息对图书馆信息服务的重要性。主要表现在以下几个方面。

1）由被动服务到主动服务的转变。在信息时代，被动地等待用户来查阅已经无法突显图书馆作为信息资源中心的社会价值，只有主动地捕捉分析各类变化的新信息、激活静态信息、挖掘信息潜在价值、寻找适合的用户，才能强化图书馆的存在意义。当然，要寻找合适的用户，自然需要判断何为合适，那就意味着需要对用户的个人信息进行更多的分析整理工作，发掘用户需求。

2）由笼统服务到个性化服务的转变。由于用户群体的多变，图书馆信息资源的复杂多样，现代社会信息生产的市场化与消费的个性化之间的矛盾越来越突出，使图书馆的信息服务必须根据不同层次、不同背景的用户需求，提供有针对性的、而非统一的信息服务。用户需要个性化的服务，就必须让图书馆的信息服务人员对其有更深入的了解，提供足够的个人信息以满足其需求。

3）由提供福利式服务到有偿式服务的转变。在传统的观念里，图书馆是福利性机构，主要靠政府、学校或各种研究组织等的资助来生存，但在市场化、竞争化的环境下，特别是其他信息服务机构的出现和市场进入，国内图书馆的生存空间将变得更狭小。要求得进一步发展，只有通过提供多种多样的有偿式服务，与其他营业式组织合作。比如，通过对读者信息的统计分析，提供给其他营利机构，以助其对特定人群兴趣的发展进行研究等，使信息服务成为图书馆创收的有效途径。

4）从单馆服务到国内、国际合作的转变。用户数量的增多及其层面的拓宽，必然引致信息需求的多样化和复杂化。在传统图书馆时代，图书馆单凭一馆馆藏进行读者服务，所获信息的全面性、准确性很难得到保障。到了网络时代，图书馆拥有的除了实际馆藏，还有虚拟馆藏，例如，中文期刊网等数据库，还能通过网络实现馆际的资源共享，为用户提供更快速、高效的信息资源服务。但是，用户要获取优质服务，很可能是以其个人信息的馆际共享为前提的，用户的个人信息被保存于多个图书馆的系统内。

在网络时代，不论是图书馆为了更好地服务用户，还是用户为了获取更有价值的信息服务，用户的个人信息都在其中扮演了一个不可缺少的角色，成为联系图书馆和用户的重要一环。随着图书馆信息服务方式的转变，对用户个人信息的需求越来越大。而这个需求是双向的：图书馆只有掌握了足够多和深入的用户个人信息，才能提供令人满意的信息服务；用户只有提供了全面而准确的个人信息，才能获得最符合个人需求的信息服务。

（2）从立法原则看《个人信息保护法》对图书馆信息服务的影响

如前所述，目前我国既没有对个人信息提供保护的专门法律，也没有相应的图书馆条例对个人信息进行保护。个人信息作为隐私权的一部分，得到的保护很少。我国现行的法律对传统隐私权的保护本身就不完善，隐私权只包含在名誉权当中给予间接保护，其中对个人信息保护的具体内容体现在《中华人民共和国宪法》、《中华人民共和国刑法》（以下简称《刑法》）、《中华人民共和国民事诉讼法》（以下简称《民事诉讼法》）、《中华人民共和国刑事诉讼法》、《中华人民共和国商业银行法》、《中华人民共和国执业医师法》、《中华人民共和国档案法》等多部法律中。而作为一种资源，个人信息被单独提出保护就分散出现在《银行管理暂行条例》、《计算机信息网络国际联网安全保护管理办法》、《互联网电子公告服务管理规定》、《最高人民法院关于审理名誉权案件若干问题的解答》等相关条款之中。例如，《计算机信息网络国际联网管理暂行规定实施办法》第18条规定："用户应当服从接入单位的管理"，"不得篡改他人信息"，"不得冒用他人名义发出信息。"

在尚未对个人信息单独立法的情况下，这些法规只能适用于对某一领域的个人信息进行保护。不同领域所涉及的个人信息虽然在保护的侧重点上有所不同，但究其本质并无差别，个人信息的单独立法是可行的；而为了缓解网络环境对个人信息安全的威胁及适应网络发展所引发的个人信息的需求变化，从统一的角度进行个人信息的保护，对个人信息保护的单独立法又是非常必要的。2005年2月初举行的"第八届中国国际电子商务大会"上，国务院信息化工作办公室把继续加强信息安全作为2005年国家信息化的一个重点，个人信息被正式提出立法保护，《个人信息保护法》的出台终于被提上日程。

长久以来，个人信息立法保护的不足，导致各行业对个人信息的重视不够，具体操作中不免出现多种不合适，甚至是不顾信息主体利益的做法。《个人信息保护法》的即将出台，意味着原本有可能侵害个人信息安全却没被立法禁止的做法将不得不进行改变。尽管该法仍未正式颁布，其对图书馆网络信息服务的影响可以参考已存在的相关法律和该法的草案来进行分析。又由于原则是对任何事物进行保护的立法基准，无论细则、条文、用词如何变化，基本的原则仍然是判断的最终标准，所以下文以个人信息的保护原则为讨论的基础，就《个人信息保护法》对图书馆网络信息服务可能产生的影响加以探讨。

1）知情同意原则。"个人信息的收集应当合法公正，没有法律规定或在信息主体知情同意下，不得收集个人信息。对不需识别信息主体的个人信息，应当消除该信息的识别力。"在该原则的保护下，图书馆不得在用户不知情或不同意的情况擅自收集用户的个人信息。例如，图书馆在开展网络参考咨询服务时，在用户不知情的情况下收集了用户的 E - mail 地址、兴趣爱好，研究动向等信息，或者是图书馆网站在用户访问时，没有得到用户同意直接发送"Cookie"（跟踪软件）到用户的计算机硬盘上，记录用户在网站中输入的信息或访问站点时所作的选择等，这些行为都将侵犯即将出台的《个人信息保护法》。

2）目的明确原则。"个人信息的收集应当有明确而特定的目的。"满足了知情同意原则，不代表图书馆就可以对用户个人信息进行收集，还必须有明确而特定的收集目的，并在收集前告知和征询用户的同意。例如，用户在访问图书馆网站或接受图书馆提供的某项服务时，往往被强制要求提供一些个人资料，包括姓名、性别、年龄、身份证号码、电话、地址等信息，却没有向用户说明收集信息的目的以及用户提供个人信息后可享受的权利。只有在目的明确原则下，图书馆才能对用户个人信息进行合法收集。即使进行了非法收集，其信息也不具备法律效力，当该图书馆的个人信息库遭受非法入侵盗取时，图书馆便不可维护其信息拥有权。

3）限制利用原则。"对个人信息的处理和利用必须与收集目的一致，必要情况下的目的变更应当有法律规定或取得信息主体的同意。"一般来说，图书馆违背此原则的可能有：①图书馆对合法收集来的用户个人信息进行了不当的处理，如擅自变更用户个人信息的使用方向，将用户为某一特定目的而提供的个人信息用到未经授权的另一目的上，如通过数据挖掘技术，把隐藏在数据背后的用户信息（可能是用户不愿意让他人知道的信息）挖掘出来，据此来调整和重组网站资源结构以提高 Web 站点的性能；②图书馆的工作人员由于职业素质或个人疏忽而泄漏了这些信息；③图书馆基于合作目的，在未征求用户同意的情况下将这些信息提供给其他的图书馆或非营利单位使用；④出于谋利的目的，故意将所掌握的用户信息提供给第三方，如将用户的邮箱地址提供给广告商等。这些行为在《个人信息保护法》出台后都将成为违法行为。

4）完整正确原则。"信息处理主体应当保证个人信息在利用目的范围内准确、完整并及时更新。"这条原则意味着图书馆不得擅自篡改用户个人信息或将错误信息泄漏出去，在收集、处理、利用的过程中必须确保用户个人信息的正确和完整，并随着用户已授权收集的行为信息或个人信息的更改，进行及时更新。例如，在用户已将学历从高中改为大学时，图书馆不进行更新而继续保持旧记录，在此基础上所作的所有分析和研究结论的错误，都不可归咎于用户；相反，用户可要求图书馆对其作出的不实评价承担法律责任。当然，如何确保信息的正确完整不仅是图书馆的工作，更需要用户的配合，才能保证此原则的落实。

5）安全原则。"应当采取合理的安全措施保护个人信息，防止个人信息的意外丢失、毁损、非法收集、处理、利用或披露。"在开放的网络环境中，如果图书馆网站维护网络安全的技术能力不足，会给第三者（如黑客）造成可乘之机。他们利用各种先进的信息技术手段，攻击图书馆的计算机网络和数据库系统，导致用户个人信息在存储和传输的过程中被截获、篡改或非法传播，将严重威胁用户的个人信息安全。但导致这种情况的发生并不完全足以说明图书馆违反法律原则，因为信息技术日新月异，"道高一尺，魔高一丈"，据以判断的关键还在于图书馆是否采取合适合理的安全措施。如果图书馆没有积极提高其网络安全性能，完善引进先进技术的管理制度，采取消极的保护态度，那应视情况追究图书馆的法律责任。

以上是我国《个人信息保护法》草案列出的五项原则，对比联合国和亚太经济合作与发展组织的个人信息保护原则，还应包括以下两项原则。

1）公开原则。在《个人信息保护法专家建议稿》第三节第25条中明确：非国家机关应当于取得收集资格后10日内，在政府公告、当地报纸或其他的媒体上公布一系列的事项，除个人信息档案的内容外，还包括个人信息的类别和范围，信息档案的名称、期限，收集目的，等等。从某种程度上说，这是服务公开、信息公开的体现，只是没有作为一项基本原则被列出。该原则使图书馆信息服务走向透明化，如果在收集了用户个人信息之后，没有公开以上信息，图书馆将违反法律对个人信息的保护原则。

2）无歧视原则。即对民族、种族、肤色、宗教等可能引起歧视的个人资料，不得进行自动处理。该原则意味着图书馆不能在没有得到主体同意的情况下对任何个人的信息擅自进行操作。这与《专家建议稿》的知情同意原则有相同的地方，但是强调了适用主体的范围是任何符合法律保护资格的自然人这个重要前提。所以，根据以上判断分析，图书馆在提供信息服务时要注意改正各种原则性和细微的、可能触及法律的做法，保护用户个人信息。

（3）从宏观和微观看《个人信息保护法》立法对图书馆信息服务的影响

如前所述，图书馆业是一个离不开个人信息的行业，个人信息保护的法律会对其在提供信息服务过程中和自身发展上产生一定程度的影响。从上述《个人信息保护法》的基本立法保护原则对图书馆信息服务的具体规制，可以总结出《个人信息保护法》的出台对图书馆信息服务在宏观和微观上产生的影响。

1）从宏观意义上看，《个人信息保护法》不会成为图书馆信息服务业发展的阻碍。《个人信息保护法》的出台是在个人信息隐私得不到法律保护的今天的必然要求，它的出台对各种滥用个人信息、侵害个人信息安全的行为产生有力的制止。国内图书馆对用户个人信息没有统一的图书馆法律保护，靠的是各馆订立的服务条例，偶有地区性的图书馆法律，又可能有如具体操作方法等的差别，使用户无所适从。而把个人信息作为一种个人隐私，却又找不到相应的隐私权保护法律。在这样的背景下，读者用户无法捍卫自己的个人信息安全权，也就无法真正对图书馆放心。对图书馆信息服务业来说，只有用户的个人信息得到合理的保护，才能树立图书馆良好的形象；只有严格遵守法律对个人信息的保护制度，图书馆在开展其特色信息服务时才能得到用户的信任和支持。所以，《个人信息保护法》的出台，不但不会对图书馆信息服务造成负面影响，反而是图书馆业汰弱留强的竞争机会，是争取客源的契机。

2）从微观上看，《个人信息保护法》的出台会对图书馆信息服务的开展带来一定的影响。个人信息保护的基本原则覆盖信息服务开展的整个过程，包括信息的收集、处理、利用、存储和传播等各个环节，强调了用户的信息控制自主权，具体来说，其影响主要表现在以下几方面：①对信息收集过程的影响。在坚持《个人信息保护法》知情同意和目的明确两原则前提下，图书馆在提供咨询或搜索等信息服务时，不得在用户不知情或未经其同意的情况下收集符合法律定义范围的可识别的个人信息。而且只有把收集目的明确告知用户，并获得用户书面同意（如网上收集可以电子签名等方式确定）后才能进行。而笔者人认为，完整正确原则也在此过程中发挥效力。如图书馆在收集用户信息后，用户双方可各持一份用户信息核对表，以作日后查证之用。因为只有用户提供的信息完整正确，才是图书馆在信息处理和使用过程中保持用户信息完整正确的保证。②对信息处理、利用过程的影响。根据限制利用原则，图书馆在收集用户个人信息后只能根据收集前明确的目的处理和使用信息，如要改变用途，必须事先征询用户同意；而根据完整正确原则，除了再次强调不能擅自篡改用户信息外，还要求图书馆在用户知情允许的前提下及时跟踪用户最新信息的更新，以作改动，保持用户信息的正确性，并在适当的媒体作及时的、不涉及基本内容的公开。③对信息存储、传播过程的影响。安全原则是对用户信息在图书馆的存储和传播方面的主要限制，更是整个信息处理过程的适用原则，要求图书馆尽一切可能的方法保护用户信息的安全，不擅自篡改、不丢失、不作未经授权的传播。如限制访问级，不让未经同意的第三方查看、修改和传播用户信息。

《个人信息保护法》草案中的五原则对图书馆信息服务中整个过程的影响是相互交叉、相互关联的。过去在信息服务中由于开展业务方便和不当目的的驱使，出现擅自收集信息、更改信息、使用信息等不尊重用户个人信息隐私的行为和做法，都将以非法行为而被规制。这些改变是观念上的，也是技术上的，图书馆必须严格遵守法律规定并修正原有的非法行为。

（4）图书馆信息服务中针对个人信息保护的利益平衡机制的建立

1）推出统一的图书馆法律，保护图书馆的整体发展。《个人信息保护法》的出台会对图书馆信息服务产生多方面的影响，根本原因是一直以来我国的图书馆业本身缺乏法律规范指导。我国至今没有一部统一的、完整意义上的图书馆法，而仅仅依靠现有的公共机构、高校、科学院三大系统图书馆行政规章和部分地方性法规来规范我国的整个图书馆事业。由于没有统领全局的图书馆法，我国图书馆事业管理长期呈现条块分割状。在图书馆现代化建设步伐加快的今天，信息资源共享、个人信息保护等一系列新问题接踵而至。在各自为政的体制下，国家对图书馆事业的发展既没有也不可能实施宏观上的把握，更谈不上在微观上加强指导，并可能导致各种规章条例在执行过程中大打折扣，使图书馆信息服务的开展无法顺利进行。为了真正促进图书馆事业的规范化发展，为图书馆事业提供有力的保护，必须建立一部系统的图书馆法，以指导图书馆开展服务。

当然，图书馆法作为国家立法体系的一个子系统，在立法过程中既要注意与其他子系统之间的协调，又要注意自身内部的协调，保持稳定性。例如，在图书馆法中，应该有关于个人信息保护的专门条例，该条例应该符合即将出台的《个人信息保护法》的总体原则，又要根据图书馆信息服务的特点，有针对性地列出具体保护内容。其他在图书馆事业发展过程中出现的问题，都有可能被独立立法规制，只有图书馆法的出台，从总的方面提出法律限制，才是保证图书馆事业稳定发展的根本策略。

2）建立完善的信息控制机制。①工作业务与工作程序公开化、透明化。侵权行为的发生必然受一定的经济利益驱使。图书馆要发展壮大，必然要走上市场化、产业化的道路，这就需要与其他营利或非营利机构进行合作，必然使工作业务和程序变得复杂。在这样的情况下，个人用户对图书馆的业务必须有清楚的认识，才可判断对其个人信息的安全是否造成威胁和造成威胁的程度。把工作业务和工作程序公开，让用户了解其个人信息可能存在的用途和在信息服务各个程序中的收集利用原因，这是对知情同意原则的遵守与维护。②建立个人信息声明制度。所谓个人信息声明，是指图书馆在收集个人信息时，应告知的事项。[14] 为了确保《个人信息保护法》基本原则的实现，在图书馆统一法律出台前，从业界自律的角度出发，在收集个人信息时，必须提供声明——包括收集个人信息的目的和方法的声明，共享或再利用的声明，查阅、修正及更新的声明，个人信息的保护措施及隐私权保护政策链接的声明，等等。通过确立收集个人信息的声明制度，用户对自己的个人信息参与权和控制权能得到很好的实现。

3）建立图书馆信息服务人员的个人信息处理资格确认制。随着图书馆信息服务的形式和内容的丰富，需要大量拥有专业知识和职业操守的工作人员参与。而在用户个人信息处理方面，更是需要有良好的安全技术和道德素质的信息人员配合工作。为使用户信息的安全得以确保，图书馆可对相应职位的图书馆信息人员进行法律培训，如《个人信息保护法》和信息安全技术的培训，并进行定期考核，具备个人信息处理资格的工作人员才可从事图书馆信息服务中的个人信息处理方面的工作。

4）采纳用户接受的技术手段作为信息服务支持。①反黑客等第三方攻击的技术。黑客攻击是最常见也是最复杂的问题，图书馆可参照其他网络服务商在保护用户个人信息中采取的方法进行防范，如虚拟隐私网络和防火墙，但必须紧密跟进技术发展，才可防止黑客窃取用户个人信息。②提供用户自我保护的技术。为维护《个人信息保护法》的实施，图书馆应提供相应的用户保护和选择技术，如在告知将采用 Cookies 跟踪技术后，提供 Cookies 管理器的软件的安装，允许用户关闭 Cookies 文件并选择性地接收来自服务器的 Cookies 文件，以及搜索和查看其中的内容，还可配合电子签名技术，使双方意愿有实质证明方式，保证在用户同意的前提下进行个人信息收集和处理。另外，图书馆在没有统一的信息保护政策法规出台前，可利用 P3P 平台帮助用户识别。P3P 使 WEB 站点能以一种标准机器可读的格式描述其个人信息保护政策和条例，用户可定义自己的个人信息保护底线，自动或半自动地决定是否接受。[15]技术手段不是固定的，相反，其发展是日新月异的，技术支持将是图书馆开展信息服务中的一项长期工作。

5）提供信息服务和信息保护的宣传培训。如前所述，对图书馆信息服务人员的培训必须是持续性的，要通过定期的考核才能上岗。但不可忽略的是，对用户的宣传和教育也同样重要。发生侵权事件不只是单方面的责任，也可能是被侵害方认识不足造成的。对用户进行图书馆信息服务宣传和个人信息保护知识的教育，不但有助于确保个人信息在信息服务中的正确和安全，也有利于用户加深对图书馆的了解，为图书馆的特色信息服务树立良好形象。

通过以上分析可以看出，《个人信息保护法》的出台对图书馆信息服务的开展是机遇，也是挑战。只要坚持图书馆"用户第一"的服务宗旨，严格遵循法律规范，图书馆信息服务业将有更大的发展空间。

2. 数字图书馆信息服务中的版权利益平衡机制

20 世纪 90 年代以来，在全球范围内开始了轰轰烈烈的数字图书馆研究与建设浪潮。进入 21 世纪后，数字图书馆的研究和建设更是得到了突飞猛进的发展和前所未有的重视。数字图书馆以海量的储存、丰富的资源、便捷的检索、快速的传输、跨时空的链接、高度的开放等无可比拟的优点，让传统图书馆望尘莫及。数字图书馆给读者带来的最大好处是信息资源全球化和获取信息资源的快捷性。然而，在数字图书馆的开发过程中，技术问题总是与非技术问题，如经济、社会、法律环境等相互制约和互相促进，建设数字图书馆的过程中遇到了许多需要解决的新问题，版权问题就是其中之一。版权保护问题一直是专家、学者们讨论的热点，并提出了许多关于如何保护作者版权的建议和对策。在版权保护问题中，保护版权人的利益当然重要，但是，使用者或者社会公众利益也同样重要，不能顾此失彼，冷落或弱化任何一方。

版权保护制度是一把双刃剑，如何平衡权利人的利益和社会公众的利益，使其不会直接影响到数字图书馆的建设，不会阻碍图书馆各项职能的发挥，是知识经济社会所要解决的重要问题。虽然英美等国进行的数字图书馆建设的探索和实践已取得一定成就，但是权利人和公众利益的矛盾远没有得到妥善解决。版权保护制度建立以来的200多年历史证明，版权法在有效协调各方面的冲突因素、平衡利益、使图书馆社会职能得以正常发挥、促进全方位的知识创新和知识扩散等方面作出了重要贡献。随着信息在人类社会发展中的作用不断扩大，随着生产、传播和保存信息的技术水平进一步提高，无论是社会发展机制，还是科技进步的力量都应当更有利于图书馆各项职能的发挥，而不是相反，任何制约图书馆职能发挥的行为最终损害的是人类的共同利益，因此，要在版权保护与图书馆职能的发挥中寻求平衡，以利于图书馆事业的进一步发展。

（1）传统图书馆的版权利益平衡机制

传统图书馆是人们比较熟悉的概念，相对于电子化图书馆乃至虚拟图书馆而言，它是一个物理概念，是一个实体，是指一般的手工操作，收藏纸质印刷型图书、文献的图书馆[16]，有固定场所，有一定规模的建筑和藏书，它通过图书馆员为一定范围内的读者或专门读者提供有时间、数量等限制的服务。它的主要任务是搜集、选择、整理、收藏和流通图书资料，以供读者进行学习和参考研究，具有保存人类文化遗产、开展社会教育、传递科学信息、开发智力资源等多种职能。传统图书馆包括手工图书馆和计算机自动化图书馆。手工操作和计算机自动化在本质上区别不大，只是在技术方法、操作程序、工作效率与效益上的变化，因此，它们都属于传统图书馆的范畴。

1）传统图书馆与合理使用制度的一致性。传统图书馆版权利益平衡主要适用合理使用原则。如前所述，合理使用指的是在法律规定的条件下，不必征得著作权人的同意，也不必向其支付报酬，基于正当目的而使用他人著作权作品的合法行为。传统图书馆是公益性机构，通过购买或获得捐赠增加馆藏，以无偿借阅和外借为主要服务手段。传统图书馆的服务直接面向读者，馆藏以有形载体的形式出现，在版权保护问题上，只涉及馆藏外借和复制两方面，但因其购书、受赠图书数量有限，使用者阅览、借阅周期较短，对版权人影响范围较小。依各国版权法及国际公约规定，在传统图书馆阅读、借阅、少量的为个人使用所作复制均属合理使用范畴。[17]图书馆所提供的一系列免费服务对著作权利人的经济利益影响相对不大，故传统图书馆自身很少涉及版权纠纷问题。

传统图书馆对文献资料的传播有一个明显的地域界限，即其服务对象通常情况下局限于本地区的居民。自从资源共享理论提出以来，人们逐渐认识到实现资源共享是图书馆发展的必然趋势，也是提高图书馆服务水平的必由之路，因此在理论和实践上人们都做了大量有益的探索，也取得了一定的成效，但却远远未能达到预期的设想，传统文献载体的时空局限性是造成这一现状的重要原因。虽然理论上非本地居民可通过邮寄等方式获取异地图书馆的文献资料，但在实际操作过程中，对于以印刷型文献为主的传统图书馆而言，在文献的传输过程中存在着大量难以克服的障碍，造成事实上读者从异地图书馆获取文献资料的情况并不多见；同时，印刷型文献在阅览过程中具有独占性，也限制了文献的有效传播。这些制约因素最终造成传统图书馆的文献传播范围在绝大多数情况下仅限于本地居民，文献的利用率较低，对拥有版权作品的潜在市场或价值所产生的影响也就被限制在一个相对较小的程度，从而能确保传统图书馆对文献的传播行为符合合理使用的规定。[18]

图书馆作为公众利益的代表，各国版权法都针对图书馆制定有专门的合理使用条款，又称为图书馆"豁免"或"例外"。传统图书馆条件下，合理使用的内容、范围由版权人与图书馆之间达成共识，各方利益得到均衡。传统图书馆向读者提供的文献资料的版权问题早已在《版权法》或者相关的法律法规中得到了解决，作者的权益得到了应有的保护。因此，在传统图书馆中，几乎不存在版权的纠纷问题，采购图书避免盗版就行。

2）传统图书馆权利用尽原则。目前，传统图书馆出借馆藏著作的主要依据是版权的权利用尽理论。依据权利用尽原则，当版权人或其授权的人将受版权保护作品的所有权转移后，就不得再控制所有人对该作品的出租、出借、销售等行为，允许该作品的所有人以出租、出借、销售等方式处置该作品，不需要向版权人支付版权使用费。换言之，版权人只能在其作品首次销售时获得版权使用费。该原则允许旧书店销售旧书或图书馆出借馆藏资料时，不向版权人支付费用。实行这一原则的目的，在于鼓励作品的自由流通，防止版权的专有性质产生妨碍作品流通的结果。而我国2001年修订的《著作权法》只赋予计算机软件、影视作品等的著作权人以出租权。因此，传统图书馆出借馆藏资料完全是一种合法行为。

3）传统图书馆的社会公共利益性。前面说过，传统图书馆是公益性机构，其购买或受赠的图书数量有限，读者阅览、借阅周期较短，不会影响需要者对图书的购买，对版权人影响范围较小。传统图书馆作为公益性服务机构，一直遵循无偿使用原则。尤其在社会主义社会人们提倡社会文明，当个人利益与社会利益发生冲突时，一般是个人利益服从社会利益，图书馆馆藏资源的出借与传播，不仅不会损害版权人的利益，还能提高版权人的知名度，相对于眼前微小的经济利益，其潜在的价值更加值得期待。同时，为了社会公众利益，由国家或国家授权的机关，可以不经作者或其他著作权人的许可而使用有关作品，这在许多国家的著作权法中都有规定。版权人和国家的支持，使得图书馆的馆藏资源更加丰富，图书馆才能更好地为读者服务。

（2）传统图书馆的版权利益平衡机制在数字环境下面临的挑战

数字图书馆是对传统图书馆的根本性变革，是进入 20 世纪 90 年代以后产生的一个全新的概念。它是随着计算机网络技术、数据库技术、多媒体技术的发展而产生的一种信息图书馆，以数字化方式将信息资源存储在具有海量存储能力的存储系统中，通过计算机和网络将信息资源传递给不同地域的用户，从而做到不受时间、空间限制的信息资源共享。简单地说，数字图书馆是用数字技术收集、存储和组织信息，并通过计算机网络查询和检索信息的一种现代化信息服务系统。它既不是图书馆的数字化，也不是以印刷载体文献为依托的图书馆文献信息开发工作的简单自动化、数字化、网络化。图书馆的自动化、网络化和图书馆资源的数字化是现代图书馆向数字图书馆过渡的必要阶段，但并不是数字图书馆。数字图书馆不像传统图书馆那样是一个物理的概念、一个独立存在的实体，它超出了"馆"的概念，突破了传统图书馆的"藏书建筑"和"信息服务和社会教育机构"，而是一个"系统"。"馆"的物理边界已被突破，更接近于人们的理想，是一种使信息资源真正实现共享的"环球图书馆"。[19] 由于数字化作品的下载和复制变得更为简单，传播的速度更快、范围更广泛，超大的上传信息量容易影响著作权利人的经济利益，版权侵权问题也就更容易发生。

1）数字图书馆与合理使用制度的冲突。在数字图书馆服务条件下，读者可以足不出户，通过利用数字图书馆的馆藏数字文献就能满足或部分满足其文献需求，必然降低购买该文献实体的欲望，而且随着数字图书馆的不断发展壮大，馆藏数字文献品种不断丰富，读者放弃购买文献实体而依赖于数字图书馆馆藏的可能性也会随之不断加强，从而将会对拥有著作权作品的潜在市场或价值产生重大影响；随着数字化信息资源共享程度和范围的急剧扩大，而有效的管理手段却相对滞后，对使用有著作权作品目的和性质将难以控制而造成侵权行为。可见数字图书馆打破了传统图书馆与合理使用制度之间的平衡，合理使用制度已不适应数字图书馆的新情况，随着数字图书馆的不断发展，其所能起到的权益平衡作用将会越来越有限。[20] 数字技术的进步导致法律不断地调整立法中的有关具体规定，对合理使用范围作出愈加严格的解释，作为著作权人与社会公众利益之间平衡点的合理使用范围不断地缩小。因此，在数字图书馆的建设和利用过程中，如何平衡版权人、图书馆和读者之间的利益关系，对合理使用制度作出适当调整，就成为发展数字图书馆事业迫切需要解决的问题之一。

2）数字图书馆在数字技术措施上的限制。在数字图书馆中，各种文字、图像、声音等均要转化成数字化形式并通过网络传递利用，使信息安全、信息内容保真、信息内容还原以及知识产权的保护更加困难。由于数字型文献极易复制，网络窃取手段又极为高明，信息版权保护变得更加困难，著作者的权益得不到应有保护。为了保护著作者的权益，各种限制网络作品传播和使用的技术保护措施就应运而生了。

目前常用的技术保护措施主要有以下几种[21]：① 在网络传播过程中对数字内容进行加密和采用数字签名技术，防止数据被窃取；②用数字摘要和数字水印技术，实现数字内容的完整性，证明作者对作品的著作权，避免信息被非法复制和盗用；③通过公钥算法和标准描述来实现数字版权的描述与验证；④通过个人身份标识的绑定来达到数字版权的合法使用，即数字版权的不可复制；⑤通过国际的标准安全传输协议来实现数字作品传输的安全，运行过程的数字安全传递。此外，还通过网上点击次数限制、阅读期限控制、支付费用方式、下载次数、复制页数以及对数字作品版权的构成要素进行技术性加密等，来维护数字作品的著作权。

通常的技术措施保护，不管是控制访问还是控制使用，从本质上看其往往体现为"每次使用付费"（pay-per-use）的有偿使用作品的机制，即如果用户需要使用作品，往往需要付费后才能获得访问口令和用户密码。著作权人借助技术措施保护便可轻松地控制用户对网上数字作品的访问和使用。由于任何反技术措施保护的技术实施都是不合法的，信息的控制权便完全掌握在拥有控制信息访问权的著作权人手中。这种控制仅为获得授权的用户提供服务，该用户甚至只被限于在指定的时间、指定的终端接受指定次数的服务。这种访问控制技术措施的保护，不仅控制了竞争者的进入，也控制了消费者的进入，后者在传统合理使用制度中处于重要地位，而现在却要仰仗著作权人的"恩赐"。过度或者是欠缺的保护都会使著作权保护的天平发生倾斜。因此，不能说严格的技术措施控制就是有益于著作权保护建设的发展。过于严密的技术措施控制反而会使数字图书馆的建设面临重重沟壑、裹足不前。

3）数字图书馆授权许可的困境。传统图书馆主要是通过出借馆藏图书传递信息、传播知识，数字图书馆却不同。在数字环境下，信息用户可以足不出户，通过网络就能获取所需的信息，不需要一本本实体的图书文献传递。数字图书馆传播的是"海量"的信息，而这种"海量"的信息是"海量"存储的。这些信息的来源是受著作权保护的，必须经过权利人的授权许可才可以在网络上传播，否则就是侵权了。要取得权利人的授权许可，数字图书馆就面临着"海量授权"的问题。数字图书馆要一一征求权利人的授权，工作量会非常庞大，有时候还不一定能找到权利人，实施起来非常困难和复杂，这就不利于数字图书馆的建设和数字资源的流通，违背了数字图书馆建设的初衷。

（3）重建数字图书馆版权利益平衡机制的建议

1）坚持合理使用原则。合理使用体现的是公平、正义的法律原则，是维护公众利益的重要保障，是能反映利益平衡关系状况的版权原则。合理使用的特点是免费和不需经过著作权人允许而使用作品。尽管在网络环境中合理使用制度有可能损害著作权人的利益，但也不能因噎废食，弱化、限制甚至取消合理使用这样一项源自宪法精神所设立的制度，否则将是对公民所享有的言论自由权利的漠视。

"合理使用"是《伯尔尼公约》及各国著作权法中普遍承认的原则，它是版权法在保护版权人权利的同时，对版权人的专有权利在一定范围内的限制，这种限制正是出于对公权保护的考虑。合理使用范畴的界定直接影响了公私利益的平衡。一般而言，合理使用的权利范围越大，利用作品的方式就愈加灵活，侵权的可能性也相对较小。反之，合理使用的权利范围越小，则利用作品的方式就愈加单一，侵权的可能性相对增大。

但是，目前相对版权保护的强势，合理使用还在取消、缩小还是扩大的争议中徘徊。原本模糊的合理使用范围在网络环境下变得更加难以把握，公众正面临使用作品的困惑。对于数字图书馆来讲，以数字技术为支撑，依靠网络环境而存在，时刻都潜伏着版权的侵权因素，而且侵权行为的不确定性、隐蔽性带来了举证、处罚等方面的实际困难，它的合理使用遭到了版权人主要是出版商的极力反对，一些基于合理使用条款的服务项目也遭到质疑。但是我们要认识到，数字图书馆虽然从馆藏到服务手段都不同于传统图书馆，但它始终是代表公众利益的服务机构，是将用户与信息资源联系起来的纽带，是知识传播的中介，在数字时代继续发挥传承人类文明和促进社会发展的不可替代的社会功能。从这个角度来讲，合理使用制度延伸到数字图书馆是十分必要的，但是应当赋予其新的内涵，在传播信息的目标上寻求使用控制，在现代技术的基础上寻求使用合理，朝着服务于鼓励创造性思维和公共教育启迪双重目标的方向发展。数字图书馆需要合理使用的存在，但不是恪守而是应变。作为正处于传统服务方式为主向数字化形式过渡时期的图书馆，应当理清合理性判断诸要素间的关系，把握合理使用的尺度，以充分行使法律所赋予的权利。

面对现在数字环境中合理使用范围越来越小的可能，必须重新考虑合理使用范围的界定，适当扩大合理使用的范围。重构图书馆合理使用制度，必须坚持科学的原则[22]：①公平与效率统一的原则。由公平和效率构成的当代法律的双重价值目标实现的基础是利益平衡，而版权制度就是建立在利益平衡之上合理、合情的合法垄断制度。在合理使用制度的创制过程中，应从分析新的技术条件下权利人、图书馆、读者之间的利益关系着手，调整各自享有的权利，承担的义务和法律责任，实现效率与公平的融洽与和谐。②法益优先原则。图书馆代表的公共利益具有宪法意义上的法益优先价值，在利益的链条中版权保护只是中间环节，通过图书馆服务推动全社会对知识的共享，才是版权法的终极目标。③符合国际立法要求的原则。重构图书馆合理使用制度，必须考虑国际法环境，遵循国际立法规则，即按照《伯尔尼公约》首创，后来得到《与贸易有关的知识产权协议》（《TRIPS协议》）、《世界知识产权组织版权条约》（WCT）和《世界知识产权组织邻接权条约》（WPPT）奉行的关于设置权利限制的"三步检验法"，即权利限制仅仅限于某些特殊情况；权利限制不应与权利的正常利用相冲突；权利限制不应不合理地损害权利持有人的合法权益等来设计合理使用的具体条款。④从国情出发的原则。在合理使用制度的立法上应把国际惯例与我国的国情相结合，按照公平、合理的原则处理发达国家因数字版权保护和网络信息开发对我国形成的不公平、不合理的版权利益关系。⑤程序参与原则。程序参与是立法结果公正性的前提，图书馆界应通过各种方式积极加入到合理使用制度构建当中去，图书馆界的呼声能够对立法起到一定的导向作用。

利益的平衡主要反映在合理利用的适当调整。现代传播技术的发展，扩大了作品的使用方式和途径，使作品传播更为便捷，同时也使作品创作变得容易，创作成本相对降低，所以著作权人对作品使用的社会回报也应相对降低。合理使用的适当扩大，会让更多的人从网络上获得信息和受教育的机会，这正是这种代价的体现，而因特网也不应成为一种获得快捷传达的信息资源而付出高昂代价的传播工具。

2）健全集体管理制度。所谓的著作权集体管理（collective administration copyright）是指著作权人、邻接权人或其他权利所有人无法行使其著作权、邻接权或者行使权利存在实际困难时，将其权利授权予著作权管理机构，由机构代为管理和行使，权利人享受由此带来的利益。[23]数字图书馆面向的是"海量"的信息，数字图书馆"海量"使用信息的特点，使其面临着"海量授权"的问题，要求其逐一取得权利人的授权许可，无疑将使其耗费大量的时间、人力和财力，而这一问题的解决有赖于完善的集体管理制度的建立。

著作权管理是方便地解决数字图书馆建设中数字资源的"海量授权"问题的有效途径。数字图书馆在使用作品时不用一一征求作者的同意，取得作者的授权，只需同集体管理机构打交道就行了，手续简便，这既方便了使用者，又保护了著作权人的利益。著作权集体管理制度一方面为著作权人提供了一种传播作品的方式和获得报酬的渠道，另一方面也为公众合法利用作品创造了条件。它能有效地实现著作权人个人无法行使的权利，给数字图书馆提供一种合法利用他人作品的途径，在著作权人与数字图书馆之间架起沟通的桥梁，同时也为数字图书馆与社会公众架起方便的桥梁，保证数字图书资源的顺畅流通，满足社会公众利益。

当前我国比较成熟的著作权集体管理组织有中国音乐著作权协会，要将建立著作权集体管理组织扩展到其他领域，还需要著作权集体管理制度的不断完善。著作权集体管理组织具有垄断性，其渊源来自国家垄断性的授权与著作权人的授权，所以著作权集体管理组织既要保障著作权人的利益，又要维护公众的权益。因此，著作权集体管理制度被认为是建立著作权人和社会公众之间利益平衡支点的恰当的选择。

3）完善法定许可制度。法定许可是指在法律规定的范围内，可以不经著作权人的许可而使用其作品，但应向著作权人支付报酬的一种制度。[24]法定许可是版权法在权利人利益和使用者利益之间建立平衡机制的一个组成部分。在数字图书馆建设过程中，法定许可制度允许使用者可以不经版权人许可先行使用作品，双方只需事后就价格进行谈判并支付使用费，因而大大减少了谈判环节，降低了不必要的谈判费，并且由于价格谈判往往事后进行，不至于谈判破裂而影响对作品的使用，从而提高了作品的使用效率。因此，图书馆作品数字化后无偿地提供给公众需与版权人签订许可协议，确定其使用对象、使用时间、使用地点、范围等。例如，英美等国，大多数数字化作品经过许可，而且通过签署许可协议来明确这类作品允许传播。大多数许可协议包括：允许有限制的访问；当许可证过期或撤销后就不允许图书馆保留作品的拷贝；限制读者对该作品的拷贝和传播；允许多重机构花费更高的价钱来访问。

以法定许可制度解决数字图书馆版权的着眼点在于，在保障版权人财产利益的前提下，解决使用作品取得版权人许可的困难。数字图书馆建设涉及的作品规模是庞大的，相关作者众多，在信息处理前——与作者联系，商谈作品使用问题是一项十分浩繁的工作，几乎不具有操作性。而法定许可使用制度直接规定数字图书馆的作品使用权来取代版权人的许可，以法定的统一的标准化的交易条件，代替数字图书馆建设者和版权人之间一对一的协商，可降低交易成本，提高数字图书馆建设的效率。对于版权人来说，在其作品上的人格利益受到尊重，作品上的经济利益能够得到实现的前提下，使其作品获得更大范围的传播，一般并不违背其本意。

　　法定许可与合理使用都是版权限制的两个表现，但法定许可与合理使用有所不同：法定许可在一定范围内限制了版权人的人身权，合理使用不仅限制了版权人的人身权，而且也限制了版权人的财产权[25]；法定许可的使用通常具有营利性，而合理使用不具有营利性。法定许可与合理使用的区别源于两者行为性质不同。关于图书馆是否应该接受法定许可，这一问题学术界还存在争议。实际上，数字图书馆除了公益性功能外，还有营利性功能，例如，数字图书馆通过网络传输数字化复制品进行以销售、营利为目的发行，经营网络广告，促进销售获得更多的经济效益。数字图书馆的营利性功能不适用于著作权法中的合理使用，但如果数字图书馆为了其正常运作，要将上网的数字作品经作者一一授权，是不现实的，因此，图书馆应该引进"法定许可"。

　　其实有限度地接受法定许可，并不是对图书馆主体性质与"合理使用"原则的否定，也不会剥夺读者公平利用信息的权利，它一方面可以免去授权许可的复杂性与不易操作性，另一方面可以减少纯粹的合理使用对著作权人利益的弱化，这是满足权利分配与利益平衡的需要，既保护了权利人适当的经济利益（可由法定许可统一规定费率），又打破了网络环境下可能产生的不合理、不合情的权利滥用和过度垄断，从而消除作品传播途径中的阻碍，扩大作品的潜在市场，使更多的读者受益，它对解决数字图书馆著作权问题有着重要的意义。

　　当然，接受法定许可制度无疑将加重数字图书馆的财政负担，但相对于传统图书馆来说，数字图书馆的经营费用低廉，并不至于无力承担，也不会因此改变图书馆的公益性原则。对著作权法律体系进行调整的目的是寻求更好的利益结合点，而非无限制地扩大权利人的利益，毕竟著作权保护的另一面是公共利益。对于图书馆来说，或许传统上的"例外"或"豁免权"无法引入数字环境，但也并不意味着全部放弃。

　　4）建立公共借阅权制度。公共借阅权（public lending right，PLR）又称公共出借权，它是指作者因其版权作品在图书馆中被公众借阅而享有获得报酬的权利。[26]公共借阅权早在 20 世纪 40 年代就作为平衡社会公众和版权人之间利益关系的一项有效措施而发端于西方发达国家。数字技术的发展使该项权益得到了明显加强。但目前我国还没有建立公共借阅权制度。相关领域的专家学者对公共借阅权制度看法不一，见仁见智，有人反对有人支持，也有的保持中立。反对者认为：在中国现在的国情下，图书馆无偿借阅对作者的权益几乎没有什么损害，而实行 PLR 制度无疑会将图书馆变成纯商业性的机构，势必影响到文献传播，挫伤读者的积极性，同时也增加了图书馆业务及管理方面的负担。[27]

　　在传统图书馆中，这种公共借阅权制度也许是没有必要的，但在数字环境下，网络给读者提供了方便快捷的途径获取他们所需要的信息资源，数字图书馆的"海量"信息传递，减少了读者对图书资料的购买量，确实影响了著作权人的利益，挫伤著作权人的创作热情，不利于社会文化的传播和发展。图书馆是介于权利人与社会用户之间的第三方，是维护社会公众利益的代表；同时，图书馆又是作品的重要传播渠道与交流场所，是权利人利益实现的中介与桥梁，是权利人社会利益的保障手段。因而图书馆既要通过积极的信息服务手段，维护与保护公众获取知识的权利，又要通过合理的信息传播方式，尊重作者著作权并促进作品的广泛传播。而随着数字化时代的到来，著作权人的私人利益大力扩张，危及社会公共利益的实现，使原有的利益平衡机制失衡。[28]因而，建立适当的公共借阅权制度十分必要。借阅权制度保障了著作权人的利益，能重新激发创作者的创作热情，促进文化事业的发展，社会公众也能获取更多的信息，吸收更多的文化知识，可以在社会公共利益与著作权人利益之间构建新的平衡点。

在公共借阅权制度实施过程中，作者按其有版权的每本图书在图书馆被借阅的次数收取版税，但这项费用不是由读者或图书馆直接支付，而是由政府统一支付。这些费用通常由政府编入预算，并未直接向图书馆的读者要求收费，也并非以图书馆经费来向作者支付报酬。这些费用经过国家专项基金的方式划拨图书馆后，每年由图书馆支付给著作权人组成的著作权集体管理机构，由其向著作权人进行分配。事实上，国家对图书馆的建设与发展所负有的责任从根本上说是一种对社会的责任，由国家代替读者向著作权人支付借阅使用费、用以平衡社会公众与著作权人之间的利益关系。它既可以使作者的合法经济利益不受损害，又可以为公民创造一定的免费获取信息的机会，还能解除公共数字图书馆难以承受海量作品使用费的困境，从而使数字图书馆的公益性职能得到有效发挥。PLR 制度的建立，能较好地协调社会公众利益和著作权人的合法权利之间的关系，激励整个民族的创造力，实际上是政府用专款来刺激整个社会和文化事业发展的一项有力措施。尽管以目前我国的国情来说，这项经费全部由国家承担，会增加国家的财政负担，但国家可以寻求多方面的支持，争取社会资助来解决这项费用问题。

对版权法究竟在保护作者利益和保护公众利益之间采取怎样的平衡，需要借鉴经验，不断地摸索、磨合和实践。法律是协调社会各种利益的调节器，版权法的核心内容就是对著作权人利益和社会公众利益予以认识，并加以平衡和协调。不同的法律制度有着不同的平衡原则，不同的社会和时代有着不同的价值取向。这种平衡是动态的和相对的，版权本身就是一种相对的权利，而非绝对的权利，相对权利产生相对的公平而非绝对的公平。在不同的历史时期，受经济发展水平的影响，版权法必须在版权人和社会公众两者之间作出利益的法律选择。这样，就会出现一方更多受益，而另一方更多受损的情况。保护作者的利益与促进社会文化繁荣历来是版权平衡的两大砝码，数字时代应寻求两者之间新的利益平衡，这种利益的平衡最终结果应是促进全社会的文学、艺术和科学作品的繁荣，这是版权保护的目的。如何协调版权的保护和公共利益的维护，平衡版权人、使用权人和社会公众的利益，将是一个永久的话题。

6.3.4 信息安全领域的利益平衡机制

信息安全包括信息的秘密性、完整性、真实性、可传播性、可用性和可控性等，其核心在于非授权人不能知悉信息内容，即信息的秘密性。信息安全制度的本质就是通过法律宣布非授权人对信息使用的无效和责任，使得其对信息的知悉变得无利可图甚至付出代价，从而保证信息授权性流通的稳定和可预期。建立信息安全制度时，会遇到各种相互冲突的利益，因而有必要建立利益平衡机制，公平分配信息安全中的权利义务。信息安全最终可归结为信息的秘密性，因此，信息安全领域的利益平衡机制也主要围绕保护信息秘密的利益平衡问题，主要包括以下几方面。

1. 信息获取权与信息保密权之间的利益平衡机制

保护信息内容的秘密性是一切信息系统安全保障措施的终极目的，而信息内容不同，其安全等级程度也不同。因此，为保证其安全性进行的利益平衡也会有所区别。下面分别探讨国家信息、私人信息和商业信息在内容安全性上的利益平衡机制。

（1）国家信息获取权与保密权之间的利益平衡机制

国家信息属于全体国民所有，对公民信息获取权进行限制时应当考虑的利益平衡关系中，一方是公民的知悉权和监督权，另一方是概括为国家利益的各种公众权利。由于国家信息的所有权归全体公民，并且公众获得足够的国家信息是其监督政府依法行政的前提，所以利益平衡的结果是国家信息公开为一般原则，保密为特例。只有当国家能够证明有重要的利益足以对抗公民的知悉权和监督权时，国家才可以将该信息列入国家秘密之列禁止公众知悉。否则，国家信息应对公众开放并且国家有义务提供方便公众获取该信息的机制。

我国过去一直重视对政府信息采取保密措施，如《中华人民共和国保密法》、《中华人民共和国国家安全法》和《中华人民共和国档案法》等均规定了对公民保密的法律义务，却忽视了信息公开制度，法律上缺乏相应的制度保障，从而使政府信息应当公开的未公开，不合理地剥夺了公民获取政府信息的权利。因此，政府应当推动信息资源的公开性和流动性，从市场体制的内在要求出发，把政府信息中除涉及国家安全、商业秘密及决策前信息等不宜公开流动的信息之外的大部分信息公开，增加透明度和流动性，从而提高信息资源的利用效率，避免损失和浪费，这是贯彻政治民主化、接受人民监督、服务社会的方针的重要内容，也是实现公民获知权的重要步骤。比如，为满足公众对国家重大经济状况的知悉权、对国家重要信息资源的共享和对国家经济管理职能的监督，国家统计机构应定期发布统计结果。《中华人民共和国统计法》规定了国家的信息披露义务，除非属于国家秘密、私人信息和商业秘密，国家统计机构应当定期公布统计资料。又如在《档案法》中也规定了国家的信息公开义务。档案是具有纪念意义或史料价值信息的初始载体，具有重要的信息价值和史料价值。对于国家所有的档案，除非涉及国家秘密，国家应当在一定历史时期后将其向社会公布。我国《档案法》第19条确定：“国家档案馆保管的档案，一般应当自形成之日起满30年向社会开放。”未开放的档案也应当在个人或单位履行一定的手续后允许使用。这些规定也是利益平衡的结果。国家所有的档案属于全社会，因此上面记载的信息应当为社会共享，这代表了信息共享的公共利益；然而，国家档案上面记载有信息产生的历史过程，而该历史在特定时期属于国家秘密，或该信息本身属于国家秘密，它的公开可能会影响国家利益，而且这种影响在现阶段难于预测。在平衡了社会公共利益和国家利益后，信息公开成为原则，但应当经过相当长一段时期以后，档案上面记载的信息产生的历史过程或该信息本身对国家的不利影响随时间的流逝已经淡化，该信息才可为公众所获知。

国外在平衡国家信息获取权和保密权方面也建立了很多有效的机制，值得我们借鉴。例如，《美国信息高速公路计划（国家信息基础结构：行动计划）》是一项重要的信息化政策，其中针对政府信息方面的原则和政策表述为“政府设法保证联邦机构，与州和地方政府一起，利用国家信息基础结构扩展公众可得到的信息，保证公众可以方便而公平地享用巨大的政府信息资源。你可以直接或通过诸如图书馆等当地机构获得政府信息，以电子方式申请和接受政府福利，以及方便地与政府官员取得联系”[29]。为了达到这一目标，美国政府于1993年6月制定了关于联邦机构获取、使用和传递政府信息的新政策，规定：联邦机构在向公众传递信息时，必须只收取同传递信息有关的费用，而不收取产生和收集信息的费用。此外，一些机构正在努力设法让更多的公众得到政府信息。它们于1995年3月把联邦机构的几千个办公室纳入交互式的“公民参与中心”（citizen participation center），公民可以方便地利用政府办公室的信息资源。此外，为建立“电子化高效率政府”，还计划开发集成化电子政府信息和服务系统，示范并提供整个政府部门的电子邮件系统。为此，信息基础结构特别工作小组（IITF）成立了信息政策委员会，并下设政府信息工作小组。在立法方面，美国于1967年颁布了《信息自由法》，该法案于1974年和1986年加以修正，扩大和加速了政府对信息的公开披露内容，实现公民获取政府信息的合法权利。要求政府机构在10

个工作日之内对信息请求给以答复，要求政府确立统一收费标准，并将查阅和复制文件的费用限制在合理标准上，免除新闻媒介、教育和科学机构的限制性费用。[30] 美国《信息自由法》的生效，实现了政府信息公开的决定权从政府机构向国会和法院的转移。1976 年 9 月 13 日美国国会又通过了《阳光下的政府法》，同样强调了政府政策信息的公开化；类似的法律还有加拿大的《信息获取法》(1982 年)、《政府信息交流政策》(1988 年)，法国的《信息科学归档文件卡片与自由法》(1978 年) 等。

另外，在具体实现政府信息公开的途径上，也有很多行之有效的办法。如规定政府须承担为满足公民获取权而应向公众公开信息的义务。政府可以拒绝给予公民和社会组织获取政府信息的机会，但拒绝的权利仅限于法律规定的豁免披露情况。法律应当要求负有特定义务的政府部门增加有关信息的透明度，保证公民的了解权得以实现，而不得封锁信息，阻碍信息公开。对政府机构作出的任何拒绝提供获取信息的决定，公民、法人和社会组织可以要求政府部门中主管信息的官员进行审议，直至向法院起诉。信息公开义务可以由多种方式来达成，一些公共图书馆及其他公共及政府机关应依法设立政府信息服务和查询点，提供有效的检索和服务，并实行有偿与无偿服务相结合的原则，涉及公共利益的信息一般应免费提供。美国政府将政府文献和资料报告等由政府指定的，或者通过法律认定的，或者由合同规定的政府文献托管机构（Depository Organization）——主要是图书馆和档案机构掌管，这些机构可以自动地从相应政府部门获得政府出版物，提供给所有公民或特定群体[31]。美国政府指定出借出版物图书馆方案基于三个原则：第一，除了一些特别指定的出版物外，所有出版物一般都可以在出借出版物图书馆找到；第二，每个州和州议会所在地区都要有这种图书馆，以便使人们能够广泛地接触政府信息；第三，对一般公众，这些政府出版物是免费的。[32]

政府信息发布是一种积极的政府行为，是政府部门主动向公众传播信息的行为，如通报本部门的组织结构、工作情况、计划如何实现、将召开哪些会议、该机构拥有哪些信息、如何使用机构提供的服务、公众应遵守的规则等，这些是信息提供和信息发布的衔接点，从而保证政府信息公开的有效性和主动性。在信息发布方面一个新的趋势是政府上网工程，1999 年 1 月 22 日，中国电信与国家经济贸易委员会经济信息中心联合 40 多家部委信息主管部门在北京召开"政府上网工程"启动会，确定到 2000 年底实现 80% 以上部委和政府部门在 163、169 网上建立网站[33]。然而，据研究发现，政府网站普遍存在服务功能和公开意识差、信息少而杂、图片多而不实用等问题。网站是政府与公众交流的一个信息平台和媒介，应当借鉴国外经验提高其使用效率，如公开有关人士的电子邮件和其他联系方式，使检索更方便，及时更新内容并减少花哨的图片，增加使用的便利性。

　　总之，依法获取和利用政府的公开信息，是公民、法人以及其他社会组织的民主权利，政府有向社会公众发布政府信息的义务和责任，并对所提供信息的真实性负责。同时应依法建立政府信息数据库网络系统，最大限度地向社会开放，并提供方便实用的查询手段，网上发布信息应加强服务功能，提高国家宝贵的信息资源的利用率，缓解信息资源短缺与闲置并存的矛盾。政府对信息资源的管理必须遵从与其他物质资源相同的管理原则，恪守价值规律，严格核算制度，考虑成本效益，实行有偿服务与无偿服务相结合的原则，收费标准原则上应低于非国营信息服务单位的价格。对制造虚假信息的行为以及违反国家规定而不提供、拖延提供或不发布、拖延发布信息的行为，如果给国家和社会造成严重危害，对直接责任者应给予行政处分。情节严重，触犯刑律的，应追究刑事责任。

　　当然，公民对于国家信息的知悉权并非是绝对的。国家可能出于其他利益考虑，在适度的范围内剥夺公民的知悉权，这种排除公众知悉权的国家信息就是国家秘密。国家秘密是关系国家安全的重要信息，国家必须有足够的理由才可以将其列为国家秘密禁止公民知悉。被确定为国家秘密的信息应由国家保密法规定，国家保密法由一系列规范国家秘密的实体法和程序法组成，它划定出国家秘密的范围是在对公民的知悉权和国家利益作了利益平衡后确定的。用于对抗公民知悉权的国家利益一般有以下几类：国家安全、国家决策、国防建设、军事活动、外交、国家经济、科学技术的重要成果等。为保证国家秘密的安全，国家保密法规定了严格的保密制度，国家秘密的收发、传递、使用、复制、摘抄、保存和销毁由国家专门制定办法。对该信息的获取必须经过专门的国家机关批准。为划定某类信息是否属于国家秘密而进行的利益平衡，应考虑信息内容涉及国家利益是否足够重大，对该信息的泄漏会引起怎样的后果等因素。由于对信息安全的保护以牺牲公民的知悉权为代价，只有在符合法定国家秘密构成要件并经特定国家机关确定秘密等级后的信息才可成为国家秘密。

　　(2) 个人信息获取权与隐私权之间的平衡机制

　　私人信息安全涉及的利益冲突是个人信息隐私权和他人的信息获取权，由于私人信息属于私人个人所有，所以利益平衡的结果是信息保密为一般原则而允许获取为特例。私人信息利益平衡的倾向对于名人和一般公民也是不同的，一般公民的隐私权相对强化，而名人的隐私权相对弱化。私人信息属于个人隐私，除非本人公开披露，或者在特定场合为确定其身份必须披露的基本信息（如其姓名、年龄等）外，其他的私人信息，他人无权知悉获取，其信息安全受到各国法律的保护。即使是政府部门要获得私人信息也要经过一定的行政程序，并且信息持有部门负有保护信息安全的义务。例如，美国 1974 年《个人隐私法》（也称《个人数据法》）、加拿大 1978 年《个人隐私法》、英国 1984 年《数据保护法》和瑞典 1973 年《数据法》等都对于公民的私人数据提出了具体的保护措施。个人数据信息保护的原则是保密为一般原则，获取需经法定程序批准。法律作出这种利益平衡是由于隐私权属于基本人权的重要组成部分，个人数据多涉及隐私，因此禁止他人和政府对个人隐私信息的获取为一般原则，除非该信息涉及其他利益才可经法律程序授予对该信息的获取权。然而，对于名人，上述利益平衡有所不同。名人因获得了巨大的社会关注并可因此而获利，其隐私权相对弱化，在公众的信息获取权和个人隐私权的利益平衡中，法律向公众的信息获取权倾斜。

（3）商业信息获取权与商业秘密权之间的利益平衡机制

对商业信息的保护与公民个人信息相似，它属于商业机构所有。在有关商业信息安全的利益平衡中，需要与商业机构的商业信息所有权进行利益平衡的利益是消费者或交易相对人对相关产品的知情权。该知情权仅仅限于为进行交易活动而对商品进行的了解。商业信息所有者对于商业信息安全的主要防范对象是同业竞争者。由于商业信息没有申请知识产权保护，信息所有者不能禁止他人对信息内容的使用。其对该信息的保护主要是设置保护措施，如订立规章制度和与员工签订保密协议或采用信息安全技术手段。商业信息所有者可以禁止他人通过不正当手段对该信息的获取，而不能阻止他人对于通过合法渠道得到商业信息并使用。

利用相关法律对商业秘密进行保护的前提是信息所有人已经采取了保密措施。对于商业秘密的法律救济限于对破坏了该保护措施行为的惩处。因此，对于商业信息安全的保护并非直接禁止他人使用信息内容，而是禁止他人破坏信息保护措施。商业秘密安全保护中利益平衡稍稍偏向公众的信息获取权，只有违反了信息权人设定的保密措施才构成违法。这是由于保护商业秘密制度的设立出于维护市场公平竞争的目的，而不是为保护信息生产者的创造性。

此外，商业实体的商业秘密的信息安全往往会和公众的信息获取权相冲突，下面以证券法中的信息披露制度为例，研究如何建立公众信息获取权和商业秘密权之间的利益平衡机制。由于证券向不特定公众发行，涉及公共利益，为使上市公司如实披露信息，避免公众利益受到虚假信息的影响而受损，法律对上市公司和证券交易机构规定了严格的信息披露制度。我国《证券法》专门规定了上市公司的持续信息公开义务，要求公司在发行股票或者债券时，公告招股说明书、公司债券募集办法；发行新股或者公司债券的，还应当公告财务会计报告。另外，还要求上述信息必须真实、准确、完整，不得有虚假记载、误导性陈述或者重大遗漏，并规定了公司有将经营信息和公司状态信息进行中报、年报、及时报的义务和法律责任。并且，国务院证券监督管理机构、发行人、承销商对上市公司的信息披露负有监督义务。可见，证券法中对于信息的强制披露条款是出于保护公众投资者利益，要求公司不得以商业秘密的信息安全为由拒绝提供上述信息，从而有效地维护了公众信息获取权与商业秘密权之间的平衡。

另外，国家获取商业信息的权力源于国家对商业机构进行有效管理的需要。为保证及时了解企业信息，国家通过立法建立了企业的信息上报制度。如会计法中对企业信息披露的要求，主要是国家为了维护市场经济秩序、监督企业的经营状况和纳税情况的需要，以利于对企业的经济和财务状况进行有效监督而规定企业的财务信息披露义务，该义务包括保证财务信息的真实性和完整性义务，以及向相关国家行政管理部门提交财务信息载体的义务。此外，统计法也规定了个体或团体的信息披露义务，其目的也是为了国家了解国民经济和社会发展情况，以及时制定或调整国家政策。

2. 针对信息内容安全的利益平衡机制

信息安全制度通过确定对破坏信息安全者的责任，以对其行为进行追究或消灭其所获信息的外部性为手段，消除非授权人努力寻求特定信息的内在动力，从而达到保护信息安全的目的。在此过程中存在着公民信息传播自由权和国家出于安全目的对公民使用信息获取和传播工具进行限制的矛盾，主要应建立以下两方面的利益平衡机制。

（1）禁止搜索保密信息的利益平衡机制

禁止搜索保密信息是通过建立信息安全制度实现的。信息安全制度是国家法律规定或认可的保护信息安全制度。前者指法律为保护特定信息安全而禁止使用规定的方式对其进行搜索的行为，如禁止通过窃听、非法拍照、跟踪等手段搜索特定信息。后者指法律对当事人之间订立的或单方规定的信息安全制度效力的确认，如信息安全制度、保密协议。国家对信息安全的保护只能通过禁止公民的"获悉过程"，即破坏了法律规定或认可的信息保护措施，而不能禁止公民的"获悉结果"。因此，保护信息安全的规范是对于寻求获悉或传播信息的行为的禁止或限制，而不是对于信息内容本身被获悉的禁止。

（2）禁止传播信息的利益平衡机制

法律往往列出禁止使用的传播方式来保护信息安全。由于不同的传播方式能够到达的传播范围不同，法律一般都要详细规定禁用的传播方式，作出这种区别的原因也是出自利益平衡。在此需要进行的利益平衡是：信息传播人的言论自由权和信息内容涉及的其他相关权利，如隐私权、商业秘密权和国家利益。利益平衡的结果是随着信息内容涉及的利益关系人不同，禁止传播的方式也有所区别。对于所涉及他人相关权利相对弱化的信息，通常利益平衡的结果是有利于维护言论自由权。例如，对于不涉及巨大利益冲突的个人隐私信息，只要不在大范围内侵犯隐私权，可以容忍在小范围内的传播。利益平衡的结果是禁止使用适于大范围传播的方式，如使用拍电影、新闻报道、出版的方式或公开宣讲、登报披露等；而不禁止适于小范围的传播方式，如向特定人的描述、在给特定人的书信中披露等。而对于涉及重大利益的国家秘密信息，利益平衡的结果是：限制公民的言论自由，禁止一切方式的对国家秘密的非授权传播。

3. 使用信息安全技术措施的利益平衡机制

信息技术是控制信息空间信息流向和存取的技术，可以说信息技术是保证信息安全最根本的手段。信息技术是一种自助式的保护方式，其不依靠信息搜寻人对法律规定的遵守，而是利用技术手段建立信息内容的物理屏障，在信息空间中将信息内容置于只有授权人才可进入的安全空间。侵入者也在利用技术手段破译信息安全技术，试图进入该空间。信息技术和破译技术是互相牵制的一对矛盾。随着破译技术的发展，每一种在一定时期可以提供安全保障的信息技术随着时间的推移都可能会变得不安全。所以，法律会禁止破坏信息安全技术，从侧面对信息技术进行制度保护。

使用技术措施保护信息安全的利益平衡在于选用的安全技术强度与成本之间的平衡。实现信息安全是一个在对信息系统进行评估、改进、完善间不断反复的过程，需要一系列复杂的技术才能实现。实现这一过程的信息安全技术也是多种多样的，如密码技术、防盗版技术、防火墙技术、防病毒技术等，而且随着技术的发展还在不断增加，每一种技术对信息安全的保护力度和实施该技术的成本也是不同的。如果盲目选取高技术强的安全技术措施会导致成本过高；另外，如果一味减少对安全技术措施的投入有可能造成所选用的技术措施不能对信息安全构成有效保障。因此，应当为选用的技术措施建立分层次的体系，根据信息重要性、其使用主体的范围以及其存储介质易受攻击的程度等因素选择合适的信息安全技术标准。强化信息安全标准是维持信息安全技术措施的有效性和低成本的最好的平衡方法。信息技术安全标准包括基础类标准、物理类标准、网络类标准、应用类标准，已经确立的国际标准如 ISO7498‐2：1989（信息处理统一开放系统互连——基本参考模型，第二部分：安全体系结构），国内也已制定了 7 个国家标准，如 GB/T15277—94（信息处理 64 比特分组密码算法的工作方式）。我国公共安全行业标准中《计算机信息系统安全专用产品分类原则》规定了计算机信息系统安全专用产品的分类原则，涉及实体安全、运行安全和信息安全三个方面。其中，信息安全包括操作系统安全、数据库安全、网络安全、病毒防护、访问控制、加密与鉴别等七个方面。

4. 针对技术措施的安全制度的利益平衡机制

对于信息内容的保护不仅要采取针对信息载体的保护措施，如采取对信息载体加密和粘贴管理信息的方法，而且进一步保护信息内容的办法也是对此种保护措施的保护，如禁止对于加密信息的解密和破坏粘贴的管理信息。针对信息保护措施的保护是维护信息安全的高级保护，其保护对象是已有的信息保护措施。目前在各国立法实践中已经确立了各种保护信息安全技术措施的法律规定，这些仅仅是对信息安全技术措施进行制度保障的一个组成部分。在法律规范之外，对技术措施进行制度保障的措施主要是安全政策，包括合同约定、行业规章和各企业自己制订的保密制度。安全政策是安全原则的具体体现，而信息安全原则的核心思想就是利益平衡，比如 1992 年 11 月 26 日世界经济合作与发展组织提出的"信息系统安全指南"提出了 9 项信息安全原则，其中负责原则要求信息系统的所有者、提供者和用户以及其他有关方面应合理划分责任；道德原则要求保障信息系统安全性时应当尊重他人的合法权益；配比原则要求保护的安全等级应和需求及费用成比例；民主原则要求信息系统的保护应与民主社会中信息和数据的合理流动和合法使用兼容。

参 考 文 献

[1] 吴汉东. 著作权合理使用制度研究. 北京：中国政法大学出版社，1996：13

[2] 托马斯·L C. 对策论及其应用. 靳敏，王辉青译. 北京：解放军出版社，1988：105

[3] 黄淳，何伟. 信息经济学. 北京：经济科学出版社，1998：249

[4] 尤·库库尔卡. 国际关系学. 林军，于振起译. 北京：中国人民公安大学出版社，1991：220

[5] 洪兵. 国家利益论. 北京：军事科学出版社，1999：27

[6] 洪兵. 国家利益论. 北京：军事科学出版社，1999：41

[7] 吴晓萍，周显志. 创作共用：一种新的鼓励自由创作的版权许可制度. 知识产权，2006 (3)：69 ~ 72

[8] 我已经将一作品在知识共享许可协议下授权，还可以以该作品赚取利润吗. http：// cn. creativecommons. org/index. php/faq/faq-creator/. 2008 - 03 - 22

[9] 郑万青. 知识产权与信息自由权———种全球治理的视角. 知识产权，2006 (5)：20 ~ 25

[10] 傅蓉. 知识共享许可协议. 图书馆，2006 (4)：46 ~ 48, 72

[11] Participating in MIT open course ware. http：//web. mit. edu/ocw/. 2008 - 02 - 20

[12] 张维迎. 信息、管制与中国电信业的改革. 见：张昕竹. 中国规制与竞争：理论和政策. 北京：社会科学文献出版社，2000：245 ~ 250

[13] 刘绿茵. 现代图书馆文献信息服务的十大趋势. 中国信息导报，2005 (12)：23 ~ 25

[14] 吴育珊. 网络个人信息知情权保护机制探析. 经济与法·南方经济，2005 (5)：29

［15］张军，熊枫．网络隐私保护技术综述．广东省自然科学基金资助项目（020199）．2004 – 04 – 17：11

［16］罗剑丽．传统图书馆与虚拟图书馆功能比较．韶关学院学报（社会科学版），2004（8）：135

［17］宋雅范．对数字图书馆建设中著作权合理使用问题的探讨．图书馆论坛，2005（3）：12

［18］刘志贤．论数字图书馆的合理使用．情报杂志，2002（3）：59

［19］黄新建．数字图书馆与传统图书馆之比较．中国科技信息，2005（15）：247

［20］刘志贤．论数字图书馆的合理使用．情报杂志，2002（9）：60

［21］谷玉荣．数字图书馆版权保护现状及策略．科技情报开发与经济，2005（19）：53

［22］秦珂．数字图书馆版权保护若干理论与实践问题摭谈．图书馆学研究，2005（11）：11

［23］江向东．版权制度下的数字信息公共传播．北京：北京图书馆出版社，2005：334

［24］束漫．国外数字图书馆建设及其启示．图书馆理论与实践，2005（1）：97

［25］姜新年．数字图书馆建设中版权人、图书馆、读者之间的利益平衡．图书馆建设，2005（4）：12

［26］江向东．版权制度下的数字信息公共传播．北京：北京图书馆出版社，2005：146

［27］王云才．对实行公共借阅权制度观点的评析．山东图书馆季刊，2005（4）：11

［28］李凤琴．论公共出借权在数字图书馆的运用．图书馆，2004（1）：21

［29］梁战平．美国国家信息基础结构：行动计划．北京：科技文献出版社，1994

［30］巴顿·卡特·T 等．大众传播法概要．黄列译．北京：中国社会科学出版社，1997：148

［31］张怡，慎忧怡．政府信息资源管理中的美国托管图书馆．图书馆杂志，2000（7）

［32］休·鲁格，艾尔弗雷得·格洛斯布伦纳．信息经纪人手册．费怡平等译．北京：中信出版社，2000：143

［33］马秋枫等．计算机信息网络的法律问题．北京：人民邮电出版社，1998

第 7 章　21 世纪信息法律制度的发展

21 世纪到来之际，世界各国信息法律制度发生了深刻的变革。这场变革是随着世界信息化、网络化的快速发展而在全球范围内全面铺开的。1995 年 1 月世界贸易组织的《与贸易有关的知识产权协议》（*Agreement on Trade – related Aspects of Intellectual Property Rights*，TRIPS）的生效，标志着国际知识产权制度进入了一个新阶段。2001 年 12 月 11 日，我国正式成为世界贸易组织的成员国。加入世界贸易组织意味着承担相应的各项义务，要求我国法律制度与世界贸易组织的法律要相一致。2000 ~ 2002 年，我国对主要的知识产权法律进行大规模修订，主要法规被重新颁布。随着知识产权法律法规的修订和完善，其他信息法律法规也相继颁布或制定，我国的信息法制建设开始走上迅速发展的道路。以下对 21 世纪我国信息法律制度的新发展作一概述。

7.1　知识产权法律制度的发展

知识产权国际保护一直是推动知识产权制度发展的重要力量。在知识产权国际条约中，集大成者非世界贸易组织的《与贸易有关的知识产权协议》（即《TRIPS 协议》）莫属。我国知识产权保护制度的建立和发展一直受到知识产权国际保护条约的深刻影响。在《TRIPS 协议》的推动下，我国知识产权保护制度得到了更进一步的发展。

7.1.1　著作权法律制度的发展

《中华人民共和国著作权法》于 1990 年 9 月 7 日由全国人大常务委员会通过，1991 年 6 月 1 日起施行。2001 年 10 月 27 日，全国人大常务委员会通过并公布了"修改《中华人民共和国著作权法》的决定"，修改后的《著作权法》自公布之日起施行。经过此次修订和更新，我国著作权法律制度在著作权保护客体、权利行使、权利保护范围等方面都有了较大的变化，基本适应了经济社会发展的需要。

1. 保护客体

（1）作品类型

修订后的《著作权法》增加了"杂技艺术作品"和"建筑作品"两个受保护的作品类型。杂技艺术作品是指杂技、魔术、马戏等通过形体动作和技巧表现的作品。建筑作品是指以建筑物或者构筑物形式表现的有审美意义的作品。在《著作权法》修订以前，建筑作品实际是作为美术作品受法律保护的。此外，修订后的《著作权法》还将原来的"电影、电视、录像作品"改为"电影作品和以类似摄制电影的方法创作的作品"，使对这一作品类型的概括更加科学、全面，与《伯尔尼公约》的表述完全一致。

（2）汇编作品

在修订之前，《著作权法》中的"编辑作品"仅指作品或作品片断的汇集，不包括数据或其他不受著作权保护的材料的汇编，不符合《TRIPS 协议》规定的"对数据或其他材料的汇编，只要其内容的选择和安排构成智力创作，应予以保护"的要求。为解决这一问题，修订后的《著作权法》规定，汇编若干作品、作品的片段或者不构成作品的数据或者其他材料，对其内容的选择或者编排体现独创性的作品，为汇编作品；其著作权由汇编人享有，但行使著作权时，不得侵犯原作品的著作权。《著作权法》的这一新规定将对我国的信息产业，特别是数据库产业，产生积极的影响。

（3）录音、录像制品

新的《中华人民共和国著作权法实施条例》（以下简称《著作权法实施条例》）对录音制品和录像制品作了更科学的定义。"录音制品"是指任何录制表演的声音和其他声音的录制品；录音制作者是指录音制品的首次制作人。"录像制品"是指电影作品和以类似摄制电影的方法创作的作品以外的任何有伴音或者无伴音的连续相关形象、图像的录制品；录像制作者是指录像制品的首次制作人。

（4）版式设计

修订后的《著作权法》增加了关于保护出版者版式设计的条款，规定出版者有权许可或者禁止他人使用其出版的图书、期刊的版式设计。

2. 权利主体归属和行使

（1）合作作品

在我国《著作权法》中，合作作品分为可分割使用的作品和不可分割使用的作品。对于可以分割使用的合作作品，例如，一首歌曲的词和曲，作者可以对各自创作的部分单独享有著作权，但行使著作权时不得侵犯合作作品整体的著作权。对于不可分割使用的合作作品，新的《著作权法实施条例》规定，其著作权由各合作作者共同享有，通过协商一致行使；不能协商一致的，又无正当理由的，任何一方不得阻碍他方行使除转让以外的其他权利，但是所得收益应当合理分配给所有合作作者。新的《计算机软件保护条例》也作了相同的规定。

（2）委托作品

根据《著作权法》第17条的规定，受委托创作的作品，著作权的归属由委托人和受托人通过合同约定。合同未作明确约定或者没有订立合同的，著作权属于受托人。

最高人民法院《关于审理著作权民事纠纷案件适用法律若干问题的解释》第12条规定，在委托作品著作权属于受托人的情形下，委托人在约定的使用范围内享有使用作品的权利；双方没有约定使用作品范围的，委托人可以在委托创作的特定目的范围内免费使用该作品。

该司法解释第13条规定，除《著作权法》第11条第3款规定"法人作品"的情形外，由他人执笔、本人审阅定稿并以本人名义发表的报告、讲话等作品，著作权归报告人或者讲话人享有。著作权人可以支付执笔人适当的报酬。

该司法解释第14条规定，当事人合意以特定人物经历为题材完成的自传体作品，对著作权权属有约定的，依其约定；没有约定的，著作权归该特定人物享有，执笔人或整理人对作品完成付出劳动的，著作权人可以向其支付适当的报酬。

（3）计算机软件

新的《计算机软件保护条例》对职务软件作品的权利归属作了更为合理的规定。自然人在法人或者其他组织任职期间所开发的软件有下列情形之一的，该软件著作权由法人或者其他组织享有，该法人或者其他组织可以对开发软件的自然人进行奖励：①针对本职工作中明确指定的开发目标所开发的软件；②开发的软件是从事本职工作活动所预见的结果或者自然的结果；③主要使用了法人或者其他组织的资金、专用设备、未公开的专门信息等物质技术条件所开发并由法人或者其他组织承担责任的软件。

新的《计算机软件保护条例》删除了所谓"软件计划许可"的内容，但是仍然保留了如下规定，即由国家机关下达任务开发的软件，著作权的归属与行使由项目任务书或者合同规定；项目任务书或者合同中未作明确规定的，软件著作权由接受任务的法人或者其他组织享有。[①]

---

① 《计算机软件保护条例》第12条。

（4）著作权转让

《著作权法》修订之前，只有关于著作权许可使用的规定，没有明确规定著作权可以转让，导致著作权人无法充分行使其经济权利。修订后的《著作权法》增加了关于著作权转让的条文，充分肯定了著作权转让合同的法律效力。对于可以转让的权利和利益，《著作权法》限定为著作权人享有的经济权利，包括复制权、发行权、出租权、展览权、表演权、放映权、广播权、信息网络传播权、摄制权、改编权、翻译权、汇编权等。[①]《计算机软件保护条例》则规定，软件著作权人可以全部或者部分转让其著作权。但是，软件著作权人享有的权利包括发表权、署名权、修改权、复制权、发行权、出租权、信息网络传播权、翻译权等。除署名权外，软件著作权人的发表权、修改权等本属精神权利的内容也可以转让，这是软件作品的权利行使与其他类型作品的不同之处。《著作权法》要求著作权转让合同包括下列主要内容：①作品的名称；②转让的权利种类、地域范围；③转让价金；④交付转让价金的日期和方式；⑤违约责任；⑥双方认为需要约定的其他内容。

（5）版式、表演、录音录像、广播

修订后的《著作权法》分别规定了出版者有权许可他人使用其出版图书的版式设计，表演者有权许可他人复制及传播其表演，录音录像制作者有权许可他人复制及传播其录音录像制品，广播电台、电视台有权许可他人转播或复制其广播、电视，但是上述权利人行使其权利时不得侵犯所使用的作品的著作权。按照对《著作权法》的解释，上述权利人也可以转让其权利。

（6）集体管理

《著作权法》修订之后，一个显著的变化就是增加了关于集体管理的条文。著作权人和与著作权有关的权利人可以授权著作权集体管理组织行使著作权或者与著作权有关的权利。著作权集体管理组织被授权后，可以以自己的名义为著作权人和与著作权有关的权利人主张权利，并可以作为当事人进行涉及著作权或者与著作权有关的权利的诉讼、仲裁活动。国务院制定并颁布了《著作权集体管理条例》对集体管理组织的设立方式、权利义务、著作权许可使用费的收取和分配，及其监督和管理等内容作出了规定。

中国音乐著作权协会是1992年成立的著作权集体管理组织。该协会已经向使用音乐作品的网站和在公共场所、以营利为目的公开播放背景音乐的商家收费，并向需要以此种方式使用音乐作品的商家颁发使用许可证。目前，该协会将所收费用的80%转交音乐作品的词曲作者。对于我国的集体管理组织是否也为

---

① 《著作权法》第10、25条。

外国著作权人或者与著作权有关的权利人主张权利，集体管理制度是否也适用国民待遇原则，目前仍然不尽明确。中国音乐著作权协会的做法是通过国际音乐著作权协会将费用转交给外国作者。

3. 权利保护

修订后的《著作权法》及配套法规在权利范围、保护期、权利限制、侵权责任和执法措施等方面作了较大的调整，基本达到了《TRIPS 协议》及其他我国加入的著作权国际条约要求的水平，并且具有一定的前瞻性。

（1）权利范围

1）精神权利。《著作权法》规定，作者的精神权利包括发表权、署名权、修改权和保护作品完整权。① 《著作权法实施条例》对作者的修改权作了限定，即许可他人将其作品摄制成电影作品和以类似摄制电影的方法创作作品的，视为已同意对其作品进行必要的改动，但是这种改动不得歪曲篡改原作品。②

新的《计算机软件保护条例》赋予软件著作权人 3 项精神权利，即发表权、署名权和修改权。③ 值得注意的是，在《著作权法》中精神权利的主体是"作者"④，《计算机软件保护条例》则把精神权利的主体界定为"著作权人"，而不是软件开发者⑤。因此，对于职务软件作品来说，作者任职的法人或者其他组织可以成为作品发表权和修改权的初始拥有者，但作品的署名权除外。因《著作权法》第 16 条规定，对于主要利用法人或者其他组织的物质技术条件创作，并由法人或者其他组织承担责任的工程设计图、产品设计图、计算机软件等作品，作者享有署名权，著作权的其他权利由法人或者其他组织享有。

对于精神权利能否通过合同转让的问题，《著作权法》和《计算机软件保护条例》的规定也有微妙的不同。根据《著作权法》的规定，只有经济权利可以转让⑥；然而根据《计算机软件保护条例》的规定，软件著作权人可以全部或者部分转让其软件著作权，并不局限于经济权利，软件发表权和修改权应该也可以转让，但软件署名权不应在可转让之列。⑦此外，《著作权法》关于表演者精神权利的规定表面看并没有变化，即表演者享有表明表演者身份和保护表演形象不受歪曲的权利。但是，由于《著作权法》拓宽了"表演者"定义的外延，将演员和演出单位都包括在表演者范围之内，所以表演者精神权利拥有者的范围也相应

---

① ⑦《著作权法》第10条。

② 《著作权法实施条例》第10条。

③ 《计算机软件实施条例》第8条。

④ 《著作权法》第20条、第21条。

⑤ 《计算机软件保护条例》第8条。

⑥ 《著作权法》第25条。

增大了。

2）经济权利。在著作权人的经济权利方面，《著作权法》的变动较大。根据《著作权法》的规定，著作权人享有下列经济权利：

（一）复制权，即以印刷、复印、拓印、录音、录像、翻录、翻拍等方式将作品制作一份或者多份的权利；

（二）发行权，即以出售或者赠与方式向公众提供作品的原件或者复制件的权利；

（三）出租权，即有偿许可他人临时使用电影作品和以类似摄制电影的方法创作的作品、计算机软件的权利，计算机软件不是出租的主要标的的除外；

（四）展览权，即公开陈列美术作品、摄影作品的原件或者复制件的权利；

（五）表演权，即公开表演作品，以及用各种手段公开播送作品的表演的权利；

（六）放映权，即通过放映机、幻灯机等技术设备公开再现美术、摄影、电影和以类似摄制电影的方法创作的作品等的权利；

（七）广播权，即以无线方式公开广播或者传播作品，以有线传播或者转播的方式向公众传播广播的作品，以及通过扩音器或者其他传送符号、声音、图像的类似工具向公众传播广播的作品的权利；

（八）信息网络传播权，即以有线或者无线方式向公众提供作品，使公众可以在个人选定的时间和地点获得作品的权利；

（九）摄制权，即以摄制电影或者以类似摄制电影的方法将作品固定在载体上的权利；

（十）改编权，即改变作品，创作出具有独创性的新作品的权利；

（十一）翻译权，即将作品从一种语言文字转换成另一种语言文字的权利；

（十二）汇编权，即将作品或者作品的片段通过选择或者编排，汇集成新作品的权利；

（十三）应当由著作权人享有的其他权利。①

《计算机软件保护条例》也规定了软件著作权人的复制权、发行权、出租权、信息网络传播权、翻译权等经济权利。②

《著作权法》对表演者、录音录像制作者和广播组织的经济权利也作了较大的调整。根据《著作权法》的规定，表演者享有许可他人从现场直播和公开传送其现场表演，许可他人录音录像，许可他人复制、发行录有其表演的录音录像

---

① 《著作权法》第 10 条。

② 《计算机软件保护条例》第 8 条。

制品，许可他人通过信息网络向公众传播其表演，并获得报酬的权利①；录音录像制作者享有许可他人复制、发行、出租、通过信息网络向公众传播其制作的录音录像制品，并获得报酬的权利②；广播电台、电视台有权禁止未经其许可将其播放的广播、电视转播，或者将其播放的广播、电视录制在音像载体上以及复制音像载体的行为③。

《著作权法》第59条的规定：本法规定的著作权人和出版者、表演者、录音录像制作者、广播电台、电视台的权利，在本法施行之日尚未超过本法规定的保护期的，依照本法予以保护。因此，自2001年10月27日修订后的《著作权法》开始施行起，一部分原有权利人的权利范围扩大了，可以通过许可或者转让的方式行使权利、获得报酬的范围也扩大了。

法律、法规赋予著作权人新的经济权利包括出租权、放映权、信息网络传播权。其中，出租权是根据《TRIPS协议》的要求从原有的发行权中分离出来的权利，放映权是从广义的表演权中分离出来的权利，信息网络传播权则是着眼于我国网络著作权保护的发展，根据世界知识产权组织1996年形成的两个"互联网条约"创设的权利。世界知识产权组织于1996年12月通过了《版权条约》和《表演与录音制品条约》，赋予权利人享有以有线或者无线方式向公众提供作品，使公众可以在其个人选定的时间和地点获得该作品的权利。我国《著作权法》将该项权利规定为信息网络传播权，并要求国务院制定具体保护办法。以下将进一步作详细介绍。

（2）信息网络传播权

2006年5月10日国务院第135次常务会议通过《信息网络传播权保护条例》（以下简称《条例》），并于2006年7月1日起正式施行。《条例》对权利保护、权利限制以及网络服务提供者责任免除等作了规定，努力实现权利人、网络服务提供者、作品使用者的利益平衡。根据信息网络传播权的特点，《条例》主要作了以下几方面的规定。

1）信息网络传播权的保护。

第一，保护信息网络传播权。《条例》规定：权利人享有的信息网络传播权受著作权法和本条例保护。除法律、行政法规另有规定外，任何组织或者个人将他人的作品、表演、录音录像制品通过信息网络向公众提供，应当取得权利人许可，并支付报酬。④

---

① 《著作权法》第37条。
② 《著作权法》第41条。
③ 《著作权法》第44条。
④ 《信息网络传播权保护条例》第2条。

第二，保护权利人为保护信息网络传播权采取的技术措施。《条例》不仅禁止故意避开或者破坏技术措施的行为，而且还禁止制造、进口或者向公众提供主要用于避开、破坏技术措施的装置、部件或者为他人避开或者破坏技术措施提供技术服务的行为。规定：为了保护信息网络传播权，权利人可以采取技术措施。任何组织或者个人不得故意避开或者破坏技术措施，不得故意制造、进口或者向公众提供主要用于避开或者破坏技术措施的装置或者部件，不得故意为他人避开或者破坏技术措施提供技术服务。但是，法律、行政法规规定可以避开的除外。①

第三，保护用来说明作品权利归属或者使用条件的权利管理电子信息。《条例》不仅禁止故意删除或者改变权利管理电子信息的行为，而且禁止提供明知或者应知未经权利人许可被删除或者改变权利管理电子信息的作品。规定：未经权利人许可，任何组织或者个人不得进行下列行为：（一）故意删除或者改变通过信息网络向公众提供的作品、表演、录音录像制品的权利管理电子信息，但由于技术上的原因无法避免删除或者改变的除外；（二）通过信息网络向公众提供明知或者应知未经权利人许可被删除或者改变权利管理电子信息的作品、表演、录音录像制品。②

第四，建立处理侵权纠纷的"通知与删除"简便程序。③ 权利人认为网络上的作品侵犯其权利或者删除、改变了权利管理电子信息，可以书面要求网络服务提供者删除该作品或者断开与该作品的链接；网络服务提供者根据权利人书面通知，立即删除涉嫌侵权的作品或者断开与该作品的链接，并转告服务对象；服务对象认为其提供的作品未侵犯他人权利，提出书面说明要求恢复的，网络服务提供者立即恢复被删除的作品，还可以恢复与该作品的链接，同时转告权利人；权利人不得再通知网络服务提供者删除该作品，或者断开与该作品的链接。此外，按照权利义务对等原则，《条例》还规定，因权利人滥用通知、给服务对象造成损失的，权利人应当承担赔偿责任。

2）信息网络传播权的限制。为了社会公益事业，满足人民群众对获取知识的需求，《条例》以著作权法的有关规定为基础，在不低于相关国际公约最低要求的前提下，对信息网络传播权作了合理限制。主要有以下几方面。

第一，合理使用。《条例》结合网络环境的特点，将著作权法规定的合理使用情形合理延伸到网络环境，规定为课堂教学、国家机关执行公务等目的通过信息网络提供权利人作品，可以不经权利人许可、不向其支付报酬。此外，考虑到我国图书馆、档案馆等机构已购置了一批数字作品，为了借助信息网络发挥这些

---

① 《信息网络传播权保护条例》第4条。

② 《信息网络传播权保护条例》第5条。

③ 参看《信息网络传播权保护条例》第14、15、16、17条。

数字作品的作用，对一些损毁、丢失或者存储格式已过时的作品进行了合法数字化，《条例》还规定，图书馆、档案馆等机构可以通过信息网络向馆舍内服务对象提供这些作品。①

第二，法定许可。为了发展社会公益事业，《条例》结合我国实际，规定了两种法定许可：一是为发展教育设定的法定许可。规定为通过信息网络实施九年制义务教育或者国家教育规划，可以不经著作权人许可，使用其已经发表作品的片断或者短小的文字作品、音乐作品或者单幅的美术作品、摄影作品制作课件，由制作课件或者依法取得课件的远程教育机构通过信息网络向注册学生提供，但应当向著作权人支付报酬。② 二是为扶助贫困设定的法定许可。规定为扶助贫困，通过信息网络向农村地区的公众免费提供中国公民、法人或者其他组织已经发表的种植养殖、防病治病、防灾减灾等与扶助贫困有关的作品和适应基本文化需求的作品时，网络服务提供者应当在提供前公告拟提供的作品及其作者、拟支付报酬的标准。自公告之日起 30 日内，著作权人不同意提供的，网络服务提供者不得提供其作品；自公告之日起满 30 日，著作权人没有异议的，网络服务提供者可以提供其作品，并按照公告的标准向著作权人支付报酬。网络服务提供者提供著作权人的作品后，著作权人不同意提供的，网络服务提供者应当立即删除著作权人的作品，并按照公告的标准向著作权人支付提供作品期间的报酬。依照前款规定提供作品的，不得直接或者间接获得经济利益。③

3）网络服务提供者的法律责任。网络服务提供者包括网络信息服务提供者和网络接入服务提供者，是权利人和作品使用者之间的桥梁。为了促进网络产业发展，有必要降低网络服务提供者通过信息网络提供作品的成本和风险。而且，网络服务提供者对服务对象提供侵权作品的行为，往往不具有主观过错。为此，《条例》借鉴一些国家的有效做法，对网络服务提供者提供服务规定了四种免除赔偿责任的情形：一是网络服务提供者提供自动接入服务、自动传输服务的，只要按照服务对象的指令提供服务，不对传输的作品进行修改，不向规定对象以外的人传输作品，不承担赔偿责任；二是网络服务提供者为了提高网络传输效率自动存储信息向服务对象提供的，只要不改变存储的作品、不影响提供该作品网站对使用该作品的监控，并根据该网站对作品的处置而作相应的处置，不承担赔偿责任；三是网络服务提供者向服务对象提供信息存储空间服务的，只要标明是提供服务、不改变存储的作品、不明知或者应知存储的作品侵权、没有从侵权行为中直接获得利益、接到权利人通知书后立即删除侵权作品，不承担赔偿责任；四

---

① 参看《信息网络传播权保护条例》第 6、7 条。
② 《信息网络传播权保护条例》第 8 条。
③ 《信息网络传播权保护条例》第 9 条。

是网络服务提供者提供搜索、链接服务的，在接到权利人通知书后立即断开与侵权作品的链接，不承担赔偿责任。但是，如果明知或者应知作品侵权仍链接的，应承担共同侵权责任。①

（3）保护期

《著作权法》没有改变关于作者精神权利的保护期的规定。对于新增的表演者精神权利的保护期，《著作权法》作了与作者精神权利同样的规定。《著作权法》也没有改变关于发表权和经济权利的保护期的规定。新的《计算机软件保护条例》关于保护期的规定已经与《著作权法》相一致，即自然人的软件著作权，保护期为自然人终生及其死亡后50年，截止于自然人死亡后第50年的12月31日；软件是合作开发的，截止于最后死亡的自然人死亡后第50年的12月31日；法人或者其他组织的软件著作权，保护期为50年，截止于软件首次发表后第50年的12月31日，但软件自开发完成之日起50年内未发表的，不再受保护。② 根据《著作权法》第38条、第41条和第44条的规定，表演者的经济权利、录音录像制作者的权利和广播组织的权利保护期都是50年。对于出版者就版式设计享有的权利，《著作权法》规定，保护期为10年，截止于使用该版式设计的图书、期刊首次出版后第10年的12月31日。《著作权法》还规定，本法规定的著作权人和出版者、表演者、录音录像制作者、广播电台、电视台的权利，在本法施行之日尚未超过本法规定的保护期的，依照本法予以保护。③ 因此，《著作权法》修订之后可能导致计算机软件等保护客体的保护期延长。

（4）权利限制

在合理使用、强制许可等权利限制方面，《著作权法》及配套法规的变化也较大。为了避免不适当地扩大权利限制的范围、损害著作权法律保护的统一性和有效性，《中华人民共和国著作权法实施条例》根据《TRIPS协议》的有关要求，设置了一条原则性规定，即依照《著作权法》有关规定，使用可以不经著作权人许可的已经发表的作品的，不得影响该作品的正常使用，也不得不合理地损害著作权人的合法利益。④

1）合理使用。《著作权法》第22条规定了几种情形，使用作品可以不经著作权人许可，不向其支付报酬，但应当指明作者姓名、作品名称，当事人另有约定或者由于作品使用方式的特性无法指明的除外。⑤

---

① 《信息网络传播权保护条例》第20、21、22、23条。
② 《计算机软件保护条例》第14条。
③ 《著作权法》第59条。
④ 《著作权法实施条例》第21条。
⑤ 《著作权法实施条例》第19条。

《著作权法》对合理使用作品的情形作了如下修改①：

（一）对免费表演作了进一步限定，即免费表演已经发表的作品的，该表演既未向公众收取费用，也未向表演者支付报酬；

（二）仅允许为报道时事新闻的目的，在报纸、期刊、广播电台、电视台等媒体中不可避免地再现或者引用他人已经发表的作品；

（三）仅允许报纸、期刊、广播电台、电视台等媒体刊登或者播放其他报纸、期刊、广播电台、电视台等媒体已经发表的关于政治、经济、宗教问题的时事性文章，但作者声明不许刊登、播放的除外；

（四）仅允许将中国公民、法人或者其他组织已经发表的以汉语言文字创作的作品翻译成少数民族语言文字作品在国内出版发行，外国作品不在此限；

（五）将国家机关为执行公务而使用已经发表的作品限制在"合理的范围内"。

《计算机软件保护条例》在软件作品合理使用方面增加了一个条款，即为了学习和研究软件内含的设计思想和原理，通过安装、显示、传输或者存储软件等方式使用软件的，可以不经软件著作权人许可，不向其支付报酬。② 如果仅将这一条适用于教学或者科研领域，那就基本不存在争议。但是对于这一条是否适用于软件行业中普遍采用的对现有软件的反向工程，观点就不尽一致了。以往，对反向工程在我国著作权法律体系中的合法性一直存在争议。一般来讲，反向工程是否合法应当结合其目的与效果加以认定。如果反向工程是为了开发与现有软件相兼容的软件产品，那就应当适用这一条的规定，按照合理使用对待；如果反向工程是为了开发与现有软件相竞争的软件产品，那就要结合其开发出的产品来判断其行为是否属于合理使用；如果反向工程仅仅为了复制或者仿制现有软件，那么这种使用就不够合理了。

2）强制许可。我国《著作权法》中的强制许可是指使用作品可以不经著作权人许可，但应向其支付报酬的方式。强制许可一般只适用于已发表的作品，即著作权人自行或者许可他人公之于众的作品。③

修订后的《著作权法》取消了原有的关于表演已发表作品的强制许可，使用他人作品演出的，表演者（演员、演出单位）应当取得著作权人许可，并支付报酬。演出组织者组织演出，由该组织者取得著作权人许可，并支付报酬。④《计算机软件保护条例》也取消了原有的关于国家机关有权允许指定单位使用国有企业软件的强制许可。

---

① 《著作权法》第22条第1款第3、4、7、9、11项。
② 《计算机软件保护条例》第17条。
③ 《著作权法实施条例》第20条。
④ 《著作权法》第36条。

《著作权法》增加了一类新的强制许可，即为实施九年制义务教育和国家教育规划而编写出版教科书，除作者事先声明不许使用的外，可以不经著作权人许可，在教科书中汇编已经发表的作品片段或者短小的文字作品、音乐作品或者单幅的美术作品、摄影作品，但应当按照规定支付报酬，指明作者姓名、作品名称，并且不得侵犯著作权人依照本法享有的其他权利。这一规定适用于对出版者、表演者、录音录像制作者、广播电台、电视台权利的限制。① 《著作权法》缩小了原有的关于制作录音制品的强制许可的范围，即录音制作者使用他人已经合法录制为录音制品的音乐作品制作录音制品，可以不经著作权人许可，但应当按照规定支付报酬；著作权人声明不许使用的不得使用。② 著作权人按照上述规定声明不得对其作品制作录音制品的，应当在该作品合法录制为录音制品时提出。③

关于广播组织使用作品的强制许可，《著作权法》规定了两类：一类是广播电台、电视台播放他人已发表的作品，可以不经著作权人许可，但应当支付报酬④；不过，这一规定不适用于电影作品及录像制品。根据《著作权法》第 45 条的规定，电视台播放他人的电影作品和以类似摄制电影的方法创作的作品、录像制品，应当取得制片者或者录像制作者许可，并支付报酬；播放他人的录像制品，还应当取得著作权人许可，并支付报酬。另一类是广播电台、电视台播放已经出版的录音制品，可以不经著作权人许可，但应当支付报酬，当事人另有约定的除外⑤。这两类强制许可与上述强制许可不同，著作权人并不能通过声明的方式阻止广播组织对其作品的使用，因此具有更强的强制性。

（5）侵权责任

1）侵权行为。《著作权法》对原有的关于侵权行为的规定进行了充实和完善。根据《著作权法》的规定，仅承担民事责任的著作权侵权行为包括：

（一）未经著作权人许可，发表其作品的；

（二）未经合作作者许可，将与他人合作创作的作品当作自己单独创作的作品发表的；

（三）没有参加创作，为谋取个人名利，在他人作品上署名的；

（四）歪曲、篡改他人作品的；

（五）剽窃他人作品的；

---

① 《著作权法》第 23 条。
② 《著作权法》第 39 条第 3 款。
③ 《著作权法实施条例》第 31 条。
④ 《著作权法》第 42 条。
⑤ 《著作权法》第 43 条。

（六）未经著作权人许可，以展览、摄制电影和以类似摄制电影的方法使用作品，或者以改编、翻译、注释等方式使用作品的，本法另有规定的除外；

（七）使用他人作品，应当支付报酬而未支付的；

（八）未经电影作品和以类似摄制电影的方法创作的作品、计算机软件、录音录像制品的著作权人或者与著作权有关的权利人许可，出租其作品或者录音录像制品的，本法另有规定的除外；

（九）未经出版者许可，使用其出版的图书、期刊的版式设计的；

（十）未经表演者许可，从现场直播或者公开传送其现场表演，或者录制其表演的；

（十一）其他侵犯著作权以及与著作权有关的权益的行为。①

根据《著作权法》的规定，损害公共利益的，不仅应承担民事责任，还应当被追究行政责任或者刑事责任的侵权行为包括：

（一）未经著作权人许可，复制、发行、表演、放映、广播、汇编、通过信息网络向公众传播其作品的，本法另有规定的除外；

（二）出版他人享有专有出版权的图书的；

（三）未经表演者许可，复制、发行录有其表演的录音录像制品，或者通过信息网络向公众传播其表演的，本法另有规定的除外；

（四）未经录音录像制作者许可，复制、发行、通过信息网络向公众传播其制作的录音录像制品的，本法另有规定的除外；

（五）未经许可，播放或者复制广播、电视的，本法另有规定的除外；

（六）未经著作权人或者与著作权有关的权利人许可，故意避开或者破坏权利人为其作品、录音录像制品等采取的保护著作权或者与著作权有关的权利的技术措施的，法律、行政法规另有规定的除外；

（七）未经著作权人或者与著作权有关的权利人许可，故意删除或者改变作品、录音录像制品等的权利管理电子信息的，法律、行政法规另有规定的除外；

（八）制作、出售假冒他人署名的作品的。②

在这些侵权行为中，新增了关于侵犯权利人（包括著作权人、表演者和录音录像制作者）的信息网络传播权，故意避开或者破坏权利人采取的保护权利技术措施，以及故意删除或者改变作品或者录音录像制品的权利管理电子信息的内容。其他的变化——如增加了侵犯出租权、放映权及版式设计的责任——是与权利人权利范围的变化相适应的。另外，《著作权法》将原来的仅适用于"冒名"美术作品的规定扩大到了其他各种类型的作品。例如，摄影作品、文字作品、音

---

① 《著作权法》第 46 条。
② 《著作权法》第 47 条。

乐作品等。可以预见这一条款对制裁制作、出售各类"伪作"的侵权行为人将产生一定的威慑作用。

2）关于传播者责任的特殊规定。根据我国《民法通则》的规定，知识产权法律属于我国民事法律体系的一部分。我国的《著作权法》属于民事特别法，《民法通则》的基本原则理当适用于《著作权法》。我国《民法通则》第 106 条的规定一直被视为我国民事侵权责任的归责原则，即公民、法人由于过错侵害国家的、集体的财产，侵害他人财产、人身的，应当承担民事责任。没有过错，但法律规定应当承担民事责任的，应当承担民事责任。这一条向来被视为我国民事责任的基本原则，即有过错，才有责任，但法律有特殊规定的除外。《民法通则》第 118 条规定了侵害著作权、专利权、商标权等知识产权的民事责任，即公民、法人的著作权、专利权、商标专用权、发现权、发明权和其他科技成果权受到剽窃、篡改、假冒等侵害的，有权要求停止侵害，消除影响，赔偿损失。从《民法通则》第 106 条和第 118 条这两个条款的逻辑关系看，侵犯知识产权的民事责任也应当与第 106 条规定的归责原则相一致。

由此，我们可以得出这样的结论：第一，过错责任原则是我国著作权侵权责任的一般原则；第二，我国的著作权保护法律有特殊规定的，适用该特殊规定。在我国《著作权法》修订以前，并没有这类"特殊规定"。但是由于著作权法律保护的复杂性和特殊性，过错责任并非在任何情况下都能满足实际需要，这在一些著作权侵权案件中表现得非常明显。因此，在《著作权法》修订以前，法院在审理有关案件时，一般都对过错责任采取了变通的做法，在过错责任的名义下，实质上将责任严格化。

在《著作权法》修订过程中，关于传播者的责任问题曾经有过比较激烈的争论。虽然有人主张转而采用不考虑过错的严格责任的原则，但是为了维护我国民事侵权责任体系的统一性，并且考虑到不宜过于加重传播者的责任负担，修订后的《著作权法》采用了折中的方案，即在不改变作品传播者的过错责任性质的前提下，采用推定过错的方式，改变了关于过错的举证责任的分担。《著作权法》第 52 条规定，复制品的出版者、制作者不能证明其出版、制作有合法授权的，复制品的发行者或者电影作品或者以类似摄制电影的方法创作的作品、计算机软件、录音录像制品的复制品的出租者不能证明其发行、出租的复制品有合法来源的，应当承担法律责任。《计算机软件保护条例》也有类似的规定。这些规定减轻了权利人在侵权纠纷案件中的举证责任，实际上强化了对权利人的保护，同时又保证真正无辜的传播者不被侵权责任所累，比较好地平衡了权利人和传播者双方的利益，完善了我国著作权法侵权责任体系，是我国著作权法律保护制度的重要发展。

除了《著作权法》第 52 条的规定之外，新的《计算机软件保护条例》第 30 条针对计算机软件用户的责任作出了特殊规定，即软件的复制品持有人不知道也没有合理理由应当知道该软件是侵权复制品的，不承担赔偿责任；但是，应当停止使用、销毁该侵权复制品。如果停止使用并销毁该侵权复制品将给复制品使用人造成重大损失的，复制品使用人可以在向软件著作权人支付合理费用后继续使用。

软件用户责任是针对软件著作权而产生的特殊法律现象。就一般作品而言，作品的使用者是不承担侵权责任的。例如，出版社出版、发行了盗版书籍要承担侵权责任，但是买了盗版书的人（不论知情与否）都不会仅仅因为看了盗版书就承担侵权责任。

软件用户将所使用的软件复制在有形物体上是用户承担侵权责任的前提条件。软件作品与其他作品不同，用户要使用某个软件就必须对该软件进行复制。这里涉及的复制包括在计算机内存中的暂时复制和在计算机硬盘等有形载体上的长久复制。

如果软件用户是为个人学习、研究或者欣赏而使用已经发表的软件，不论软件是盗版还是正版，也不论用户对盗版知情还是不知情，都不应承担侵权责任。如果软件用户是为商业性经营管理等目的而使用软件，就要承担一定的责任风险。但是，"软件用户"毕竟是相对于软件经营者的概念，他们是处于软件贸易的末端群体，只是使用软件，并不向公众提供（发行）或者展示软件复制件，因此软件用户的责任应当与软件经营者的责任有所不同。《计算机软件保护条例》第 30 条的规定就是软件用户责任特殊性的反映。对于无辜的软件用户仅适用过错责任还不够，还应考虑在必要情况下允许其继续使用。

4. 执法措施

（1）民事救济与制裁

根据《TRIPS 协议》的有关要求，修订后的《著作权法》及配套法规为了及时、有效地保护著作权人的权益，增加了诉前禁令、诉前证据保全制度，并完善了原有的诉前财产保全制度。

《著作权法》第 49 条规定，著作权人或者与著作权有关的权利人有证据证明他人正在实施或者即将实施侵犯其权利的行为，如不及时制止将会使其合法权益受到难以弥补的损害的，可以在起诉前向人民法院申请采取责令停止有关行为和财产保全的措施。人民法院处理前款申请，适用《民事诉讼法》第 93 条至第 96 条和第 99 条的规定。《计算机软件保护条例》第 26 条也有类似的规定。

《著作权法》第 50 条规定，为制止侵权行为，在证据可能灭失或者以后难以取得的情况下，著作权人或者与著作权有关的权利人可以在起诉前向人民法院申请保全证据。人民法院接受申请后，必须在 48 小时内作出裁定；裁定采取保全措施的，应当立即开始执行。人民法院可以责令申请人提供担保，申请人不提供担保的，驳回申请。申请人在人民法院采取保全措施后 15 日内不起诉的，人民法院应当解除保全措施。《计算机软件保护条例》第 27 条也有类似的规定。

根据《著作权法》的规定，侵犯著作权应当承担停止侵害、消除影响、赔礼道歉、赔偿损失等民事责任。为了统一赔偿损失的标准，《著作权法》还专门规定，侵犯著作权或者与著作权有关的权利的，侵权人应当按照权利人的实际损失给予赔偿；实际损失难以计算的，可以按照侵权人的违法所得给予赔偿。权利人的实际损失或者侵权人的违法所得不能确定的，由人民法院根据侵权行为的情节（作品类型、许可使用费、侵权行为性质、后果等），判决给予 50 万元以下的赔偿。① 赔偿数额还应当包括权利人为制止侵权行为所支付的合理开支。一般包括权利人向法院支付的诉讼费用和其他费用，及权利人支付的合理的调查、取证费用和律师费用。

侵犯著作权的诉讼时效为 2 年，自著作权人知道或者应当知道侵权行为之日起计算。权利人超过 2 年起诉的，如果侵权行为在起诉时仍在持续，在该著作权保护期内，人民法院应当裁决被告停止侵权行为；侵权损害赔偿数额应当自权利人向人民法院起诉之日起向前推算 2 年计算。

（2）行政处罚

《著作权法》强化了著作权行政执法的力度，丰富了行政执法的手段。《著作权法》规定，对于侵犯著作权同时损害公共利益的行为，著作权行政管理部门可以责令停止侵权行为，没收违法所得，没收、销毁侵权复制品，并可处罚款；情节严重的，著作权行政管理部门还可以没收主要用于制作侵权复制品的材料、工具、设备等。② 根据《著作权法实施条例》的规定，对于《著作权法》规定的上述损害社会公共利益的侵权行为，由地方人民政府著作权行政管理部门负责查处，国务院著作权行政管理部门可以查处在全国有重大影响的侵权行为；著作权法行政管理部门可以处非法经营额 3 倍以下的罚款，非法经营额难以计算的，可以处 10 万元以下的罚款。③

（3）刑事责任

《著作权法》第 47 条规定，著作权侵权行为构成犯罪的，依法追究刑事责任。我国《刑法》第 217 条和第 218 条规定了著作权犯罪的构成和刑罚。《刑

---

① 《著作权法》第 48 条。
② 《著作权法》第 47 条。
③ 《著作权法实施条例》第 36、37 条。

法》第217条规定，以营利为目的，有下列侵犯著作权情形之一，违法所得数额较大或者有其他严重情节的，处3年以下有期徒刑或者拘役，并处或者单处罚金；违法所得数额较大或者有其他特别严重情节的，处3年以上7年以下有期徒刑，并处罚金；未经著作权人许可，复制发行其文字作品、音乐、电影、电视、录像作品、计算机软件及其他作品的；出版他人享有专有出版权的图书的；未经录音录像制作者许可，复制发行其制作的录音录像的；制作、出售假冒他人署名的美术作品的。《刑法》第218条规定，以营利为目的，销售明知是本法第217条规定的侵权复制品，违法所得数额巨大的，处3年以下有期徒刑或者拘役，并处或者单处罚金。

7.1.2 商标法律制度的发展

《中华人民共和国商标法》（以下简称《商标法》）于1982年8月23日由全国人大常务委员会通过，1983年3月1日起施行。1993年2月22日全国人大常务委员会通过了"修改《中华人民共和国商标法》的决定"，此为《商标法》的第一次修订。2001年10月27日，全国人大常务委员会再次通过了"修改《商标法》的决定"，此为《商标法》的第二次修订，该决定自2001年12月1日起施行。

1. 商标的范围

（1）禁止用作商标的标志

根据我国《商标法》的一贯规定，只有注册商标方享有专有权，但是未注册商标可以在市场上使用。而在第二次修订之前，《商标法》仅规定某些标志不得作为商标使用，没有专门规定哪些标志不得作为商标注册。实践证明，某些标志虽然不能获得商标注册，但是仍然可以作为商标使用。例如，没有显著性的标志不能获得商标注册，但是《商标法》并不干预这些标志作为商标使用；而且这些标志也可能由于长期的使用而获得了显著性，具有其他的特殊含义，进而可以获得商标注册。如果一概禁止无显著性的商标在市场上使用，商标的可选择性就大打了折扣。

《商标法》在第二次修订之后，将禁用与禁注分开规定，仅将与公共利益有关的标志列入禁用之列。根据《商标法》的规定，下列标志不得作为商标使用①：

（一）同中华人民共和国的国家名称、国旗、国徽、军旗、勋章相同或者近

---

① 《商标法》第10条。

似的，以及同中央国家机关所在地特定地点的名称或者标志性建筑物的名称、图形相同的；

（二）同外国的国家名称、国旗、国徽、军旗相同或者近似的，但该国政府同意的除外；

（三）同政府间国际组织的名称、旗帜、徽记相同或者近似的，但经该组织同意或者不易误导公众的除外；

（四）与表明实施控制、予以保证的官方标志、检验印记相同或者近似的，但经授权的除外；

（五）同"红十字""红新月"的名称、标志相同或者近似的；

（六）带有民族歧视性的；

（七）夸大宣传并带有欺骗性的；

（八）有害于社会主义道德风尚或者有其他不良影响的。

县级以上行政区划的地名或者公众知晓的外国地名，不得作为商标。但是，地名具有其他含义或者作为集体商标、证明商标组成部分的除外；已经注册的使用地名的商标继续有效。

根据《商标法》的规定，使用未注册商标，违反禁用规定的，由地方工商行政管理部门予以制止，限期改正，并可以予以通报或者处以罚款。[1] 罚款的数额为非法经营额20%以下或者非法获利2倍以下。[2]

（2）注册商标范围的扩大

第二次修订之后的《商标法》扩展了注册商标的范围，规定注册商标包括商品商标、服务商标、集体商标和证明商标。《商标法》还扩大了注册商标构成要素的范围，规定任何能够将自然人、法人或者其他组织的商品（或服务）与他人的商品（或服务）区别开的可视性标志，包括文字、图形、字母、数字、三维标志和颜色组合，以及上述要素的组合，均可以作为商标申请注册。

2. 商标注册

（1）注册申请人

根据《商标法》的规定，自然人、法人或者其他组织对其生产、制造、加工、拣选或者经销的商品，需要取得商标专用权的，应当向商标局申请商品商标注册。自然人、法人或者其他组织对其提供的服务项目，需要取得商标专用权的，应当向商标局申请服务商标注册。[3] 根据这一规定，我国的自然人也可以申

---

① 《商标法》第48条。
② 《商标法实施条例》第42条。
③ 《商标法》第4条。

请商标注册。

《商标法》还规定，两个以上的自然人、法人或者其他组织可以共同向商标局申请注册同一商标，共同享有和行使该商标专用权。① 这一规定解决了因企业改组或分立，或者因财产继承可能导致的商标权共有的问题。

（2）注册标准

根据《商标法》的规定，申请注册的商标，应当具有显著特征，便于识别，并不得与他人在先取得的合法权利相冲突。②

下列标志不得作为商标注册③：

（一）仅有本商品的通用图形、型号的；

（二）仅仅直接表示商品的质量、主要原料、功能、用途、重量、数量及其他特点的；

（三）缺乏显著特征的。

但上述标志经过使用取得显著特征，并便于识别的，可以作为商标注册。

对于本来具有显著性和识别性，但在使用过程中逐渐变为商品通用名称或者图形的注册商标，即所谓显著性被"淡化"了的注册商标，根据《商标法》第41条的规定，商标局有权撤销该注册商标，其他单位或者个人也可以请求商标评审委员会裁定撤销该注册商标。

（3）注册申请

1）一般规定。根据《中华人民共和国商标法实施条例》以下简称《商标法实施条例》的规定，申请商标注册或者办理其他商标事宜，应当使用中文；依照商标法和本条例的规定提交的各种证件、证明文件和证据材料是外文的，应当附送中文译文；未附送的，视为未提交该证件、证明文件或者证据材料。④

以三维标志申请注册商标的，应当在申请书中予以声明，并提交能够确定三维形状的图样。以颜色组合申请注册商标的，应当在申请书中予以声明，并提交文字说明。申请注册集体商标、证明商标的，应当在申请书中予以声明，并提交主体资格证明文件和使用管理规则。商标为外文或者包含外文的，应当说明含义。⑤ 共同申请注册同一商标的，应当在申请书中指定一个代表人；没有指定代表人的，以申请书中顺序排列的第一人为代表人。⑥

申请商标注册的，申请人应当提交能够证明其身份的有效证件的复印件。商

---

① 《商标法》第5条。

② 《商标法》第9条。

③ 《商标法》第11条。

④ 《商标法实施条例》第8条。

⑤ 《商标法实施条例》第13条。

⑥ 《商标法实施条例》第16条。

标注册申请人的名义应当与所提交的证件相一致。①

2）优先权。商标注册申请人自其商标在外国第一次提出商标注册申请之日起 6 个月内，又在中国就相同商品以同一商标提出商标注册申请的，依照该外国同中国签订的协议或者共同参加的国际条约，或者按照相互承认优先权的原则，可以享有优先权。申请人要求优先权的，应当在提出商标注册申请的时候提出书面声明，并且在 3 个月内提交第一次提出的商标注册申请文件的副本，该副本应当经受理该申请的商标主管机关证明，并注明申请日期和申请号；未提出书面声明或者逾期未提交商标注册申请文件副本的，视为未要求优先权。②

商标在中国政府主办的或者承认的国际展览会展出的商品上首次使用的，自该商品展出之日起 6 个月内，该商标的注册申请人可以享有优先权。申请人要求优先权的，应当在提出商标注册申请的时候提出书面声明，并且在 3 个月内提交展出其商品的展览会名称、在展出商品上使用该商标的证据、展出日期等证明文件，有关证明文件应当经国务院工商行政管理部门规定的机构认证，但展出其商品的国际展览会是在中国境内举办的除外；未提出书面声明或者逾期未提交证明文件的，视为未要求优先权。③

（4）注册申请的审查

1）审查人员的回避。为了保证商标审查及评审工作的公正性，《商标法实施条例》规定，商标局、商标评审委员会工作人员有下列情形之一的，应当回避，当事人或者利害关系人可以要求其回避：④

（一）是当事人或者当事人、代理人的近亲属的；

（二）与当事人、代理人有其他关系，可能影响公正的；

（三）与申请商标注册或者办理其他商标事宜有利害关系的。

2）先申请原则。两个或者两个以上的商标注册申请人，在同一种商品或者类似商品上，以相同或者近似的商标申请注册的，商标局初步审定并公告申请在先的商标。同一天申请的，初步审定并公告使用在先的商标。各申请人应当自收到商标局通知之日起 30 日内提交其申请注册前在先使用该商标的证据。同日使用或者均未使用的，各申请人可以自收到商标局通知之日起 30 日内自行协商，并将书面协议报送商标局；不愿协商或者协商不成的，商标局通知各申请人以抽签的方式确定一个申请人，驳回其他人的注册申请。商标局已经通知但申请人未

---

① 《商标法实施条例》第 14 条。
② 《商标法》第 24 条和《商标法实施条例》第 20 条
③ 《商标法》第 25 条和《商标法实施条例》第 20 条。
④ 《商标法实施条例》第 9 条。

参加抽签的，视为放弃申请，商标局应当书面通知未参加抽签的申请人。①

3）保护在先权利的原则。《商标法》在第二次修订之后，在关于商标注册标准的条文中除了强调商标要具有显著性之外，还专门提到申请注册的商标不得与他人在先取得的合法权利相冲突。②《商标法》第28条规定，申请注册的商标，凡不符合本法有关规定或者同他人在同一种商品或者类似商品上已经注册的或者初步审定的商标相同或者近似的，由商标局驳回申请，不予公告。避免注册商标与他人在先权利相冲突，保护他人在先权利，还可以通过异议和复审等途径实现。

4）初审公告。申请注册的商标，凡符合《商标法》有关规定的，由商标局初步审定，予以公告。③ 商标局对不符合规定或者在部分指定商品上使用商标的注册申请不符合规定的，予以驳回或者驳回在部分指定商品上使用商标的注册申请，书面通知申请人并说明理由。商标局对在部分指定商品上使用商标的注册申请予以初步审定的，申请人可以在异议期满之日前，申请放弃在部分指定商品上使用商标的注册申请；申请人放弃在部分指定商品上使用商标的注册申请的，商标局应当撤回原初步审定，终止审查程序，并重新公告。④

对驳回申请、不予公告的商标，商标局应当书面通知商标注册申请人。商标注册申请人不服的，可以自收到通知之日起15日内向商标评审委员会申请复审，由商标评审委员会作出决定，并书面通知申请人。当事人对商标评审委员会的决定不服的，可以自收到通知之日起30日内向人民法院起诉。⑤

5）异议、复审及司法审查。对初步审定的商标，自公告之日起3个月内，任何人均可以提出异议。公告期满无异议的，予以核准注册，发给商标注册证，并予公告。⑥

对初步审定、予以公告的商标提出异议的，商标局应当听取异议人和被异议人陈述事实和理由，经调查核实后，作出裁定。⑦

经裁定异议成立的，不予核准注册；异议在部分指定商品上成立的，在该部分指定商品上的商标注册申请不予核准。⑧

经裁定异议不能成立的，予以核准注册，发给商标注册证，并予公告；经裁定异议不能成立而核准注册的，商标注册申请人取得商标专用权的时间自初审公

---

① 《商标法》第29条和《商标法实施条例》第19条。

② 《商标法》第9条。

③ 《商标法》第27条。

④ 《商标法实施条例》第21条。

⑤ 《商标法》第32条。

⑥ 《商标法》第30条。

⑦ 《商标法》第33条第1款。

⑧ 《商标法》第34条第2款和《商标法实施条例》第23条第1款。

告3个月期满之日起计算。经裁定异议不成立核准注册的商标，自该商标异议期满之日起至异议裁定生效前，对他人在同一种或者类似商品上使用与该商标相同或者近似的标志的行为不具有追溯力；但是，因该使用人的恶意给商标注册人造成的损失，应当给予赔偿。①

当事人不服商标局的裁决的，可以自收到通知之日起15日内向商标评审委员会申请复审，由商标评审委员会作出裁定，并书面通知异议人和被异议人。当事人对商标评审委员会的裁定不服的，可以自收到通知之日起30日内向人民法院起诉。人民法院应当通知商标复审程序的对方当事人作为第三人参加诉讼。②

当事人在法定期限内对商标局作出的裁定不申请复审或者对商标评审委员会作出的裁定不向人民法院起诉的，裁定生效。

6）注册期限、续展及变更。注册商标的有效期为10年，自核准注册之日起计算。注册商标有效期满，需要继续使用的，应当在期满前6个月内申请续展注册；在此期间未能提出申请的，可以给予6个月的宽展期。宽展期满仍未提出申请的，注销其注册商标。每次续展注册的有效期为10年，自该商标上一届有效期满次日起计算。续展注册经核准后，予以公告。③

变更商标注册人名义、地址或者其他注册事项的，应当向商标局提交变更申请书。商标局核准后，发给商标注册人相应证明，并予以公告；不予核准的，应当书面通知申请人并说明理由。变更商标注册人名义的，还应当提交有关登记机关出具的变更证明文件。未提交变更证明文件的，可以自提出申请之日起30日内补交；期满不提交的，视为放弃变更申请，商标局应当书面通知申请人。变更商标注册人名义或者地址的，商标注册人应当将其全部注册商标一并变更；未一并变更的，视为放弃变更申请，商标局应当书面通知申请人。④ 擅自改变注册商标的注册人名义、地址或者其他注册事项的，商标局有权责令限期改正或者撤销其注册商标。⑤

7）错误更正。商标注册申请人或者注册人发现商标申请文件或者注册文件有明显错误的，可以申请更正。商标局依法在其职权范围内作出更正，并通知当事人。所谓更正错误不涉及商标申请文件或者注册文件的实质性内容。⑥

----

① 《商标法》第34条第2、3款和《商标法实施条例》第23条第3款。
② 《商标法》第33条第1、2款。
③ 《商标法》第41条第1款。
④ 《商标法》第10条。
⑤ 《商标法》第11条。
⑥ 《商标法》第12条。

3. 商标专用权的许可、转让及其他转移

（1）许可

最高人民法院《关于审理商标民事纠纷案件适用法律若干问题的解释》规定，《商标法》第40条规定的商标使用许可包括以下3类：

（一）独占使用许可，是指商标注册人在约定的期间、地域和以约定的方式，将该注册商标仅许可一个被许可人使用，商标注册人依约定不得使用该注册商标；

（二）排他使用许可，是指商标注册人在约定的期间、地域和以约定的方式，将该注册商标仅许可一个被许可人使用，商标注册人依约定可以使用该注册商标，但不得另行许可第三方使用该注册商标；

（三）普通使用许可，是指商标注册人在约定的期间、地域和以约定的方式，许可他人使用其注册商标，并可自行使用该注册商标和许可第三方使用其注册商标。

在注册商标专用权被侵害时，独占使用许可合同的被许可人可以向人民法院提起诉讼；排他使用许可合同的被许可人可以和商标注册人共同起诉，也可以在商标注册人不起诉的情况下，自行提起诉讼；普通使用许可合同的被许可人经商标注册人明确授权的，可以提起诉讼。

商标使用许可合同未经备案的，不影响该许可合同在当事人之间的效力，但当事人另有约定的除外。商标使用许可合同未在商标局备案的，不得对抗善意第三人。注册商标的转让不影响转让前已经生效的商标使用许可合同的效力，但商标使用许可合同另有约定的除外。

（2）转让

转让注册商标的，转让人和受让人应当签订转让协议，并共同向商标局提出申请。转让注册商标申请手续由受让人办理。商标局核准转让注册商标申请后，发给受让人相应证明，并予以公告。① 受让人应当保证使用该注册商标的商品质量。受让人自公告之日起享有商标专用权。②

转让注册商标的，商标注册人对其在同一种或者类似商品上注册的相同或者近似的商标，应当一并转让；未一并转让的，由商标局通知其限期改正；期满不改正的，视为放弃转让该注册商标的申请，商标局应当书面通知申请人。对可能产生误认、混淆或者其他不良影响的转让注册商标的申请，商标局不予核准，书

---

① 《商标法实施条例》第25条。
② 《商标法》第39条。

面通知申请人并说明理由。[①]

（3）其他移转

注册商标专用权因转让以外的其他事由（如财产继承或者企业兼并）发生移转的，接受该注册商标专用权移转的当事人应当凭有关证明文件或者法律文书到商标局办理注册商标专用权移转手续。注册商标专用权移转的，注册商标专用权人在同一种或者类似商品上注册的相同或者近似的商标，应当一并移转；未一并移转的，由商标局通知其限期改正；期满不改正的，视为放弃该移转注册商标的申请，商标局应当书面通知申请人。[②]

4. 商标使用的管理

根据《商标法》的规定，连续 3 年停止使用注册商标的，属于违反商标使用管理的行为，任何人可以向商标局申请撤销该注册商标，并说明有关情况。商标局应当通知商标注册人，限其自收到通知之日起 2 个月内提交该商标在撤销申请提出前使用注册商标的证据材料或者说明不使用的正当理由；期满不提供使用注册商标的证据材料或者证据材料无效并没有正当理由的，由商标局撤销其注册商标。

对于违反商标使用管理规定的行为，工商行政管理部门可以根据《商标法》的规定责令限期改正，予以通报，处以罚款，甚至由商标局撤销其注册商标。对工商行政管理部门根据《商标法》的规定作出的罚款决定，当事人不服的，可以自收到通知之日起 15 日内，向人民法院起诉；期满不起诉又不履行的，由有关工商行政管理部门申请人民法院强制执行。[③]

对商标局撤销注册商标的决定，当事人不服的，可以自收到通知之日起 15日内向商标评审委员会申请复审，由商标评审委员会作出决定，并书面通知申请人。当事人对商标评审委员会的决定不服的，可以自收到通知之日起 30 日内向人民法院起诉。[④]

商标注册人死亡或者终止，自死亡或者终止之日起 1 年期满，该注册商标没有办理移转手续的，任何人可以向商标局申请注销该注册商标。提出注销申请的，应当提交有关商标注册人死亡或者终止的证据。注册商标因商标注册人死亡或者终止而被注销的，该注册商标专用权自商标注册人死亡或者终止之日起终止。[⑤]

---

① 《商标法实施条例》第 25 条。
② 《商标法实施条例》第 26 条。
③ 《商标法》第 50 条。
④ 《商标法》第 49 条。
⑤ 《商标法实施条例》第 47 条。

5. 商标专用权的保护

（1）侵犯商标专用权的行为

注册商标的专用权，以核准注册的商标和核定使用的商品为限。[①] 有下列行为之一的，均属侵犯注册商标专用权[②]：

（一）未经商标注册人的许可，在同一种商品或者类似商品上使用与其注册商标相同或者近似的商标的；

（二）销售侵犯注册商标专用权的商品的；

（三）伪造、擅自制造他人注册商标标识或者销售伪造、擅自制造的注册商标标识的；

（四）未经商标注册人同意，更换其注册商标并将该更换商标的商品又投入市场的；

（五）在同一种或者类似商品上，将与他人注册商标相同或者近似的标志作为商品名称或者商品装潢使用，误导公众的；

（六）故意为侵犯他人注册商标专用权行为提供仓储、运输、邮寄、隐匿等便利条件的；

（七）将与他人注册商标相同或者相近似的文字作为企业的字号在相同或者类似商品上突出使用，容易使相关公众产生误认的；

（八）复制、模仿、翻译他人注册的驰名商标或其主要部分在不相同或者不相类似商品上作为商标使用，误导公众，致使该驰名商标注册人的利益可能受到损害的；

（九）将与他人注册商标相同或者相近似的文字注册为域名，并且通过该域名进行相关商品交易的电子商务，容易使相关公众产生误认的。

根据最高人民法院《关于审理商标民事纠纷案件适用法律若干问题的解释》，"商标相同"是指被控侵权的商标与原告的注册商标相比较，二者在视觉上基本无差别；"商标近似"是指被控侵权的商标与原告的注册商标相比较，其文字的字形、读音、含义或者图形的构图及颜色，或者其各要素组合后的整体结构相似，或者其立体形状、颜色组合近似，易使相关公众对商品的来源产生误认或者认为其来源与原告注册商标的商品有特定的联系。认定商标相同或者近似按照以下原则进行：以相关公众的一般注意力为标准；既要进行对商标的整体比对，又要进行对商标主要部分的比对，比对应当在比对对象隔离的状态下分别进

---

① 《商标法》第51条。

② 《商标法》第52条、《商标法实施条例》第50条及最高人民法院《关于审理商标民事纠纷案件适用法律若干问题的解释》。

行；判断商标是否近似，应当考虑请求保护的注册商标的显著性和知名度。

"类似商品"是指在功能、用途、生产部门、销售渠道、消费对象等方面相同，或者相关公众一般认为其存在特定联系、容易造成混淆的商品。"类似服务"是指在服务的目的、内容、方式、对象等方面相同，或者相关公众一般认为存在特定联系、容易造成混淆的服务。"商标与服务类似"是指商品和服务之间存在特定联系，容易使相关公众混淆。认定商品或者服务是否类似，应当以相关公众对商品或者服务的一般认识综合判断；《商标注册用商品和服务国际分类表》、《类似商品和服务区分表》可以作为判断类似商品或者服务的参考。"相关公众"，是指与商标所标识的某类商品或者服务有关的消费者和与前述商品或者服务的营销有密切关系的其他经营者。

另外，上述侵犯商标专用权的行为中，"未经商标注册人同意，更换其注册商标并将该更换商标的商品又投入市场的"，就是所谓"反向假冒"的行为。在《商标法》第二次修订之前，我国法院已经审理过几起商标反向假冒的案件，但是遇到了适用法律的困难。有的法院适用《民法通则》第4条、第134条和《中华人民共和国反不正当竞争法》（以下简称《反不正当竞争法》）第2条，认定反向假冒属于违反诚实信用和公平竞争原则的不正当竞争行为；有的法院适用第二次修订之前的《商标法》第3条、第38条第4项和《民法通则》第4条、第134条，认定反向假冒属于侵犯商标专用权和违反基本商业道德的行为。《商标法》第二次修订之后，法院处理商标反向假冒有了明确的法律依据。

（2）商标专用权的限制

《商标法》第二次修订之前没有关于商标"合理使用"的规定，但是合理使用的情况在实践中是存在的。现在，《商标法实施条例》规定，注册商标中含有的本商品的通用名称、图形、型号，或者直接表示商品的质量、主要原料、功能、用途、重量、数量及其他特点的内容，或者含有的地名，注册商标专用权人无权禁止他人正当使用。①

（3）执法措施

1）临时措施。《商标法》根据《TRIPS协议》的要求增加了关于商标侵权纠纷案件诉前财产保全、诉前禁令和诉前证据保全的内容。《商标法》第57条规定，商标注册人或者利害关系人有证据证明他人正在实施或者即将实施侵犯其注册商标专用权的行为，如不及时制止，将会使其合法权益受到难以弥补的损害的，可以在起诉前向人民法院申请采取责令停止有关行为和财产保全的措施。人民法院处理前款申请，适用《民事诉讼法》第93条至第96条和第99条的规定。《商标法》第

---

① 《商标法实施条例》第49条。

58条规定，为制止侵权行为，在证据可能灭失或者以后难以取得的情况下，商标注册人或者利害关系人可以在起诉前向人民法院申请保全证据。人民法院接受申请后，必须在48小时内作出裁定；裁定采取保全措施的，应当立即开始执行。人民法院可以责令申请人提供担保，申请人不提供担保的，驳回申请。申请人在人民法院采取保全措施后15日内不起诉的，人民法院应当解除保全措施。

上述《商标法》规定的临时措施有利于及时防止或阻止商标侵权行为，为商标权人及时提供法律救济，基本上满足了《TRIPS协议》第41条第1款的要求。上述诉前禁令还有利于阻止即发侵权行为。在《商标法》第二次修订之前，我国法院已经审理过有关即发侵权的案件，并判决即发侵权行为人承担侵权责任。

另外，商标注册人或者被许可人、合法继承人等利害关系人在注册商标续展宽展期内提出续展申请，未获核准前，以他人侵犯其注册商标专用权提起诉讼的，人民法院应当受理。

2）民事救济和民事制裁。因侵犯注册商标专用权，引起纠纷的，由当事人协商解决；不愿协商或者协商不成的，商标注册人或者利害关系人可以向人民法院起诉，也可以请求工商行政管理部门处理。进行处理的工商行政管理部门根据当事人的请求，可以就侵犯商标专用权的赔偿数额进行调解；调解不成的，当事人可以依照《民事诉讼法》向人民法院起诉。

侵犯商标专用权的民事责任主要包括责令停止侵权行为和赔偿损失。侵犯商标专用权的赔偿数额，为侵权人在侵权期间因侵权所获得的利益，或者被侵权人在被侵权期间因被侵权所受到的损失，包括被侵权人为制止侵权行为所支付的合理开支。

人民法院确定侵权人的赔偿责任时，可以根据权利人选择的计算方法计算赔偿数额。侵权所获得的利益，可以根据侵权商品销售量与该商品单位利润乘积计算；该商品单位利润无法查明的，按照注册商标商品的单位利润计算。因被侵权所受到的损失，可以根据权利人因侵权所造成商品销售减少量或者侵权商品销售量与该注册商标商品的单位利润乘积计算。制止侵权行为所支付的合理开支，包括权利人或者委托代理人对侵权行为进行调查、取证的合理费用。

人民法院根据当事人的诉讼请求和案件具体情况，可以将符合国家有关部门规定的律师费用计算在赔偿范围内。

上述侵权人因侵权所得利益，或者被侵权人因被侵权所受损失难以确定的，由人民法院根据当事人的请求或者依职权判决给予50万元以下的赔偿。[①] 人民法

---

① 《商标法》第56条。

院在确定赔偿数额时，应当考虑侵权行为的性质、期间、后果，商标的声誉，商标使用许可费的数额，商标使用许可的种类、时间、范围及制止侵权行为的合理开支等因素综合确定。当事人就赔偿数额达成协议的，应当准许。

销售不知道是侵犯注册商标专用权的商品，能证明该商品是自己合法取得并说明提供者的，不承担赔偿责任。①

侵犯注册商标专用权的诉讼时效为 2 年，自商标注册人或者利害权利人知道或者应当知道侵权行为之日起计算。商标注册人或者利害关系人超过 2 年起诉的，如果侵权行为在起诉时仍在持续，在该注册商标专用权有效期限内，人民法院应当判决被告停止侵权行为，侵权损害赔偿数额应当自权利人向人民法院起诉之日起向前推算 2 年计算。

人民法院在审理侵犯注册商标专用权纠纷案件中，依据《民法通则》第 134 条、《商标法》第 53 条的规定和案件具体情况，可以判决侵权人承担停止侵害、排除妨碍、消除危险、赔偿损失、消除影响等民事责任，还可以作出罚款、收缴侵权商品、伪造的商标标识和专门用于生产侵权商品的材料、工具、设备等财物的民事制裁决定。罚款数额可以参照《商标法实施条例》的有关规定确定。工商行政管理部门对同一侵犯注册商标专用权的行为已经给予行政处罚的，人民法院不再予以民事制裁。

3）行政处罚。对侵犯注册商标专用权的行为，工商行政管理部门有权依法查处；涉嫌犯罪的，应当及时移送司法机关依法处理。② 工商行政管理部门处理商标侵权纠纷案件时，认定侵权行为成立的，有权责令立即停止侵权行为，没收、销毁侵权商品和专门用于制造侵权商品、伪造注册商标标识的工具，并可处以罚款，罚款数额为非法经营额 3 倍以下；非法经营额无法计算的，罚款数额为 10 万元以下。当事人对处理决定不服的，可以自收到处理通知之日起 15 日内依照《行政诉讼法》向人民法院起诉；侵权人期满不起诉又不履行的，工商行政管理部门可以申请人民法院强制执行。③

4）刑事责任。根据《商标法》和《刑法》的有关规定，未经注册商标所有人许可，在同一种商品上使用与其注册商标相同的商标，情节严重的，处 3 年以下有期徒刑或者拘役，并处或者单处罚金；情节特别严重的，处 3 年以上 7 年以下有期徒刑，并处罚金。④ 销售明知是假冒注册商标的商品，销售金额数额较大的，处 3 年以下有期徒刑或者拘役，并处或者单处罚金；销售金额数额巨大的，

<hr>

① 《商标法》第 56 条。
② 《商标法》第 54 条。
③ 《商标法》第 53 条及《商标法实施条例》第 52 条。
④ 《商标法》第 59 条第 1 款、《刑法》第 213 条。

处 3 年以上 7 年以下有期徒刑，并处罚金。[1] 伪造、擅自制造他人注册商标标识或者销售伪造、擅自制造的注册商标标识，情节严重的，处 3 年以下有期徒刑、拘役或者管制，并处或者单处罚金；情节特别严重的，处 3 年以上 7 年以下有期徒刑，并处罚金。[2]

6. 驰名商标的特殊保护

（1）驰名商标的含义

《商标法》第二次修订之后，我国对驰名商标的特殊保护明显增强。根据《商标法》第 14 条的规定，认定驰名商标应当考虑下列因素：

（一）相关公众对该商标的知晓程度；

（二）该商标使用的持续时间；

（三）该商标的任何宣传工作的持续时间、程度和地理范围；

（四）该商标作为驰名商标受保护的记录；

（五）该商标驰名的其他因素。

所谓"相关公众对该商标的知晓程度"，参考《TRIPS 协议》的有关规定，确认某商标是否系驰名商标，应顾及有关公众对其知晓程度，包括在该成员地域内因宣传该商标而使公众知晓的程度。因此，驰名商标应当是指该商标在我国大陆的相关公众中的知名度。

（2）驰名商标的认定

根据《商标法实施条例》的规定，依照《商标法》和本条例的规定，在商标注册、商标评审过程中产生争议，有关当事人认为其商标构成驰名商标的，可以相应向商标局或者商标评审委员会请求认定驰名商标，驳回违反《商标法》第 13 条规定的商标注册申请或者撤销违反《商标法》第 13 条规定的商标注册。有关当事人提出申请时，应当提交其商标构成驰名商标的证据材料。[3] 这一规定不仅适用于我国商标，而且适用于外国商标。

1996 年 8 月 14 日国家工商行政管理总局公布了《驰名商标认定和管理暂行规定》，国家工商总局商标局于 2000 年 4 月 28 日又发出了《关于申请认定驰名商标若干问题的通知》，但是被认定的驰名商标都是我国的商标。新的《商标法实施条例》生效后，国家工商总局也可以对外国驰名商标加以认定。

根据最高人民法院公布的《关于审理商标民事纠纷案件适用法律若干问题的解释》，人民法院审理商标纠纷案件，根据当事人的请求以及案件的具体情况，

---

① 《商标法》第 59 条第 2 款、《刑法》第 214 条。

② 《商标法》第 59 条第 3 款、《刑法》第 215 条。

③ 《商标法实施条例》第 5 条。

可以依照《商标法》第 14 条的规定，对涉及的注册商标是否驰名依法作出认定。当事人对曾经被行政主管机关或者人民法院认定的驰名商标请求保护的，对方当事人对涉及的商标驰名不持异议，人民法院不再审查。提出异议的，人民法院应予以审查。

（3）驰名商标特殊保护

根据《商标法》第 13 条的规定，就相同或者类似商品申请注册的商标是复制、模仿或者翻译他人未在中国注册的驰名商标，容易导致混淆的，不予注册并禁止使用。就不相同或者不相类似商品申请注册的商标是复制、模仿或者翻译他人已经在中国注册的驰名商标，误导公众，致使该驰名商标注册人的利益可能受到损害的，不予注册并禁止使用。

1）禁止擅自作为商标使用。根据《商标法》第 13 条及最高人民法院《关于审理商标民事纠纷案件适用法律若干问题的解释》第 2 条的规定，复制、模仿、翻译他人未在中国注册的驰名商标或其主要部分，在相同或者类似商品上作为商标使用，容易导致混淆的，应当承担停止侵害的民事责任。保护未在我国注册的驰名商标是我国商标法律制度的新发展。

根据《商标法实施条例》的规定，使用商标违反驰名商标保护规定的，有关当事人可以请求工商行政管理部门禁止使用。当事人提出申请时，应当提交其商标构成驰名商标的证据材料。经商标局依照《商标法》第 14 条的规定认定为驰名商标的，由工商行政管理部门责令侵权人停止违反《商标法》第 13 条规定的使用该驰名商标的行为，收缴、销毁其商标标识；商标标识与商品难以分离的，一并收缴、销毁。①

法院也可以依据《商标法》的规定，根据驰名商标权利人的请求发出诉前禁令或者作出责令停止侵权的判决。②

2）禁止擅自在企业名称中使用。根据《商标法实施条例》的规定，商标所有人认为他人将其驰名商标作为企业名称登记，可能欺骗公众或者使公众造成误解的，可以向企业名称登记主管机关申请撤销该企业名称登记。企业名称登记主管机关应当依照《企业名称登记管理规定》处理。③

上述规定主要是指将他人驰名商标作为企业名称中的字号（或商号）登记，从而欺骗或者误导公众。在我国也发生上述情况，例如，北京某公司登记了"北京宾士域保龄球有限公司"的名称，故意与美国某企业使用于保龄球设备、器材等商品上，并在我国具有很高知名度的商标"宾士域"相混淆。驰名商标的权

---

① 《商标法实施条例》第 45 条。
② 《商标法》第 53、57 条。
③ 《商标法实施条例》第 53 条。

利人可以根据《企业名称登记管理规定》向有关企业名称登记主管机关申请撤销该企业名称登记。

自 2001 年起，在我国出现了所谓"影子公司"以假洋名牌欺骗消费者的情况。某些不良经营者在中国香港地区、中国澳门地区等地成立的公司将外国的驰名商标作为自己的字号登记，然后再许可内地厂商进行产品制造、宣传和销售。这些为掩护商标侵权行为所登记的公司被称为影子公司。例如，有人登记了所谓"香港耐克鞋业有限公司"，该公司在内地许可生产的运动鞋上都故意突出标注了"耐克"两字，与"耐克"商标相混淆，误导内地消费者。对于这些假冒驰名商标的行为，除了根据我国《反不正当竞争法》、《商标法》和《商标法实施条例》的有关规定加以制裁之外，还应当向影子公司登记地的执法机构投诉，申请将影子公司的营业登记撤销。

3）禁止抢注。根据《商标法》第 41 条第 2 款，已经注册的商标，违反《商标法》第 13 条关于驰名商标保护的规定的，自商标注册之日起 5 年内，商标所有人或者利害关系人可以请求商标评审委员会裁定撤销该注册商标。对恶意注册的，驰名商标所有人不受 5 年的时间限制。

这一规定与巴黎公约第 6 条第 2 款的规定是一致的。对于那些广为人知的，尤其是用于消费领域的驰名商标来说，权利人一般可以证明商标注册人具有恶意，因此不受上述规定的 5 年的时间限制。但是对于那些只在特定领域为人所知的用于生产资料领域的驰名商标来说，如果他人在不相类似的领域进行了注册，权利人要证明注册人具有恶意就比较困难，因此要受上述规定的 5 年的时间限制。当然，不论是否受 5 年的时间限制，权利人提出撤销请求的，都必须证明其利益因被申请人的商标注册受到了损害。[①]

7. 地理标志的保护

（1）地理标志的含义

根据《商标法》的规定，地理标志是指标示某商品来源于某地区，该商品的特定质量、信誉或者其他特征，主要由该地区的自然因素或者人文因素所决定的标志。[②]

（2）地理标志保护

1）禁止擅自注册或使用。根据《商标法》的规定，商标中含有商品的地理标志，而该商品并非来源于该标志所标示的地区，误导公众的，不予注册并禁止

---

① 《商标法》第 13 条。
② 《商标法》第 16 条第 2 款。

使用；但是，已经善意取得注册的继续有效。①

已经注册的商标，违反《商标法》关于地理标志保护规定的，自商标注册之日起 5 年内，地理标志权利人或者利害关系人可以请求商标评审委员会裁定撤销该注册商标。②

《TRIPS 协议》第 22 条规定，如果使用某地理标志虽然逐字真实指明商品的来源地域、地区或地方，但仍误导公众以为该商品来源于另一地域，也应不予注册并禁止使用。考虑到我国地域辽阔，巧合的地名不乏其例，准用《TRIPS 协议》的上述规定就能阻止和制裁因地名巧合而规避地理名称保护的行为。例如，龙井茶、黄岩蜜橘、烟台梨都属地理标志，如果贵州也有地名"龙井"，辽宁也有地名"黄岩"，甘肃也有地名"烟台"，这些地方出产的茶叶、蜜橘和梨也使用"龙井茶""黄岩蜜橘"和"烟台梨"的标志，显然会造成混淆，因此应予禁止。当然，地理标志的权利人无权禁止他人对地名的正当使用。③

2）地理标志的商标注册。根据《商标法》的规定，县级以上行政区划的地名或者公众知晓的外国地名，不得作为商标使用。但是，地名具有其他含义或者作为集体商标、证明商标组成部分的除外；已经注册使用地名的商标继续有效。④

《商标法实施条例》规定，地理标志可以依照《商标法》和本条例的规定，作为证明商标或者集体商标申请注册。以地理标志作为证明商标注册的，其商品符合使用该地理标志条件的自然人、法人或者其他组织可以要求使用该证明商标，控制该证明商标的组织应当允许。以地理标志作为集体商标注册的，其商品符合使用该地理标志条件的自然人、法人或者其他组织，可以要求参加以该地理标志作为集体商标注册的团体、协会或者其他组织，该团体、协会或者其他组织应当依据其章程接纳为会员；不要求参加以该地理标志作为集体商标注册的团体、协会或者其他组织的，也可以正当使用该地理标志，该团体、协会或者其他组织无权禁止。⑤

7.1.3　专利法律制度的发展

《中华人民共和国专利法》于 1984 年由全国人大常务委员会通过，1985 年 4 月 1 日起施行。1992 年 9 月 4 日，全国人大常务委员会通过了修改《中华人民共和国专利法》的决定，这是《专利法》的第一次修正。2000 年 8 月 25 日，全国

---

① 《商标法》第 16 条第 1 款。
② 《商标法》第 41 条第 2 款
③ 《商标法实施条例》第 49 条。
④ 《商标法》第 10 条。
⑤ 《商标法实施条例》第 6 条。

人大常务委员会再次通过了修改《专利法》的决定，这是《专利法》的第二次修正，该决定自2001年7月1日起施行。

1. 保护客体

《专利法》第二次修订之后，在专利保护客体方面没有大的变化。专利保护的客体仍然是发明、实用新型和外观设计三类。《中华人民共和国专利法实施细则》（以下简称《专利法实施细则》）将外观设计的定义调整为，对产品的形状、图案或者其结合以及色彩与形状、图案的结合所作出的富有美感并适于工业应用的新设计。①

授予发明和实用新型专利权的条件没有变化，授予外观设计专利权的条件稍有增加，即授予专利权以外观设计权，应当同申请日以前在国内外出版物上公开发表过或者国内公开使用过的外观设计不相同和不相近似，并不得与他人在先取得的合法权利相冲突。②

《专利法》第5条规定，违反国家法律、社会公德或者妨害公共利益的发明创造，不授予专利权。《专利法实施细则》对此的解释为，违反国家法律的发明创造，不包括仅实施为国家法律所禁止的发明创造。③

2. 专利权的归属和行使

（1）职务发明创造

《专利法》规定，执行本单位的任务或者主要是利用本单位的物质技术条件所完成的发明创造为职务发明创造。职务发明创造申请专利的权利属于该单位；申请被批准后，该单位为专利权人。非职务发明创造，申请专利的权利属于发明人或者设计人；申请被批准后，该发明人或者设计人为专利权人。利用本单位的物质技术条件所完成的发明创造，单位与发明人或者设计人订有合同，对申请专利的权利和专利权的归属作出约定的，从其约定。④

根据《专利法实施细则》的解释，上述所称执行本单位的任务所完成的职务发明创造，是指：

（一）在本职工作中作出的发明创造；

（二）履行本单位交付的本职工作之外的任务所作出的发明创造；

（三）退职、退休或者调动工作后1年内作出的，与其在原单位承担的本职

---

① 《专利法实施细则》第2条。

② 《专利法》第23条。

③ 《专利法实施细则》第9条。

④ 《专利法》第6条

工作或者原单位分配的任务有关的发明创造。

上述所称本单位，包括临时工作单位；本单位的物质技术条件，是指本单位的资金、设备、零部件、原材料或者不对外公开的技术资料等。①

被授予专利权的单位应当对职务发明创造的发明人或者设计人给予奖励；发明创造专利实施后，根据其推广应用的范围和取得的经济效益，对发明人或者设计人给予合理的报酬。②

（2）合作完成的发明创造

两个以上单位或者个人合作完成的发明创造、一个单位或者个人接受其他单位或者个人委托所完成的发明创造，除另有协议的以外，申请专利的权利属于完成或者共同完成的单位或者个人；申请被批准后，申请的单位或者个人为专利权人。③

（3）专利权的转让

《专利法》允许专利申请权和专利权的转让。中国单位或者个人向外国人转让专利申请权或者专利权的，必须经国务院对外经济贸易主管部门会同国务院科学技术行政部门批准。④

转让专利申请权或者专利权的，当事人应当订立书面合同，并向国务院专利行政部门（即国家专利局）登记，由国务院专利行政部门予以公告。专利申请权或者专利权的转让自登记之日起生效。⑤

（4）国有企业"持有"专利权的问题

《专利法》在第二次修订之后取消了国有企业持有专利权的规定，给予不同所有制的企业平等的法律地位，让国有企业能够成为专利权的所有人。

3. 专利申请、审查和批准

（1）专利申请

1）申请人的信息披露义务。《TRIPS 协议》第 29 条规定，成员可要求（发明）专利申请人提供其相应的外国申请及批准情况的信息。我国《专利法》在第二次修订之后，将《TRIPS 协议》的上述"指导性规则"规定为强制性要求，即发明专利已经在外国提出过申请的，国家专利局可以要求申请人在指定期限内提交该国为审查其申请进行检索的资料或者审查结果的资料；无正当理由逾期不

---

① 《专利法实施细则》第Ⅱ条。
② 《专利法》第 16 条。
③ 《专利法》第 8 条。
④ 《专利法》第 10 条、《专利法实施细则》第 14 条。
⑤ 《专利法》第 10 条。

提交的，申请即被视为撤回。①

2）专利局的保密责任。《TRIPS 协议》要求成员保护未披露过的向政府或政府的代理机构提交的信息。因此，我国《专利法》在第二次修订之后，增加了一条，即国家专利局的工作人员及有关人员对尚未公开的专利申请内容负有保密义务。② 这一修订对保护专利申请人的利益具有重要的作用，因为发明专利申请的内容在公布之前，被国家专利局的人员擅自向公众披露的，申请人就丧失了撤回其专利申请、以技术秘密的方式保护其原申请中的技术方案的机会，这对原申请人极为不公。因此，《专利法》增加这一规定是非常必要的。

发明专利申请的核心内容就是某种技术方案。如果发明专利申请在公布之前被国家专利局人员披露出来，就可能招致第三人擅自使用该技术方案。如果该发明专利申请能够最终被国家专利局授予专利，那么发明专利权生效之后，专利权人可以溯及地追究第三人的侵权行为。这是因为我国《专利法》规定，发明专利权的期限为20年，自申请日起计算；发明专利权自国家专利局授权公告之日起生效。③ 因此，在发明专利权生效之后，专利法律保护溯及至专利申请之日。

3）向外国申请专利。中国单位或者个人将其在国内完成的发明创造向外国申请专利的，应当先向国家专利局申请专利，委托其指定的专利代理机构办理。申请专利的发明创造涉及国家安全或者重大利益需要保密的，按照国家有关规定办理。④

4）专利的国际申请。我国是"专利合作条约"的成员国，因此，中国单位或者个人可以提出专利国际申请。国家专利局依照中华人民共和国参加的有关国际条约、《专利法》和国务院有关规定处理专利国际申请。⑤《专利法实施细则》专门增设了第10章"关于国际申请的特别规定"。

5）书面及其他形式的申请。《专利法》和《专利法实施细则》规定的各种手续，应当以书面形式或者国家专利局规定的其他形式办理。以书面形式申请专利的，应当向国家专利局提交申请文件一式两份。以其他形式申请专利的，应当符合规定的要求。⑥ 所谓"其他形式"可能包括电子形式的专利申请。

（2）审查和批准

《专利法》第二次修订后对专利的审查程序未作调整，但《专利法实施细则》作了补充规定，明确了专利初步审查的范围和内容。在批准专利方面，《专

---

① 《专利法》第36条。
② 《专利法》第21条第2款。
③ 《专利法》第39、42条。
④ 《专利法》第4、20条。
⑤ 《专利法》第20条。
⑥ 《专利法实施细则》第4、16条。

利法》明确规定，专利权自专利公告之日起生效。《专利法》第 39 条、第 40 条规定，发明专利申请经实质审查没有发现驳回理由的，由国家专利局作出授予发明专利权的决定，发给发明专利证书，同时予以登记和公告。发明专利权自公告之日起生效。实用新型和外观设计专利申请经初步审查没有发现驳回理由的，由国家专利局作出授予实用新型专利权或者外观设计专利权的决定，发给相应的专利证书，同时予以登记和公告。实用新型专利权和外观设计专利权自公告之日起生效。

4. 专利权的无效

（1）取消撤销专利权的制度

第二次修订后的《专利法》将原有的撤销和无效的两重程序合并成为无效程序，简化了申请无效的程序，加强了对专利的事后监督。《专利法》第 45 条规定了请求专利无效的制度，即自国家专利局公告授予专利权之日起，任何单位或个人认为该专利的授予不符合《专利法》有关规定的，可以请求专利复审委员会宣告该专利权无效。这一制度适用于发明、实用新型和外观设计三类专利。修订后的《专利法》还按照《TRIPS 协议》第 32 条的规定，为当事人提供了司法审查的机会。专利权人或者专利无效的请求人对专利复审委员会宣告专利权无效或者维持专利权的决定不服的，可以自收到通知之日起 3 个月内向人民法院起诉。人民法院应当通知无效宣告请求程序的对方当事人作为第三人参加诉讼。[1]这一规定使无效宣告请求程序的对方当事人拥有明确的参与诉讼程序的机会和诉讼地位，享有诉讼权利，能够维护其合法利益。在专利复审委员会就无效宣告请求作出决定之后，又以同样的理由和证据请求无效宣告的，专利复审委员会不予受理。[2]

（2）外观设计专利的无效

由于《专利法》调整了授予外观设计专利的条件，规定授予专利权的外观设计不得与他人在先取得的合法权利相冲突[3]，因此外观设计专利的无效理由也有了相应的变化。

5. 司法审查

《专利法》第 41 条规定，国家专利局设立专利复审委员会。专利申请人对国家专利局驳回申请的决定不服的，可以自收到通知之日起 3 个月内，向专利复审

---

① 《专利法》第 46 条。

② 《专利法实施细则》第 65 条第 2 款。

③ 《专利法》第 23 条。

委员会请求复审。专利复审委员会复审后，作出决定，并通知专利申请人。专利申请人对专利复审委员会的复审决定不服的，可以自收到通知之日起 3 个月内向人民法院起诉。

《专利法》第 46 条规定，专利复审委员会对宣告专利权无效的请求应当及时审查和作出决定，并通知请求人和专利权人。宣告专利权无效的决定，由国家专利局登记和公告。对专利复审委员会宣告专利权无效或者维持专利权的决定不服的，可以自收到通知之日起 3 个月内向人民法院起诉。人民法院应当通知无效宣告请求程序的对方当事人作为第三人参加诉讼。

《专利法》根据《TRIPS 协议》第 41 条第 4 款和第 62 条第 5 款的要求，给予了实用新型和外观设计的专利申请人、专利权人或者专利无效请求人在对专利复审委员会的决定不服时向法院起诉，寻求司法审查的机会。

6. 专利权的保护

（1）专利权人许诺销售的权利

《TRIPS 协议》第 28 条要求成员的专利法应赋予（发明专利的）所有人制造、使用、许诺销售、销售、进口专利产品或者依照专利方法直接获得的产品的权力。我国《专利法》在第二次修订之前，没有赋予发明专利权人控制"许诺销售"其专利产品或依照专利方法直接获得的产品的权利。这使我国专利保护存在不小的漏洞。《专利法》第二次修订之后，发明和实用新型专利权人的专有权中增加了"许诺销售"的权利，使这两类专利权人可以及时制止为销售侵犯专利权的产品进行准备的行为。根据最高人民法院《关于审理专利纠纷案件适用法律问题的若干规定》的解释，许诺销售是指以做广告、在商店橱窗中陈列或者在展销会上展出等方式作出销售商品的意思表示。

按照原有的规定，专利权人的专有权并不覆盖许诺销售的行为，而且原有法律也无制止已发生侵权的规定。因此，专利权人即便发现了他人正在擅自实施许诺销售的行为，也只能眼睁睁地等着侵权产品被实际销售之后才能请求法律救济，这常常使专利权人遭受的损害进一步扩大。许诺销售权堵塞了原有的法律漏洞。使侵犯专利权的产品在进入商业渠道之前就被及时制止和制裁，避免和减少专利权人的损失，符合《TRIPS 协议》第 44 条要求的禁止侵权商品进入商业渠道的知识产权执法要求。

（2）专利权的限制

国家授予专利权人以专有权，也可以对专有权进行某种限制，但是这种限制应当是受"限制"的，否则就会成为对专有权事实上的剥夺、征用或侵害。《TRIPS 协议》第 30 条的规定，即成员可对所授予的专有权规定有限的例外，条件是该例外并未与专利的正常利用不合理地冲突，也并未不合理地损害专利权人的合法利益，并且顾及第三方（如被许可人）的合法利益，就是适用于专利权限制的基本原则。在我国《专利法》第二次修订之前，专利权人的专有权受到多种限制，有些限制不符合《TRIPS 协议》的要求。《专利法》第二次修订之后，关于专利权限制的规定有了较大的变化。

1）强制许可。《TRIPS 协议》第 31 条对成员颁发的专利强制许可规定了多达 12 项的要求。我国《专利法》在经历了第二次修订之后，已经基本符合这些要求。《专利法》增加了关于强制许可决定的范围、时间、终止的要求，即国家专利局作出的给予实施强制许可的决定，应当及时通知专利权人，并予以登记和公告。给予实施强制许可的决定，应当根据强制许可的理由规定实施的范围和时间。强制许可的理由消除并不再发生时，国家专利局应当根据专利权人的请求，经审查后作出终止实施强制许可的决定。[1]

参照《TRIPS 协议》的规定，我国现行《专利法》将强制许可分为 3 种类型，即基于无法以合理条件获得专利权人的自愿许可而颁布的强制许可、基于国家出现紧急状态或者为了公共利益颁布的强制许可和基于专利之间的依存关系颁布的强制许可。《专利法》第 48 条规定，具备实施条件的单位以合理的条件请求发明或实用新型专利权人许可实施其专利，而未能在合理长的时间内获得这种许可时，国家专利局根据该单位的申请，可以给予实施该发明专利或者实用新型专利的强制许可。《专利法》第 49 条规定，在国家出现紧急状态或者非常情况时，或者为了公共利益的目的，国家专利局可以给予实施发明或实用新型专利的强制许可。《专利法》第 50 条规定，一项取得专利权的发明或实用新型比前已取得专利权的发明或实用新型具有显著经济意义的重大技术进步，其实施又有赖于前一发明或实用新型的实施，国家专利局根据后一专利权人的申请，可以给予实施前一发明或实用新型的强制许可。在后一专利权人获得强制许可的前提下，国家专利局还可以根据前一专利权人的申请，给予其实施后一发明或实用新型的强制许可。这些强制许可制度对于适当限制专利权，维护公众利益意义重大。

《专利法》还规定，取得强制许可的单位和个人既不享有独占实施权，又无权允许他人实施该专利，并且应当付给专利权人合理的使用费。[2] 专利权人和取得强制许可的单位或个人对国家专利局作出的强制许可的决定或者强制许可使用费的裁决不服的，都可以向法院起诉。[3]

2）推广应用。第二次修订后的《专利法》规定，国有企事业单位的发明专

---

① 《专利法》第 52 条。

② 《专利法》第 53、54 条。

③ 《专利法》第 55 条。

利，对国家利益和公共利益具有重大意义的，部、省级政府报国务院批准，可以决定在批准的范围内推广应用，允许指定的单位实施，实施单位按照国家规定向专利权人支付使用费。中国集体所有制单位或个人的发明专利，对国家利益和公共利益具有重大意义，需要推广应用的，参照上述规定。①

这一规定取代了原来的"计划许可"，并且为了不与《TRIPS 协议》的要求相冲突，只适用于中国的单位或个人的发明专利。而且，发明专利的推广应用在实质条件（"对国家利益和公共利益具有重大意义"）和审批程序（须报国务院批准）方面受到严格的限制，以免不合理地损害专利的正常利用及专利权人的合法利益。

（3）侵权责任

1）发明、实用新型专利权的保护范围。《专利法》规定，发明或者实用新型专利权的保护范围以其权利要求的内容为准，说明书及附图可以用于解释权利要求。② 进行侵权判定，一般应遵循全面覆盖原则、等同原则、禁止反悔原则、多余指定原则等。"全面覆盖原则"是指，应当以专利权利要求中记载的技术方案的全部必要技术特征与被控侵权物（产品或方法）的全部技术特征逐一进行对应比较。一般不以专利产品与侵权物品直接进行侵权对比。"等同原则"是指专利权的保护范围应当以权利要求书中明确记载的必要技术特征所确定的范围为准，也包括与该必要技术特征相等同的特征所确定的范围。等同特征是指与所记载的技术特征以基本相同的手段，实现基本相同的功能，达到基本相同的效果，并且本领域的普通技术人员无需经过创造性劳动就能够联想到的特征。"禁止反悔原则"是指在专利审批或无效程序中，专利权人为确保其专利具备新颖性和创造性，通过书面声明或者修改专利文件的方式，对专利权利要求的保护范围作了限制性承诺或者部分地放弃了保护，并因此获得了专利权；在专利侵权诉讼中，法院适用等同原则确定专利权的保护范围时，应当禁止专利权人将已被限制、排除或者已经放弃的内容重新纳入专利权保护范围。禁止反悔原则的适用应当以被告提出请求为前提，并由被告提供原告反悔的相应证据。"多余指定原则"是指在专利侵权判定中，在确定专利权保护范围时，将记载在专利独立权利要求中的明显附加的技术特征（即多余特征）略去，仅以专利独立权利要求中的必要技术特征来确定专利权保护范围，判定被控侵权物（产品或方法）是否覆盖专利权保护范围。

2）外观设计专利权的保护范围。根据《专利法》的规定，外观设计专利权

---

① 《专利法》第 14 条。
② 《专利法》第 56 条第 1 款。

的保护范围以表示在图片或者照片中的该外观设计专利产品为准。① 外观设计专利权的保护范围不得延及该外观设计专利申请日或者优先权日之前已有的公知设计内容，且应当排除仅起功能、效果作用，而消费者在正常使用中看不见或者不对产品产生美感的设计内容。

外观设计专利侵权判定中，应当首先审查被控侵权产品与专利产品是否属同类产品。不属于同类产品的，不构成侵犯外观设计专利权。审查外观设计专利产品与侵权产品是否属于同类产品，应当参照外观设计分类表，并考虑商品销售的实际情况。同类产品是外观设计专利侵权判定的前提，但不排除在特殊情况下，类似产品之间的外观设计亦可进行侵权判定。进行外观设计专利侵权判定，即判断被控侵权产品与外观设计专利产品是否构成相同或者相近似，应当以普通消费者的审美观察能力为标准，不应当以该外观设计专利所属领域的专业技术人员的审美观察能力为标准。这里的普通消费者是指该外观设计专利同类产品或者类似产品的购买群体或者使用群体。

3）间接侵权。间接侵权是指行为人实施的行为并不构成直接侵犯他人专利权，但却故意诱导、怂恿、教唆别人实施他人专利，行为人在主观上有诱导或唆使别人侵犯他人专利权的故意，客观上为别人直接侵权行为提供了必要的条件。

间接侵权的对象仅限于专用品，而非共用品。这里的专用品是指仅可用于实施他人专利的关键部件，或者方法专利的中间产品，并无其他用途。

对于一项产品专利而言，间接侵权是提供、出售或者进口用于制造该专利产品的原料或者零部件；对一项方法专利而言，间接侵权是提供、出售或者进口用于该专利方法的材料、器件或者专用设备。

间接侵权人在主观上应当有诱导、怂恿、教唆别人直接侵犯他人专利权的故意。行为人明知别人准备实施侵犯专利权的行为，仍为其提供侵权条件的，构成间接侵权。间接侵权一般应以直接侵权的发生为前提条件。

4）外观设计专利与在先权利。由于著作权、商标权等其他权利的客体可以同时成为外观设计专利的客体，因此外观设计专利权与其他权利发生冲突的情况时有发生，特别是出现了将他人在先拥有权利的实用艺术品、商标图样等申请为外观设计专利的问题。《专利法》对外观设计专利申请虽然有新颖性的要求，但是国家专利局所进行的新颖性审查仅限于使用外观设计的同类和类似产品。为了防止规避法律的专利申请，《专利法》第23条规定，授予专利权的外观设计，应当同申请日以前在国内外出版物上公开发表过或者国内公开使用过的外观设计不相同和不相近似，并不得与他人在先取得的合法权利相冲突。根据最高人民法院

① 《专利法》第56条第2款。

231

《关于审理专利纠纷案件适用法律问题的若干规定》，上述在先取得的合法权利包括商标权、著作权、企业名称权、肖像权、知名商品特有包装或者装潢使用权等。人民法院受理的侵犯专利权的纠纷案件，涉及权利冲突的，应当保护在先依法享有权利的当事人的合法利益。

（4）专利侵权的法律救济

1）临时措施。《专利法》在第二次修订之后，增加了保护专利权的诉前禁令和诉前财产保全。《专利法》第61条规定，专利权人或者利害关系人有证据证明他人正在实施或者即将实施侵犯其专利权的行为，如不及时制止将会使其合法权益受到难以弥补的损害的，可以在起诉前向人民法院申请采取责令停止有关行为和财产保全的措施。人民法院处理上述申请适用我国《民事诉讼法》第93条至第96条及第99条有关财产保全的规定，包括申请的条件、申请人提供担保的义务、法院采取行动的时限、申请人不在规定期限起诉的后果、申请错误的赔偿责任以及被申请人对保全措施的裁定不服申请的复议。

2）举证责任。在涉及专利侵权纠纷的民事诉讼中，当专利的内容系获得产品的方法，专利权人要举证证明被控侵权人使用了该专利方法是非常困难的。通常专利权人只能得到被控侵权人制造的产品，然而无法确切举证证明被控侵权人使用了专利方法制造了该产品。为了保护专利权人的利益，《TRIPS协议》第34条要求成员在这种情况下，责令被告证明其获得相同产品的方法，不同于该专利方法。这就是所谓举证责任倒置，它改变了民事诉讼程序中"谁主张，谁举证"的举证责任分配，不是由主张被告侵权的专利权人举证证明被告使用了该专利方法，而是由被告举证证明自己没有使用该专利方法。

《专利法》对方法专利的举证责任倒置作出了规定，即专利侵权纠纷涉及新产品制造方法的发明专利的，制造同样产品的单位或者个人应当提供其产品制造方法不同于专利方法的证明。[①] 按照《专利法》的这一规定，适用举证责任倒置的仅为"使用该专利方法获得的是新产品"的情形，这与《TRIPS协议》的有关规定是完全一致的。

3）损害赔偿。《专利法》经第二次修订，发展和改进了损害赔偿额的计算标准，使损害赔偿的范围趋向合理。根据《专利法》第60条的规定，侵犯专利权的赔偿数额，按照权利人因被侵权所遭受的损失或者侵权人因侵权所获得的利益确定；被侵权人的损失或者侵权人获得的利益难以确定的，参照该专利许可使用费的倍数合理确定。

根据最高人民法院《关于审理专利纠纷案件适用法律问题的若干规定》的

---

① 《专利法》第57条第2款。

解释，人民法院依照《专利法》的规定追究侵权人的赔偿责任时，可以根据权利人的请求，按照权利人因被侵权所受到的损失或者侵权人因侵权所获得的利益确定赔偿数额。权利人因被侵权所受到的损失可以根据专利权人的专利产品因侵权所造成销售量减少的总数乘以每件专利产品的合理利润所得之积计算。权利人销售量减少的总数难以确定的，侵权产品在市场上销售的总数乘以每件专利产品的合理利润所得之积可以视为权利人因被侵权所受到的损失。侵权人因侵权所获得的利益可以根据该侵权产品在市场上销售的总数乘以每件侵权产品的合理利润所得之积计算。侵权人因侵权所获得的利益一般按照侵权人的营业利润计算，对于完全以侵权为业的侵权人，可以按照销售利润计算。

4）诉讼时效。《专利法》规定，侵犯专利权的诉讼时效为 2 年，自专利权人或者利害关系人得知或者应当得知侵权行为之日起计算。发明专利申请公布后至专利权授予前使用该发明未支付适当使用费的，专利权人要求支付使用费的诉讼时效为 2 年，自专利权人得知或者应当得知他人使用其发明之日起计算，但是，专利权人于专利权授予之日前即已得知或者应当得知的，自专利权授予之日起计算。[①]

根据最高人民法院《关于审理专利纠纷案件适用法律问题的若干规定》的解释，权利人超过 2 年起诉的，如果侵权行为在起诉时仍在继续，在该项专利权有效期内，人民法院应当判决被告停止侵权行为，侵权损害赔偿数额应当自权利人向人民法院起诉之日起向前推算 2 年计算。

5）行政处罚。根据《专利法》的规定，未经专利权人许可，实施其专利，即侵犯其专利权，引起纠纷的，由当事人协商解决；不愿协商或者协商不成的，专利权人或者利害关系人可以向人民法院起诉，也可以请求管理专利工作的部门处理。管理专利工作的部门处理时，认定侵权行为成立的，可以责令侵权人立即停止侵权行为，当事人不服的，可以自收到处理通知之日起 15 日内依照《行政诉讼法》向人民法院起诉；侵权人期满不起诉又不停止侵权行为的，管理专利工作的部门可以申请人民法院强制执行。进行处理的管理专利工作的部门应当事人的请求，可以就侵犯专利权的赔偿数额进行调解；调解不成的，当事人可以依照《民事诉讼法》向人民法院起诉。[②]

7. 假冒专利及法律责任

假冒专利的行为虽然不属于侵犯专利权的行为，但是具有很大的社会危害性。《专利法》在第二次修订之后，加大了对假冒专利行为的制裁。根据《专利

---

① 《专利法》第 62 条。
② 《专利法》第 57 条。

法》的规定，假冒他人专利的，除依法承担民事责任外，由管理专利工作的部门责令改正并予以公告，没收违法所得，可以并处违法所得 3 倍以下的罚款，没有违法所得的，可以处 5 万元以下的罚款；以非专利产品冒充专利产品、以非专利方法冒充专利方法的，由管理专利工作的部门责令改正并予公告，可以处 5 万元以下的罚款。[①]

根据《专利法实施细则》的解释，下列行为属于假冒他人专利的行为[②]：

（一）未经许可，在其制造或者销售的产品、产品的包装上标注他人的专利号；

（二）未经许可，在广告或者其他宣传材料中使用他人的专利号，使人误以为所涉及的技术是他人的专利技术；

（三）未经许可，在合同中使用他人的专利号，使人误以为合同涉及的技术是他人的专利技术；

（四）伪造或者变造他人的专利证书、专利文件或者专利申请文件。

下列行为属于以非专利产品冒充专利产品、以非专利方法冒充专利方法的行为[③]：

（一）制造或者销售标有专利标记的非专利产品；

（二）专利权被宣告无效后，继续在制造或者销售的产品上标注专利标记；

（三）在广告或者其他宣传材料中将非专利技术称为专利技术；

（四）在合同中将非专利技术称为专利技术；

（五）伪造或者变造专利证书、专利文件或者专利申请文件。

根据我国《专利法》第 58 条和《刑法》第 216 条的规定，假冒他人专利，情节严重的，处 3 年以下有期徒刑或者拘役，并处或者单处罚金。

7.2　信息公开相关法律制度的发展

7.2.1　世界各国信息公开制度的发展

1. 欧盟

信息公开制度起源于北欧国家瑞典，该国早在 1766 年就制定了具有宪法效力的《新闻自由法》，赋予报刊以转载公文的自由。1949 年瑞典国会通过了现行的《出版自由法》；1980 年制定了《保密法》；1991 年又制定了《表达自由法》，

---

① 《专利法》第 58、59 条。

② 《专利法实施细则》第 84 条。

③ 《专利法实施细则》第 85 条。

作为对《出版自由法》的补充。瑞典《保密法》的出发点是保护公众获得政府信息的权利，详尽规定保密信息的范围，是为了限制行政机关在保密问题上的自由裁量权，瑞典的信息公开制度主要通过《出版自由法》、《表达自由法》以及《保密法》加以确立，它们共同构成了瑞典出版自由与信息公开制度的宪法和法律基础。芬兰、丹麦和挪威等北欧国家也制定了信息公开法律。北欧成为世界上第一个普遍实行了信息公开制度的地区。从 20 世纪 80 年代开始到 2002 年 5 月，几乎全部东欧国家都建立了信息公开制度。在西欧国家中，法国于 1978 年通过《自由获得行政文件法》（*Law on the Freedom of Access to Administrative Document*）；荷兰于 1978 年制定了《政府信息公开法》（*Law on the Access to Official Information*）；奥地利和爱尔兰分别于 1986 年和 1997 年制定了信息公开法。在西欧国家中，英国是制定信息公开法比较晚的国家，2000 年 11 月 30 日英国通过《2000 年信息公开法》（*Freedom of Information Act* 2000）。

2001 年 5 月，欧盟通过了《关于公众获取欧洲议会、部长理事会、欧盟委员会文件的规章》［Regulation（Ec）No 049/2001］，该规章于 2001 年 11 月 3 日正式生效。规章授予欧盟公民，以及任何在欧盟成员国有自然或法定居所或设有注册办事处的民众或机构一项获取欧洲议会 、部长理事会、欧洲委员会三大机构文件的权利。规章同时还规定，在一些例外情况下，以及当确认公开文件会带来不利后果时，才可拒绝提供获取文件。而任何针对拒绝提供文件的投诉都可提交给欧盟调查官员舞弊情况的政府官员；任何控诉也可上诉至一审法院。为了提高透明度和促进公众对文件的获取，该规定还作了一些革新。首先，它将获取的范围延伸至由第三方产生的文件，如成员国、第三国、其他机构、公众等。其次，它规定当服务于公众的利益比保护文件更为重要时，受例外条款所保护的文件依然可以公开（但例外条款是为了保护公共利益或个人隐私的除外）。再次，它要求在 15 个工作日内必须答复要求公开文件的请求。

自从［Regulation（Ec）No 049/2001］实施后，欧盟机构的政府文件公开情况得到极大的改善。从 2002 年 1 月开始，欧盟委员会的会议记录通过因特网开始向公众公开；从 2002 年 6 月开始，委员会文件的公共记录开始在线上公开；从 2002 年开始，欧洲议会采用了一些内部措施，使其官方记录可向公众提供。此后，欧盟又通过制定一系列措施，使该规定更为完善。在 2003 年 10 月 1 日生效的一项规定中，要求［Regulation（Ec）No 049/2001］也适用于欧盟各机构，并规定各机构从 2004 年 4 月开始接受其执行规则。这就大大扩展了公众获取欧盟政府文件的范围。另外，欧盟地区委员会和欧盟经济及社会委员会等一些团体也开始接受并执行该规定。2003 年，欧盟委员会又将外部专家代表委员会进行的研究成果囊括到公开的范围之内。

2. 北美

美国是世界上较早制定政府信息公开法的国家，对世界上信息公开制度的发展也产生了重大影响。美国《宪法》第 1 条修正案规定，国会不得制定限制言论或出版自由的法律。尽管第一修正案没有明确规定信息公开，但它奠定了美国信息公开制度的宪法基础。1966 年，美国制定了《信息公开法》，即政府信息公开法律制度，规定公众有权向联邦政府机关索取任何材料。除了 1966 年的《信息自由法》，1974 年制定的《隐私权法》（*The Privacy Act*）是《信息自由法》的重要补充。1976 年的《阳光法案》（*The Sunshine Act*）是关于会议公开的法律，旨在允许公众参与有关的行政机关的会议，该法也是美国政府信息公开制度的一部分。

美国在注重立法的同时，将政府信息公开业务也纳入了传统行政司法程序，通过实行豁免公开制度，规定不公开的例外情况而实现信息公开。该制度一般体现为采用排除法对信息公开范围的明确规定。豁免公开的项目主要涉及国家安全和外交的信息、商业秘密、公民隐私等信息，如美国《信息自由法》第 2 条列举规定了 9 项免除公开的政府文件，包括国防和外交政策的某些文件、机关内部人员的规则和习惯、其他法律中规定保密的文件等。除此之外，美国还专门将油气井等信息作为一项豁免公开信息内容。除了这些信息外，行政机关掌握的其他信息都必须通过适当方式公布。在美国，并不制定政府信息公开的目录和指南，凡是不在所规定的豁免公开范围内的信息，原则上公民都可以依法取得。同时，由于有各级完善的法律、法规确保公民能依法获取信息，所以美国也没制订政府信息资源公共获取实施细则。

《信息获取法》（*Access to Information Act*）是加拿大规定政府信息公开的一部重要法律，由加拿大财政委员会于 1982 年颁布，其目的是保障公众获取政府信息的权利。它采用独立于政府机构的信息披露决定复审制度。《信息获取法》赋予每一个加拿大公民和加拿大永久居民除了有限的限制和特殊情况以外查阅政府机构控制下的任何档案记录或者得到其复印件的权利。《信息获取法》还规定政府部门有义务向社会公布拥有什么样的信息，信息获取过程中涉及政府机构和申请人以外的"第三者"利益的调节方式。

3. 亚非

韩国是亚洲国家中第一个制定信息公开法的国家。韩国的《公共机构信息公开法》于 1996 年 12 月 31 日通过，1998 年 1 月 1 日生效。继韩国之后，泰国于 1997 年制定了《官方信息法》。日本的《行政机关拥有信息公开法》是 2001 年生效的，它标志着信息公开法律制度在日本的确立。在亚洲国家中，印度、菲律宾以及印度尼西亚都在讨论制定信息公开法。在非洲，南非于 2000 年制定《信息公开促进法》(*Promotion of Access to Information Act*)，尼日利亚也于 1999 年制定了《信息公开法》。

4. 国际

进入 20 世纪 90 年代以来，信息公开法治化开始呈现区域化甚至全球化的趋势。1994 年，欧盟委员会政策报告内容之一，就是要求欧盟及其成员国的政策更加公开。1999 年 10 月欧盟委员会组成了专家小组讨论制定有关信息自由方面的法律问题，并拟定了情报自由法草案。欧洲人权法院也积极地以判例确认公民的信息自由权。2000 年 7 月在日本冲绳举行的由美国、日本、德国、英国、法国、意大利、加拿大和俄罗斯参加的八国首脑会议上，八国领导人通过了《全球信息社会冲绳宪章》。该《宪章》的宗旨是促进信息通信技术发展，推动全球信息社会的建设，其所服务的目标之一就是增强政府管理的透明度和责任心。同时它也要求政府营造一个信息社会所必需的透明的、可预测的和非歧视性的政策法规环境。

政府信息公开法律制度的建立已经成为世界潮流。截至目前，已有近 70 个国家制定了全国性的信息公开法，国际组织、政府公务员和专家学者正以前所未有的热情关注着信息公开法律制度的发展，其已成为当今政府法制发展的热点及重点领域。世界银行认为，政府透明与更好的社会、经济及人们的发展呈正相关关系，能够实现更高的竞争力与更少的腐败，并能减少市场的不确定性风险，减缓经济的波动并改善宏观经济环境。

5. 中国

随着中国加入 WTO，透明度原则越来越为人们所熟悉，它要求政府机关改革传统的行政管理方式，在消除各种形式的贸易壁垒的同时清除各种可能影响自由获得政府信息的障碍，尽可能向社会公开各种可以公开的信息，从不透明、半透明政府向透明政府转变。这种转变对于一个长期受到"法不可知，则威不可测"、"民可使由之，不可使知之"等封建传统观念影响的国家，其意义深远，需要我们深刻思考建立统一的政府信息公开制度的必要性与有关制度问题。2003 年非典期间，政府对疫情的及时公布，对于控制疫情和稳定社会秩序等都起到了积极的作用，更使公众和政府认识到了信息公开的重要性。

《中华人民共和国行政处罚法》和《中华人民共和国立法法》等法律规定了政府在某些方面的信息公开义务。1996 年通过的《中华人民共和国行政处罚法》提出了行政处罚公开原则，并且对行政处罚依据提出了具体的公开要求。广州市政府在 2002 年 11 月 6 日通过了我国第一个政府信息公开的地方政府规章《广州市政府信息公开规定》。该《规定》是由我国地方政府制定的第一部全面、系统规范政府信息公开行为的政府规章，也是我国第一次以立法（地方规章）形式全面规范和要求政府必须对公众进行较为全面、彻底的信息公开。之后，湖北省政府、武汉市政府、上海市政府、深圳市政府等也相继制定了地方性的政府信息公开规定。直至 2007 年 1 月 17 日国务院第 165 次常务会议通过《中华人民共和国政府信息公开条例》（自 2008 年 5 月 1 日起施行），我国才有专门的政府信息公开法律。以下着重对这部法律作一介绍。

7.2.2 《中华人民共和国政府信息公开条例》评介

温家宝同志于 2007 年 4 月 5 日签署第 492 号国务院令，公布了《中华人民共和国政府信息公开条例》（以下简称《条例》）。该《条例》是第一部全国统一的规范性的法律文件，标志着政府信息公开制度在我国全国范围内由政策走向了法律。

1. 立法原则

《条例》明确规定：行政机关公开政府信息，应当遵循公正、公平、便民的原则。① 为此，行政机关应当及时、准确地公开政府信息。行政机关发现影响或者可能影响社会稳定、扰乱社会管理秩序的虚假或者不完整信息的，应当在其职责范围内发布准确的政府信息予以澄清。② 行政机关应当建立健全政府信息发布协调机制。行政机关发布政府信息涉及其他行政机关的，应当与有关行政机关进行沟通、确认，保证行政机关发布的政府信息准确一致。行政机关发布政府信息依照国家有关规定需要批准的，未经批准不得发布。③ 根据这一原则，《条例》规定：各级人民政府应当加强对政府信息公开工作的组织领导。国务院办公厅是全国政府信息公开工作的主管部门，负责推进、指导、协调、监督全国的政府信息公开工作。县级以上地方人民政府办公厅（室）或者县级以上地方人民政府确定的其他政府信息公开工作主管部门负责推进、指导、协调、监督本行政区域的政府信息公开工作。④ 各级人民政府及县级以上人民政府部门应当建立健全本行政机关的政府信息公开工作制度，并指定机构（以下统称政府信息公开工作机构）负责本行政机关政府信息公开的日常工作。政府信息公开工作机构的具体职

---

① 《政府信息公开条例》第 5 条。
② 《政府信息公开条例》第 6 条。
③ 《政府信息公开条例》第 7 条。
④ 《政府信息公开条例》第 3 条。

责是：（一）具体承办本行政机关的政府信息公开事宜；（二）维护和更新本行政机关公开的政府信息；（三）组织编制本行政机关的政府信息公开指南、政府信息公开目录和政府信息公开工作年度报告；（四）对拟公开的政府信息进行保密审查；（五）本行政机关规定的与政府信息公开有关的其他职责。①

2. 公民信息权利

（1）信息修改权

公民有权要求对关涉自身的不准确政府信息记录予以改正。《条例》规定：公民、法人或者其他组织向行政机关申请提供与其自身相关的税费缴纳、社会保障、医疗卫生等政府信息的，应当出示有效身份证件或者证明文件。公民、法人或者其他组织有证据证明行政机关提供的与其自身相关的政府信息记录不准确的，有权要求该行政机关予以更正。该行政机关无权更正的，应当转送有权更正的行政机关处理，并告知申请人。②

（2）信息获取权

政府信息量大面广，涉及社会生产和生活的各个方面，其中有相当一部分政府信息只涉及部分人和事。基于此，政府信息公开条例规定：公民、法人或者其他组织可以主动向政府申请获取所需要的政府信息。《条例》规定：除本条例第9 条、第 10 条、第 11 条、第 12 条规定的行政机关主动公开的政府信息外，公民、法人或者其他组织还可以根据自身生产、生活、科研等特殊需要，向国务院部门、地方各级人民政府及县级以上地方人民政府部门申请获取相关政府信息。③ 公民、法人或者其他组织依照本条例第 13 条规定向行政机关申请获取政府信息的，应当采用书面形式（包括数据电文形式）；采用书面形式确有困难的，申请人可以口头提出，由受理该申请的行政机关代为填写政府信息公开申请。④对申请公开的政府信息，行政机关根据下列情况分别作出答复：（一）属于公开范围的，应当告知申请人获取该政府信息的方式和途径；（二）属于不予公开范围的，应当告知申请人并说明理由；（三）依法不属于本行政机关公开或者该政府信息不存在的，应当告知申请人，对能够确定该政府信息的公开机关的，应当告知申请人该行政机关的名称、联系方式；（四）申请内容不明确的，应当告知申请人作出更改、补充。⑤

---

① 《政府信息公开条例》第 4 条。
② 《政府信息公开条例》第 25 条。
③ 《政府信息公开条例》第 13 条。
④ 《政府信息公开条例》第 20 条。
⑤ 《政府信息公开条例》第 21 条。

《条例》还规定：申请公开的政府信息中含有不应当公开的内容，但是能够作区分处理的，行政机关应当向申请人提供可以公开的信息内容。^① 行政机关认为申请公开的政府信息涉及商业秘密、个人隐私，公开后可能损害第三方合法权益的，应当书面征求第三方的意见；第三方不同意公开的，不得公开。但是，行政机关认为不公开可能对公共利益造成重大影响的，应当予以公开，并将决定公开的政府信息内容和理由书面通知第三方。^② 行政机关收到政府信息公开申请，能够当场答复的，应当当场予以答复。行政机关不能当场答复的，应当自收到申请之日起15个工作日内予以答复；如需延长答复期限的，应当经政府信息公开工作机构负责人同意，并告知申请人，延长答复的期限最长不得超过15个工作日。^③ 行政机关依申请公开政府信息，应当按照申请人要求的形式予以提供；无法按照申请人要求的形式提供的，可以通过安排申请人查阅相关资料、提供复制件或者其他适当形式提供。^④

（3）救济权

针对可能发生公民合法知情权被侵犯的情形，条例设置了有效的救济渠道。《条例》规定：公民、法人或者其他组织认为行政机关不依法履行政府信息公开义务的，可以向上级行政机关、监察机关或者政府信息公开工作主管部门举报。收到举报的机关应当予以调查处理。公民、法人或者其他组织认为行政机关在政府信息公开工作中的具体行政行为侵犯其合法权益的，可以依法申请行政复议或者提起行政诉讼。^⑤ 行政机关违反本条例的规定，未建立健全政府信息发布保密审查机制的，由监察机关、上一级行政机关责令改正；情节严重的，对行政机关主要负责人依法给予处分。^⑥ 行政机关违反本条例的规定，有下列情形之一的，由监察机关、上一级行政机关责令改正；情节严重的，对行政机关直接负责的主管人员和其他直接责任人员依法给予处分；构成犯罪的，依法追究刑事责任：（一）不依法履行政府信息公开义务的；（二）不及时更新公开的政府信息内容、政府信息公开指南和政府信息公开目录的；（三）违反规定收取费用的；（四）通过其他组织、个人以有偿服务方式提供政府信息的；（五）公开不应当公开的政府信息的；（六）违反本条例规定的其他行为。^⑦

---

① 《政府信息公开条例》第22条。
② 《政府信息公开条例》第23条。
③ 《政府信息公开条例》第24条。
④ 《政府信息公开条例》第26条。
⑤ 《政府信息公开条例》第33条。
⑥ 《政府信息公开条例》第34条。
⑦ 《政府信息公开条例》第35条

3. 信息公开主体

条例明确规定了政府信息公开的三类主体，即政府信息公开义务的承担者。根据我国行政许可法、行政诉讼法、行政复议法、行政处罚法、国家赔偿法等法律的规定，能够成为行政管理主体，独立行使行政权力，承担行政责任的是行政机关和法律、法规授权的具有管理公共事务职能的组织。因此，条例规定，政府信息公开的主体主要包括两类，这两类主体是政府信息的拥有者，也是政府信息公开义务的承担者。一是行政机关。主要指依法履行政府职责的各级人民政府和政府的组成部门。《条例》规定：各级人民政府及县级以上人民政府部门应当建立健全本行政机关的政府信息公开工作制度，并指定机构作为政府信息公开工作机构，负责本行政机关政府信息公开的日常工作。① 二是法律、法规授权的具有管理公共事务职能的组织，主要指事业单位，如地震局、气象局、银监会、证监会、保监会、电监会等。《条例》规定：法律、法规授权的具有管理公共事务职能的组织公开政府信息的活动，适用本条例。②

需要指出的是，《条例》还规定了一类主体即与群众利益密切相关的公共企事业单位。这是一个例外规定，也是一个特色条款。按理说，这些企事业单位不具有政府管理职能，自然也就不承担政府信息公开的义务。但是，考虑到有些公共企事业单位具有独占公共资源的优势，它们在提供社会公共服务过程中也制作、获取了大量与人民群众的生产、生活密切相关的信息。这些信息直接关系到人民群众的切身利益，如教育、医疗卫生、供水、供电、供气等公共企事业单位。如果不要求它们公开这些公共信息，不仅可能影响人民群众的知情权，甚至给人们的生活、工作等带来不便。为此，《条例》在附则中专门列了一条：教育、医疗卫生、计划生育、供水、供电、供气、供热、环保、公共交通等与人民群众利益密切相关的公共企事业单位在提供社会公共服务过程中制作、获取的信息的公开，参照本条例执行。③ 这就是说，公共企事业单位也负有公开某些信息的义务。但是，这些公共企事业单位毕竟不是行政管理主体，不能完全适用条例关于行政机关的规定。因此，《条例》授权国务院有关主管部门或者机构制定具体办法，对这些公共企事业单位公开信息的行为作出进一步的规定，以明确对它们信息公开行为的具体要求。为了便于理解和区别于政府信息公开主体，将这类主体归为公共信息公开的主体。

---

① 《政府信息公开条例》第 4 条。
② 《政府信息公开条例》第 36 条。
③ 《政府信息公开条例》第 37 条。

4. 信息公开的内容

（1）必须公开的信息

《条例》规定：行政机关对符合下列基本要求之一的政府信息应当主动公开：（一）涉及公民、法人或者其他组织切身利益的；（二）需要社会公众广泛知晓或者参与的；（三）反映本行政机关机构设置、职能、办事程序等情况的；（四）其他依照法律法规和国家有关规定应当主动公开的。[①]

县级以上各级人民政府及其部门应当依照本条例第9条的规定，在各自职责范围内确定主动公开的政府信息的具体内容，并重点公开下列政府信息：（一）行政法规、规章和规范性文件；（二）国民经济和社会发展规划、专项规划、区域规划及相关政策；（三）国民经济和社会发展统计信息；（四）财政预算、决算报告；（五）行政事业性收费的项目、依据、标准；（六）政府集中采购项目的目录、标准及实施情况；（七）行政许可的事项、依据、条件、数量、程序、期限以及申请行政许可需要提交的全部材料目录及办理情况；（八）重大建设项目的批准和实施情况；（九）扶贫、教育、医疗、社会保障、促进就业等方面的政策、措施及其实施情况；（十）突发公共事件的应急预案、预警信息及应对情况；（十一）环境保护、公共卫生、安全生产、食品药品、产品质量的监督检查情况。[②]

设区的市级人民政府、县级人民政府及其部门除了公开前面11项内容外，重点公开的政府信息还应当包括下列内容：（一）城乡建设和管理的重大事项；（二）社会公益事业建设情况；（三）征收或者征用土地、房屋拆迁及其补偿、补助费用的发放、使用情况；（四）抢险救灾、优抚、救济、社会捐助等款物的管理、使用和分配情况。[③]

乡（镇）人民政府除了公开前面11项内容外，还必须要重点公开8类政府信息。乡（镇）人民政府应当依照本条例第9条的规定，在其职责范围内确定主动公开的政府信息的具体内容，并重点公开下列政府信息：（一）贯彻落实国家关于农村工作政策的情况；（二）财政收支、各类专项资金的管理和使用情况；（三）乡（镇）土地利用总体规划、宅基地使用的审核情况；（四）征收或者征用土地、房屋拆迁及其补偿、补助费用的发放、使用情况；（五）乡（镇）的债权债务、筹资筹劳情况；（六）抢险救灾、优抚、救济、社会捐助等款物的发放情况；（七）乡（镇）集体企业及其他乡（镇）经济实体承包、租赁、拍卖等情

---

① 《政府信息公开条例》第9条。
② 《政府信息公开条例》第10条。
③ 《政府信息公开条例》第11条。

况；（八）执行计划生育政策的情况。[①]

（2）经申请可以公开的信息

政府信息量大面广，涉及社会生产和生活的各个方面，其中有相当一部分政府信息只涉及部分人和事，对特定公民、法人或者其他组织从事生产、安排生活、开展科研等活动具有特殊的作用，而与其他人和组织关系不大。为了减少行政机关不必要的信息公开成本，立法中专门就特殊需要的信息披露问题作出了规定，即公民、法人或者其他组织可以根据自身生产、生活、科研等特殊需要，向国务院部门、地方各级人民政府及县级以上地方人民政府部门申请获取相关政府信息。

根据条例，向行政机关申请获取政府信息的，应当采用书面形式（包括数据电文形式）申请，而且要交纳相关费用，不是无偿获得。采用书面形式确有困难的，申请人可以口头提出，由受理该申请的行政机关代为填写政府信息公开申请。之所以确立这项制度，除了体现便民原则外，主要还是考虑政府机关时间、精力的有限性和服务成本的公平性，避免一些人无限制地申请信息，影响政府机关的正常工作。

（3）不得公开的信息

强调政府信息公开并不意味着所有的政府信息都必须公开，这不是立法的本意，世界其他国家也没有全部公开的先例。这就是说，有些信息是不能公开的。根据《条例》的规定，在我国不得公开的信息主要有三类：一类是涉及国家安全、公共安全、经济安全和社会稳定的信息；二类是涉及国家秘密、商业秘密、个人隐私的信息，未经权利人或者行政机关同意，不得公开；三类是涉及国家外交、国防、社会管理等敏感信息，未经批准不得公开。《条例》规定：行政机关公开政府信息，不得危及国家安全、公共安全、经济安全和社会稳定。[②] 行政机关应当建立健全政府信息发布保密审查机制，明确审查的程序和责任。行政机关在公开政府信息前，应当依照《中华人民共和国保守国家秘密法》以及其他法律、法规和国家有关规定对拟公开的政府信息进行审查。行政机关在政府信息不能确定是否可以公开时，应当依照法律、法规和国家有关规定报有关主管部门或者同级保密工作部门确定。行政机关不得公开涉及国家秘密、商业秘密、个人隐私的政府信息。但是，经权利人同意公开或者行政机关认为不公开可能对公共利益造成重大影响的涉及商业秘密、个人隐私的政府信息，可以予以公开。[③]

[①] 《政府信息公开条例》第12条。

[②] 《政府信息公开条例》第8条。

[③] 《政府信息公开条例》第14条

7.3 电子商务信息相关法律制度的发展

7.3.1 全球电子商务法律制度的发展

全球电子商务立法是新世纪世界商务和信息网络立法的重点。据不完全统计，目前世界上至少有40多个国家与地区已经制定、颁布了实质意义上的电子商务法。在国际组织方面，自1985年至今，联合国国际贸易法委员会（以下简称贸法会）主持制定了一系列调整国际电子商务活动的法律文件。它们主要包括《计算机记录法律价值的报告》、《电子资金传输示范法》、《电子商务示范法》、《电子商务示范法实施指南》。贸法会正在起草制定《统一电子签名规则》。此外，欧盟委员会于1997年提出了《欧洲电子商务行动方案》，为规范欧洲电子商务活动制定了框架，1998年颁布《关于信息社会服务的透明度机制的指令》，1999年通过了《关于建立有关电子签名共同法律框架的指令》。

各个国家和地区也颁布了与电子商务相关的法律。1995年美国犹他州颁布《数字签名法》，另外，美国的全国州法统一委员会也于1999年7月通过了《统一电子交易法》，供各州在立法时参考。2000年6月美国总统克林顿签署通过了《电子签名法案》，允许消费者和商业企业使用电子签名填写支票、贷款抵押服务以及商业买卖合同。它几乎涵盖了所有传统签名应用的范围，表明美国的电子商务立法走上了联邦统一制定的道路。

德国1997年实施信息与通用服务法；俄罗斯1995年的俄罗斯联邦信息法赋予通过电子签名鉴别的、经由自动信息与通信系统传输与存储的电子信息文件以法律效力，并规定电子签名的认证权必须经过许可；加拿大1999年颁布统一电子商务法；意大利1997年颁布了数字签名法。

在亚洲，马来西亚早在20世纪90年代中期就提出了建设"信息走廊"的计划，并于1997年制定了数字签名法，可以说这是亚洲最早的电子商务立法。同年，韩国也制定了内容较为全面的电子商务基本法。紧接着，新加坡于1998年正式制定颁布电子交易法，又于1999年制定了"新加坡电子交易（认证机构）规则"和"新加坡认证机构安全方针"。印度于1998年颁布了电子商务支持法。菲律宾也在2000年制定了电子商务法。中国香港地区2000年制定了电子交易条例，2001年11月中国台湾地区有了电子签章法。泰国的电子商务法也正在制定之中。日本政府于2000年6月颁布《数字化日本之发端行动纲领》。该纲领重申了电子签名认证系统对发展电子商务的重要意义，并分析了几类具体认证系统及日本应采取的态度。行动纲领建议立法要点包括：明确"电子签名"的法律地位，保障"电子签名"所使用技术的中立性等。

2004 年 8 月 28 日，中国在第十届全国人大常委会第十一次会议表决通过了《中华人民共和国电子签名法》（以下简称《电子签名法》）。这部法律规定，可靠的电子签名与手写签名或者盖章具有同等的法律效力。《电子签名法》的通过，标志着我国首部"真正意义上的信息化法律"正式诞生。这部法律于 2005 年 4 月 1 日起施行。

7.3.2　我国电子签名法概要

《电子签名法》首次赋予电子签名与文本签名同等的法律效力，并明确电子认证服务市场准入制度，保障电子交易安全。这对中国电子商务的发展而言，无疑是一个重要里程碑。

1. 电子签名的相关概念及法律效力

电子签名有广义和狭义之分。广义的电子签名包括一切能够鉴别当事人身份、表明签字者确认文件内容并且同意受其约束的技术手段。电子签名手段有很多，如录像、录音等，其中数字签名只是其中一种手段，它是一种应用最广泛、最具有法律约束力的手段。狭义的电子签名通常指数字签名（digital signature），专指以非对称密钥加密（asymmetric cryptography，也叫公开密钥加密）方法生成的电子数据串。我国《电子签名法》规定：电子签名，是指数据电文中以电子形式所含、所附用于识别签名人身份并表明签名人认可其中内容的数据。数据电文，是指以电子、光学、磁或者类似手段生成、发送、接收或者储存的信息。[1] 电子签名同时符合下列条件的，视为可靠的电子签名：（一）电子签名制作数据用于电子签名时，属于电子签名人专有；（二）签署时电子签名制作数据仅由电子签名人控制；（三）签署后对电子签名的任何改动能够被发现；（四）签署后对数据电文内容和形式的任何改动能够被发现。当事人也可以选择使用符合其约定的可靠条件的电子签名。[2] 可靠的电子签名与手写签名或者盖章具有同等的法律效力。[3] 可见，我国电子签名的概念介于广义和狭义之间，将电子签名的法律效力规定为"可靠的电子签名"。

我国《电子签名法》对电子签名、数据电文的使用范围，还作出了排除性的规定：电子签名、数据电文不适用于（一）涉及婚姻、收养、继承等人身关系的；（二）涉及土地、房屋等不动产转让的；（三）涉及停止供水、供热、供

---

① 《电子签名法》第 2 条。

② 《电子签名法》第 13 条。

③ 《电子签名法》第 14 条。

气、供电等公用事业服务的；（四）法律、行政法规规定的不适用电子文书的其他情形。① 上述规定，将部分涉及人身、重大财产交易以及基础能源合同的交易排除在电子签名交易之外，保护了当事人的重大利益，这种规定在我国现阶段电子交易技术尚不十分完善、发达的情况下是非常合理的。

2. 数据电文的法律效力

符合下列条件的数据电文，视为满足法律、法规规定的原件形式要求：（一）能够有效地表现所载内容并可供随时调取查用；②（二）能够可靠地保证自最终形成时起，内容保持完整、未被更改。但是，在数据电文上增加背书以及数据交换、储存和显示过程中发生的形式变化不影响数据电文的完整性。③ 符合下列条件的数据电文，视为满足法律、法规规定的文件保存要求：（一）能够有效地表现所载内容并可供随时调取查用；（二）数据电文的格式与其生成、发送或者接收时的格式相同，或者格式不相同但是能够准确表现原来生成、发送或者接收的内容；（三）能够识别数据电文的发件人、收件人以及发送、接收的时间。④数据电文不得仅因为其是以电子、光学、磁或者类似手段生成、发送、接收或者储存的而被拒绝作为证据使用。⑤审查数据电文作为证据的真实性，应当考虑以下因素：（一）生成、储存或者传递数据电文方法的可靠性；（二）保持内容完整性方法的可靠性；（三）用以鉴别发件人方法的可靠性；（四）其他相关因素。⑥上述规定明确了数据电文具有法律效力的条件，确立了数据电文可以作为书面证据使用的法律地位，强调了司法机关和仲裁机构采信数据电文作为证据的审查要点。

3. 电子认证服务市场准入制度

与电子签名相配套另一个重要的电子商务安全手段就是电子认证，它是为了防止电子签名方提供伪造、虚假、被篡改的签名或防止发送人以各种理由否认该签名为其本人所为，而由具有权威公信力的安全认证机关进行辨别及认证并公开密钥的行为。电子认证服务是电子商务交易的第三方提供的保障电子交易安全性的一种服务，这是电子签名法的重点。考虑到目前中国社会信用体系还不健全，为了确保电子交易的安全可靠，《电子签名法》设立了认证服务市场准入制度，

---

① 《电子签名法》第3条。
② 《电子签名法》第4条。
③ 《电子签名法》第5条。
④ 《电子签名法》第6条。
⑤ 《电子签名法》第7条。
⑥ 《电子签名法》第8条。

明确由政府对认证机构实行资质管理的制度。为此，《电子签名法》规定：电子签名需要第三方认证的，由依法设立的电子认证服务提供者提供认证服务。① 提供电子认证服务，应当具备下列条件：（一）具有与提供电子认证服务相适应的专业技术人员和管理人员；（二）具有与提供电子认证服务相适应的资金和经营场所；（三）具有符合国家安全标准的技术和设备；（四）具有国家密码管理机构同意使用密码的证明文件；（五）法律、行政法规规定的其他条件。② 从事电子认证服务，应当向国务院信息产业主管部门提出申请，并提交符合本法第17条规定条件的相关材料。国务院信息产业主管部门接到申请后经依法审查，征求国务院商务主管部门等有关部门的意见后，自接到申请之日起45日内作出许可或者不予许可的决定。予以许可的，颁发电子认证许可证书；不予许可的，应当书面通知申请人并告知理由。③

4. 电子签名安全保障制度

对于电子签名人，《电子签名法》要求其妥善保管进行电子签名所使用的私人密码。规定：电子签名人应当妥善保管电子签名制作数据。电子签名人知悉电子签名制作数据已经失密或者可能已经失密时，应当及时告知有关各方，并终止使用该电子签名制作数据。④ 另外，要求电子签名人向认证机构申请证明身份的电子证书时，提供的信息必须真实、完整和准确。规定：电子签名人向电子认证服务提供者申请电子签名认证证书，应当提供真实、完整和准确的信息。电子认证服务提供者收到电子签名认证证书申请后，应当对申请人的身份进行查验，并对有关材料进行审查。⑤ 对于认证机构，《电子签名法》要求其指定、公布电子认证业务规则。规定：电子认证服务提供者应当制定、公布符合国家有关规定的电子认证业务规则，并向国务院信息产业主管部门备案。电子认证业务规则应当包括责任范围、作业操作规范、信息安全保障措施等事项。⑥ 要求电子认证机构必须保证所发放的证书内容完整、准确，规定：电子认证服务提供者应当保证电子签名认证证书内容在有效期内完整、准确，并保证电子签名依赖方能够证实或者了解电子签名认证证书所载内容及其他有关事项。⑦ 要求其妥善保存与认证相关的信息，规定：电子认证服务提供者应当妥善保存与认证相关的信息，信息保

---

① 《电子签名法》第16条
② 《电子签名法》第17条。
③ 《电子签名法》第18条。
④ 《电子签名法》第15条。
⑤ 《电子签名法》第20条。
⑥ 《电子签名法》第19条。
⑦ 《电子签名法》第22条。

存期限至少为电子签名认证证书失效后 5 年。①

5. 各方法律责任

《电子签名法》明确了合同双方和认证机构在电子签名活动中的权利和义务，并设置了相应条款追究政府监管部门不依法进行监督管理人员的法律责任。

1）电子签名方的法律责任。电子签名人知悉电子签名制作数据已经失密或者可能已经失密未及时告知有关各方，并终止使用电子签名制作数据，未向电子认证服务提供者提供真实、完整和准确的信息，或者有其他过错，给电子签名依赖方、电子认证服务提供者造成损失的，承担赔偿责任。②

2）电子认证服务提供者的法律责任。电子认证服务提供者作为电子交易的主体之一，其法律责任以及与电子交易当事人之间权利、义务的合理划分，也是法律必须加以明确的。为此《电子签名法》规定：电子签名人或者电子签名依赖方因依据电子认证服务提供者提供的电子签名认证服务从事民事活动遭受损失，电子认证服务提供者不能证明自己无过错的，承担赔偿责任。③ 未经许可提供电子认证服务的，由国务院信息产业主管部门责令停止违法行为；有违法所得的，没收违法所得；违法所得 30 万元以上的，处违法所得 1 倍以上 3 倍以下的罚款；没有违法所得或者违法所得不足 30 万元的，处 10 万元以上 30 万元以下的罚款。④电子认证服务提供者暂停或者终止电子认证服务，未在暂停或者终止服务 60 日前向国务院信息产业主管部门报告的，由国务院信息产业主管部门对其直接负责的主管人员处 1 万元以上 5 万元以下的罚款。⑤ 电子认证服务提供者不遵守认证业务规则、未妥善保存与认证相关的信息，或者有其他违法行为的，由国务院信息产业主管部门责令限期改正；逾期未改正的，吊销电子认证许可证书，其直接负责的主管人员和其他直接责任人员 10 年内不得从事电子认证服务。吊销电子认证许可证书的，应当予以公告并通知工商行政管理部门。⑥

3）伪造、冒用、盗用他人的电子签名者的法律责任。伪造、冒用、盗用他人的电子签名，构成犯罪的，依法追究刑事责任；给他人造成损失的，依法承担民事责任。⑦

4）负责电子认证服务业监督管理部门工作人员的法律责任。依照本法负责

---

① 《电子签名法》第 24 条。
② 《电子签名法》第 27 条。
③ 《电子签名法》第 28 条。
④ 《电子签名法》第 29 条。
⑤ 《电子签名法》第 30 条。
⑥ 《电子签名法》第 31 条。
⑦ 《电子签名法》第 32 条。

电子认证服务业监督管理工作的部门的工作人员，不依法履行行政许可、监督管理职责的，依法给予行政处分；构成犯罪的，依法追究刑事责任。①

　　《电子签名法》对电子签名的种种规范以及违反规定后的责任认定，可以较好地解决电子交易过程中的贸易纠纷，促进电子商务在高科技环境下的良性发展。

---

　　① 《电子签名法》第 33 条。

第8章 信息法的未来：利益平衡
——信息社会永恒的主题

信息法的发展应该围绕信息而不是技术，信息权利作为信息法中最基本的一个概念，其性质的复杂性和其内容的综合性决定了信息立法面临的主要问题是各种不同性质权利之间的协调，实际是各个主体、各种利益之间的平衡问题。所以，本书提出了一个基于权利模型的信息法体系框架，并且认为该体系的核心是建立信息控制与获取的平衡机制。这个信息法律体系框架的目的也很明确，就是在明确各类信息主体的基本信息权利和义务的基础上，规范信息主体的信息行为，调整各信息主体之间的利益关系，保护和利用国家、社会和个人拥有的信息资源，促进经济发展和社会进步；同时协调统一现行的各种各样的法律法规，指引和规范现有法律的修订或新法律的制定，避免政出多门和法律之间的冲突。

本书在对信息权利性质进行分析的基础上，认为在理论研究中信息法要统一协调，信息控制与获取的平衡将是信息社会永恒的主题，利益平衡的思想应贯穿信息法的始终。早在1991年3月，乌家培教授在接受《国外科技政策与管理》记者采访时，就国外信息政策与立法问题进行了介绍和评价，指出："信息政策与法规，就是把信息作为管理对象，对信息与信息工作进行管理的一种形式。"认为"信息政策与法规问题是在20世纪70年代随着信息管理、信息资源共享、信息公开化，以及信息保密及隐私问题而提出来的"。通过本书的研究，也可以看出，信息法学是随着信息化发展带来的各种社会矛盾日益突出而发展起来的，其研究也必然围绕解决这些矛盾、平衡各方利益而展开。首先，根据本书对信息权利的分析，可知信息权利的性质不是简单的财产权，它涉及每一个公民的人格尊严和政治权利，涉及市场主体的经营活动和市场竞争，也涉及整个国家的政治、经济发展，需要在各个层次上对信息的利益主体进行协调和平衡，需要采用各种法律手段进行规范，单一的模式不能适应信息普遍性和复杂性的要求。其次，从信息法律调整的社会关系来看，有作为行政法调整对象的社会关系，如信息公开法；有作为民法调整对象的社会关系，如隐私权法；有作为经济法调整对象的社会关系，如不正当竞争行为。这些社会关系的不同性质，需要采用不同的法律运用不同的法律手段进行调整，才能真正达到保护和平衡各个主体利益的目的。再次，对各个主体间利益的平衡和法律之间的冲突，需要从法学理论研究的角度出发来解决。加强对信息法律从理论角度的研究，运用其指导分属于不同部门的信息法律规范，可以解决法律内部出现的无法协调或难以协调的问题，尤其是可以达到平衡各个体利益的目的。

周庆山教授曾在其《信息法学研究的回顾与进展》一文中探讨了信息法学未来研究的重点课题，指出："信息共享与占有的平衡当是难点。如何协调公众获取信息与个体保护信息之间的矛盾，如何平衡二者的利益关系，既实现信息资源的社会共享，又确保创造者的占有权利与利益，成为信息法学所面临的重要而较难解决的研究课题。信息法所调整的对象是人类信息活动中产生的各类信息关系、矛盾和冲突，因此信息法学需要从各类社会关系和矛盾的协调解决方面去加以研究，诸如分析信息的不足和信息过滥的矛盾、信息公开与信息保密的矛盾、信息的私权利益与公共利益的矛盾、信息自由与信息安全的矛盾，等等。"①

国际图联已与几百个非政府组织和个人联合签署了世界知识产权组织未来发展的《日内瓦宣言》，该宣言于2004年9月2日发布。国际图联之所以采取这样的行动是因为，国际图联的核心价值包括这样一种信念，即所有的人、社会团体和组织机构，为实现社会、教育、文化、民主和经济的繁荣，需要平等地获取信息、思想和影像作品。此外，国际图联的专业优先性要求国际图联对著作权人和代表信息使用者的图书馆担负双重的责任，因为安全地提供、获取智力成果是知识增长的基础。国际图联对世界知识产权组织近期对这些专业责任的回应行动表示认可和欢迎。这些行动即对传统知识产权保护所给予的新的关注；对于非印刷品的要求；对向国际图联这样代表公共利益的非政府组织所具有的更广泛的开放性等。宣言针对世界知识产权组织和其他成员国指出：世界知识产权组织还远远没有达到充分地保护和促进作者与使用者的平衡目标，而这正是有效的知识产权制度的基础。因此，国际图联希望宣言将会使世界知识产权组织对一些重要的问题给予关注，这些问题与教育、图书馆和其他信息提供商密切相关。社会和个人的自由、繁荣与发展是人的基本价值，只有当有文化的公民能够行使其民主权利并能在社会上积极发挥作用时，这些价值才能实现。富有成效的参与和民主的发展有赖于良好的教育和对知识、思想、文化

---

① 周庆山. 信息法学研究的回顾与进展. 见：中国国防科学技术信息学会. 情报学进展（2002～2003年度评论）（第五卷）. 北京：国防工业出版社，2003：68～106

及信息的自由和不受限制的获取。①

所以，希望本书提出的信息控制与获取的平衡体系，能够引起人们对信息领域的利益平衡问题的广泛关注，希望该体系能对新的技术环境和条件下出现的各种新的信息问题，提供一些指引和解决思路，从而促进信息时代相关法律和政策的发展，并最终促进信息资源的公共获取和人类文化的共同繁荣。

---

① 国际图联关于"世界知识产权组织未来发展日内瓦宣言"的立场．卢海燕，白云峰译．中国图书馆学报，2006（1）：89，90

附　录　我国主要信息法律、法规

中华人民共和国著作权法

（1990 年 9 月 7 日第七届全国人民代表
大会常务委员会第十五次会议通过
根据 2001 年 10 月 27 日第九届全国人民
代表大会常务委员会第二十四次会议《关于修改
〈中华人民共和国著作权法〉的决定》修正）

目　　录

第一章　总　则
第二章　著作权
　　第一节　著作权人及其权利
　　第二节　著作权归属
　　第三节　权利的保护期
　　第四节　权利的限制
第三章　著作权许可使用和转让合同
第四章　出版、表演、录音录像、播放
　　第一节　图书、报刊的出版
　　第二节　表演
　　第三节　录音录像
　　第四节　广播电台、电视台播放
第五章　法律责任和执法措施
第六章　附　则

第一章　总　　则

第一条　为保护文学、艺术和科学作品作者的著作权，以及与著作权有关的权益，鼓励有益于社会主义精神文明、物质文明建设的作品的创作和传播，促进社会主义文化和科学事业的发展与繁荣，根据宪法制定本法。

第二条 中国公民、法人或者其他组织的作品，不论是否发表，依照本法享有著作权。

外国人、无国籍人的作品根据其作者所属国或者经常居住地国同中国签订的协议或者共同参加的国际条约享有的著作权，受本法保护。

外国人、无国籍人的作品首先在中国境内出版的，依照本法享有著作权。

未与中国签订协议或者共同参加国际条约的国家的作者以及无国籍人的作品首次在中国参加的国际条约的成员国出版的，或者在成员国和非成员国同时出版的，受本法保护。

第三条 本法所称的作品，包括以下列形式创作的文学、艺术和自然科学、社会科学、工程技术等作品：

（一）文字作品；

（二）口述作品；

（三）音乐、戏剧、曲艺、舞蹈、杂技艺术作品；

（四）美术、建筑作品；

（五）摄影作品；

（六）电影作品和以类似摄制电影的方法创作的作品；

（七）工程设计图、产品设计图、地图、示意图等图形作品和模型作品；

（八）计算机软件；

（九）法律、行政法规规定的其他作品。

第四条 依法禁止出版、传播的作品，不受本法保护。

著作权人行使著作权，不得违反宪法和法律，不得损害公共利益。

第五条 本法不适用于：

（一）法律、法规，国家机关的决议、决定、命令和其他具有立法、行政、司法性质的文件，及其官方正式译文；

（二）时事新闻；

（三）历法、通用数表、通用表格和公式。

第六条 民间文学艺术作品的著作权保护办法由国务院另行规定。

第七条 国务院著作权行政管理部门主管全国的著作权管理工作；各省、自治区、直辖市人民政府的著作权行政管理部门主管本行政区域的著作权管理工作。

第八条 著作权人和与著作权有关的权利人可以授权著作权集体管理组织行使著作权或者与著作权有关的权利。著作权集体管理组织被授权后，可以以自己的名义为著作权人和与著作权有关的权利人主张权利，并可以作为当事人进行涉及著作权或者与著作权有关的权利的诉讼、仲裁活动。

著作权集体管理组织是非营利性组织，其设立方式、权利义务、著作权许可使用费的收取和分配，以及对其监督和管理等由国务院另行规定。

第二章 著 作 权

第一节 著作权人及其权利

第九条 著作权人包括：

（一）作者；

（二）其他依照本法享有著作权的公民、法人或者其他组织。

第十条 著作权包括下列人身权和财产权：

（一）发表权，即决定作品是否公之于众的权利；

（二）署名权，即表明作者身份，在作品上署名的权利；

（三）修改权，即修改或者授权他人修改作品的权利；

（四）保护作品完整权，即保护作品不受歪曲、篡改的权利；

（五）复制权，即以印刷、复印、拓印、录音、录像、翻录、翻拍等方式将作品制作一份或者多份的权利；

（六）发行权，即以出售或者赠与方式向公众提供作品的原件或者复制件的权利；

（七）出租权，即有偿许可他人临时使用电影作品和以类似摄制电影的方法创作的作品、计算机软件的权利，计算机软件不是出租的主要标的的除外；

（八）展览权，即公开陈列美术作品、摄影作品的原件或者复制件的权利；

（九）表演权，即公开表演作品，以及用各种手段公开播送作品的表演的权利；

（十）放映权，即通过放映机、幻灯机等技术设备公开再现美术、摄影、电影和以类似摄制电影的方法创作的作品等的权利；

（十一）广播权，即以无线方式公开广播或者传播作品，以有线传播或者转播的方式向公众传播广播的作品，以及通过扩音器或者其他传送符号、声音、图像的类似工具向公众传播广播的作品的权利；

（十二）信息网络传播权，即以有线或者无线方式向公众提供作品，使公众可以在其个人选定的时间和地点获得作品的权利；

（十三）摄制权，即以摄制电影或者以类似摄制电影的方法将作品固定在载体上的权利；

（十四）改编权，即改变作品，创作出具有独创性的新作品的权利；

（十五）翻译权，即将作品从一种语言文字转换成另一种语言文字的权利；

（十六）汇编权，即将作品或者作品的片段通过选择或者编排，汇集成新作品的权利；

（十七）应当由著作权人享有的其他权利。

著作权人可以许可他人行使前款第（五）项至第（十七）项规定的权利，并依照约定或者本法有关规定获得报酬。

著作权人可以全部或者部分转让本条第一款第（五）项至第（十七）项规定的权利，并依照约定或者本法有关规定获得报酬。

第二节　著作权归属

第十一条　著作权属于作者，本法另有规定的除外。

创作作品的公民是作者。

由法人或者其他组织主持，代表法人或者其他组织意志创作，并由法人或者其他组织承担责任的作品，法人或者其他组织视为作者。

如无相反证明，在作品上署名的公民、法人或者其他组织为作者。

第十二条　改编、翻译、注释、整理已有作品而产生的作品，其著作权由改编、翻译、注释、整理人享有，但行使著作权时不得侵犯原作品的著作权。

第十三条　两人以上合作创作的作品，著作权由合作作者共同享有。没有参加创作的人，不能成为合作作者。

合作作品可以分割使用的，作者对各自创作的部分可以单独享有著作权，但行使著作权时不得侵犯合作作品整体的著作权。

第十四条　汇编若干作品、作品的片段或者不构成作品的数据或者其他材料，对其内容的选择或者编排体现独创性的作品，为汇编作品，其著作权由汇编人享有，但行使著作权时，不得侵犯原作品的著作权。

第十五条　电影作品和以类似摄制电影的方法创作的作品的著作权由制片者享有，但编剧、导演、摄影、作词、作曲等作者享有署名权，并有权按照与制片者签订的合同获得报酬。

电影作品和以类似摄制电影的方法创作的作品中的剧本、音乐等可以单独使用的作品的作者有权单独行使其著作权。

第十六条　公民为完成法人或者其他组织工作任务所创作的作品是职务作品，除本条第二款的规定以外，著作权由作者享有，但法人或者其他组织有权在其业务范围内优先使用。作品完成两年内，未经单位同意，作者不得许可第三人以与单位使用的相同方式使用该作品。

有下列情形之一的职务作品，作者享有署名权，著作权的其他权利由法人或者其他组织享有，法人或者其他组织可以给予作者奖励：

（一）主要是利用法人或者其他组织的物质技术条件创作，并由法人或者其他组织承担责任的工程设计图、产品设计图、地图、计算机软件等职务作品；

（二）法律、行政法规规定或者合同约定著作权由法人或者其他组织享有的职务作品。

第十七条　受委托创作的作品，著作权的归属由委托人和受托人通过合同约定。合同未作明确约定或者没有订立合同的，著作权属于受托人。

第十八条　美术等作品原件所有权的转移，不视为作品著作权的转移，但美术作品原件的展览权由原件所有人享有。

第十九条　著作权属于公民的，公民死亡后，其本法第十条第一款第（五）项至第（十七）项规定的权利在本法规定的保护期内，依照继承法的规定转移。

著作权属于法人或者其他组织的，法人或者其他组织变更、终止后，其本法第十条第一款第（五）项至第（十七）项规定的权利在本法规定的保护期内，由承受其权利义务的法人或者其他组织享有；没有承受其权利义务的法人或者其他组织的，由国家享有。

第三节　权利的保护期

第二十条　作者的署名权、修改权、保护作品完整权的保护期不受限制。

第二十一条　公民的作品，其发表权、本法第十条第一款第（五）项至第（十七）项规定的权利的保护期为作者终生及其死亡后五十年，截止于作者死亡后第五十年的 12 月 31 日；如果是合作作品，截止于最后死亡的作者死亡后第五十年的 12 月 31 日。

法人或者其他组织的作品、著作权（署名权除外）由法人或者其他组织享有的职务作品，其发表权、本法第十条第一款第（五）项至第（十七）项规定的权利的保护期为五十年，截止于作品首次发表后第五十年的 12 月 31 日，但作品自创作完成后五十年内未发表的，本法不再保护。

电影作品和以类似摄制电影的方法创作的作品、摄影作品，其发表权、本法第十条第一款第（五）项至第（十七）项规定的权利的保护期为五十年，截止于作品首次发表后第五十年的 12 月 31 日，但作品自创作完成后五十年内未发表的，本法不再保护。

第四节　权利的限制

第二十二条　在下列情况下使用作品，可以不经著作权人许可，不向其支付报酬，但应当指明作者姓名、作品名称，并且不得侵犯著作权人依照本法享有的其他权利：

（一）为个人学习、研究或者欣赏，使用他人已经发表的作品；

（二）为介绍、评论某一作品或者说明某一问题，在作品中适当引用他人已经发表的作品；

（三）为报道时事新闻，在报纸、期刊、广播电台、电视台等媒体中不可避免地再现或者引用已经发表的作品；

（四）报纸、期刊、广播电台、电视台等媒体刊登或者播放其他报纸、期刊、广播电台、电视台等媒体已经发表的关于政治、经济、宗教问题的时事性文章，但作者声明不许刊登、播放的除外；

（五）报纸、期刊、广播电台、电视台等媒体刊登或者播放在公众集会上发表的讲话，但作者声明不许刊登、播放的除外；

（六）为学校课堂教学或者科学研究，翻译或者少量复制已经发表的作品，供教学或者科研人员使用，但不得出版发行；

（七）国家机关为执行公务在合理范围内使用已经发表的作品；

（八）图书馆、档案馆、纪念馆、博物馆、美术馆等为陈列或者保存版本的需要，复制本馆收藏的作品；

（九）免费表演已经发表的作品，该表演未向公众收取费用，也未向表演者支付报酬；

（十）对设置或者陈列在室外公共场所的艺术作品进行临摹、绘画、摄影、录像；

（十一）将中国公民、法人或者其他组织已经发表的以汉语言文字创作的作品翻译成少数民族语言文字作品在国内出版发行；

（十二）将已经发表的作品改成盲文出版。

前款规定适用于对出版者、表演者、录音录像制作者、广播电台、电视台的权利的限制。

第二十三条　为实施九年制义务教育和国家教育规划而编写出版教科书，除作者事先声明不许使用的外，可以不经著作权人许可，在教科书中汇编已经发表的作品片段或者短小的文字作品、音乐作品或者单幅的美术作品、摄影作品，但应当按照规定支付报酬，指明作者姓名、作品名称，并且不得侵犯著作权人依照本法享有的其他权利。

前款规定适用于对出版者、表演者、录音录像制作者、广播电台、电视台的权利的限制。

第三章　著作权许可使用和转让合同

第二十四条　使用他人作品应当同著作权人订立许可使用合同，本法规定可以不经许可的除外。

许可使用合同包括下列主要内容：

（一）许可使用的权利种类；

（二）许可使用的权利是专有使用权或者非专有使用权；

（三）许可使用的地域范围、期间；

（四）付酬标准和办法；

（五）违约责任；

（六）双方认为需要约定的其他内容。

第二十五条　转让本法第十条第一款第（五）项至第（十七）项规定的权利，应当订立书面合同。

权利转让合同包括下列主要内容：

（一）作品的名称；

（二）转让的权利种类、地域范围；

（三）转让价金；

（四）交付转让价金的日期和方式；

（五）违约责任；

（六）双方认为需要约定的其他内容。

第二十六条　许可使用合同和转让合同中著作权人未明确许可、转让的权利，未经著作权人同意，另一方当事人不得行使。

第二十七条　使用作品的付酬标准可以由当事人约定，也可以按照国务院著作权行政管理部门会同有关部门制定的付酬标准支付报酬。当事人约定不明确的，按照国务院著作权行政管理部门会同有关部门制定的付酬标准支付报酬。

第二十八条　出版者、表演者、录音录像制作者、广播电台、电视台等依照本法有关规定使用他人作品的，不得侵犯作者的署名权、修改权、保护作品完整权和获得报酬的权利。

第四章　出版、表演、录音录像、播放

第一节　图书、报刊的出版

第二十九条　图书出版者出版图书应当和著作权人订立出版合同，并支付报酬。

第三十条　图书出版者对著作权人交付出版的作品，按照合同约定享有的专有出版权受法律保护，他人不得出版该作品。

第三十一条　著作权人应当按照合同约定期限交付作品。图书出版者应当按照合同约定的出版质量、期限出版图书。

图书出版者不按照合同约定期限出版，应当依照本法第五十三条的规定承担

民事责任。

图书出版者重印、再版作品的，应当通知著作权人，并支付报酬。图书脱销后，图书出版者拒绝重印、再版的，著作权人有权终止合同。

第三十二条 著作权人向报社、期刊社投稿的，自稿件发出之日起十五日内未收到报社通知决定刊登的，或者自稿件发出之日起三十日内未收到期刊社通知决定刊登的，可以将同一作品向其他报社、期刊社投稿。双方另有约定的除外。

作品刊登后，除著作权人声明不得转载、摘编的外，其他报刊可以转载或者作为文摘、资料刊登，但应当按照规定向著作权人支付报酬。

第三十三条 图书出版者经作者许可，可以对作品修改、删节。

报社、期刊社可以对作品作文字性修改、删节。对内容的修改，应当经作者许可。

第三十四条 出版改编、翻译、注释、整理、汇编已有作品而产生的作品，应当取得改编、翻译、注释、整理、汇编作品的著作权人和原作品的著作权人许可，并支付报酬。

第三十五条 出版者有权许可或者禁止他人使用其出版的图书、期刊的版式设计。

前款规定的权利的保护期为十年，截止于使用该版式设计的图书、期刊首次出版后第十年的 12 月 31 日。

第二节 表 演

第三十六条 使用他人作品演出，表演者（演员、演出单位）应当取得著作权人许可，并支付报酬。演出组织者组织演出，由该组织者取得著作权人许可，并支付报酬。

使用改编、翻译、注释、整理已有作品而产生的作品进行演出，应当取得改编、翻译、注释、整理作品的著作权人和原作品的著作权人许可，并支付报酬。

第三十七条 表演者对其表演享有下列权利：

（一）表明表演者身份；

（二）保护表演形象不受歪曲；

（三）许可他人从现场直播和公开传送其现场表演，并获得报酬；

（四）许可他人录音录像，并获得报酬；

（五）许可他人复制、发行录有其表演的录音录像制品，并获得报酬；

（六）许可他人通过信息网络向公众传播其表演，并获得报酬。

被许可人以前款第（三）项至第（六）项规定的方式使用作品，还应当取得著作权人许可，并支付报酬。

第三十八条 本法第三十七条第一款第（一）项、第（二）项规定的权利的保护期不受限制。

本法第三十七条第一款第（三）项至第（六）项规定的权利的保护期为五十年，截止于该表演发生后第五十年的 12 月 31 日。

第三节 录音录像

第三十九条 录音录像制作者使用他人作品制作录音录像制品，应当取得著作权人许可，并支付报酬。

录音录像制作者使用改编、翻译、注释、整理已有作品而产生的作品，应当取得改编、翻译、注释、整理作品的著作权人和原作品著作权人许可，并支付报酬。

录音制作者使用他人已经合法录制为录音制品的音乐作品制作录音制品，可以不经著作权人许可，但应当按照规定支付报酬；著作权人声明不许使用的不得使用。

第四十条 录音录像制作者制作录音录像制品，应当同表演者订立合同，并支付报酬。

第四十一条 录音录像制作者对其制作的录音录像制品，享有许可他人复制、发行、出租、通过信息网络向公众传播并获得报酬的权利；权利的保护期为五十年，截止于该制品首次制作完成后第五十年的 12 月 31 日。

被许可人复制、发行、通过信息网络向公众传播录音录像制品，还应当取得著作权人、表演者许可，并支付报酬。

第四节 广播电台、电视台播放

第四十二条 广播电台、电视台播放他人未发表的作品，应当取得著作权人许可，并支付报酬。

广播电台、电视台播放他人已发表的作品，可以不经著作权人许可，但应当支付报酬。

第四十三条 广播电台、电视台播放已经出版的录音制品，可以不经著作权人许可，但应当支付报酬。当事人另有约定的除外。具体办法由国务院规定。

第四十四条 广播电台、电视台有权禁止未经其许可的下列行为：

（一）将其播放的广播、电视转播；

（二）将其播放的广播、电视录制在音像载体上以及复制音像载体。

前款规定的权利的保护期为五十年，截止于该广播、电视首次播放后第五十年的 12 月 31 日。

第四十五条 电视台播放他人的电影作品和以类似摄制电影的方法创作的作品、录像制品，应当取得制片者或者录像制作者许可，并支付报酬；播放他人的录像制品，还应当取得著作权人许可，并支付报酬。

第五章 法律责任和执法措施

第四十六条 有下列侵权行为的，应当根据情况，承担停止侵害、消除影响、赔礼道歉、赔偿损失等民事责任：

（一）未经著作权人许可，发表其作品的；

（二）未经合作作者许可，将与他人合作创作的作品当作自己单独创作的作品发表的；

（三）没有参加创作，为谋取个人名利，在他人作品上署名的；

（四）歪曲、篡改他人作品的；

（五）剽窃他人作品的；

（六）未经著作权人许可，以展览、摄制电影和以类似摄制电影的方法使用作品，或者以改编、翻译、注释等方式使用作品的，本法另有规定的除外；

（七）使用他人作品，应当支付报酬而未支付的；

（八）未经电影作品和以类似摄制电影的方法创作的作品、计算机软件、录音录像制品的著作权人或者与著作权有关的权利人许可，出租其作品或者录音录像制品的，本法另有规定的除外；

（九）未经出版者许可，使用其出版的图书、期刊的版式设计的；

（十）未经表演者许可，从现场直播或者公开传送其现场表演，或者录制其表演的；

（十一）其他侵犯著作权以及与著作权有关的权益的行为。

第四十七条 有下列侵权行为的，应当根据情况，承担停止侵害、消除影响、赔礼道歉、赔偿损失等民事责任；同时损害公共利益的，可以由著作权行政管理部门责令停止侵权行为，没收违法所得，没收、销毁侵权复制品，并可处以罚款；情节严重的，著作权行政管理部门还可以没收主要用于制作侵权复制品的材料、工具、设备等；构成犯罪的，依法追究刑事责任：

（一）未经著作权人许可，复制、发行、表演、放映、广播、汇编、通过信息网络向公众传播其作品的，本法另有规定的除外；

（二）出版他人享有专有出版权的图书的；

（三）未经表演者许可，复制、发行录有其表演的录音录像制品，或者通过信息网络向公众传播其表演的，本法另有规定的除外；

（四）未经录音录像制作者许可，复制、发行、通过信息网络向公众传播其制作的录音录像制品的，本法另有规定的除外；

（五）未经许可，播放或者复制广播、电视的，本法另有规定的除外；

（六）未经著作权人或者与著作权有关的权利人许可，故意避开或者破坏权利人为其作品、录音录像制品等采取的保护著作权或者与著作权有关的权利的技术措施的，法律、行政法规另有规定的除外；

（七）未经著作权人或者与著作权有关的权利人许可，故意删除或者改变作品、录音录像制品等的权利管理电子信息的，法律、行政法规另有规定的除外；

（八）制作、出售假冒他人署名的作品的。

第四十八条　侵犯著作权或者与著作权有关的权利的，侵权人应当按照权利人的实际损失给予赔偿；实际损失难以计算的，可以按照侵权人的违法所得给予赔偿。赔偿数额还应当包括权利人为制止侵权行为所支付的合理开支。

权利人的实际损失或者侵权人的违法所得不能确定的，由人民法院根据侵权行为的情节，判决给予五十万元以下的赔偿。

第四十九条　著作权人或者与著作权有关的权利人有证据证明他人正在实施或者即将实施侵犯其权利的行为，如不及时制止将会使其合法权益受到难以弥补的损害的，可以在起诉前向人民法院申请采取责令停止有关行为和财产保全的措施。

人民法院处理前款申请，适用《中华人民共和国民事诉讼法》第九十三条至第九十六条和第九十九条的规定。

第五十条　为制止侵权行为，在证据可能灭失或者以后难以取得的情况下，著作权人或者与著作权有关的权利人可以在起诉前向人民法院申请保全证据。

人民法院接受申请后，必须在四十八小时内作出裁定；裁定采取保全措施的，应当立即开始执行。

人民法院可以责令申请人提供担保，申请人不提供担保的，驳回申请。

申请人在人民法院采取保全措施后十五日内不起诉的，人民法院应当解除保全措施。

第五十一条　人民法院审理案件，对于侵犯著作权或者与著作权有关的权利的，可以没收违法所得、侵权复制品以及进行违法活动的财物。

第五十二条　复制品的出版者、制作者不能证明其出版、制作有合法授权的，复制品的发行者或者电影作品或者以类似摄制电影的方法创作的作品、计算机软件、录音录像制品的复制品的出租者不能证明其发行、出租的复制品有合法来源的，应当承担法律责任。

第五十三条　当事人不履行合同义务或者履行合同义务不符合约定条件的，应当依照《中华人民共和国民法通则》、《中华人民共和国合同法》等有关法律规定承担民事责任。

第五十四条　著作权纠纷可以调解，也可以根据当事人达成的书面仲裁协议或者著作权合同中的仲裁条款，向仲裁机构申请仲裁。

当事人没有书面仲裁协议，也没有在著作权合同中订立仲裁条款的，可以直接向人民法院起诉。

第五十五条　当事人对行政处罚不服的，可以自收到行政处罚决定书之日起三个月内向人民法院起诉，期满不起诉又不履行的，著作权行政管理部门可以申请人民法院执行。

第六章　附　则

第五十六条　本法所称的著作权即版权。

第五十七条　本法第二条所称的出版，指作品的复制、发行。

第五十八条　计算机软件、信息网络传播权的保护办法由国务院另行规定。

第五十九条　本法规定的著作权人和出版者、表演者、录音录像制作者、广播电台、电视台的权利，在本法施行之日尚未超过本法规定的保护期的，依照本法予以保护。

本法施行前发生的侵权或者违约行为，依照侵权或者违约行为发生时的有关规定和政策处理。

第六十条　本法自 1991 年 6 月 1 日起施行。

中华人民共和国商标法

（1982 年 8 月 23 日第五届全国人民代表大会常务
委员会第二十四次会议通过
根据 1993 年 2 月 22 日第七届全国人民代表大会常务委员会第三十
次会议《关于修改〈中华人民共和国商标法〉的决定》第一次修正
根据 2001 年 10 月 27 日第九届全国人民代表大会常务委员会第二十四
次会议《关于修改〈中华人民共和国商标法〉的决定》第二次修正）

目　　录

第一章　总　则
第二章　商标注册的申请
第三章　商标注册的审查和核准
第四章　注册商标的续展、转让和使用许可
第五章　注册商标争议的裁定
第六章　商标使用的管理
第七章　注册商标专用权的保护
第八章　附　则

第一章　总　　则

第一条　为了加强商标管理，保护商标专用权，促使生产、经营者保证商品和服务质量，维护商标信誉，以保障消费者和生产、经营者的利益，促进社会主义市场经济的发展，特制定本法。

第二条　国务院工商行政管理部门商标局主管全国商标注册和管理的工作。

国务院工商行政管理部门设立商标评审委员会，负责处理商标争议事宜。

第三条　经商标局核准注册的商标为注册商标，包括商品商标、服务商标和集体商标、证明商标；商标注册人享有商标专用权，受法律保护。

本法所称集体商标，是指以团体、协会或者其他组织名义注册，供该组织成员在商事活动中使用，以表明使用者在该组织中的成员资格的标志。

本法所称证明商标，是指由对某种商品或者服务具有监督能力的组织所控制，而由该组织以外的单位或者个人使用于其商品或者服务，用以证明该商品或者服务的原产地、原料、制造方法、质量或者其他特定品质的标志。

集体商标、证明商标注册和管理的特殊事项，由国务院工商行政管理部门规定。

第四条 自然人、法人或者其他组织对其生产、制造、加工、拣选或者经销的商品，需要取得商标专用权的，应当向商标局申请商品商标注册。

自然人、法人或者其他组织对其提供的服务项目，需要取得商标专用权的，应当向商标局申请服务商标注册。

本法有关商品商标的规定，适用于服务商标。

第五条 两个以上的自然人、法人或者其他组织可以共同向商标局申请注册同一商标，共同享有和行使该商标专用权。

第六条 国家规定必须使用注册商标的商品，必须申请商标注册，未经核准注册的，不得在市场销售。

第七条 商标使用人应当对其使用商标的商品质量负责。各级工商行政管理部门应当通过商标管理，制止欺骗消费者的行为。

第八条 任何能够将自然人、法人或者其他组织的商品与他人的商品区别开的可视性标志，包括文字、图形、字母、数字、三维标志和颜色组合，以及上述要素的组合，均可以作为商标申请注册。

第九条 申请注册的商标，应当有显著特征，便于识别，并不得与他人在先取得的合法权利相冲突。

商标注册人有权标明"注册商标"或者注册标记。

第十条 下列标志不得作为商标使用：

（一）同中华人民共和国的国家名称、国旗、国徽、军旗、勋章相同或者近似的，以及同中央国家机关所在地特定地点的名称或者标志性建筑物的名称、图形相同的；

（二）同外国的国家名称、国旗、国徽、军旗相同或者近似的，但该国政府同意的除外；

（三）同政府间国际组织的名称、旗帜、徽记相同或者近似的，但经该组织同意或者不易误导公众的除外；

（四）与表明实施控制、予以保证的官方标志、检验印记相同或者近似的，但经授权的除外；

（五）同"红十字"、"红新月"的名称、标志相同或者近似的；

（六）带有民族歧视性的；

（七）夸大宣传并带有欺骗性的；

（八）有害于社会主义道德风尚或者有其他不良影响的。

县级以上行政区划的地名或者公众知晓的外国地名，不得作为商标。但是，地名具有其他含义或者作为集体商标、证明商标组成部分的除外；已经注册的使用地名的商标继续有效。

第十一条　下列标志不得作为商标注册：

（一）仅有本商品的通用名称、图形、型号的；

（二）仅仅直接表示商品的质量、主要原料、功能、用途、重量、数量及其他特点的；

（三）缺乏显著特征的。

前款所列标志经过使用取得显著特征，并便于识别的，可以作为商标注册。

第十二条　以三维标志申请注册商标的，仅由商品自身的性质产生的形状、为获得技术效果而需有的商品形状或者使商品具有实质性价值的形状，不得注册。

第十三条　就相同或者类似商品申请注册的商标是复制、摹仿或者翻译他人未在中国注册的驰名商标，容易导致混淆的，不予注册并禁止使用。

就不相同或者不相类似商品申请注册的商标是复制、摹仿或者翻译他人已经在中国注册的驰名商标，误导公众，致使该驰名商标注册人的利益可能受到损害的，不予注册并禁止使用。

第十四条　认定驰名商标应当考虑下列因素：

（一）相关公众对该商标的知晓程度；

（二）该商标使用的持续时间；

（三）该商标的任何宣传工作的持续时间、程度和地理范围；

（四）该商标作为驰名商标受保护的记录；

（五）该商标驰名的其他因素。

第十五条　未经授权，代理人或者代表人以自己的名义将被代理人或者被代表人的商标进行注册，被代理人或者被代表人提出异议的，不予注册并禁止使用。

第十六条　商标中有商品的地理标志，而该商品并非来源于该标志所标示的地区，误导公众的，不予注册并禁止使用；但是，已经善意取得注册的继续有效。

前款所称地理标志，是指标示某商品来源于某地区，该商品的特定质量、信誉或者其他特征，主要由该地区的自然因素或者人文因素所决定的标志。

第十七条　外国人或者外国企业在中国申请商标注册的，应当按其所属国和中华人民共和国签订的协议或者共同参加的国际条约办理，或者按对等原则办理。

第十八条　外国人或者外国企业在中国申请商标注册和办理其他商标事宜的，应当委托国家认可的具有商标代理资格的组织代理。

第二章　商标注册的申请

第十九条　申请商标注册的，应当按规定的商品分类表填报使用商标的商品类别和商品名称。

第二十条　商标注册申请人在不同类别的商品上申请注册同一商标的，应当按商品分类表提出注册申请。

第二十一条　注册商标需要在同一类的其他商品上使用的，应当另行提出注册申请。

第二十二条　注册商标需要改变其标志的，应当重新提出注册申请。

第二十三条　注册商标需要变更注册人的名义、地址或者其他注册事项的，应当提出变更申请。

第二十四条　商标注册申请人自其商标在外国第一次提出商标注册申请之日起六个月内，又在中国就相同商品以同一商标提出商标注册申请的，依照该外国同中国签订的协议或者共同参加的国际条约，或者按照相互承认优先权的原则，可以享有优先权。

依照前款要求优先权的，应当在提出商标注册申请的时候提出书面声明，并且在三个月内提交第一次提出的商标注册申请文件的副本；未提出书面声明或者逾期未提交商标注册申请文件副本的，视为未要求优先权。

第二十五条　商标在中国政府主办的或者承认的国际展览会展出的商品上首次使用的，自该商品展出之日起六个月内，该商标的注册申请人可以享有优先权。

依照前款要求优先权的，应当在提出商标注册申请的时候提出书面声明，并且在三个月内提交展出其商品的展览会名称、在展出商品上使用该商标的证据、展出日期等证明文件；未提出书面声明或者逾期未提交证明文件的，视为未要求优先权。

第二十六条　为申请商标注册所申报的事项和所提供的材料应当真实、准确、完整。

第三章　商标注册的审查和核准

第二十七条　申请注册的商标，凡符合本法有关规定的，由商标局初步审定，予以公告。

第二十八条　申请注册的商标，凡不符合本法有关规定或者同他人在同一种商品或者类似商品上已经注册的或者初步审定的商标相同或者近似的，由商标局驳回申请，不予公告。

第二十九条 两个或者两个以上的商标注册申请人，在同一种商品或者类似商品上，以相同或者近似的商标申请注册的，初步审定并公告申请在先的商标；同一天申请的，初步审定并公告使用在先的商标，驳回其他人的申请，不予公告。

第三十条 对初步审定的商标，自公告之日起三个月内，任何人均可以提出异议。公告期满无异议的，予以核准注册，发给商标注册证，并予公告。

第三十一条 申请商标注册不得损害他人现有的在先权利，也不得以不正当手段抢先注册他人已经使用并有一定影响的商标。

第三十二条 对驳回申请、不予公告的商标，商标局应当书面通知商标注册申请人。商标注册申请人不服的，可以自收到通知之日起十五日内向商标评审委员会申请复审，由商标评审委员会作出决定，并书面通知申请人。

当事人对商标评审委员会的决定不服的，可以自收到通知之日起三十日内向人民法院起诉。

第三十三条 对初步审定、予以公告的商标提出异议的，商标局应当听取异议人和被异议人陈述事实和理由，经调查核实后，作出裁定。当事人不服的，可以自收到通知之日起十五日内向商标评审委员会申请复审，由商标评审委员会作出裁定，并书面通知异议人和被异议人。

当事人对商标评审委员会的裁定不服的，可以自收到通知之日起三十日内向人民法院起诉。人民法院应当通知商标复审程序的对方当事人作为第三人参加诉讼。

第三十四条 当事人在法定期限内对商标局作出的裁定不申请复审或者对商标评审委员会作出的裁定不向人民法院起诉的，裁定生效。

经裁定异议不能成立的，予以核准注册，发给商标注册证，并予公告；经裁定异议成立的，不予核准注册。

经裁定异议不能成立而核准注册的，商标注册申请人取得商标专用权的时间自初审公告三个月期满之日起计算。

第三十五条 对商标注册申请和商标复审申请应当及时进行审查。

第三十六条 商标注册申请人或者注册人发现商标申请文件或者注册文件有明显错误的，可以申请更正。商标局依法在其职权范围内作出更正，并通知当事人。

前款所称更正错误不涉及商标申请文件或者注册文件的实质性内容。

第四章 注册商标的续展、转让和使用许可

第三十七条 注册商标的有效期为十年，自核准注册之日起计算。

第三十八条　注册商标有效期满，需要继续使用的，应当在期满前六个月内申请续展注册；在此期间未能提出申请的，可以给予六个月的宽展期。宽展期满仍未提出申请的，注销其注册商标。

每次续展注册的有效期为十年。

续展注册经核准后，予以公告。

第三十九条　转让注册商标的，转让人和受让人应当签订转让协议，并共同向商标局提出申请。受让人应当保证使用该注册商标的商品质量。

转让注册商标经核准后，予以公告。受让人自公告之日起享有商标专用权。

第四十条　商标注册人可以通过签订商标使用许可合同，许可他人使用其注册商标。许可人应当监督被许可人使用其注册商标的商品质量。被许可人应当保证使用该注册商标的商品质量。

经许可使用他人注册商标的，必须在使用该注册商标的商品上标明被许可人的名称和商品产地。

商标使用许可合同应当报商标局备案。

第五章　注册商标争议的裁定

第四十一条　已经注册的商标，违反本法第十条、第十一条、第十二条规定的，或者是以欺骗手段或者其他不正当手段取得注册的，由商标局撤销该注册商标；其他单位或者个人可以请求商标评审委员会裁定撤销该注册商标。

已经注册的商标，违反本法第十三条、第十五条、第十六条、第三十一条规定的，自商标注册之日起五年内，商标所有人或者利害关系人可以请求商标评审委员会裁定撤销该注册商标。对恶意注册的，驰名商标所有人不受五年的时间限制。

除前两款规定的情形外，对已经注册的商标有争议的，可以自该商标经核准注册之日起五年内，向商标评审委员会申请裁定。

商标评审委员会收到裁定申请后，应当通知有关当事人，并限期提出答辩。

第四十二条　对核准注册前已经提出异议并经裁定的商标，不得再以相同的事实和理由申请裁定。

第四十三条　商标评审委员会作出维持或者撤销注册商标的裁定后，应当书面通知有关当事人。

当事人对商标评审委员会的裁定不服的，可以自收到通知之日起三十日内向人民法院起诉。人民法院应当通知商标裁定程序的对方当事人作为第三人参加诉讼。

的，由人民法院根据侵权行为的情节判决给予五十万元以下的赔偿。

销售不知道是侵犯注册商标专用权的商品，能证明该商品是自己合法取得的并说明提供者的，不承担赔偿责任。

第五十七条　商标注册人或者利害关系人有证据证明他人正在实施或者即将实施侵犯其注册商标专用权的行为，如不及时制止，将会使其合法权益受到难以弥补的损害的，可以在起诉前向人民法院申请采取责令停止有关行为和财产保全的措施。

人民法院处理前款申请，适用《中华人民共和国民事诉讼法》第九十三条至第九十六条和第九十九条的规定。

第五十八条　为制止侵权行为，在证据可能灭失或者以后难以取得的情况下，商标注册人或者利害关系人可以在起诉前向人民法院申请保全证据。

人民法院接受申请后，必须在四十八小时内作出裁定；裁定采取保全措施的，应当立即开始执行。

人民法院可以责令申请人提供担保，申请人不提供担保的，驳回申请。

申请人在人民法院采取保全措施后十五日内不起诉的，人民法院应当解除保全措施。

第五十九条　未经商标注册人许可，在同一种商品上使用与其注册商标相同的商标，构成犯罪的，除赔偿被侵权人的损失外，依法追究刑事责任。

伪造、擅自制造他人注册商标标识或者销售伪造、擅自制造的注册商标标识，构成犯罪的，除赔偿被侵权人的损失外，依法追究刑事责任。

销售明知是假冒注册商标的商品，构成犯罪的，除赔偿被侵权人的损失外，依法追究刑事责任。

第六十条　从事商标注册、管理和复审工作的国家机关工作人员必须秉公执法，廉洁自律，忠于职守，文明服务。

商标局、商标评审委员会以及从事商标注册、管理和复审工作的国家机关工作人员不得从事商标代理业务和商品生产经营活动。

第六十一条　工商行政管理部门应当建立健全内部监督制度，对负责商标注册、管理和复审工作的国家机关工作人员执行法律、行政法规和遵守纪律的情况，进行监督检查。

第六十二条　从事商标注册、管理和复审工作的国家机关工作人员玩忽职守、滥用职权、徇私舞弊，违法办理商标注册、管理和复审事项，收受当事人财物，牟取不正当利益，构成犯罪的，依法追究刑事责任；尚不构成犯罪的，依法给予行政处分。

第八章 附 则

第六十三条 申请商标注册和办理其他商标事宜的，应当缴纳费用，具体收费标准另定。

第六十四条 本法自1983年3月1日起施行。1963年4月10日国务院公布的《商标管理条例》同时废止；其他有关商标管理的规定，凡与本法抵触的，同时失效。

本法施行前已经注册的商标继续有效。

中华人民共和国专利法

(1984 年 3 月 12 日第六届全国人民代表大会常务委员会第四次会议通过
根据 1992 年 9 月 4 日第七届全国人民代表大会常务委员会第二十七次会议
《关于修改〈中华人民共和国专利法〉的决定》第一次修正
根据 2000 年 8 月 25 日第九届全国人民代表大会常务委员会第十七次会议
《关于修改〈中华人民共和国专利法〉的决定》第二次修正)

目　录

第一章　总　则
第二章　授予专利权的条件
第三章　专利的申请
第四章　专利申请的审查和批准
第五章　专利权的期限、终止和无效
第六章　专利实施的强制许可
第七章　专利权的保护
第八章　附　则

第一章　总　则

第一条　为了保护发明创造专利权，鼓励发明创造，有利于发明创造的推广应用，促进科学技术进步和创新，适应社会主义现代化建设的需要，特制定本法。

第二条　本法所称的发明创造是指发明、实用新型和外观设计。

第三条　国务院专利行政部门负责管理全国的专利工作；统一受理和审查专利申请，依法授予专利权。

省、自治区、直辖市人民政府管理专利工作的部门负责本行政区域内的专利管理工作。

第四条　申请专利的发明创造涉及国家安全或者重大利益需要保密的，按照国家有关规定办理。

第五条　对违反国家法律、社会公德或者妨害公共利益的发明创造，不授予专利权。

第六条　执行本单位的任务或者主要是利用本单位的物质技术条件所完成的发明创造为职务发明创造。职务发明创造申请专利的权利属于该单位；申请被批准后，该单位为专利权人。

　　非职务发明创造，申请专利的权利属于发明人或者设计人；申请被批准后，该发明人或者设计人为专利权人。

　　利用本单位的物质技术条件所完成的发明创造，单位与发明人或者设计人订有合同，对申请专利的权利和专利权的归属作出约定的，从其约定。

　　第七条　对发明人或者设计人的非职务发明创造专利申请，任何单位或者个人不得压制。

　　第八条　两个以上单位或者个人合作完成的发明创造、一个单位或者个人接受其他单位或者个人委托所完成的发明创造，除另有协议的以外，申请专利的权利属于完成或者共同完成的单位或者个人；申请被批准后，申请的单位或者个人为专利权人。

　　第九条　两个以上的申请人分别就同样的发明创造申请专利的，专利权授予最先申请的人。

　　第十条　专利申请权和专利权可以转让。

　　中国单位或者个人向外国人转让专利申请权或者专利权的，必须经国务院有关主管部门批准。

　　转让专利申请权或者专利权的，当事人应当订立书面合同，并向国务院专利行政部门登记，由国务院专利行政部门予以公告。专利申请权或者专利权的转让自登记之日起生效。

　　第十一条　发明和实用新型专利权被授予后，除本法另有规定的以外，任何单位或者个人未经专利权人许可，都不得实施其专利，即不得为生产经营目的制造、使用、许诺销售、销售、进口其专利产品，或者使用其专利方法以及使用、许诺销售、销售、进口依照该专利方法直接获得的产品。

　　外观设计专利权被授予后，任何单位或者个人未经专利权人许可，都不得实施其专利，即不得为生产经营目的制造、销售、进口其外观设计专利产品。

　　第十二条　任何单位或者个人实施他人专利的，应当与专利权人订立书面实施许可合同，向专利权人支付专利使用费。被许可人无权允许合同规定以外的任何单位或者个人实施该专利。

　　第十三条　发明专利申请公布后，申请人可以要求实施其发明的单位或者个人支付适当的费用。

　　第十四条　国有企业事业单位的发明专利，对国家利益或者公共利益具有重大意义的，国务院有关主管部门和省、自治区、直辖市人民政府报经国务院批准，可以决定在批准的范围内推广应用，允许指定的单位实施，由实施单位按照国家规定向专利权人支付使用费。

　　中国集体所有制单位和个人的发明专利，对国家利益或者公共利益具有重大意义，需要推广应用的，参照前款规定办理。

第十五条　专利权人有权在其专利产品或者该产品的包装上标明专利标记和专利号。

第十六条　被授予专利权的单位应当对职务发明创造的发明人或者设计人给予奖励；发明创造专利实施后，根据其推广应用的范围和取得的经济效益，对发明人或者设计人给予合理的报酬。

第十七条　发明人或者设计人有在专利文件中写明自己是发明人或者设计人的权利。

第十八条　在中国没有经常居所或者营业所的外国人、外国企业或者外国其他组织在中国申请专利的，依照其所属国同中国签订的协议或者共同参加的国际条约，或者依照互惠原则，根据本法小理。

第十九条　在中国没有经常居所或者营业所的外国人、外国企业或者外国其他组织在中国申请专利和办理其他专利事务的，应当委托国务院专利行政部门指定的专利代理机构办理。

中国单位或者个人在国内申请专利和办理其他专利事务的，可以委托专利代理机构办理。

专利代理机构应当遵守法律、行政法规，按照被代理人的委托办理专利申请或者其他专利事务；对被代理人发明创造的内容，除专利申请已经公布或者公告的以外，负有保密责任。专利代理机构的具体管理办法由国务院规定。

第二十条　中国单位或者个人将其在国内完成的发明创造向外国申请专利的，应当先向国务院专利行政部门申请专利，委托其指定的专利代理机构办理，并遵守本法第四条的规定。

中国单位或者个人可以根据中华人民共和国参加的有关国际条约提出专利国际申请。申请人提出专利国际申请的，应当遵守前款规定。

国务院专利行政部门依照中华人民共和国参加的有关国际条约、本法和国务院有关规定处理专利国际申请。

第二十一条　国务院专利行政部门及其专利复审委员会应当按照客观、公正、准确、及时的要求，依法处理有关专利的申请和请求。

在专利申请公布或者公告前，国务院专利行政部门的工作人员及有关人员对其内容负有保密责任。

第二章　授予专利权的条件

第二十二条　授予专利权的发明和实用新型，应当具备新颖性、创造性和实用性。

新颖性，是指在申请日以前没有同样的发明或者实用新型在国内外出版物上公开发表过、在国内公开使用过或者以其他方式为公众所知，也没有同样的发明或者实用新型由他人向国务院专利行政部门提出过申请并且记载在申请日以后公布的专利申请文件中。

创造性，是指同申请日以前已有的技术相比，该发明有突出的实质性特点和显著的进步，该实用新型有实质性特点和进步。

实用性，是指该发明或者实用新型能够制造或者使用，并且能够产生积极效果。

第二十三条　授予专利权的外观设计，应当同申请日以前在国内外出版物上公开发表过或者国内公开使用过的外观设计不相同和不相近似，并不得与他人在先取得的合法权利相冲突。

第二十四条　申请专利的发明创造在申请日以前六个月内，有下列情形之一的，不丧失新颖性：

（一）在中国政府主办或者承认的国际展览会上首次展出的；

（二）在规定的学术会议或者技术会议上首次发表的；

（三）他人未经申请人同意而泄露其内容的。

第二十五条　对下列各项，不授予专利权：

（一）科学发现；

（二）智力活动的规则和方法；

（三）疾病的诊断和治疗方法；

（四）动物和植物品种；

（五）用原子核变换方法获得的物质。

对前款第（四）项所列产品的生产方法，可以依照本法规定授予专利权。

第三章　专利的申请

第二十六条　申请发明或者实用新型专利的，应当提交请求书、说明书及其摘要和权利要求书等文件。

请求书应当写明发明或者实用新型的名称，发明人或者设计人的姓名，申请人姓名或者名称、地址，以及其他事项。

说明书应当对发明或者实用新型作出清楚、完整的说明，以所属技术领域的技术人员能够实现为准；必要的时候，应当有附图。摘要应当简要说明发明或者实用新型的技术要点。

权利要求书应当以说明书为依据，说明要求专利保护的范围。

第二十七条　申请外观设计专利的，应当提交请求书以及该外观设计的图片或者照片等文件，并且应当写明使用该外观设计的产品及其所属的类别。

第二十八条　国务院专利行政部门收到专利申请文件之日为申请日。如果申请文件是邮寄的，以寄出的邮戳日为申请日。

第二十九条　申请人自发明或者实用新型在外国第一次提出专利申请之日起十二个月内，或者自外观设计在外国第一次提出专利申请之日起六个月内，又在中国就相同主题提出专利申请的，依照该外国同中国签订的协议或者共同参加的国际条约，或者依照相互承认优先权的原则，可以享有优先权。

申请人自发明或者实用新型在中国第一次提出专利申请之日起十二个月内，又向国务院专利行政部门就相同主题提出专利申请的，可以享有优先权。

第三十条　申请人要求优先权的，应当在申请的时候提出书面声明，并且在三个月内提交第一次提出的专利申请文件的副本；未提出书面声明或者逾期未提交专利申请文件副本的，视为未要求优先权。

第三十一条　一件发明或者实用新型专利申请应当限于一项发明或者实用新型。属于一个总的发明构思的两项以上的发明或者实用新型，可以作为一件申请提出。

一件外观设计专利申请应当限于一种产品所使用的一项外观设计。用于同一类别并且成套出售或者使用的产品的两项以上的外观设计，可以作为一件申请提出。

第三十二条　申请人可以在被授予专利权之前随时撤回其专利申请。

第三十三条　申请人可以对其专利申请文件进行修改，但是，对发明和实用新型专利申请文件的修改不得超出原说明书和权利要求书记载的范围，对外观设计专利申请文件的修改不得超出原图片或者照片表示的范围。

第四章　专利申请的审查和批准

第三十四条　国务院专利行政部门收到发明专利申请后，经初步审查认为符合本法要求的，自申请日起满十八个月，即行公布。国务院专利行政部门可以根据申请人的请求早日公布其申请。

第三十五条　发明专利申请自申请日起三年内，国务院专利行政部门可以根据申请人随时提出的请求，对其申请进行实质审查；申请人无正当理由逾期不请求实质审查的，该申请即被视为撤回。

国务院专利行政部门认为必要的时候，可以自行对发明专利申请进行实质审查。

第三十六条　发明专利的申请人请求实质审查的时候，应当提交在申请日前与其发明有关的参考资料。

发明专利已经在外国提出过申请的，国务院专利行政部门可以要求申请人在指定期限内提交该国为审查其申请进行检索的资料或者审查结果的资料；无正当理由逾期不提交的，该申请即被视为撤回。

第三十七条　国务院专利行政部门对发明专利申请进行实质审查后，认为不符合本法规定的，应当通知申请人，要求其在指定的期限内陈述意见，或者对其申请进行修改；无正当理由逾期不答复的，该申请即被视为撤回。

第三十八条　发明专利申请经申请人陈述意见或者进行修改后，国务院专利行政部门仍然认为不符合本法规定的，应当予以驳回。

第三十九条　发明专利申请经实质审查没有发现驳回理由的，由国务院专利行政部门作出授予发明专利权的决定，发给发明专利证书，同时予以登记和公告。发明专利权自公告之日起生效。

第四十条　实用新型和外观设计专利申请经初步审查没有发现驳回理由的，由国务院专利行政部门作出授予实用新型专利权或者外观设计专利权的决定，发给相应的专利证书，同时予以登记和公告。实用新型专利权和外观设计专利权自公告之日起生效。

第四十一条　国务院专利行政部门设立专利复审委员会。专利申请人对国务院专利行政部门驳回申请的决定不服的，可以自收到通知之日起三个月内，向专利复审委员会请求复审。专利复审委员会复审后，作出决定，并通知专利申请人。

专利申请人对专利复审委员会的复审决定不服的，可以自收到通知之日起三个月内向人民法院起诉。

第五章　专利权的期限、终止和无效

第四十二条　发明专利权的期限为二十年，实用新型专利权和外观设计专利权的期限为十年，均自申请日起计算。

第四十三条　专利权人应当自被授予专利权的当年开始缴纳年费。

第四十四条　有下列情形之一的，专利权在期限届满前终止：

（一）没有按照规定缴纳年费的；

（二）专利权人以书面声明放弃其专利权的。

专利权在期限届满前终止的，由国务院专利行政部门登记和公告。

第四十五条　自国务院专利行政部门公告授予专利权之日起，任何单位或者个人认为该专利权的授予不符合本法有关规定的，可以请求专利复审委员会宣告该专利权无效。

第四十六条　专利复审委员会对宣告专利权无效的请求应当及时审查和作出决定，并通知请求人和专利权人。宣告专利权无效的决定，由国务院专利行政部门登记和公告。

对专利复审委员会宣告专利权无效或者维持专利权的决定不服的，可以自收到通知之日起三个月内向人民法院起诉。人民法院应当通知无效宣告请求程序的对方当事人作为第三人参加诉讼。

第四十七条 宣告无效的专利权视为自始即不存在。

宣告专利权无效的决定，对在宣告专利权无效前人民法院作出并已执行的专利侵权的判决、裁定，已经履行或者强制执行的专利侵权纠纷处理决定，以及已经履行的专利实施许可合同和专利权转让合同，不具有追溯力。但是因专利权人的恶意给他人造成的损失，应当给予赔偿。

如果依照前款规定，专利权人或者专利权转让人不向被许可实施专利人或者专利权受让人返还专利使用费或者专利权转让费，明显违反公平原则，专利权人或者专利权转让人应当向被许可实施专利人或者专利权受让人返还全部或者部分专利使用费或者专利权转让费。

第六章 专利实施的强制许可

第四十八条 具备实施条件的单位以合理的条件请求发明或者实用新型专利权人许可实施其专利，而未能在合理长的时间内获得这种许可时，国务院专利行政部门根据该单位的申请，可以给予实施该发明专利或者实用新型专利的强制许可。

第四十九条 在国家出现紧急状态或者非常情况时，或者为了公共利益的目的，国务院专利行政部门可以给予实施发明专利或者实用新型专利的强制许可。

第五十条 一项取得专利权的发明或者实用新型比前已经取得专利权的发明或者实用新型具有显著经济意义的重大技术进步，其实施又有赖于前一发明或者实用新型的实施的，国务院专利行政部门根据后一专利权人的申请，可以给予实施前一发明或者实用新型的强制许可。

在依照前款规定给予实施强制许可的情形下，国务院专利行政部门根据前一专利权人的申请，也可以给予实施后一发明或者实用新型的强制许可。

第五十一条 依照本法规定申请实施强制许可的单位或者个人，应当提出未能以合理条件与专利权人签订实施许可合同的证明。

第五十二条 国务院专利行政部门作出的给予实施强制许可的决定，应当及时通知专利权人，并予以登记和公告。

给予实施强制许可的决定，应当根据强制许可的理由规定实施的范围和时间。强制许可的理由消除并不再发生时，国务院专利行政部门应当根据专利权人的请求，经审查后作出终止实施强制许可的决定。

第五十三条 取得实施强制许可的单位或者个人不享有独占的实施权，并且无权允许他人实施。

第五十四条 取得实施强制许可的单位或者个人应当付给专利权人合理的使用费，其数额由双方协商；双方不能达成协议的，由国务院专利行政部门裁决。

第五十五条 专利权人对国务院专利行政部门关于实施强制许可的决定不服的，专利权人和取得实施强制许可的单位或者个人对国务院专利行政部门关于实施强制许可的使用费的裁决不服的，可以自收到通知之日起三个月内向人民法院起诉。

第七章　专利权的保护

第五十六条 发明或者实用新型专利权的保护范围以其权利要求的内容为准，说明书及附图可以用于解释权利要求。

外观设计专利权的保护范围以表示在图片或者照片中的该外观设计专利产品为准。

第五十七条 未经专利权人许可，实施其专利，即侵犯其专利权，引起纠纷的，由当事人协商解决；不愿协商或者协商不成的，专利权人或者利害关系人可以向人民法院起诉，也可以请求管理专利工作的部门处理。管理专利工作的部门处理时，认定侵权行为成立的，可以责令侵权人立即停止侵权行为，当事人不服的，可以自收到处理通知之日起十五日内依照《中华人民共和国行政诉讼法》向人民法院起诉；侵权人期满不起诉又不停止侵权行为的，管理专利工作的部门可以申请人民法院强制执行。进行处理的管理专利工作的部门应当事人的请求，可以就侵犯专利权的赔偿数额进行调解；调解不成的，当事人可以依照《中华人民共和国民事诉讼法》向人民法院起诉。

专利侵权纠纷涉及新产品制造方法的发明专利的，制造同样产品的单位或者个人应当提供其产品制造方法不同于专利方法的证明；涉及实用新型专利的，人民法院或者管理专利工作的部门可以要求专利权人出具由国务院专利行政部门作出的检索报告。

第五十八条 假冒他人专利的，除依法承担民事责任外，由管理专利工作的部门责令改正并予公告，没收违法所得，可以并处违法所得三倍以下的罚款，没有违法所得的，可以处五万元以下的罚款；构成犯罪的，依法追究刑事责任。

第五十九条 以非专利产品冒充专利产品、以非专利方法冒充专利方法的，由管理专利工作的部门责令改正并予公告，可以处五万元以下的罚款。

第六十条 侵犯专利权的赔偿数额，按照权利人因被侵权所受到的损失或者侵权人因侵权所获得的利益确定；被侵权人的损失或者侵权人获得的利益难以确定的，参照该专利许可使用费的倍数合理确定。

第六十一条　专利权人或者利害关系人有证据证明他人正在实施或者即将实施侵犯其专利权的行为，如不及时制止将会使其合法权益受到难以弥补的损害的，可以在起诉前向人民法院申请采取责令停止有关行为和财产保全的措施。

人民法院处理前款申请，适用《中华人民共和国民事诉讼法》第九十三条至第九十六条和第九十九条的规定。

第六十二条　侵犯专利权的诉讼时效为二年，自专利权人或者利害关系人得知或者应当得知侵权行为之日起计算。

发明专利申请公布后至专利权授予前使用该发明未支付适当使用费的，专利权人要求支付使用费的诉讼时效为二年，自专利权人得知或者应当得知他人使用其发明之日起计算，但是，专利权人于专利权授予之日前即已得知或者应当得知的，自专利权授予之日起计算。

第六十三条　有下列情形之一的，不视为侵犯专利权：

（一）专利权人制造、进口或者经专利权人许可而制造、进口的专利产品或者依照专利方法直接获得的产品售出后，使用、许诺销售或者销售该产品的；

（二）在专利申请日前已经制造相同产品、使用相同方法或者已经作好制造、使用的必要准备，并且仅在原有范围内继续制造、使用的；

（三）临时通过中国领陆、领水、领空的外国运输工具，依照其所属国同中国签订的协议或者共同参加的国际条约，或者依照互惠原则，为运输工具自身需要而在其装置和设备中使用有关专利的；

（四）专为科学研究和实验而使用有关专利的。

为生产经营目的使用或者销售不知道是未经专利权人许可而制造并售出的专利产品或者依照专利方法直接获得的产品，能证明其产品合法来源的，不承担赔偿责任。

第六十四条　违反本法第二十条规定向外国申请专利，泄露国家秘密的，由所在单位或者上级主管机关给予行政处分；构成犯罪的，依法追究刑事责任。

第六十五条　侵夺发明人或者设计人的非职务发明创造专利申请权和本法规定的其他权益的，由所在单位或者上级主管机关给予行政处分。

第六十六条　管理专利工作的部门不得参与向社会推荐专利产品等经营活动。

管理专利工作的部门违反前款规定的，由其上级机关或者监察机关责令改正，消除影响，有违法收入的予以没收；情节严重的，对直接负责的主管人员和其他直接责任人员依法给予行政处分。

第六十七条　从事专利管理工作的国家机关工作人员以及其他有关国家机关

工作人员玩忽职守、滥用职权、徇私舞弊，构成犯罪的，依法追究刑事责任；尚不构成犯罪的，依法给予行政处分。

第八章　附　　则

第六十八条　向国务院专利行政部门申请专利和办理其他手续，应当按照规定缴纳费用。

第六十九条　本法自 1985 年 4 月 1 日起施行。

中华人民共和国电子签名法

(2004 年 8 月 28 日第十届全国人民代表大会常务委员会第十一次会议通过)

目 录

第一章 总 则
第二章 数据电文
第三章 电子签名与认证
第四章 法律责任
第五章 附 则

第一章 总 则

第一条 为了规范电子签名行为，确立电子签名的法律效力，维护有关各方的合法权益，制定本法。

第二条 本法所称电子签名，是指数据电文中以电子形式所含、所附用于识别签名人身份并表明签名人认可其中内容的数据。

本法所称数据电文，是指以电子、光学、磁或者类似手段生成、发送、接收或者储存的信息。

第三条 民事活动中的合同或者其他文件、单证等文书，当事人可以约定使用或者不使用电子签名、数据电文。

当事人约定使用电子签名、数据电文的文书，不得仅因为其采用电子签名、数据电文的形式而否定其法律效力。

前款规定不适用下列文书：

（一）涉及婚姻、收养、继承等人身关系的；

（二）涉及土地、房屋等不动产权益转让的；

（三）涉及停止供水、供热、供气、供电等公用事业服务的；

（四）法律、行政法规规定的不适用电子文书的其他情形。

第二章 数 据 电 文

第四条 能够有形地表现所载内容，并可以随时调取查用的数据电文，视为符合法律、法规要求的书面形式。

第五条 符合下列条件的数据电文，视为满足法律、法规规定的原件形式要求：

（一）能够有效地表现所载内容并可供随时调取查用；

（二）能够可靠地保证自最终形成时起，内容保持完整、未被更改。但是，在数据电文上增加背书以及数据交换、储存和显示过程中发生的形式变化不影响数据电文的完整性。

第六条 符合下列条件的数据电文，视为满足法律、法规规定的文件保存要求：

（一）能够有效地表现所载内容并可供随时调取查用；

（二）数据电文的格式与其生成、发送或者接收时的格式相同，或者格式不相同但是能够准确表现原来生成、发送或者接收的内容；

（三）能够识别数据电文的发件人、收件人以及发送、接收的时间。

第七条 数据电文不得仅因为其是以电子、光学、磁或者类似手段生成、发送、接收或者储存的而被拒绝作为证据使用。

第八条 审查数据电文作为证据的真实性，应当考虑以下因素：

（一）生成、储存或者传递数据电文方法的可靠性；

（二）保持内容完整性方法的可靠性；

（三）用以鉴别发件人方法的可靠性；

（四）其他相关因素。

第九条 数据电文有下列情形之一的，视为发件人发送：

（一）经发件人授权发送的；

（二）发件人的信息系统自动发送的；

（三）收件人按照发件人认可的方法对数据电文进行验证后结果相符的。

当事人对前款规定的事项另有约定的，从其约定。

第十条 法律、行政法规规定或者当事人约定数据电文需要确认收讫的，应当确认收讫。发件人收到收件人的收讫确认时，数据电文视为已经收到。

第十一条 数据电文进入发件人控制之外的某个信息系统的时间，视为该数据电文的发送时间。

收件人指定特定系统接收数据电文的，数据电文进入该特定系统的时间，视为该数据电文的接收时间；未指定特定系统的，数据电文进入收件人的任何系统的首次时间，视为该数据电文的接收时间。

当事人对数据电文的发送时间、接收时间另有约定的，从其约定。

第十二条 发件人的主营业地为数据电文的发送地点，收件人的主营业地为数据电文的接收地点。没有主营业地的，其经常居住地为发送或者接收地点。

当事人对数据电文的发送地点、接收地点另有约定的，从其约定。

第三章　电子签名与认证

第十三条 电子签名同时符合下列条件的，视为可靠的电子签名：

（一）电子签名制作数据用于电子签名时，属于电子签名人专有；

（二）签署时电子签名制作数据仅由电子签名人控制；

（三）签署后对电子签名的任何改动能够被发现；

（四）签署后对数据电文内容和形式的任何改动能够被发现。

当事人也可以选择使用符合其约定的可靠条件的电子签名。

第十四条 可靠的电子签名与手写签名或者盖章具有同等的法律效力。

第十五条 电子签名人应当妥善保管电子签名制作数据。电子签名人知悉电子签名制作数据已经失密或者可能已经失密时，应当及时告知有关各方，并终止使用该电子签名制作数据。

第十六条 电子签名需要第三方认证的，由依法设立的电子认证服务提供者提供认证服务。

第十七条 提供电子认证服务，应当具备下列条件：

（一）具有与提供电子认证服务相适应的专业技术人员和管理人员；

（二）具有与提供电子认证服务相适应的资金和经营场所；

（三）具有符合国家安全标准的技术和设备；

（四）具有国家密码管理机构同意使用密码的证明文件；

（五）法律、行政法规规定的其他条件。

第十八条 从事电子认证服务，应当向国务院信息产业主管部门提出申请，并提交符合本法第十七条规定条件的相关材料。国务院信息产业主管部门接到申请后经依法审查，征求国务院商务主管部门等有关部门的意见后，自接到申请之日起四十五日内作出许可或者不予许可的决定。予以许可的，颁发电子认证许可证书；不予许可的，应当书面通知申请人并告知理由。

申请人应当持电子认证许可证书依法向工商行政管理部门办理企业登记手续。

取得认证资格的电子认证服务提供者，应当按照国务院信息产业主管部门的规定在互联网上公布其名称、许可证号等信息。

第十九条 电子认证服务提供者应当制定、公布符合国家有关规定的电子认证业务规则，并向国务院信息产业主管部门备案。

电子认证业务规则应当包括责任范围、作业操作规范、信息安全保障措施等事项。

第二十条 电子签名人向电子认证服务提供者申请电子签名认证证书，应当提供真实、完整和准确的信息。

电子认证服务提供者收到电子签名认证证书申请后，应当对申请人的身份进行查验，并对有关材料进行审查。

第二十一条 电子认证服务提供者签发的电子签名认证证书应当准确无误，并应当载明下列内容：

（一）电子认证服务提供者名称；

（二）证书持有人名称；

（三）证书序列号；

（四）证书有效期；

（五）证书持有人的电子签名验证数据；

（六）电子认证服务提供者的电子签名；

（七）国务院信息产业主管部门规定的其他内容。

第二十二条 电子认证服务提供者应当保证电子签名认证证书内容在有效期内完整、准确，并保证电子签名依赖方能够证实或者了解电子签名认证证书所载内容及其他有关事项。

第二十三条 电子认证服务提供者拟暂停或者终止电子认证服务的，应当在暂停或者终止服务九十日前，就业务承接及其他有关事项通知有关各方。

电子认证服务提供者拟暂停或者终止电子认证服务的，应当在暂停或者终止服务六十日前向国务院信息产业主管部门报告，并与其他电子认证服务提供者就业务承接进行协商，作出妥善安排。

电子认证服务提供者未能就业务承接事项与其他电子认证服务提供者达成协议的，应当申请国务院信息产业主管部门安排其他电子认证服务提供者承接其业务。

电子认证服务提供者被依法吊销电子认证许可证书的，其业务承接事项的处理按照国务院信息产业主管部门的规定执行。

第二十四条 电子认证服务提供者应当妥善保存与认证相关的信息，信息保存期限至少为电子签名认证证书失效后五年。

第二十五条 国务院信息产业主管部门依照本法制定电子认证服务业的具体管理办法，对电子认证服务提供者依法实施监督管理。

第二十六条 经国务院信息产业主管部门根据有关协议或者对等原则核准后，中华人民共和国境外的电子认证服务提供者在境外签发的电子签名认证证书与依照本法设立的电子认证服务提供者签发的电子签名认证证书具有同等的法律效力。

第四章　法　律　责　任

第二十七条 电子签名人知悉电子签名制作数据已经失密或者可能已经失密未及时告知有关各方、并终止使用电子签名制作数据，未向电子认证服务提供者提供真实、完整和准确的信息，或者有其他过错，给电子签名依赖方、电子认证服务提供者造成损失的，承担赔偿责任。

第二十八条 电子签名人或者电子签名依赖方因依据电子认证服务提供者提供的电子签名认证服务从事民事活动遭受损失，电子认证服务提供者不能证明自己无过错的，承担赔偿责任。

第二十九条 未经许可提供电子认证服务的，由国务院信息产业主管部门责令停止违法行为；有违法所得的，没收违法所得；违法所得三十万元以上的，处违法所得一倍以上三倍以下的罚款；没有违法所得或者违法所得不足三十万元的，处十万元以上三十万元以下的罚款。

第三十条 电子认证服务提供者暂停或者终止电子认证服务，未在暂停或者终止服务六十日前向国务院信息产业主管部门报告的，由国务院信息产业主管部门对其直接负责的主管人员处一万元以上五万元以下的罚款。

第三十一条 电子认证服务提供者不遵守认证业务规则、未妥善保存与认证相关的信息，或者有其他违法行为的，由国务院信息产业主管部门责令限期改正；逾期未改正的，吊销电子认证许可证书，其直接负责的主管人员和其他直接责任人员十年内不得从事电子认证服务。吊销电子认证许可证书的，应当予以公告并通知工商行政管理部门。

第三十二条 伪造、冒用、盗用他人的电子签名，构成犯罪的，依法追究刑事责任；给他人造成损失的，依法承担民事责任。

第三十三条 依照本法负责电子认证服务业监督管理工作的部门的工作人员，不依法履行行政许可、监督管理职责的，依法给予行政处分；构成犯罪的，依法追究刑事责任。

第五章 附 则

第三十四条 本法中下列用语的含义：

（一）电子签名人，是指持有电子签名制作数据并以本人身份或者以其所代表的人的名义实施电子签名的人；

（二）电子签名依赖方，是指基于对电子签名认证证书或者电子签名的信赖从事有关活动的人；

（三）电子签名认证证书，是指可证实电子签名人与电子签名制作数据有联系的数据电文或者其他电子记录；

（四）电子签名制作数据，是指在电子签名过程中使用的，将电子签名与电子签名人可靠地联系起来的字符、编码等数据；

（五）电子签名验证数据，是指用于验证电子签名的数据，包括代码、口令、算法或者公钥等。

  第三十五条 国务院或者国务院规定的部门可以依据本法制定政务活动和其他社会活动中使用电子签名、数据电文的具体办法。

  第三十六条 本法自 2005 年 4 月 1 日起施行。

信息网络传播权保护条例

第一条　为保护著作权人、表演者、录音录像制作者（以下统称权利人）的信息网络传播权，鼓励有益于社会主义精神文明、物质文明建设的作品的创作和传播，根据《中华人民共和国著作权法》（以下简称《著作权法》），制定本条例。

第二条　权利人享有的信息网络传播权受著作权法和本条例保护。除法律、行政法规另有规定的外，任何组织或者个人将他人的作品、表演、录音录像制品通过信息网络向公众提供，应当取得权利人许可，并支付报酬。

第三条　依法禁止提供的作品、表演、录音录像制品，不受本条例保护。

权利人行使信息网络传播权，不得违反宪法和法律、行政法规，不得损害公共利益。

第四条　为了保护信息网络传播权，权利人可以采取技术措施。

任何组织或者个人不得故意避开或者破坏技术措施，不得故意制造、进口或者向公众提供主要用于避开或者破坏技术措施的装置或者部件，不得故意为他人避开或者破坏技术措施提供技术服务。但是，法律、行政法规规定可以避开的除外。

第五条　未经权利人许可，任何组织或者个人不得进行下列行为：

（一）故意删除或者改变通过信息网络向公众提供的作品、表演、录音录像制品的权利管理电子信息，但由于技术上的原因无法避免删除或者改变的除外；

（二）通过信息网络向公众提供明知或者应知未经权利人许可被删除或者改变权利管理电子信息的作品、表演、录音录像制品。

第六条　通过信息网络提供他人作品，属于下列情形的，可以不经著作权人许可，不向其支付报酬：

（一）为介绍、评论某一作品或者说明某一问题，在向公众提供的作品中适当引用已经发表的作品；

（二）为报道时事新闻，在向公众提供的作品中不可避免地再现或者引用已经发表的作品；

（三）为学校课堂教学或者科学研究，向少数教学、科研人员提供少量已经发表的作品；

（四）国家机关为执行公务，在合理范围内向公众提供已经发表的作品；

（五）将中国公民、法人或者其他组织已经发表的、以汉语言文字创作的作品翻译成的少数民族语言文字作品，向中国境内少数民族提供；

（六）不以营利为目的，以盲人能够感知的独特方式向盲人提供已经发表的文字作品；

（七）向公众提供在信息网络上已经发表的关于政治、经济问题的时事性文章；

（八）向公众提供在公众集会上发表的讲话。

第七条 图书馆、档案馆、纪念馆、博物馆、美术馆等可以不经著作权人许可，通过信息网络向本馆馆舍内服务对象提供本馆收藏的合法出版的数字作品和依法为陈列或者保存版本的需要以数字化形式复制的作品，不向其支付报酬，但不得直接或者间接获得经济利益。当事人另有约定的除外。

前款规定的为陈列或者保存版本需要以数字化形式复制的作品，应当是已经损毁或者濒临损毁、丢失或者失窃，或者其存储格式已经过时，并且在市场上无法购买或者只能以明显高于标定的价格购买的作品。

第八条 为通过信息网络实施九年制义务教育或者国家教育规划，可以不经著作权人许可，使用其已经发表作品的片断或者短小的文字作品、音乐作品或者单幅的美术作品、摄影作品制作课件，由制作课件或者依法取得课件的远程教育机构通过信息网络向注册学生提供，但应当向著作权人支付报酬。

第九条 为扶助贫困，通过信息网络向农村地区的公众免费提供中国公民、法人或者其他组织已经发表的种植养殖、防病治病、防灾减灾等与扶助贫困有关的作品和适应基本文化需求的作品，网络服务提供者应当在提供前公告拟提供的作品及其作者、拟支付报酬的标准。自公告之日起 30 日内，著作权人不同意提供的，网络服务提供者不得提供其作品；自公告之日起满 30 日，著作权人没有异议的，网络服务提供者可以提供其作品，并按照公告的标准向著作权人支付报酬。网络服务提供者提供著作权人的作品后，著作权人不同意提供的，网络服务提供者应当立即删除著作权人的作品，并按照公告的标准向著作权人支付提供作品期间的报酬。

依照前款规定提供作品的，不得直接或者间接获得经济利益。

第十条 依照本条例规定不经著作权人许可、通过信息网络向公众提供其作品的，还应当遵守下列规定：

（一）除本条例第六条第（一）项至第（六）项、第七条规定的情形外，不得提供作者事先声明不许提供的作品；

（二）指明作品的名称和作者的姓名（名称）；

（三）依照本条例规定支付报酬；

（四）采取技术措施，防止本条例第七条、第八条、第九条规定的服务对象以外的其他人获得著作权人的作品，并防止本条例第七条规定的服务对象的复制行为对著作权人利益造成实质性损害；

（五）不得侵犯著作权人依法享有的其他权利。

第十一条　通过信息网络提供他人表演、录音录像制品的，应当遵守本条例第六条至第十条的规定。

第十二条　属于下列情形的，可以避开技术措施，但不得向他人提供避开技术措施的技术、装置或者部件，不得侵犯权利人依法享有的其他权利：

（一）为学校课堂教学或者科学研究，通过信息网络向少数教学、科研人员提供已经发表的作品、表演、录音录像制品，而该作品、表演、录音录像制品只能通过信息网络获取；

（二）不以营利为目的，通过信息网络以盲人能够感知的独特方式向盲人提供已经发表的文字作品，而该作品只能通过信息网络获取；

（三）国家机关依照行政、司法程序执行公务；

（四）在信息网络上对计算机及其系统或者网络的安全性能进行测试。

第十三条　著作权行政管理部门为了查处侵犯信息网络传播权的行为，可以要求网络服务提供者提供涉嫌侵权的服务对象的姓名（名称）、联系方式、网络地址等资料。

第十四条　对提供信息存储空间或者提供搜索、链接服务的网络服务提供者，权利人认为其服务所涉及的作品、表演、录音录像制品，侵犯自己的信息网络传播权或者被删除、改变了自己的权利管理电子信息的，可以向该网络服务提供者提交书面通知，要求网络服务提供者删除该作品、表演、录音录像制品，或者断开与该作品、表演、录音录像制品的链接。通知书应当包含下列内容：

（一）权利人的姓名（名称）、联系方式和地址；

（二）要求删除或者断开链接的侵权作品、表演、录音录像制品的名称和网络地址；

（三）构成侵权的初步证明材料。

权利人应当对通知书的真实性负责。

第十五条　网络服务提供者接到权利人的通知书后，应当立即删除涉嫌侵权的作品、表演、录音录像制品，或者断开与涉嫌侵权的作品、表演、录音录像制品的链接，并同时将通知书转送提供作品、表演、录音录像制品的服务对象；服务对象网络地址不明、无法转送的，应当将通知书的内容同时在信息网络上公告。

第十六条　服务对象接到网络服务提供者转送的通知书后，认为其提供的作品、表演、录音录像制品未侵犯他人权利的，可以向网络服务提供者提交书面说明，要求恢复被删除的作品、表演、录音录像制品，或者恢复与被断开的作品、表演、录音录像制品的链接。书面说明应当包含下列内容：

（一）服务对象的姓名（名称）、联系方式和地址；

（二）要求恢复的作品、表演、录音录像制品的名称和网络地址；

（三）不构成侵权的初步证明材料。

服务对象应当对书面说明的真实性负责。

第十七条　网络服务提供者接到服务对象的书面说明后，应当立即恢复被删除的作品、表演、录音录像制品，或者可以恢复与被断开的作品、表演、录音录像制品的链接，同时将服务对象的书面说明转送权利人。权利人不得再通知网络服务提供者删除该作品、表演、录音录像制品，或者断开与该作品、表演、录音录像制品的链接。

第十八条　违反本条例规定，有下列侵权行为之一的，根据情况承担停止侵害、消除影响、赔礼道歉、赔偿损失等民事责任；同时损害公共利益的，可以由著作权行政管理部门责令停止侵权行为，没收违法所得，并可处以 10 万元以下的罚款；情节严重的，著作权行政管理部门可以没收主要用于提供网络服务的计算机等设备；构成犯罪的，依法追究刑事责任：

（一）通过信息网络擅自向公众提供他人的作品、表演、录音录像制品的；

（二）故意避开或者破坏技术措施的；

（三）故意删除或者改变通过信息网络向公众提供的作品、表演、录音录像制品的权利管理电子信息，或者通过信息网络向公众提供明知或者应知未经权利人许可而被删除或者改变权利管理电子信息的作品、表演、录音录像制品的；

（四）为扶助贫困通过信息网络向农村地区提供作品、表演、录音录像制品超过规定范围，或者未按照公告的标准支付报酬，或者在权利人不同意提供其作品、表演、录音录像制品后未立即删除的；

（五）通过信息网络提供他人的作品、表演、录音录像制品，未指明作品、表演、录音录像制品的名称或者作者、表演者、录音录像制作者的姓名（名称），或者未支付报酬，或者未依照本条例规定采取技术措施防止服务对象以外的其他人获得他人的作品、表演、录音录像制品，或者未防止服务对象的复制行为对权利人利益造成实质性损害的。

第十九条　违反本条例规定，有下列行为之一的，由著作权行政管理部门予以警告，没收违法所得，没收主要用于避开、破坏技术措施的装置或者部件；情节严重的，可以没收主要用于提供网络服务的计算机等设备，并可处以 10 万元以下的罚款；构成犯罪的，依法追究刑事责任：

（一）故意制造、进口或者向他人提供主要用于避开、破坏技术措施的装置或者部件，或者故意为他人避开或者破坏技术措施提供技术服务的；

（二）通过信息网络提供他人的作品、表演、录音录像制品，获得经济利益的；

（三）为扶助贫困通过信息网络向农村地区提供作品、表演、录音录像制品，未在提供前公告作品、表演、录音录像制品的名称和作者、表演者、录音录像制作者的姓名（名称）以及报酬标准的。

第二十条 网络服务提供者根据服务对象的指令提供网络自动接入服务，或者对服务对象提供的作品、表演、录音录像制品提供自动传输服务，并具备下列条件的，不承担赔偿责任：

（一）未选择并且未改变所传输的作品、表演、录音录像制品；

（二）向指定的服务对象提供该作品、表演、录音录像制品，并防止指定的服务对象以外的其他人获得。

第二十一条 网络服务提供者为提高网络传输效率，自动存储从其他网络服务提供者获得的作品、表演、录音录像制品，根据技术安排自动向服务对象提供，并具备下列条件的，不承担赔偿责任：

（一）未改变自动存储的作品、表演、录音录像制品；

（二）不影响提供作品、表演、录音录像制品的原网络服务提供者掌握服务对象获取该作品、表演、录音录像制品的情况；

（三）在原网络服务提供者修改、删除或者屏蔽该作品、表演、录音录像制品时，根据技术安排自动予以修改、删除或者屏蔽。

第二十二条 网络服务提供者为服务对象提供信息存储空间，供服务对象通过信息网络向公众提供作品、表演、录音录像制品，并具备下列条件的，不承担赔偿责任：

（一）明确标示该信息存储空间是为服务对象所提供，并公开网络服务提供者的名称、联系人、网络地址；

（二）未改变服务对象所提供的作品、表演、录音录像制品；

（三）不知道也没有合理的理由应当知道服务对象提供的作品、表演、录音录像制品侵权；

（四）未从服务对象提供作品、表演、录音录像制品中直接获得经济利益；

（五）在接到权利人的通知书后，根据本条例规定删除权利人认为侵权的作品、表演、录音录像制品。

第二十三条 网络服务提供者为服务对象提供搜索或者链接服务，在接到权利人的通知书后，根据本条例规定断开与侵权的作品、表演、录音录像制品的链接的，不承担赔偿责任；但是，明知或者应知所链接的作品、表演、录音录像制品侵权的，应当承担共同侵权责任。

第二十四条 因权利人的通知导致网络服务提供者错误删除作品、表演、录音录像制品，或者错误断开与作品、表演、录音录像制品的链接，给服务对象造成损失的，权利人应当承担赔偿责任。

第二十五条　网络服务提供者无正当理由拒绝提供或者拖延提供涉嫌侵权的服务对象的姓名（名称）、联系方式、网络地址等资料的，由著作权行政管理部门予以警告；情节严重的，没收主要用于提供网络服务的计算机等设备。

第二十六条　本条例下列用语的含义：

信息网络传播权，是指以有线或者无线方式向公众提供作品、表演或者录音录像制品，使公众可以在其个人选定的时间和地点获得作品、表演或者录音录像制品的权利。

技术措施，是指用于防止、限制未经权利人许可浏览、欣赏作品、表演、录音录像制品的或者通过信息网络向公众提供作品、表演、录音录像制品的有效技术、装置或者部件。

权利管理电子信息，是指说明作品及其作者、表演及其表演者、录音录像制品及其制作者的信息，作品、表演、录音录像制品权利人的信息和使用条件的信息，以及表示上述信息的数字或者代码。

第二十七条　本条例自 2006 年 7 月 1 日起施行。

中华人民共和国政府信息公开条例

第一章 总 则

第一条 为了保障公民、法人和其他组织依法获取政府信息，提高政府工作的透明度，促进依法行政，充分发挥政府信息对人民群众生产、生活和经济社会活动的服务作用，制定本条例。

第二条 本条例所称政府信息，是指行政机关在履行职责过程中制作或者获取的，以一定形式记录、保存的信息。

第三条 各级人民政府应当加强对政府信息公开工作的组织领导。

国务院办公厅是全国政府信息公开工作的主管部门，负责推进、指导、协调、监督全国的政府信息公开工作。

县级以上地方人民政府办公厅（室）或者县级以上地方人民政府确定的其他政府信息公开工作主管部门负责推进、指导、协调、监督本行政区域的政府信息公开工作。

第四条 各级人民政府及县级以上人民政府部门应当建立健全本行政机关的政府信息公开工作制度，并指定机构（以下统称政府信息公开工作机构）负责本行政机关政府信息公开的日常工作。

政府信息公开工作机构的具体职责是：

（一）具体承办本行政机关的政府信息公开事宜；

（二）维护和更新本行政机关公开的政府信息；

（三）组织编制本行政机关的政府信息公开指南、政府信息公开目录和政府信息公开工作年度报告；

（四）对拟公开的政府信息进行保密审查；

（五）本行政机关规定的与政府信息公开有关的其他职责。

第五条 行政机关公开政府信息，应当遵循公正、公平、便民的原则。

第六条 行政机关应当及时、准确地公开政府信息。行政机关发现影响或者可能影响社会稳定、扰乱社会管理秩序的虚假或者不完整信息的，应当在其职责范围内发布准确的政府信息予以澄清。

第七条 行政机关应当建立健全政府信息发布协调机制。行政机关发布政府信息涉及其他行政机关的，应当与有关行政机关进行沟通、确认，保证行政机关发布的政府信息准确一致。

行政机关发布政府信息依照国家有关规定需要批准的，未经批准不得发布。

第八条 行政机关公开政府信息，不得危及国家安全、公共安全、经济安全和社会稳定。

第二章 公开的范围

第九条 行政机关对符合下列基本要求之一的政府信息应当主动公开：

（一）涉及公民、法人或者其他组织切身利益的；

（二）需要社会公众广泛知晓或者参与的；

（三）反映本行政机关机构设置、职能、办事程序等情况的；

（四）其他依照法律、法规和国家有关规定应当主动公开的。

第十条 县级以上各级人民政府及其部门应当依照本条例第九条的规定，在各自职责范围内确定主动公开的政府信息的具体内容，并重点公开下列政府信息：

（一）行政法规、规章和规范性文件；

（二）国民经济和社会发展规划、专项规划、区域规划及相关政策；

（三）国民经济和社会发展统计信息；

（四）财政预算、决算报告；

（五）行政事业性收费的项目、依据、标准；

（六）政府集中采购项目的目录、标准及实施情况；

（七）行政许可的事项、依据、条件、数量、程序、期限以及申请行政许可需要提交的全部材料目录及办理情况；

（八）重大建设项目的批准和实施情况；

（九）扶贫、教育、医疗、社会保障、促进就业等方面的政策、措施及其实施情况；

（十）突发公共事件的应急预案、预警信息及应对情况；

（十一）环境保护、公共卫生、安全生产、食品药品、产品质量的监督检查情况。

第十一条 设区的市级人民政府、县级人民政府及其部门重点公开的政府信息还应当包括下列内容：

（一）城乡建设和管理的重大事项；

（二）社会公益事业建设情况；

（三）征收或者征用土地、房屋拆迁及其补偿、补助费用的发放、使用情况；

（四）抢险救灾、优抚、救济、社会捐助等款物的管理、使用和分配情况。

第十二条 乡（镇）人民政府应当依照本条例第九条的规定，在其职责范围内确定主动公开的政府信息的具体内容，并重点公开下列政府信息：

（一）贯彻落实国家关于农村工作政策的情况；

（二）财政收支、各类专项资金的管理和使用情况；

（三）乡（镇）土地利用总体规划、宅基地使用的审核情况；

（四）征收或者征用土地、房屋拆迁及其补偿、补助费用的发放、使用情况；

（五）乡（镇）的债权债务、筹资筹劳情况；

（六）抢险救灾、优抚、救济、社会捐助等款物的发放情况；

（七）乡镇集体企业及其他乡镇经济实体承包、租赁、拍卖等情况；

（八）执行计划生育政策的情况。

第十三条 除本条例第九条、第十条、第十一条、第十二条规定的行政机关主动公开的政府信息外，公民、法人或者其他组织还可以根据自身生产、生活、科研等特殊需要，向国务院部门、地方各级人民政府及县级以上地方人民政府部门申请获取相关政府信息。

第十四条 行政机关应当建立健全政府信息发布保密审查机制，明确审查的程序和责任。

行政机关在公开政府信息前，应当依照《中华人民共和国保守国家秘密法》以及其他法律、法规和国家有关规定对拟公开的政府信息进行审查。

行政机关对政府信息不能确定是否可以公开时，应当依照法律、法规和国家有关规定报有关主管部门或者同级保密工作部门确定。

行政机关不得公开涉及国家秘密、商业秘密、个人隐私的政府信息。但是，经权利人同意公开或者行政机关认为不公开可能对公共利益造成重大影响的涉及商业秘密、个人隐私的政府信息，可以予以公开。

第三章 公开的方式和程序

第十五条 行政机关应当将主动公开的政府信息，通过政府公报、政府网站、新闻发布会以及报刊、广播、电视等便于公众知晓的方式公开。

第十六条 各级人民政府应当在国家档案馆、公共图书馆设置政府信息查阅场所，并配备相应的设施、设备，为公民、法人或者其他组织获取政府信息提供便利。

行政机关可以根据需要设立公共查阅室、资料索取点、信息公告栏、电子信息屏等场所、设施，公开政府信息。

行政机关应当及时向国家档案馆、公共图书馆提供主动公开的政府信息。

第十七条 行政机关制作的政府信息，由制作该政府信息的行政机关负责公开；行政机关从公民、法人或者其他组织获取的政府信息，由保存该政府信息的行政机关负责公开。法律、法规对政府信息公开的权限另有规定的，从其规定。

第十八条 属于主动公开范围的政府信息，应当自该政府信息形成或者变更之日起 20 个工作日内予以公开。法律、法规对政府信息公开的期限另有规定的，从其规定。

第十九条　行政机关应当编制、公布政府信息公开指南和政府信息公开目录，并及时更新。

政府信息公开指南，应当包括政府信息的分类、编排体系、获取方式，政府信息公开工作机构的名称、办公地址、办公时间、联系电话、传真号码、电子邮箱等内容。

政府信息公开目录，应当包括政府信息的索引、名称、内容概述、生成日期等内容。

第二十条　公民、法人或者其他组织依照本条例第十三条规定向行政机关申请获取政府信息的，应当采用书面形式（包括数据电文形式）；采用书面形式确有困难的，申请人可以口头提出，由受理该申请的行政机关代为填写政府信息公开申请。

政府信息公开申请应当包括下列内容：

（一）申请人的姓名或者名称、联系方式；

（二）申请公开的政府信息的内容描述；

（三）申请公开的政府信息的形式要求。

第二十一条　对申请公开的政府信息，行政机关根据下列情况分别作出答复：

（一）属于公开范围的，应当告知申请人获取该政府信息的方式和途径；

（二）属于不予公开范围的，应当告知申请人并说明理由；

（三）依法不属于本行政机关公开或者该政府信息不存在的，应当告知申请人，对能够确定该政府信息的公开机关的，应当告知申请人该行政机关的名称、联系方式；

（四）申请内容不明确的，应当告知申请人作出更改、补充。

第二十二条　申请公开的政府信息中含有不应当公开的内容，但是能够作区分处理的，行政机关应当向申请人提供可以公开的信息内容。

第二十三条　行政机关认为申请公开的政府信息涉及商业秘密、个人隐私，公开后可能损害第三方合法权益的，应当书面征求第三方的意见；第三方不同意公开的，不得公开。但是，行政机关认为不公开可能对公共利益造成重大影响的，应当予以公开，并将决定公开的政府信息内容和理由书面通知第三方。

第二十四条　行政机关收到政府信息公开申请，能够当场答复的，应当当场予以答复。

行政机关不能当场答复的，应当自收到申请之日起 15 个工作日内予以答复；

如需延长答复期限的，应当经政府信息公开工作机构负责人同意，并告知申请人，延长答复的期限最长不得超过 15 个工作日。

申请公开的政府信息涉及第三方权益的，行政机关征求第三方意见所需时间不计算在本条第二款规定的期限内。

第二十五条 公民、法人或者其他组织向行政机关申请提供与其自身相关的税费缴纳、社会保障、医疗卫生等政府信息的，应当出示有效身份证件或者证明文件。

公民、法人或者其他组织有证据证明行政机关提供的与其自身相关的政府信息记录不准确的，有权要求该行政机关予以更正。该行政机关无权更正的，应当转送有权更正的行政机关处理，并告知申请人。

第二十六条 行政机关依申请公开政府信息，应当按照申请人要求的形式予以提供；无法按照申请人要求的形式提供的，可以通过安排申请人查阅相关资料、提供复制件或者其他适当形式提供。

第二十七条 行政机关依申请提供政府信息，除可以收取检索、复制、邮寄等成本费用外，不得收取其他费用。行政机关不得通过其他组织、个人以有偿服务方式提供政府信息。

行政机关收取检索、复制、邮寄等成本费用的标准由国务院价格主管部门会同国务院财政部门制定。

第二十八条 申请公开政府信息的公民确有经济困难的，经本人申请、政府信息公开工作机构负责人审核同意，可以减免相关费用。

申请公开政府信息的公民存在阅读困难或者视听障碍的，行政机关应当为其提供必要的帮助。

第四章 监督和保障

第二十九条 各级人民政府应当建立健全政府信息公开工作考核制度、社会评议制度和责任追究制度，定期对政府信息公开工作进行考核、评议。

第三十条 政府信息公开工作主管部门和监察机关负责对行政机关政府信息公开的实施情况进行监督检查。

第三十一条 各级行政机关应当在每年 3 月 31 日前公布本行政机关的政府信息公开工作年度报告。

第三十二条 政府信息公开工作年度报告应当包括下列内容：

（一）行政机关主动公开政府信息的情况；

（二）行政机关依申请公开政府信息和不予公开政府信息的情况；

（三）政府信息公开的收费及减免情况；

（四）因政府信息公开申请行政复议、提起行政诉讼的情况；

（五）政府信息公开工作存在的主要问题及改进情况；

（六）其他需要报告的事项。

第三十三条 公民、法人或者其他组织认为行政机关不依法履行政府信息公开义务的，可以向上级行政机关、监察机关或者政府信息公开工作主管部门举报。收到举报的机关应当予以调查处理。

公民、法人或者其他组织认为行政机关在政府信息公开工作中的具体行政行为侵犯其合法权益的，可以依法申请行政复议或者提起行政诉讼。

第三十四条 行政机关违反本条例的规定，未建立健全政府信息发布保密审查机制的，由监察机关、上一级行政机关责令改正；情节严重的，对行政机关主要负责人依法给予处分。

第三十五条 行政机关违反本条例的规定，有下列情形之一的，由监察机关、上一级行政机关责令改正；情节严重的，对行政机关直接负责的主管人员和其他直接责任人员依法给予处分；构成犯罪的，依法追究刑事责任：

（一）不依法履行政府信息公开义务的；

（二）不及时更新公开的政府信息内容、政府信息公开指南和政府信息公开目录的；

（三）违反规定收取费用的；

（四）通过其他组织、个人以有偿服务方式提供政府信息的；

（五）公开不应当公开的政府信息的；

（六）违反本条例规定的其他行为。

第五章 附 则

第三十六条 法律、法规授权的具有管理公共事务职能的组织公开政府信息的活动，适用本条例。

第三十七条 教育、医疗卫生、计划生育、供水、供电、供气、供热、环保、公共交通等与人民群众利益密切相关的公共企事业单位在提供社会公共服务过程中制作、获取的信息的公开，参照本条例执行，具体办法由国务院有关主管部门或者机构制定。

第三十八条 本条例自 2008 年 5 月 1 日起施行。

后　记

　　本书是在我的博士论文的基础上修改完成的。十年前我开始给信息管理系的本科生开设"信息法学"课程，其间有一些问题一直困扰着我，那就是信息法的核心问题是什么？为什么要有信息法这样一个独立的法律部门？它区别于其他部门法的本质何在？这些问题一直跟随我进入武汉大学信息管理学院攻读博士学位，我希望在我的博士毕业论文中对这个问题有所解答。于是，对信息法实质的探索就成为我博士学习阶段的重点研究课题。在跟随导师陈传夫教授求学以及和学友们进行广泛研讨的过程中，通过对国内外文献的大量阅读和思考，我的头脑中渐渐有了一些较为明晰的线索，对信息法的框架和体系也有了一个大致的轮廓。在我讲授"信息法学"课程的过程中，也经常把我尚在思考中的问题拿来和学生们一起探讨，他们的分析和见解也给了我很多有益的启发。在博士论文写作的过程中，还得到了彭斐章教授、谢灼华教授、吴慰慈教授、孟广均研究员、王子舟教授、詹德优教授、刘家真教授、叶继元教授、倪晓建教授等的指点和帮助。在此，要向所有帮助过我的师长及学友们表示衷心的感谢！博士论文完成后，我又有幸获得了教育部哲学社会科学基金和国家社科基金的资助，开展了两项相关课题的研究，本书也吸纳了这两项研究的一些成果。希望在此奉上的这部著作不会让大家失望，也希望本书的出版能进一步推动信息法研究的发展。

　　攻读博士学位这几年的经历，是我人生宝贵的财富。在此期间，我不仅在学术上有所长进，更重要的是在导师陈传夫教授的言传身教下，我更加明确了自己身为一名大学教师的职责。从20世纪90年代考入武汉大学信息管理学院（那时称图书情报学院）开始，我就开始聆听陈老师的教诲。我至今还清晰地记得陈老师当年给我们讲授"目录学概论"、"著作权概论"等课程的情景。后来陈老师又到海外访学，再回来攻读了武汉大学法学院万鄂湘教授的博士，致力于信息资源知识产权问题的研究。一直以来，我钦佩于陈老师对图书情报事业的执著追求，并很荣幸能在博士期间师从陈老师，再次亲聆陈老师的教诲。这部著作也倾注了陈老师大量的心血。即使在国外访学期间，陈老师还经常通过越洋电话给我学术上的指点。所以，我现在也经常敦促自己，要经常和学生作更多、更深入的交流，帮助他们迅速成长。

　　我能在不影响工作的情况下顺利完成学业，必须感谢我就职的华南师范大学经济与管理学院的所有领导和同事们。现任副校长、原经济与管理学院院长李永杰教授，在百忙之中经常惦记着我的学业，鼓励我早日学成。信息管理系主任高波教授在生活、学习和工作上都给予了我很多关心和帮助，敦促我在学术研究的道路上不断探索。而和同事们融洽亲密的工作氛围使我在学业和工作上能更加投入。我想，如果没有领导们高瞻远瞩的人才政策、开拓进取的求实精神，没有同事们团结奋进、互帮互助的工作作风，我难以如期完成学业。今后，唯有兢兢业业、努力工作，才能回报领导对我的栽培，回馈同仁们对我的厚爱。同时，本书的出版也得到了学院学术著作出版基金的资助，在此深表谢忱！

此外，还要感谢远在英国拉福堡大学的 Charles Oppenheim 教授。我永远不会忘记，当我第一次踏上英伦，怀着惴惴不安的心情去拜访这位国际知名学者时，他将自己的著作、论文等最新研究成果毫无保留地赠与我这样一位素不相识而又远道而来的求学者，使我的研究和写作有了更多的学术营养和素材。在短短几十分钟的交谈中，他向我一一介绍本领域的国际顶尖学者，嘱咐我多读他们的著作。这对我来说确是一次弥足珍贵的经历，让我对本学科领域的研究有了更多的自信。借此机会，要向 Charles 教授说声：Thank you very much! 另外，我指导的硕士研究生龙丽参与了部分资料的搜集、整理工作，在此聊表谢意。

最后，我要感谢我的家人。父亲在我求学的道路上，总是给我最坚定的支持和最亲切的关爱，使我在荆棘丛生的学术道路上一如既往、坚定地前行。母亲含辛茹苦地把我养大，如今还要照顾我的女儿，替我承担本该属于我的职责，这其中付出的艰辛、汗水甚至还有泪水，我想我今生都无以回报。女儿虽年幼，但总会以她特有的方式来鼓励我写作。看着她那天真活泼的笑脸，我心中无比的开心和快乐，我继续写作的灵感往往也会由此而生。所以，我要把我的第一部著作送给我的宝贝女儿——雨欣，愿她在成长中的每一天都快乐。先生鼓励我走上知识产权和信息法学研究的道路，同他的交流和探讨使我对一些法学问题有了更为深刻的理解和认识。

要说的，还有很多很多；要感谢的话，也还有很长很长……最后就用一首歌来与大家共勉吧：感恩的心，感谢有你，伴我一生，让我有勇气做我自己；感恩的心，感谢命运，花开花谢，我依然会珍惜！

刘 青

2008 年 2 月于广州逸雅居